KB187409

명리대요
(中)

雲情 秋一鎬 著

도서출판 **청 연**

| 발간에 부쳐,!! |

　물리학의 거장 아인슈타인은 상대성원리를 발표한 후 물리학의 최궁극점 넘어에 종교가 자리잡고 있음을 직시한 나머지 기독교인이 되었고, UCLA의 천체 물리학자 카프라 교수는 물리학과 동양의 역학과의 일치성을 논구하였고 이미 한국에 까지 그 책은 번역된지 오래이다. 또한 그 유명한 독일의 사상가요 문학가인 헤르만 헷세는 동양의 역학에 심취한 나머지 그의 작품들 속에는 물씬 역학 냄새가 배어 있음은 주지의 사실이다. 오늘날 하바드의 수재들은 동양철학에 몰두해 있고 그들은 한국으로 유학오고 있는 실정이다.

　물질주의 문명이 세계를 제패하면서부터 동양의 제학문은 그 빛을 잃어 갔고, 물질주의적 맘모니즘에 인류 정신은 질식사에 이르른 현금의 추세는 오히려 서양에서 동양을 찾고 있는 실정이다. 유명한 역사가 토인비는 이렇게 말하였다. 세계역사는 물질주의의 코싸인 곡선과 정신문명의 싸인곡선이 나선을 그리며 당금까지 내려오고 있다. 물질문명이 극점에 달할 때, 정신문명은 극소점에 달하고 정신문명이 극대점에 달할 때 물질문명은 극소점에 달하는 그런 곡선을 말한다. 이제 극대점에 달한 물질문명은 정신문명에 그 자리를 양보해야 하는 시점에 이르렀다고 감히 말할 수 있을 것이다. 이제 이러한 때에 발맞추어 한국에서도 신토불이란 새로운 용어가 형성되면서 우리의 것을 찾고자 하는 국민적 열망이 더해 가고 있다.

　본인이 중고등학교 시절에 노장자를 말하면 모든 사람이 이상한 눈초리로 쳐다보곤 했다. 당시에는 데까르트를 논하고 실존주의의 싸르트르나 까뮈를 논하지 않고서는 지성의 대열에 설 수가 없었다. 그러던 것이 김용옥

교수의 노장자 강의가 국민들 사이에서 회자되고 있음은 참으로 반가운 일이 아닐 수 가 없다. 동양 삼국에 있어서 역학은 동양의 제철학이나 모든 학문의 근간이라는 사실을 잊어서는 안된다. 중용이니 중화니 하는 말 자체부터가 명리학의 학문적 용어라는 사실이다. 역학을 떠나서 존재하는 동양 학문은 존재하질 않는다는 사실이다.

회색의 음울한 지대에서 신음하고 있던 우리의 명리학도 차츰 젊은이들 사이에서 회자되면서 점 점 보편화되어 가고 있음은 주지의 사실이다. 본교수가 이 명리학에 뜻을 두고 연구해 온지 벌써 십여년이 넘는다. 적천수라든지 연해자평, 명리정종 등 해서 수 많은 책을 섭렵해 보았으나 언제나 남는 것은 무언가 부족하다는 느낌뿐이었고, 이 책들은 아무리 궁구하고 연구해 보았자 나의 명리 실력은 언제나 제자리 걸음에 지나지 않는다는 사실이었다. 그 누군가가 유명하다해서 찾아 가보면, 언제나 목소리만 컸었고, 자신만이 역학의 최고 권위자인 양 하는 데에는 참으로 식상하지 않을 수 없었다. 그러던 중에 우연히 명리비전이란 책을 손에 들면서부터 10독 이상을 하게 되었고, 이제 이 작품들은 음울한 한국 역학계에 빛을 던질 유작이라는 사실을 말하지 않고서는 견딜 수 없어 발간사를 쓰게 되었다. 의사를 육의 선생이라고 한다면 명리는 인간 정신의 의사라고 말할 수 있을 것이다.참으로 용한 의사가 되고 싶다면 추일호 선생님의 이 유작들은 필독서가 될 것이다.

일본은 우리보다 한 발 앞서 명리 대학이 많이 설립되어 있다. 일본에서는 이러한 명리대학을 졸업하고 제대로 된 학위를 받아야 행세하는 시대에 진입하고 있다. 그렇다면 우리는 과연 어떠한가? 학문을 연구하기에는 너무도 부족한 사람들이 학이 아니라 술만을 주마간산격으로 공부하고 사람들의 운명을 감정하고 있는 실정이니 명리는 학문이 아니라 점치는 기술로 전락하였다는 사실이다. 이제 한국에서도 제대로 된 공부가 없는 사람은 행세할 수 없는 사회적 풍토가 이루어져야 한다. 이러한 풍토 형성에 추일호 선생님의 유작들은 미래 한국 명리대학의 그 기초석이 될 것임을 확신하면서, 추선생님의 유작들을 강호에 필독서로 추천하는 바이다. 한국 서점가에 나와 있는 그 어떤 책들 보다 추선생님의 책은 군계일학으로 우뚝 서 있다. 이 책을 정독하지 않는다면 그 얼마나 큰 손실인가? 역학을 사모하는 모든 사람들의 어둔 밤길의 길잡이가 될 것임을 확언하는 바이다.

미국 캘리포니아 주립대학 종교철학과 교수
정 영 복

▌서 문▐

命理大要 上, 中, 下권을 모두 마치면서,!!

천리길도 한 걸음이라고 하였던가....

길고 긴 세월 속에 집필한지도 어언 7년,!!
실제인물을 찾아 삼천리 방방곡곡을 헤메면서 문전걸식을 하다
보니 이제는 부끄러움도 없으며 오히려 자랑스럽다.

추운 겨울에 불도 들어오지 않는 냉방에서 집필을 하다보니 꽁
꽁 얼어붙은 볼펜을 잡은 손길이 떨리고, 굳어지던 어느 시절에
는 정말 힘들었고 괴로웠으나 어느새 집필을 마치는 글을 쓰고
있다.
처음 사주추명학을 독학으로 입문하던 시절은 내 나이가 18세
로 기억하고 있는데 이제 반편생을 속절없이 나이만 먹고 지금
이 순간까지 끝없이 매달려 왔던 시간이 공허하게 느껴진다.
세월의 굴레는 허망하고 덧없는 것! 한 인생을 번민과 고통속

에서 오직 명리의 독파라는 일념 때문에 그 한가지에 뜻을 두고 달려왔던 것이 이제는 정리가 되고 있지 않는가?

정말 참으로 힘들었던 시절이니 호랑이는 죽어 가죽을 남기고 사람은 죽어 오로지 석자의 이름을 남긴다는 고대 성현의 말씀을 기억하고 되새기면서 본 서 命理大要는 아마도 사주추명학상 하나의 체계를 이룩할 수 있는 조그만한 깃털이 될수 있으리라는 자부심으로 본인은 그 어려웠던 지난 시절을 마음으로 조금이라도 위로를 하여본다.

세상의 역학자들이여,!!

그래도 雲情 秋 一鎬는 지금 혼탁한 명리의 세계에 참신하고 개척스런 선구자의 역할을 하였던 저자(著者)라는 말 한마디만 있다면 본인은 지금까지 모든 고생의 위로를 받을 수가 있겠다.

먼훗날에 지금의 사주추명학이 선구적인 역할을 하여 세상사람들의 앞길을 인도하여 주는 희망의 등불로 거듭나고 있을 때 그때는 진정 지금의 천대받는 역학자들이 상류사회의 계급으로 우뚝 서는 시절이 반드시 오고 있을 것이다.

끊임없는 정열과 노력으로 지금의 본 저자 이상으로 새 시대에 걸맞는 명리의 비법(秘法)을 창출해내도록 증진과 열의를 다하도록 부탁하고 싶다.
낡은 수레는 구르지 못하고 인생이 늙어지고 병들면 한줌의 흙으로 돌아간다....

　명리학의 초석이 되고 먼 훗날 자랑스런 우리 역학의 후학들이 마지막 본 저자가 작고(作故)한 뒤에도 그나마 본 저자를 잊지 않고 생각해주고 불러주는 학자들이 있다면 그 때는 진정 죽은 혼백이나마 영광스러운 축복이라 생각하겠다.

　아쉬운 세월의 뒤안길에서 한 줄기 긴 한숨을 몰아치며 그 때는 진정 우리 후학자들에게 내 언젠가 다시 말할 날이 있지 않겠는가.....?

雲　　情

| 일러두기 |

본서 명리대요는 운정선생의 집념과 끊임없는 탐구의 정신이 담긴 책이다.

철학관을 찾아오는 고객들의 사주명식을 매일같이 연구하고 명리학의 고서나 다른 저자분들의 이론, 그리고 선생본인의 이론에 맞추어 변화가 예상되면 언제나 전화를 걸어 확인하고 묻고 하기를 근 10여년...

선생을 찾았던 고객들의 사주명식이 닳고 헤어져 누더기가 되어감에 따라, 하나씩 둘씩 정립된 이론들이다. 더러는 의문덩어리를 짊어지고, 이론을 확인할 사주 당사자를 찾아나서기도 더러는 대가분들을 찾아 엎더려 묻기도....

오로지 운명(運命)이라는 두글자의 화두를 풀기위해 그는 노력했다.

이러한 과정 끝에 만들어진 이 책은 선생의 저서 명리입문, 명리비전(上)(下) 그리고 명리대요로 이어지는 연속선상의 책이다. 초급, 중급, 고급의 순으로 쓰여진 책이고 명리입문이 초급자를 위한, 명리비전이 중급자를 위해 이론적 체계를 나열한 책이라면 명리대요는 소위 한 역학자의 개인적인 비법서이다.

중급수준을 끝낸분들이 한결같이 마주치는 역(易)이라는 거대한 벽은 사실 혼자서 해결하기엔 오랜 시간과 경험 그리고 이루 말할 수 없은 시행착오와 고뇌의 과정을 거쳐야할 문제이다. 공유하지 않는 지식은 지식으로서는 가치가 없는 것이다. 그럼에도 불구하고 역학만큼은 그 독특한 성격으로 인해 이론적 체계를 나열하고 설명하는 것은 별론으로 하더라도 이책 명리대요처럼 대가의 종합적이고 정치한 시각이 담긴 서책은 드물다.

본서 명리대요는 인생의 각 주제별로 선생의 이론적 체계를 나열하고 실제 인물의 사주를 통해 구체적이고 상세하게 선생의 이론을 증명해 나가고 있다. 본서 명리대요를 통해 독자들은 선생께서 무엇을 어떤 시각에서 바라보고 그가 나열한 소위 비법이라는 이론을 통해 자신의 역학실력을 상당부분 업그레이드(Up grade) 시킬 수 있으리라 확신한다.

더러 미흡하고 부족한 부분은 공부하는 사람들의 몫이라 생각하고,
더욱 정밀하고 깊이있는 연구가 행해져 이러한 시도가 역학발전의 한 계기가 되기를 바란다.

命理大要(中)

제1장
조상(祖上)의 판단

제1장

조상(祖上)의 판단

1. 조상(祖上)의 간명

사람은 태어나서부터 조상(祖上)의 뿌리를 가지고 나오면서 그 혈통과 명맥을 유지하여 인간사회에 하나의 성씨(姓氏)를 가지고 후대로 전승되어 가고 있다.

이러한 것을 놓고 우리는 씨족집단에 동질성을 부여하고 사회생활을 하게 되던 중에 문득 결혼이나 직장 및 고시합격등에 대한 중대한 경사(慶事)등의 인륜지대사(人倫至大事)가 있게 되면 필연적으로 누구 누구 자손이 몇대손과 결혼한다, 혹은 고시합격하였다,라는 등의 문구가 나오는 현실이라 할 수가 있다.

　이상의 부분은 인간사회에서 필연성을 부여하는 점으로 곧 조상의 뿌리를 찾아 그 명맥에 대한 혈통의 우수함을 자랑하는 절대적인 이유가 과거나 현재를 불문하고 그 영향력을 자리잡고 있다해도 과언이 아니다.

　따라서 본 장에서 간명하는 조상(祖上)은 사실상 전편인 命理大要 上권에서 다루어지는 것이 원칙이겠으나 상당한 고난도의 집중력과 역학의 대가(大家)의 경지를 요구하는 실력이 있어야 되므로 부득히 命理大要 中권인 지금에서야 기술하게 됨을 이해하기 바란다.

　그렇다면 조상(祖上)의 기준은 과연 어디까지 한정되어 설명하여야 되는지를 놓고 대단히 난감스러운 입장을 표시 안할 수가 없겠는데 이것은 사주팔자는 오행이 여덟 글자로 짜여져 한정되어 있기 때문에 일일이 과거의 윗대의 조상(祖上)을 간명하기란 사실상 불가능하다 해도 과언이 아니다.

　이와 같은 맥락에 비추어 본 장에 기술하는 조상(祖上)의 실체는 사주주인공의 조부(祖父)를 중점하여 간명하고 있으며 이것을 더 나아가서는 후편인 命理大要 下권에 자세히 기술하고 있는 조상의 선산묘지까지 간명할 수 있는 절대적인 요소가 포함되어 있다고 볼 수가 있다.

　본 장에 기술하는 조상(祖上)에 대한 육친의 통변법으로 그 성질을 적용하여 보면 우선 조부의 기운은 편인을 보고 만약 사주에 편인이 없을 경우 년, 월주의 관성(정관이나 편관)의 기운을 조부(祖父)로 인정하여 간명한다.

그리고 증조부(曾祖父)는 육친상 식신을 보고 판단하고 더 나아가서 고조부(高祖父)는 편관의 성질을 보고 판단하는데 이것은 조부의 기운과 중복되는 현상을 볼 수가 있으나 의외로 적중하고 있으므로 육친론에서는 고조부(高祖父)를 편관을 선택하고 있음도 중시볼 필요가 있다.

결국 본 서 命理大要 中권인 본 장에 조상(祖上)에 대한 간명법은 사주주인공의 명조를 놓고 년주의 기운을 판단한 뒤 다시 육친을 접목하면서 각종 살성(殺星)과 지장간의 변화 및 십이운성 강약을 복수적으로 취용하여 종합적인 결론을 내리는 것을 대단히 본 장에서 강조하고 있다고 할 것이다.

(1). 격국(格局)에 대한 조상(祖上)판단

● 년주에 괴강(魁罡), 백호대살(白虎大殺) 및 양인살(羊刃殺)이 있는 중에 십이운성 쇠, 병, 사, 묘, 절에 해당하면 흉사(凶死), 객사(客死)의 조상이 있다.!

● 일간이 신약하고 년주의 기운을 육친의 편관, 겁재, 양인등이 존재한 중에 형, 충으로 파극하고 있을 경우도 흉사(凶死), 객사(客死)의 조상이 있다.!

● 오행이 木, 火, 土, 金, 水를 가지고 주류무체(周流無滯)한 중에 년주에 재성과 관성이 유정(有情)하거나 혹은 인수나 천을귀인(天乙貴人)이 있으면 조상이 부

귀했다.!

●일간에 대한 년주의 기운이 길신이고 십이운성 제왕 지에 해당하면 명문집안의 가문을 가지고 본인이 출 생한다.!

●년간의 기운이 십이운성 장생지에 해당하거나 년지 의 기운이 천을귀인(天乙貴人)에 해당하고 있다면 조 상때에 부귀영화가 있다고 판단하는데 이상의 기운 이 일간에 대한 길신이 년주가 된다면 본인은 명문집 안을 가지고 출생한다.!

●년주에 편관, 겁재, 편인, 양인등이 존재하면 조상이 발전이 없었으며 년주에 십이운성 사, 묘, 절이나 혹 은 형, 충이 있을 경우 조상덕이 없다.!

●일간이 신왕하고 년, 월주에 정관이 용신이나 희신이 면 조부모가 부귀영화를 누렸다.!

●년주의 편인이나 혹은 년, 월주의 관성(정관, 편관)이 십이운성 목욕지에 해당하거나 도화살(桃花殺)에 해 당하면 조부때에 작첩을 하여 두가정을 거느렸다.!

●년주의 편인이나 혹은 년, 월주의 관성(정관, 편관)의 기운이 천간이나 지지의 오행과 간합과 암합(暗合)을 여러번하고 있다면 조부가 역시 풍류호객이며 작첩

을 하였다,!

*.이상으로 조상에 대한 격국을 판단하여 보았는데 여기서 언급하는 것은 광범위하게 윗전의 조상을 말하고 있는 것 같으나 사실상 조부님을 주체로 하여 간명하고 아울러 고조부(高祖父)나 증조부(曾祖父)는 부수적으로 포함되고 있음을 첨언하는 바이다.

따라서 이상의 격국에 대한 육친의 편인이나 관성(정관, 편관)등은 조부님에 한정되어 간명하고 있지만 이러한 년주의 기운을 토대로 더 나아가서 육친의 식신은 증조부(曾祖父)를 나타내고 또한 편관은 고조부(高祖父)를 의미하고 있다.

그렇다면 모두 년주나 월주에 국한되어 조상을 판별하여야 될 것이며 만약 일지나 시주는 사주주인공에 대한 손아래를 의미하고 있기 때문에 이상의 육친이 존재하여 있다해도 그대로 해석하지 말고 그 때는 년주의 동태만 보고 십이운성 강약과 각종 살성(殺星) 및 귀인(貴人)을 복수적으로 접목하여 간명하는 것이 타당하다.

또한 만약 이상의 육친이 사주년주나 월주에 정오행이 없더라도 년지나 월지의 지장간에 암장되어 있는 여기(餘氣), 중기(中氣), 및 정기(正氣)의 오행에 이상의 육친의 성정이 있다고 하면 그것을 보고 조상의 부분을 간명하여도 대단한 적중률을 나타내고 있음을 본 저자는 실제경험상 발견하고 있으니 이러한 점을 참조하기 바란다.

*. 본 장 조상(祖上)의 판단에 준하여 조상덕을 가
　지고 출생하여 명문집안의 자손으로 자리매김하
　고 있는 실제인물인 김 모씨 사주팔자이다.!

(예1). 남자, 김 모씨(경북 안동) 1965년 음력 5월 25일
　　　子 시

　　　　　　　　　　　　　　　　　　　　(대　　운)

絕　生　祿　旺 己-乙상충,! 66 56 46 36 26 16 6

甲　己　壬　乙　　　　　乙 丙 丁 戊 己 庚 辛

子　酉　午　巳　　　　　亥 子 丑 寅 卯 辰 巳

　　　　　　*. "卯-酉상충",!!

정관　　　정재 편관

木　(土)　水　木

水　金　火　火

편재 식신 편인 인수

　　　　　　　*.일간이 신약하나 중화(中和)의 기
　　　　　　　　점에 안정되어 있으며 격국이 "신
　　　　　　　　약월지편인격(身弱月支偏印格)"
　　　　　　　　이니 인성 火氣와 비겁 土氣를 용
　　　　　　　　신으로 선택하는 사주이다.!

●본 장 조상(祖上)에 준하여 그 실체를 판단하여 본 결
　과 일간 己土에 대한 년주의 기운이 십이운성 제왕지
　에 해당하고 있는 중에 편관+인수가 상생이 되고 있

으므로 조상이 대단히 명문세도를 누렸음을 알 수가 있다.!

더구나 월주가 壬午로서 역시 일간에 대한 건록지에 앉아 있는 중에 일간 己土를 생조하는 월지 午火 편인이 용신이 되고 있음에 따라 부모덕까지 받는 사주인데 오행상 木, 火, 土, 金, 水를 가지고 주류무체(周流無滯)로 생화불식(生化不息)이 되고 있으니 더욱 더 사주가 절묘하다.!

하지만 대운의 흐름이 초년 火운이 지나가고 중반 이후 亥-子-丑 水局으로 치달리고 있으니 발복이 쇠약하므로 아쉬운 단면을 보여주고 있으며 그 중에 26세 己卯대운에 대운천간 己土가 사주년간 乙木 편관을 己-乙 상충으로 파극하고 대운지지 卯木이 일지 酉金을 卯-酉 상충으로 파극하고 있어 결혼을 하자말자 곧 부부간에 풍파가 발생하여 이혼으로 재가팔자가 되었다.!

＊. 일간의 왕쇠(旺衰),!

己일간 午월에 출생하여 득령(得令)하였으며 사주원국 월지 午火 편인을 중심해서 년지 巳火 인수가 강력하게 일간 己土를 생조하고 있지만 상대적인 일지 酉金 식신과 시지 子水 편재에 뿌리를 두고 사주천간에 관성 甲, 乙木과 壬水 정재까지 투출되어 일간을 강력하게 극루(剋漏)하므로 강약을 정하기 어려운 약간 신약이다.

따라서 이렇게 일간 己土가 신약할 경우 마땅히 일간의 기운을 생조할 수 있는 오행이 필요할 것인데 사주원국을 자세히 관찰하여 보니 일간 己土에 대한 년지 巳火 인수가 십이운성 제왕지에 앉아 있는 중에 다시 월지 午火 편인이 건록지에 자리를 잡고 있음에 따라 일간의 세력이 중화(中和)의 기점에 완전히 육박하는 성질이 됨으로 능이 신의 기운인 식상, 재성, 관성의 세력에 일간이 대적할 만하다.

한편으로 볼 때 계절이 午월이 되어 더운 계절에 일간이 출생하였으니 일면 조후법상 金, 水의 기운이 필요하겠지만 이것 역시 사주원국에 일지 酉金 식신과 시지 子水 편재에 뿌리를 두고 월상 壬水 정재가 투출되어 있으므로 오히려 조후를 충족시키고도 남음이 있다할 것이다.

고로 본 사주팔자는 일간 己土의 기운이 내격(內格)의 억부법에 준하여 용신을 선정하는 것이 마땅하며 비록 일간 己土가 신약이나 중화(中和)의 기점에 안정된 기운을 가지고 있음에 따라 정신기(精神氣)삼자가 균등하게 자리를 잡고 있으므로 대귀격이라 판단한다.

✻. 일부학자들의 의문,!

일부학자들 중에는 방금 본 저자가 설명한 본 사주팔자에 대한 일간의 왕쇠(旺衰)를 결정하는 부분에 대해서 한가지 의문을 가지고 질문을 하고 있다.

그것은 "운정선생은 본 사주원국에 대한 일간 己土가 비록 사주월지 午火 편인 및 년지 巳火 인수에 생조를 받고 있지만 일간 己土를 극루(尅漏)하는 상대적인 金, 水, 木이 많아 일간이 중화(中和)의 기점에 안정된 신약이라며 설명하고 있다",!

"그러나 저희 학자들의 견해는 운정선생과 조금 생각의 판단을 달리하고 있는데 우선 사주월지 午火 편인에 득령(得令)을 한 중에 년지 巳火 인수에 일간 己土가 생조를 받고 있으며 다시 시상에 투출되어 있는 甲木 정관이 일간 己土와 甲-己合土를 성립함에 따라 합을 하여 나오는 土氣로 일간을 생조하고 있으니 완전히 일간이 신왕으로 치우쳐져 있음을 엿볼 수가 있다",!

"따라서 상황이 이럴진데 운정선생은 이상의 사주시상에 투출되어 있는 甲木 정관이 일간 己土와 甲-己합에 대한 일언 반구도 하지 않은 채 막연히 월지와 년지 인성만 보고 일간이 신약하다는 결론은 사주추명학상 일간의 왕쇠(旺衰)를 결정하는데 상당한 오류를 범할 수가 있는 단점을 노출시키는 결과가 되니 이와 같은 의문에 대하여 구체적인 답변을 하여달라",!라며 자세한 대답을 요구하고 있다.

*. 일부학자들의 의문에 대한 본 저자판단,!

일부학자들이 의문을 표시한 이상의 성질에 대하여 본 저자의 견해는 일부학자들의 판단은 상당한 논리에 부합되는 것이기는 하나 사실상 천간합을 구성하는 성질을 본 저자가 지금 저술중에 있는 合,의 特秘에 적용시켜 그 실체를 면밀히 관찰하여 보면 곧 본 저자의 생각과 일치하는 것을 알 수가 있다.

＊. 본 저자가 약 30여년동안 실제인물에 준하여 합, 충의 변화를 연구한 合, 의 特秘,!

따라서 지금 일부 집필중에 있는 合, 의 特秘에 준하여 그 실체를 인용하여 보면,!

"사주상에 천간합(天干合)은 그 세력이 미약한 성질로서 합을 구성하는 절차가 되니 양쪽의 어느 오행이라도 지지에 강력한 뿌리를 두는 십이운성 장생, 건록, 제왕지에 통근(通根)을 하고 있다면 합을 잘하지 않을려는 성질이 있다",!

"또한 천간합의 기운은 근접하여 합을 구성하여야 만이 합으로 취용할 수가 있는데 이 때 상극하는 오행이 천간상충을 가지고 파극하는 현상이 되고 있을 경우 제대로 완벽한 합을 구성하지 못하게 되며 아울러 양쪽에서 쟁합(爭合)이나 투합(鬪合)이 되고 있을 경우도 완벽한 합으로 귀착할 수가 없다",!

라며 그 실체를 자세하게 기술하고 있다.

그렇다면 본 사주팔자에 대한 일간의 왕쇠(旺衰)의 성질을 놓고 일부학자들이 의문을 표시한 시상에 투출되어 있는 甲木 정관과 일간 己土간에 甲-己合土를 거론할 수가 있다.

*. 甲-己合土 취용에 대한 결론,!

하지만 이상의 성질에 적용시켜 판단하여 볼 때 甲-己합이 되지 않는 성질이 완전히 일치하는 현상을 볼 수가 있겠는데 그것은 일면 단편적으로 판단할 경우 일간 己土와 시상 甲木 정관이 완전히 거리가 근접하여 있으니 완벽한 甲-己合土로 변할 수가 있다고도 볼 수가 있을 것이다.

따라서 본 사주에 대한 甲-己합의 기운을 좀 더 자세하게 면밀히 관찰하여 보면 일단 제일 먼저 일간 己土가 사주일지 酉金의 십이운성 장생지에 앉아 유정(有情)하여 있고 더하여 월지 午火 편인은 건록지 및 년지 巳火 편인은 제왕지에 각각 해당하고 있음을 엿볼 수가 있겠다.

그렇다면 이렇게 십이운성의 강력한 힘의 기운을 받쳐 주고 있을 경우 일간 己土가 사주지지에 뿌리를 튼튼히 하는 점이 되어 있으니 아무리 천간합의 기운이 결합하자고 해도 제대로 합을 하지 않으려는 성질을 가지는 것은 자명하다.

좀 더 자세하게 예를 들어 설명하자면 사실상 외격(外格)의 종격(從格)으로 구분되어 있는 화격(化格)의 성질에 비추어 보더라도 가령 甲일간의 기운이 지지에 土氣로 일색(一色)이 되어 있는 중에 시상이나 월상에 己土가 투출되어 있을 경우 일간 甲木이 세력을 받쳐줄 수 있는 인성 水氣나 비겁 木氣가 미미함에 따라 부득히 절대세력인 土氣에 부합할 수 있는 갑기합토화격(甲己合土化格)으로 귀착하는 일례를 보면 쉽게 이해가 갈 수 있는 대목이다.

이상의 성질을 생각하여 볼 경우 본 사주팔자의 일간 己土는 이렇게 지지의 강력한 십이운성에 뿌리를 두고 있는 성질이 되고 있음에 따라 완벽한 甲-己合土를 할 수가 없는 이유가 성립되는 것을 알수가 있는데 더구나 비록 원격(遠隔)하지만 사주년간에 투출되어 있는 乙木 편관이 일간 己土를 己-乙 상충으로 甲-己합을 방해하고 있으니 더욱 더 완전히 합을 할 수가 없는 절대적인 이유가 성립된다 해도 과언이 아니다.

본 장 일부학자들이 의문을 구하고 있는 본 사주원국의 甲-己合土의 기운이 이와 같은 맥락에 준하여 본 저자는 甲-己합을 취용하지 않았던 것이며 이것은 사실상 하나의 시상에 투출되어 있는 甲木 정관이 일간 己土와 甲-己合土로 변화되어 있다면 완벽한 일간의 왕쇠(旺衰)에 비추어 신강으로 귀착할 수 있는 절대적인 요건이 되는 것임을 알 수가 있겠다.

결국 하나의 합을 취용하는 과정이 일간의 왕쇠(旺衰)가 신강이나 신약이 되어 용신을 취용하는 과정이 정반대의 현상을 불러들일 수가 있는 함정이 여기에 있으니 참으로 하나의 합의 기운을 선택하는 과정은 역학자의 상당한 고난도의 실력과 집중력을 요구함은 두말할 이유가 없다.

*. 격국(格局)과 용신,!

본 사주팔자에 대한 격국과 용신을 판별하여 보면 일간 己土가 신약한 중에 사주월지 午火 편인이 자리를 잡고 다시 년지 巳火 인수까지 있으므로 원칙적인 **"신약월지편인격(身弱月支偏印格)"**이 성격(成格)된다.

고로 용신은 일간 己土가 신약하니 일간 己土를 부조하는 인성 火氣를 용신으로 삼고 아울러 인성 火氣가 생조하는 비겁 土氣는 길신으로 선택하는 것이 타당하다.

따라서 이렇게 사주상의 용신과 길신으로 선택하여 놓고 사주격국을 면밀히 관찰하여 보니 일간 己土에 대한 용신의 기운이 월지 午火 편인 및 년지 巳火 인수가 각각 일간 己土를 중심으로 해서 십이운성 건록지와 제왕지에 뿌리를 두고 있음을 엿볼 수가 있겠다.

그렇다면 이와 같은 현상은 일간 己土가 비록 신약한 성질이지만 일간에 대한 세력을 얻으면서 사주상에 용신이 월지와 년지등으로 왕성히 자리를 잡고 있으니 곧 진신(眞神)의 성질과 함께 억부법이나 조후법상 용신이 일치하고 있으므로 복록이 깊은 것이 된다.

더구나 한편으로 볼 때 이러한 점은 사주팔자에 대한 용신의 기운이 년지와 월지의 기운을 사주일간 강약도표에 준하여 그 힘을 측정하여 보면 43%가 되어 일간 己土가 신왕으로 귀착할 수가 있겠지만 년지의 기운은 일간 己土와 무정(無情)하게 되어 있음에 따라 완전한 13%의 힘을 일간이 받지 못하고 있기 때문에 신약일 수밖에 없다.

하지만 일간의 기운이 상대적인 식상, 재성, 관성의 기운이 강해서 일간 己土가 비록 신약하지만 이렇게 안정된 세력을 가지고 있는 점은 능히 어떠한 사주팔자와 비교하여 보더라도 결코 뒤지지 않는 좋은 사주격국임을 알 수가 있다.

*. 격국(格局)에 대한 청탁(淸濁),!

위 사주팔자에 대한 격국의 청탁(淸濁)판별을 하여 보면 우선 일간 己土가 비록 신약하나 중화(中和)의 기점에 안정된 기운을 가지고 있으며 또한 사주상에 이렇다할 오행자체가 편중(偏重)으로 치우쳐져 있지 않음을 알 수가 있다.

더구나 본 사주원국은 오행이 木, 火, 土, 金, 水를 모두 갖추고 있는 중에 년간에 투출되어 있는 乙木 편관을 기점으로 해서 년지 巳火 인수에 木生火로 연결하고 있고 다시 년지 巳火 및 월지 午火는 일간 己土를 火生土로 돌리고 있으며 더하여 일간 己土는 바로 근접하여 있는 일지 酉金 식신에게 土生金으로 생조하고 있음을 엿볼 수가 있다.

또한 이렇게 인성 火氣의 기운을 흡수 받은 일지 酉金 식신은 다시 사주시지 子水 편재를 金生水로 생조하고 있으며 재차 子水 편재는 시상에 투출되어 있는 甲木 정관에게 水生木으로 돌리고 있으니 이는 곧 오행상 유통됨이 막힘이 없고 주류무체(周流無滯)로 이어지는 생화불식(生化不息) 및 생식불식(生息不息)에 의존하는 격국임으로 정말 절묘한 배합을 구성하고 있다해도 과언이 아니다.

한편으로 판단하여 볼 때 본 사주팔자는 사주천간의 기운중에 비록 년간 乙木 편관과 일간 己土간 己-乙 상충이 되고 있지만 월상에 壬水가 투출되어 가로막고 있는 중에 더구나 시상에 존재하는 甲木은 일산 己土와 甲-己合土로 합을 도모하고 있으니 상충의 작용을 합으로 막고 있음에 따라 완전히 상충의 작용이 퇴색되어 있다할 것이다.

이상의 성질은 지지에도 그대로 나타나고 있는데 비록 시지 子水 편재와 사주월지 午火 편인간에 子-午 상충이 되어 파극하고 있지만 역시 일지 酉金 식신이 가로막아 子水 편재와 午火 편인 사이를 원격(遠隔)하게 만들고 있는 중에 년지 巳火 인수와 일지 酉金 식신 간에 巳-酉合金이 되고 있으니 제대로 상충의 작용을 할 수가 없다고 볼 수가 있다.

결국 본 사주원국은 본 장에 준한 청탁(淸濁)의 부분에 비추어 판단하여 볼때 격국이 순수하며 비록 일간이 신약하나 중화(中和)의 기점에 안정되어 있는 세력을 가지면서 오행상 서로 유통되는 주류무체(周流無滯)로 이어지는 생화불식(生化不息)에 의존하는 격국이 되고 있음에 따라 대단한 청기(淸氣)를 가지는 사주명조라 간명할 수가 있다.

*. 사주주인공의 성격,!

　　본 사주주인공은 김 모씨로서 남자사주인데 이상과 같이 사주격국에 대한 일간의 왕쇠(旺衰) 및 용신과 그리고 청탁(淸濁)의 판별에 비추어 그 실체를 자세하게 파악하여 보았는데 일간이 비록 신약하나 중화(中和)의 기점에 안정되어 격국이 청기(淸氣)를 가지는 명조임을 알 수가 있었다.

　　따라서 본 장에 사주 주인공의 성격을 판별하여 보면 우선 일간 己土가 신약하여 **"신약월지편인격(身弱月支偏印格)"**을 성격(成格)하고 있으니 편인이 용신으로 자리매김하고 있음에 따라 행동이 민첩함과 두뇌가 명민해서 지혜총명한 점이 엿보이고 있다.

　　이와 같은 현상은 사주일간 己土를 중심으로 해서 일지 酉金이 문창성(文昌星)이 되고 있는 중에 일간과 土-金 식신격을 구성하고 있으니 더욱 더 완전히 적중하고 있는데 그렇다면 사주주인공인 김 모씨는 문학적, 예술적, 학술적인 발명등으로 사회적인 두각을 나타낼 수가 있다.

　　더구나 사주월지 午火 편인이 용신의 기운이 되니 이상의 부분을 더욱 더 강력하게 뒷받침하고 있는데 일면 편인+인수가 교집(交集)되어 있으니 무슨 일에 당면하게 되면 결단심이 부족하겠고 아울러 직업이 두가지 이상 직업을 잡을 것으로 판단한다.

　　한편으로 볼 때 사주일지 酉金을 주동하여 시지 子水 편재가 천을귀인이 되나 아쉽게도 십이운성의 절지에 해당하고 있으니 천을귀인(天乙貴人)에 대한 장점을 나타낼 수가 없으며 子-酉 귀문관살(鬼門關殺)이 있고 사주년지 巳火와 일지 酉金을 주동해서 월지 午

火 편인이 도화살(桃花殺)에 해당하고 있으니 변태적인 성욕과 여자를 밝히는 편에 속한다고 볼 수가 있다.

*. 부모님의 운명,!

다시 본 사주 주인공인 김 모씨의 부모님의 운명을 판별하여 보면 우선 부모님을 볼 수 있는 자리는 월주가 되므로 월주의 십이운성의 왕쇠(旺衰)와 각종 살성(殺星) 및 귀인(貴人)등을 복수적으로 간명한 뒤 육친의 운명인 편재와 인수의 동태를 종합적으로 접목시켜 판단하는 것이 타당하다.

따라서 사주 주인공인 김 모씨의 사주명조를 자세히 관찰하여 보니 시지에 子水 편재가 있으나 시주는 손아래 및 자식궁을 거론하는 자리이므로 월상에 壬水 정재가 투출되어 있음에 따라 정재 壬水를 부친대용으로 보고 판단하며 아울러 년지 인수가 자리를 잡고 있으므로 모친 또한 존재하는 것이 된다.

이 때 월상에 투출되어 있는 壬水 정재를 보니 십이운성 건록지에 해당하고 있는 중에 년간에 투출되어 있는 乙木 편관이 水生木 상생의 조건을 갖추고 있으므로 부친이 사회적인 지명이 높은 것으로 판단하며 아울러 시지 子水 편재가 사실상 거론하지 않아도 되겠지만 참고로 일간 己土를 중심으로 해서 천을귀인(天乙貴人)에 해당하고 있으니 더욱 더 부합하고 있다.

더구나 무엇보다도 중요한 점은 일간 己土가 신약하여 인성 火氣

와 비겁 土氣를 길신으로 선택하고 있는데 이러한 인성 火氣가 사주 년지 巳火 인수와 월지 午火 편인이 자리를 잡고 있는 것은 부모님 의 덕을 받아 그 은덕으로 부귀영화를 누릴 수가 있음을 엿볼 수가 있겠다.

그렇다면 이것은 사실상 년지와 월지에 巳火 및 午火 인성은 비 록 육친의 성질로 볼 때 모친의 기운으로 판별하는 것이 정석이나 월주의 기운을 부모궁으로 표시하고 있으므로 때에 따라서는 인수 를 부모로 보고 간명할 수 가 있으니 이렇게 용신의 기운이 월주에 자리를 잡고 있다는 하나의 이유만으로도 부모덕을 받을 수 있는 충 분한 간명법이 되고도 남음이 있다.

이러한 성질에 비추어 실제로 사주주인공인 김 모씨의 부친은 경 북 안동 모군의 군수로서 재직하고 있었으며 그 사회적인 영향력이 대단한 점으로 미루어 볼 때 본인 역시 부모님의 은덕을 받고 있고 아울러 부친이 현명하니 본 저자가 간명한 성질에 완전히 일치를 하 고 있다해도 과언이 아니다.

*. 본 장에 기술하는 조상의 판단,!

본 장에 준하여 사주 주인공인 김 모씨의 조상부분을 판별하여 보면 우선 사주년주를 보고 판단하는 것이 정석이다.

따라서 년주의 기운이 십이운성 강약과 각종 살성(殺星) 및 귀인 (貴人)을 종합적으로 간명한 뒤 다시 육친의 성정인 조부는 편인의 기운과 만약 편인의 기운이 없을 경우 년, 월주 관성(정관이나 편관)의 기운을 복수적으로 접목하여 결론을 내리는 것이 좋다.

이 때 본 장에 언급하는 조상에 대한 부분을 인용하여 보면,!

●오행이 木, 火, 土, 金, 水를 가지고 주류무체(周流無滯)한 중에 년주에 재성과 관성이 유정(有情)하거나 혹은 인수나 천을 귀인(天乙貴人)이 있으면 조상이 부귀했다.!

●일간에 대한 년주의 기운이 길신이고 십이운성 제왕지에 해당하면 명문집안의 가문을 가지고 본인이 출생한다.!

●년간의 기운이 십이운성 장생지에 해당하거나 년지의 기운이 천을귀인(天乙貴人)에 해당하고 있다면 조상때에 부귀영화가 있다고 판단하는데 이상의 기운이 일간에 대한 길신이 년주가 된다면 본인은 명문집안을 가지고 출생한다.!

●년주의 편인이나 혹은 년, 월주의 관성(정관, 편관)이 십이운성 목욕지에 해당하거나 도화살(桃花殺)에 해당하면 조부때에 작첩을 하여 두가정을 거느렸다.!

●년주의 편인이나 혹은 년, 월주의 관성(정관, 편관)의 기운이 천간이나 지지의 오행과 간합과 암합(暗合)을

여러번하고 있다면 조부가 역시 풍류호객이며 작첩을 하였다,! 라며 조부님의 운명에 대한 부분을 사주추명학에 비추어 적나라하게 파헤치고 있음을 엿볼 수가 있겠다.

그렇다면 사주내 조부님의 기운인 편인을 찾아보니 사주월지 午火에 편인이 자리를 잡고 있으므로 완전히 조부님이 존재하는 것이 되는데 이상의 육친의 성정인 편인과 년주의 동태를 같이 보고 간명하는 점이 타당할 것이다.

그런데 사주월지 午火 편인을 보니 사주주인공인 김 모씨의 조부님은 그 성품이 예의가 바르며 순리를 존중하는 어른이라는 것을 알 수가 있겠는데 이것은 午火가 오행별 성질로 보면 남방 火氣는 주작(朱雀)을 나타내고 火의 성정자체가 예절을 의미하고 있으므로 순리를 따르는 인격자이고 언변이 아주 좋은 점을 표시하고 있다.

더구나 조부님을 나타내는 월주의 기운이 일간 己土를 주동하여 십이운성 건록지에 해당하고 있으니 역시 관직을 가진 점을 알 수가 있겠고 이것은 년주의 기운도 십이운성의 제왕지에 존재하여 있으니 완전히 부합하고 있음도 관찰하여야 된다.

*. 사주추명학에 비추어 고조부와 증조부의 판단,!

여기서 또 다른 부분을 발견할 수가 있겠는데 그것은 사주년간 乙木 편관은 사실상 월지 午火 편인이 없다면 조부님을 볼 수가 있겠지만 편인이 있으니 편관 乙木은 고조부를 판별하고 그 성정을 비추어 볼 때 역시 십이운성 제왕지에 해당하고 있으니 고조부 역시 관록을 쥐었다고 판단한다.

이와 같은 현상은 더 나아가서 증조부의 기운을 판단하여 본다면 일지 酉金 식신은 증조부의 기운이 됨에 따라 사실상 일지는 윗전을 볼 수가 없겠으나 사주팔자는 오행상 한정되어 있기 때문에 참고로 하여 보니 역시 일간을 주동해서 일지가 장생지에 해당하고 있으므로 증조부님은 학문을 숭상하는 대학자인 점을 미루어 짐작하고도 남음이 있는 성질이다.

이것을 육친통변법으로 좀 더 자세하게 기술하여 보면 증조부님을 대변하고 있는 사주일지 酉金이 일간 己土를 대조하여 문창성(文昌星)이 되고 있으므로 문창성(文昌星)은 지혜총명함과 학문을 나타내고 있으니 완전히 대학자임을 엿볼 수가 있겠는데 이와 같은 현상은 酉金 자체가 서방 金氣에 해당하고 있으니 오행별 성질로 보면 金氣는 지혜총명을 뜻하고 있으므로 완전히 부합하고 있다.

실제로 이와 같은 점을 간명하고 사주주인공인 김 모씨 본인 및 부친에게 그 실체를 언급하여 본 결과 고조부와 조부님은 모두 관록을 쥐고 있었으며 또한 증조부님은 조선시대 유교적으로 대학자임을 밝혀내고 있으니 이 얼마나 사주추명학에 대한 명리는 신(神)의 기운을 꿰뚫어내는 무서운 학문인가,?

＊. 조상에 대한 조부, 증조부, 고조부, 모두 26년간 경험상 터득한 비법(秘法)에 준한 작첩판단,!

그런데 여기서 중요한 성질이 발견되고 있겠는데 그것은 사실상 조부님을 비롯하여 증조부 및 고조부등도 모두 첩을 거느렸다는 것을 판단할 수가 있으니 그 실체를 사주추명학에 비추어 좀 더 자세하게 간명하여 보기로 하겠다.

*. 조부님을 기준하여,!!

우선 조부님을 보면 월지 편인 午火를 기준하여 조부님의 성정을 간명하는데 午火의 오행을 기준하여 여자의 기운은 金氣가 되므로 사주내 金氣의 기운을 찾아보니 사주년지 巳火 인수의 지장간 중기(中氣)에 庚金이 존재하여 있고 다시 사주일지 酉金 식신이 金氣가 되므로 완전히 여자의 기운이 두 개씩이나 나타나고 있음을 엿볼 수가 있다.

더구나 이와 같은 부분은 더 나아가서 사주년간에 투출되어 있는 乙木 편관이 사주년지 巳중의 지장간 중기(中氣)인 庚金과 乙-庚암합하여 다시 金氣가 나오고 있는 중에 사주일지 酉金 식신의 지장간 여기(餘氣)에 庚金이 또 있으므로 역시 乙-庚암합을 하여 재차 金氣가 돌출되고 있으니 이상의 부분을 모두 종합하여 판단하여 볼 때 조부님의 여자는 모두 4명이라는 것으로 판단 되고 있다.

그렇다면 조부님은 상당히 많은 첩을 두었다는 것을 알 수가 있겠으며 더구나 대단히 호색다음(好色多淫)한 것으로 판단하겠는데 그것은 이상의 여자의 기운이 많는 점도 한몫을 차지하는 이유도 되겠지만 일주 己酉 및 년지 巳火를 주동해서 월지 午火 편인이 중첩

하여 도화살(桃花殺)이 되고 있으므로 완전히 적중하고 있다해도 과
언이 아니다.

*. 증조부님을 기준하여,!!

다시 본 사주팔자에 대한 증조부님을 이상의 성질에 판별하여 보
면 사주일지 酉金 식신을 기점하여 여자의 기운은 木氣가 되므로 사
주내 木氣의 기운을 찾아보니 년간 乙木과 시상에 투출되어 있는 정
관 甲木이 있으므로 정오행은 두 개가 나타나고 있음을 알 수가 있
다.

그런데 월상에 투출되어 있는 壬水 정재가 사주월지 午火 편인의
지장간 정기(正氣)에 丁火와 丁-壬合木을 하여 재차 木氣가 나타나
고 있으므로 이와 같은 성질에 비추어 볼 때 여자의 기운은 모두 3
개씩이나 돌출되고 있으므로 사주주인공인 김 모씨의 증조부님도
작첩을 하였다는 점을 여실히 증명하고 있다할 것이다.

더구나 이와 같은 점은 한편으로 달리 판단할 수도 있겠는데 그
것은 증조부의 기운은 酉金 식신을 기점해서 지장간 정기(正氣)오행
이 辛金이 되므로 몸이 합방하는 丙-辛합을 하는 오행인 丙火가 사
주년지 巳火 인수의 지장간 중기(中氣)에 丙火가 있음을 발견할 수
가 있다.

또한 이상의 성질이 더 나아가서 월지 午火 편인의 지장간 여기
(餘氣)에 丙火가 재차 나타나고 있으므로 이렇게 증조부의 기운이

丙-辛암합을 한다는 자체가 따라나오는 오행을 불문하고 호색다음
(好色多淫)하여 첩을 두었다고 판단하는 이유가 여기에 있다해도 과
언이 아니다.

*. 고조부님를 기준하여,!!

다시 사주 주인공인 김 모씨의 고조부님을 간명하여 보건데 육친
의 성정은 편관을 표시하고 있으니 사주상의 편관이 년간 乙木 편관
이 투출되어 있음에 따라 완전한 편관의 성정이 존재하고 있으므로
고조부님이 나타나고 있다고 볼 수가 있다.

그렇다면 고조부님도 호색다음(好色多淫)하여 여인을 작첩하였
다고 판단할 수가 있겠는데 그것은 전자에도 기술하였듯이 고조부
님의 오행인 乙木을 기점하여 여자의 기운은 土氣가 되므로 사주내
土氣를 관찰하여 보니 사주년지 巳중의 지장간 여기(餘氣)에 戊土로
대변할 수가 있다.

상황은 여기에만 끝나는 것이 아니고 다시 월지 午火 지장간 중
기(中氣)에 己土, 그리고 마지막 일간 己土인 정오행이 있는 중에 재
차 시상에 투출되어 있는 甲木 정관과 甲-己合土하여 또 다른 土氣
가 표출되어 나오고 있으므로 모두 여자의 기운은 4개씩이나 나타
나고 있음을 간명할 수가 있다.

따라서 이렇게 고조부님의 오행인 乙木을 기준하여 여자의 오행
이 많이 나타나고 있다는 것은 그만큼 고조부님이 여인을 가까이 하

였다는 점을 증명하고 있으며 또한 한편으로 달리 판단하면 일간 乙木을 기준하여 합을 할 수 있는 乙-庚암합이 사주년지 巳중의 지장간 중기에 庚金이 있으니 乙-庚암합을 하고 있다는 것이 발견되고 있다.

그리고 다시 사주일지 酉金 식신의 지장간 여기(餘氣)에 재차 庚金이 숨어 있으므로 이것 역시 乙-庚암합을 하고 있으니 사실상 암합을 하여 따라나오는 오행을 불문하고 이렇게 고조부님을 대변하고 있는 乙木이 합을 한다는 자체가 호색다음(好色多淫)하다는 것을 단적으로 보여주는 계기가 된다.

더구나 상황이 이럴진데 고조부님을 표시하고 있는 乙木 편관이 있는 년주가 乙巳가 되므로 십이운성에 대한 년주의 기운이 목욕지에 해당하고 있으니 더욱 더 완전한 작첩을 하였다는 점을 증명하고 있는 부분으로서 이것은 더 이상 무엇으로 반론을 제기할 수 없는 절대적인 이유가 여기에 있다해도 과언이 아니다.

*. 일부학자들의 의문,!

지금까지 설명한 조부님, 증조부님, 고조부님등이 호색다음(好色多淫)하니 작첩을 하였다는 성질에 대하여 본 저자가 약 30여년동안 실제인물을 간명하는 절차에서 경험상 터득한 비법(秘法)을 적용하면서 그 실체를 적나라하게 파헤쳐 보았다.

그런데 여기서 일부학자들 중에서 한가지 의문을 제기하면서 질문을 하고 있겠는데 그것은 **"운정선생은 본 사주주인공인 김 모씨의 조상의 성질을 기술하면서 정말 신(神)의 경지에 도 달할 정도로 조상의 부분을 꿰뚫어내는 간명법은 너무나 놀 라움을 금할 길이 없다",!**

"하지만 그 중에서 저희 역학자들은 세 번째 기술하고 있 는 乙木 편관인 고조부님을 기준하여 여자의 기운을 지장간 에 암장되어 있는 巳중 戊土와 월지 午중의 己土등을 꼬집 을 수가 있을 것이다",!

"그러나 사실상 여자의 기운으로 대변되고 있는 土氣를 적용하는 절차에서 일간 己土는 사주상의 중심이 되고 있으 므로 사주주인공의 몸체라 아니할 수가 없는데 어찌하여 일 간 己土도 포함시키고 있는지 그 성질에 대하여 좀 더 구체 적으로 기술하여 달라",! 라며 자세한 답변을 요구하고 있다.

*. 일부학자들의 의문에 대한 본 저자판단,!

이와 같은 일부학자들의 의문에 대하여 본 저자는 일부학자들의 말은 상당한 설득력이 있겠지만 그러나 사주내 육친의 성정을 간명 하는 자리에서는 그 원리자체가 변화되는 과정이 많이 나타나고 있 으므로 그러한 점을 주의 깊게 파악해볼 필요가 있다.

따라서 그에 대한 성질을 자세하게 기술하여 보면 우선 일부학자들 이 의문을 표시한 일간 己土를 사주년간 乙木 편관을 기점하여 육친의 성정인 여자로 판단하는 절차를 놓고 사주일간은 자신의 몸을 나타내고 있기 때문에 간명점의 기준이 되는 것은 두말할 필요가 없다.

하지만 사주내 육친의 성정을 접목시키면서 사주타주의 기운을 대조하여 그 실체를 언급하고 있다면 비록 사주일간이 사주기둥인 주체가 된다해도 이것 또한 육친의 성정으로 표시하여 간명하는 것이 더당한데 이것은 사실상 오행의 기운이 여덟글자로 한정되어 있기 때문에 일간 역시도 오행으로 존재하니 마땅히 육친의 성정을 접목하여 간명하여야 되는 점은 필연성이다.

이와 같은 부분을 좀 더 자세하게 기술하여 보면 아무리 일간이 사주명조상의 모든 육친을 가려내는 군주이라 할지라도 일간 역시 오행으로 대변되고 있으니 완전히 적용하며 무엇보다도 중요한 것은 비록 일간으로 중심되어 모든 육친을 가려내고 있으나 어느 한정된 육친으로 볼 때 일간 역시 오행으로 자리매김을 하고 있으므로 이 경우 일간도 오행으로 취급되어 다른 육친으로 통변되는 절대적인 이유가 여기에 있다해도 과언이 아니다.

이상의 맥락에 비추어 일부학자들이 의문을 표시하고 있는 사주년간에 투출되어 있는 乙木 편관을 기점으로 해서 일간 己土는 여자의 기운으로 대변되고 있는 재성이 되므로 이렇게 육친상의 통변법은 사주 어느 곳이던 오행을 기점하여 육친의 기운으로 선정되어야 하는 점이 이상의 설명한 부분에 적용되고 있음을 사주추명학상 하나의 중요하게 취급되어야 하는 간명법이라 할 수가 있다.

결국 실제로 사주 주인공인 김 모씨의 고조부와 증조부 및 조부님이 모두 여인을 가까이 하였으며 할머니들이 많았다고 윗대의 어른들이 말한 것을 들었다고 본 저자에게 일러주고 있을 때 진실로 사주추명학은 신(神)의 경지의 학문이 아니라고 어느 누가 감히 배척할 수가 있겠는가?

*. 격국에 대한 대운흐름,!

이상으로 지금까지 사주 주인공인 김 모씨의 선천성인 사주명조를 보고 본인의 성격 및 부모님과 그리고 조부, 증조부, 고조부등을 사주추명학에 비추어 그 실체를 적나라하게 파헤쳐 보았는데 이러한 것은 사주원국의 오행이 여덟 글자로 짜나져 한정되어 있기 때문에 대단히 고난도의 간명법이라 할 수가 있다.

더구나 육친의 성정을 모두 십이운성과 각종 살성(殺星) 및 귀인(貴人)을 접목시켜 년, 월주의 동태를 복수적으로 대조하여 종합판단하기란 실로 쉽지 않음을 본 저자는 감히 자인하는 바이며 그러나 사주추명학에 대한 대가(大家)의 경지로 바라볼 것 같으면 이상의 부분은 절대로 소홀히 취급하여서는 아니될 것이다.

따라서 지금부터는 사주 주인공인 김 모씨의 선천성 사주격국에 대한 후천성인 대운의 흐름을 접목시켜 그 운로를 파악하는 점이 되겠는데 전자에도 언급하였지만 비록 일간 己土가 신약하나 그 세력이 중화(中和)의 기점에 육박하는 기운을 가지면서 오행상 모두 균등을 갖추고 있으니 사실상 청탁(淸濁)의 부분에 비추어 대단한 청기(淸氣)를 가지는 명조임을 알 수가 있다.

그러나 이와 같은 점은 부귀공명은 따놓은 당상이 틀림이 없겠지만 애석하게도 이렇게 좋은 사주격국이 후천성인 대운의 흐름이 초년 6세 辛巳대운만 일간 己土를 생조하는 현상이 되고 나머지는 16세 庚辰대운부터 일간 己土를 상극하는 동방 寅-卯-辰 木局과 북방 亥-子-丑 水局으로 치달리고 있으니 상당한 고난이 예상된다고 판단할 수가 있다.

그런데 한가지 좋은 것은 비록 대운지지가 일간 己土를 상극하는 木氣와 水氣의 기운으로 달리고는 있겠지만 그나마 다행으로 대운천간이 신약한 일간 己土를 생조하는 비겁 土氣와 인성 火氣를 업고 있기 때문에 대운천간이 지배하는 시기에는 발복을 할 수가 있음도 조심스럽게 미루어 짐작할 수가 있다.

이러한 대운의 부분을 본 장에 대한 조상부분을 언급하는 자리에서 언급하기란 사실상 지면의 한정관계로 일일이 기술할 수가 없고 단지 초년 6세 辛巳대운부터 사주 주인공인 김 모씨가 재혼팔자가 된 26세 己卯대운까지만 기술하여 보기로 하겠다.

초년 6세는 辛巳대운이다.

이 때 대운천간 辛金은 일간 己土에 대한 식신의 기운이 되어 신약한 일간 己土를 더욱 더 신약하게 만들고 있으니 원칙적으로 기신(忌神)의 운로가 되겠는데 설상가상으로 사주년간에 투출되어 있는 乙木 편관을 乙-辛 상충으로 파극하고 있음에 따라 편관을 가격할 경우 유년은 질병이나 교통사고를 대단히 조심하여야 됨을 사주원국은 무언중에 암시를 하고 있다.

하지만 절묘하게 대운지지 巳火가 일간 己土를 생조하는 인수의 기운이 되어 일간의 기운을 생조하면서 아울러 대운천간 辛金의 기운을 火剋金으로 상극하여 그 흉함을 억제하고 있으니 절묘한 현상이라 아니할 수가 없으니 불행중 다행이다.

실제로 사주 주인공인 김 모씨는 초년 6세 辛金이 지배하는 시점에서는 잔병치레를 많이 하였으나 그 질병은 미미하였으니 별탈이 없었다고 사주주인공인 김 모씨가 대변하고 있는 것을 볼 때 이것은 대운지지 巳火가 직, 간접으로 흉의를 억제하였다는 점을 단적으로 보여주는 현상이라 할 것이다.

다시 16세는 庚辰대운이다.

이 때 대운천간 庚金은 신약한 일간 己土에 대한 상관의 기운이 되어 일간 己土의 기운을 더욱 더 설기(泄氣)시키고 있으니 일간이 기운이 빠져 상당한 흉의가 예상되고 있는데 설상가상으로 시상에 투출되어 있는 甲木 정관을 甲−庚 상충으로 파극함에 따라 정관이 발동하고 있으니 그로 인한 흉의가 속출할 수가 있다.

그런데 이와 같은 현상은 대운지지 辰土가 비록 일간 己土를 생조할 수 있는 겁재이지만 이것이 사주원국 일지 酉金 식신과 辰−酉 合金, 그리고 시지 子水 편재와 子−辰合水로 돌변하고 있으니 이렇게 각각의 합의 기운이 생길 때는 쟁합(爭合)의 성질이 되어 완벽한 하나의 기운으로 돌변하지는 않겠으나 그래도 기신(忌神)의 세력을 한층 더 강력하게 만들 수 있는 현상이 됨에 따라 더욱 더 흉의는 가중된다고 판단하여야 된다.

하지만 본 사주팔자가 일반적인 평범한 사주원국이 되어 중화(中和)의 기점에 멀어져 가는 극심하게 신약하거나 혹은 극심한 신왕이 되고 있을 경우 안정된 격국이 되지 못하기 때문에 그 흉함은 대단히 강력하게 속출할 것은 자명한 일이다.

그러나 절묘하게 본 사주원국은 오행이 木, 火, 土, 金, 水를 모두 갖추면서 오행상 시로 생조하는 현상이 되는 주류무체(周流無滯)로 이어지는 생화불식(生化不息) 및 생식불식(生息不息)에 의존하는 사주명조가 되고 있으니 대흉함이 오행의 상생으로 인한 유통을 도모하여 흉의 완화를 기대할 수가 있다.

실제로 사주 주인공인 김 모씨는 이 때인 16세 庚辰대운에서 학업에 전념하는 시기가 되겠으나 성적이 오르지 않았으니 대학을 들어가는 과정에서 대단히 큰 고통과 근심을 받았는데 급기야는 우연히 친구들과 휩쓸려 패싸움에 가담을 하여 관재 송사의 문제도 겪었다고 회고를 하고 있다.

하지만 이와 같은 점은 사실상 일반적인 평범한 사주명조일 것 같으면 그 흉함이 상당히 강력하게 들어왔을 것인데 그나마 본 사주팔자가 오행의 균등을 가지고 생화불식(生化不息)에 의존하는 격국이 되고 있으니 이러한 흉함은 소흉으로 지나갔음을 미루어 짐작할 수가 있다.

다시 26세는 현재대운으로 己卯대운이다.

따라서 사주 주인공인 김 모씨가 결혼을 하여 재혼팔자가 되었는 시기가 되므로 비록 사주격국이 청기(淸氣)를 가지는 성질이 되나 후천성인 대운의 흐름이 기신(忌神)의 기운을 업고 사주일지를 충격하는 것이 되니 이것은 아무리 격국이 좋다손 치더라도 부부간에 풍파는 모면할 수가 없는 절대적인 계기가 된다.

이와 같은 부분은 상당히 집중적으로 운의 통변을 하여야 되는 고난도의 성질이 되고 있음에 따라 사주주인공인 김 모씨의 사주명조와 후천성인 대운의 흐름인 26세 己卯대운이 나타나고 있는 사주도표를 보면서 그 실체를 자세하게 기술하여보기로 한다.

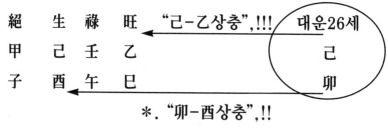

絶	生	祿	旺		

"己-乙상충",!!! ← 대운26세

甲　己　壬　乙　　　己

子　酉　午　巳　　　卯

*. "卯-酉상충",!!

정관　　　정재　편관

木　(土)　水　木

水　金　火　火

편재　식신　편인　인수

도표에서 나타나고 있듯이 이 때 대운천간 己土가 비록 신약한 일간을 생조하는 비견의 운로라서 길운이 되겠지만 사실상 사주년간에 투출되어 있는 乙木 편관을 己-乙 상충으로 파극하고 있으니 이렇게 편관의 기운을 충돌하는 처사는 상당한 고통을 감수하여야 됨을 알 수가 있다.

그러나 이와 같은 현상은 단순히 대운천간 己土만 들어온다고 가정할 때 아무리 편관 乙木을 가격한다손 치더라도 그다지 큰 흉의가 발생되지 않고 오히려 신약한 일간을 부조하는 성질이 되므로 약간의 이사, 이동 등의 변동사만 불러들일 수가 있겠지만 문제는 대운지지 卯木이 가장 큰 근심거리가 된다.

따라서 대운지지 卯木이 신약한 일간 己土에게는 원칙적으로 편관의 기운이 되고 있는 중에 사주일지 酉金 식신을 卯-酉 상충으로 파극하고 다시 시지 子水 편재를 子-卯 형으로 다스리고 있으니 이와 같은 기신(忌神)의 기운이 한꺼번에 일지와 시지를 충격하는 점은 상당한 흉의가 들어온다고 판단하여야 될 것이다.

이상의 성질을 육친통변법으로 좀 더 구체적으로 기술하여 보면 우선 대운천간 己土가 일간에 대한 비견이 되는 것은 독립, 분가, 이별을 의미하고 있으며 이렇게 사주년간에 투출되어 있는 乙木 편관을 己-乙 상충으로 파극하고 있으니 편관을 건드리게 될 경우 관재, 송사 및 교통사고를 나타내는 절대적인 요인이 되고 있다.

더구나 이와 같은 현상은 대운지지 卯木이 재차 일간 己土에 대한 편관의 기운이 되고 있는데 이렇게 사주일지 酉金 식신을 卯-酉 상충으로 파극하는 것은 일지는 자신의 몸이고 부부궁에 해당하기 때문에 편관이 일지를 충격하는 점 자체가 부부가 이별, 풍파를 당한다고 단적으로 보여주는 계기가 된다.

이러한 현상은 더 나아가서 사주시지 子水 편재를 子-卯 형이 되고 있으니 일지와 시지의 기운은 부부궁이며 자손궁에 해당하고 있으므로 더욱 더 완전히 일치를 하고 있는데 卯木 편관이 그나마 일 간 己土에 대한 희신의 작용을 하고 있을 경우 극단적인 풍파를 모 면할 수가 있겠으나 이렇게 일간에 대한 기신(忌神)의 성질이 되고 있음에 따라 더욱 더 흉의는 강력할 수밖에 없는 것이다.

　실제로 사주주인공인 김 모씨는 이 때 26세 己卯대운에서 첫결혼 을 하였으나 부부의 연분이 바뀌는 합의이혼을 하였으니 이렇게 사 주격국이 좋다손 치더라도 대운의 흐름이 중첩하여 동방 寅-卯-辰 木局과 북방 亥-子-丑 水局으로 치달리고 있는 현상이 되어 필연적 인 부부풍파를 맞이할 수 있음을 절대적이라 할 수가 있다.

제2장

부 모 (父 母)

제2장
부 모(父 母)

1. 부 모(父 母)

인간이 태어나는 동기는 부모에 의하여 좌우되고 아울러 세상에
나와서 부모님의 보살핌이 없이는 제대로 성장을 할 수가 없다.

이러한 육친의 부모는 사람에 대한 혈연적인 절대적 인맥을 형성
하여 있다고 해도 과언이 아닌데 인간은 누구나 부귀명문가(富貴名
文家)에 출생하기를 원하고 있으며 더하여 성장하는 과정에서 부모
덕을 받기를 원한다.

하지만 출생의 근본이 하나같이 평등하지 않고 어느 사람은 부귀
명문가에 출생하면서 성장하는 과정에 부모님의 은덕을 받아 대대

손손 대부귀를 누리는 사람이 있는 반면 혹자는 부모님을 잘못 만나 빈천가문(貧賤家門)에 출생하니 평생동안 곤궁을 면치 못하면서 일생을 종명(終命)하는 자도 많다.

더구나 이와 같은 점은 그나마 지금은 계급사회를 타파하여 민주주의적인 평등사회로 탈바꿈 되었기 망정이지 옛날 조선시대나 더 거슬러 올라가서 신라시대 및 고려시대는 그야말로 신분의 귀천은 하늘과 땅의 차이로 아무리 본인이 잘나고 총명 영리하여 똑똑하지만 신분이 빈천할 경우 관록을 쥐는 벼슬도 나가지 못할뿐더러 아예 과거시험조차 응시할 수가 없었으니 이것은 정말 불행중의 불행이라 할 것이다.

따라서 그 시대인 옛 시절은 부모를 잘 만나는 것이 오복(五福)중에 하나로 으뜸을 치고 있었으니 이것은 절대적인 부귀공명이 됨에 따라 사주주인공의 영화는 얼마나 부귀명문가의 부모에 의해 태어났는가 라는점은 곧 재복(財福)과 관록(官祿)을 동시에 거머쥐는 것이 되니 참으로 부모를 잘 만나는 것은 본인의 행복을 보장받는 것이라 해도 과언이 아니다.

이와 같은 맥락에 비추어 본 장에 기술하고 있는 부모(父母)는 사주주인공의 선천성인 사주명조를 판별하여 윗대인 부모궁을 간명한 뒤 그에 대한 실체를 사주추명학에 비추어 빈부(貧富)의 격차를 차등하여 적나라하게 파헤치고 있음을 알 수가 있겠고 이것은 육친의 운명을 판별하는 중요한 부분이 될 것이다.

결국 본 장에 언급하는 부모(父母)는 선천성인 사주격국에 대하여 용신의 기운을 따진 뒤 그 영향력에 따라 부모덕이 있는 사주와 부모덕이 없는 사주를 구별한 후 실제인물을 적용하여 대운과 육친의 성정인 부모로 대변되고 있는 편재와 인수를 중점하여 그 실체를 기술하고 있다.

(1). 부모덕이 있는 사주

● 월주에 인수가 있고 시주에 재성이 있을 때 년주의 관성이 용신이나 희신이면 부모가 부귀한다.!

● 신약하고 년주에 재성이 있고 시주에 관성이 있을 때 월주에 인수가 희신이면 부친이 집안을 일으켰음을 판단한다.!

● 년주에 관성, 월주에 인수가 상생하고 일주와 시주에 재성과 상관이 없으면 부모덕이 크다.!

● 일간이 신약하여 인수가 길신인데 형, 충되지 않고 혹은 재성이 인수를 파극하지 않으면 부모덕이 크다.!

● 일간이 신강, 신약을 불문하고 오행의 균등을 가지고 있는 중에 주류무체(周流無滯)하여 월주에 길신이 자리를 잡고 있을 경우 부모덕이 크다.!

● 일간이 신강하여 년주에 정관이 용신이고 다시 월주에 재

성이 희신이 되고 있을 경우 부모가 부귀명문으로 부모덕이 크다.!

※참고로 지금까지 부모덕을 받는 사주격국을 모두 나열하여 보았는데 여기서 한가지 중요한 부분이 있다.그것은 비록 선천성인 사주명조가 부모덕을 받는 사주격국이 되어있다손 치더라도 후천성인 대운의 흐름이 초년부터 중반까지 용신을 상극하는 기신(忌神)의 운으로 첩첩되어 달리고 있다면 오히려 부모덕을 받을 수가 없게 된다.

이와 같은 현상은 더 나아가서는 단순히 직계 본인이나 부친이 질병이나 약간의 흉의로 넘어갈 수가 있을 경우 별문제가 되지 않겠지만 때에 따라서는 부친의 가업이 파산하거나 혹은 작고하는 수도 생기게 되므로 반드시 후천성인 대운의 흐름을 면밀히 관찰하여 종합적으로 판단하는 것이 제일 정확하다.

결국 본 장에 기술하고 있는 부모덕을 받을 수 있는 격국은 선천성인 사주주인공의 사주팔자를 간명한 뒤 반드시 후천성인 초년대운의 흐름을 필수적으로 파악하여 결론을 내려야 됨을 본 저자는 대단히 강조하고 있는 바이다.

✽.본 장 부모덕을 받을 수 있는 사주에 적용되어 부모덕을 받아 엄청난 재력(財力)을 가지고 있는 실제인물인이 모씨의 사주팔자이다.!

(예1). 남자, 이 모씨(경기도 안성) 1949년 음력 윤 7
월 17일 午 시

(대 운)

胎	病	浴	衰	丁-癸상충,!	61	51	41	31	21	11	1
丙	壬	癸	己		丙	丁	戊	己	庚	辛	壬
午	寅	酉	丑		寅	卯	辰	巳	午	未	申

*. "卯-酉 상충",!!!

편재　　접재 정관

火　(水)　水　土

火　木　金　土

정재 식신 인수 정관

●일간이 신약한 중의 사주월지에 酉金 인수가 자리를 잡고 있으므로 "신약인수격(身弱印綬格)"을 성격(成格)하니 사주월지 酉金 인수가 용신이 되고 있다.!

따라서 본 장의 부모덕에 적용하여 사주월지에 인수 酉金이 용신이 들어 있는 것은 월주는 부모궁을 의미하고 있음에 따라 부모덕을 볼 수가 있는 격국이 되고 있음을 알 수가 있다.!

또한 이것은 더 나아가서는 년주 己丑이 정관이 되어 월주 酉金 인수를 土生金으로 생조하여 정관과 인수가 상생하므로 명문가문 출생으로 부모가 대단히 부귀를 누렸음을 사주원국이 무언중에 암시를 하고 있다.!

더구나 사주 주인공의 초년대운을 보니 1세 壬申대운을 시작해서 정히 용신의 기운이 되고 있는데 비록 11세 辛未 대운부터 남방 巳-午-未 火局으로 치달리고 있으나 운간 (運干)이 金氣를 업고 있으니 완전히 부모덕으로 살아가 는 사주원국이 되고 있다.!

한편으로 볼 때 사주오행이 木, 火, 土, 金, 水를 모두 가 지고 土生金, 金生水, 水生木, 木生火로 상생의 법칙이 되 고 있으니 생화불식(生化不息)이 되고 있는 격국이 되는 데 이는 곧 비록 살운(殺運)이 들어와도 오행상생의 작용 으로 대흉을 줄일 수가 있으니 절묘하다.!

하지만 대운의 흐름이 51세 丁卯대운이 되면 대운천간 丁 火가 비록 일간 壬水와 丁-壬간합을 도모하여 월상에 투 출되어 있는 癸水 겁재를 丁-癸 상충을 완화시키겠으나 대운지지 卯木이 사주용신으로 대변되고 있는 월지 酉金 인수를 卯-酉 상충으로 파극하고 있음에 따라 절대적인 흉함을 엿볼 수가 있으니 이때 아마도 본인은 물론이고 부 모님의 생명이 위험하다는 것을 단적으로 보여주고 있다.!

*. 일간의 왕쇠(旺衰),!

壬일간 酉월에 출생하여 득령(得令)하였으며 사주월지 酉金 인수를 중심으로해서 월상에 癸水 겁재가 투출되어 있는 중에 다시 년지 丑土 정관과 월지 酉金 인수가 酉-丑合金을 하여 일간 癸水를 생조하고 있으니 단편적으로 판단할 경우 신왕이라 간명하기 쉽다.

하지만 사주일지 寅木 식신이 자리를 잡고 시지 午火 정재와 寅-午合火를 구성하여 그 세력을 대표하고 있는 시상 丙火 편재가 투출되어 대단히 왕성하여 있음에 따라 사실상 재성 火氣의 기운이 태왕해서 일간 壬水가 신약으로 귀착하고 있다.

그러나 일간 壬水의 세력은 방금 언급하였다시피 이렇게 월지 酉金 인수에 득령(得令)한 중에 월상 癸水 겁재가 투출되면서 년지 丑土 정관과 월지 인수 酉金이 酉-丑合金을 구성하니 일간 壬水에 대한 세력을 튼튼히 하게 되므로 왕성한 재성 火氣를 능히 대적할만하다.

＊. 일부학자들의 의문,!

일부학자들 중에서 방금 본 저자가 설명한 본 사주원국 일간 壬水의 왕쇠(旺衰)의 세력을 거론하는 성질에 대해 본 사주일간 壬水가 신약하다고 판단하는 점을 놓고 한가지 의문을 가지면서 질문을 하고 있다.

그것은 **"命理大要 저자 운정선생은 지금 위 사주일간 壬水에 대한 힘의 균형이 왕성한 재성 火氣가 시주에 자리를 잡고 寅-午合火를 구성하니 반대인 일간 壬水가 신약하다며**

기술하고 있다",!

"하지만 저희 학자들의 견해는 운정선생과 조금 달리 판단하고 싶은데 그 이유로 우선 월령의 기운을 판별하여 보면 월지에 사왕지지(子, 午, 卯, 酉)인 酉金이 자리를 잡고 년지 丑土 정관과 酉-丑合金을 구성하고 있는 와중에 다시 그 힘을 생조받고 있는 월상에 癸水 겁재가 투출되어 일간 壬水를 강력하게 생조하는 것을 엿볼 수가 있다",!

"그러나 그에 반하여 상대적인 재성 火氣의 세력은 火의 세력으로 대표하고 있는 火氣의 중심이 시주에 丙午가 자리를 잡고 일지 寅木 식신과 寅-午合火를 구성하고 있는데 같은 동질성인 사왕지지(四旺地支)인 午火는 시지에 자리를 잡고 합을 하는 것을 알 수가 있다",!

"이상의 부분을 종합적으로 판단하여 볼 때 시지와 일지의 寅-午合火는 월령을 득(得)하지 못하고 상대적인 酉-丑合金은 사주월지에는 일간을 생조하는 酉金 인수가 합을 하는 세력이 되고 있으니 이것은 합을 하는 세력이 비교도 되지 않을 만큼 강력한 차이를 보일 수밖에 없게 되었다",!

"따라서 저희 학자들은 완벽히 일간 壬水가 신왕으로 귀착할 수 있다고 판단하고 있는데 어찌하여 이와 같은 현상에도 불구하고 운정선생은 막연히 합을 하는 양자의 세력을 비교분석하지 않은채 막연히 일간 壬水가 상대적인 재성 火氣가 강력하다고 해서 본 사주를 신약으로 판명하여 단적으로 결론을 내리고 있는가",?

"결국 운정선생의 견해는 본 사주일간이 힘의 강약에서 쇠약하니 일간을 생조하는 인성 金氣와 비겁 水氣를 용신으로 선택할 수 있다고 판단하는 부분을 놓고 저희학자들 생각의 견해가 완전히 정반대의 용신의 기운으로 선택될 수 있는 것이므로 이 부분에 대하여 명확한 답변이 있어야 될 것이다",! 라며 왕쇠(旺衰)의 성질에 대하여 날카롭게 지적하면서 자세한 답변을 요구하고 있다.

✳. 일부학자들의 의문에 대한 본 저자판단,!

이와 같이 일부학자들이 의문을 제기한 본 사주팔자 일간 壬水에 대한 왕쇠(旺衰)를 거론하는 성질은 일면 타당성이 있겠지만 그러나 사주오행의 강약을 측정하는 기운을 좀 더 면밀히 관찰하여 본다면 곧 본 저자의 견해가 틀림이 아니라는 것을 알 수가 있겠다.

따라서 그 부분을 집중적으로 간명하여 본다면 우선 학자들이 지적한 위 사주월지 酉金 인수와 년지 丑土 정관이 합을 하는 酉-丑合金과 일지 寅木 식신과 시지 午火 정재간 寅-午合火에 대한 양자의 성질을 왕쇠(旺衰)의 세력을 비교분석 측정하여 볼 필요가 있다.

그런데 여기서 이상의 합의 기운을 단편적으로 생각한다면 모두 사왕지지(子, 午, 卯, 酉)인 酉金이나 午火로서 합을 구성하는 성질이 됨에 따라 그 힘의 차이를 판단하기가 대단히 난이하고 더구나 학자들이 언급한 酉-丑合金의 경우 사왕지지(四旺地支)인 酉金 인수가 본 사주월지에 자리를 잡고 있으니 단편적으로 간명할 때 酉-丑合金의 기운이 더 강해질 수 있다고 판단하기 쉽게 되었다.

또한 더 나아가서 이와 같은 서로간에 합의 기운인 酉-丑合金이나 寅-午合火를 구성하는 성질이 서로간 합을 방해하는 상충이나 삼형의 기운이 없음에 따라 양자 모두 완벽한 합을 성립한다고 판단하겠지만 사실상 사주천간에 합의 중심을 모아주는 동질오행을 세밀히 관찰하여야 될 것이다.

그렇다면 지금 양자의 합의 기운을 놓고 월지 酉金 인수는 비록 사왕지지(四旺地支)가 월지에 자리를 잡아 년지 丑土 정관과 酉-丑合金을 구성하겠지만 사실상 金氣를 대표하는 기운이 사주천간에 투출되어 있지 않고 그에 반하여 일지 寅木 식신과 시지 午火 정재 간인 寅-午合火는 사주시상에 丙火 편재가 투출되어 있음을 발견할 수가 있겠다.

이상의 맥락에 비추어 양자의 합의 기운을 판별하여 볼 때 이렇게 寅-午合火는 시상에 丙火가 투출되어 있으니 더욱 더 그 힘의 세력이 강력하다는 점은 두말할 필요가 없겠으며 더구나 시상에 투출되어 있는 丙火 편재는 시지 午火 정재에 십이운성 제왕지에 해당하고 있으므로 완전한 불의 기운을 한층 더 강력하게 기운을 모아주고 있음을 알 수가 있겠다.

이것은 상대적인 사주월지 酉金 인수와 년지 丑土 정관의 합인 酉-丑合金은 비록 사왕지지인 酉金이 사주월령에 차지를 하고 있지만 사주천간에 酉-丑合金을 대표하고 있는 庚, 辛 金氣가 투출되어 있지 않음에 따라 寅-午合火의 중심세력을 대표하는 丙火의 기운에 밀려나는 것으로 결론이 나게 된다.

결국 본 사주일간 壬水가 신약으로 귀착하는 이유가 여기에 있고 이와 같은 성질을 감안하여 본 저자는 위 사주팔자를 신약으로 판단 하였던 것이니 이상의 부분에 대하여 무슨 반박이나 이유가 있을 수 가 없다.

*. 일간의 왕쇠(旺衰)에 준한 판단,!

다시 한편으로 본 사주팔자를 판단하여 볼 때 일부 일간 癸水의 세력을 부조하고 있는 인수 酉金과 재성 火氣간에 火剋金으로 상극 하고 있으니 일면 이렇게 인성 金氣와 재성 火氣가 충돌하는 처사는 통관법(通關法)이 적용될 수 있는 소지가 있겠다.

그렇지만 사주년주에 己丑 정관이 모두 자리를 잡아 火生土로 이 끌고 다시 土生金으로 연결하고 있으니 오행의 균등을 도모하고 있 음에 따라 사실상 전극(戰剋)이 발생되지 않는다고 판단하는 것이 타당하다.

더구나 일지 寅木 식신이 비록 시지 午火 정재간에 寅-午合火로 돌변하여 식신 木氣가 없었겼다고 판단할 지 모르지만 寅-午合火는 사실상 정삼합(正三合)의 기운인 寅-午-戌 삼자가 모두 갖추어지지 않는 중에 월령에 사왕지지(四旺地支)인 午火가 자리를 잡고 합을

64

구성하고 있지 않기 때문에 寅木 식신의 잔여기운을 남기는 것이 되어 이것 역시 火剋金의 상극을 완화시키는 역할을 할 수가 있다해도 과언이 아니다.

이러한 성질을 감안한다면 본 사주팔자는 비록 일간 壬水가 신약하나 오행상 木, 火, 土, 金, 水를 모두 가지고 있는 중에 일간 壬水의 기운이 중화(中和)의 기점에 육박하고 있으니 그 힘이 안정되어 상당한 세력을 가지고 있고 더구나 오행의 성질로 보면 사실상 균등을 도모하고 있으므로 사주원국이 좋은 격국임을 알 수가 있다.

＊. 격국(格局)과 용신,!

본 사주팔자에 대한 일간 壬水를 주동하여 격국(格局)과 용신을 판별하여 보면 사주월지 酉金 인수가 자리를 잡고 있으니 원칙적으로 **"신약인수격(身弱印綬格)"** 혹은 **"신약월지인수격(身弱月支印綬格)"**을 성격(成格)하고 있다.

고로 용신은 월지 인수 酉金을 선택하는 것이 마땅하며 아울러 일간 壬水가 신약하고 있으니 신약한 일간 壬水를 부조하는 비겁 水氣는 길신으로 선정하는 것이 마땅할 것이다.

이렇게 사주상에 용신과 길신을 선택하여 놓고 사주격국을 면밀히 관찰하여 보니 사주의 용신으로 대변되고 있는 월지 酉金 인수가 자리를 잡고 있음에 따라 이것은 사주일간강약도표에 준하여 그 힘을 단편적으로 판단해도 30%의 기운을 가지고 있음이니 벌써부터 용신의 기운이 강령함을 첫눈에 알 수가 있다.

더구나 이와 같은 현상은 사주년주가 己丑인 정관이 되어 월지
酉金 인수를 土生金으로 생조하고 있으니 인수 酉金이 왕성한 정관
土氣를 살인상생(殺印相生) 및 관인상생(官印相生)의 법칙을 실현하
여 신약한 일간 壬水에게 연결되고 있으므로 이는 곧 정말 절묘한
배힙을 구성하는 것을 엿볼 수가 있다.

또한 한편으로 볼 때 본 사주원국은 사주내 재성 火氣가 태왕하
여 있으니 일면 내격(內格)의 억부법을 떠나서 월지 酉金 인수는 조
후법에도 용신과 길신이 성질이 일치되고 있으므로 이것은 곧 진신
(眞神)의 성질과 함께 복록이 깊은 것이 되어 아주 좋다고 볼 수가
있다.

＊. 용신과 길신에 대한 천복지재(天覆地載),!

본 사주팔자에 용신과 길신의 기운이 동주(同柱)의 성질이 되고
있는 천복지재(天覆地載)의 법칙에 완전히 부합하고 있음을 판별할
수가 있겠는데 그것은 우선 사주월지 酉金 인수를 년주에 정관 己丑
이 土生金으로 생조하고 있으니 용신인 인수 酉金이 힘을 받음에 따
라 서로간 유정(有情)한 결과를 나타내고 있다.

더욱이나 이와 같은 현상은 사주월지 酉金 인수가 월상에 투출되
어 있는 癸水 겁재에게 金生水로 연결하고 있음에 따라 완전히 용신
과 길신이 서로간 동주(同柱)의 기운이 되며 따라서 길신과 용신의

세력이 더욱 더 왕성하게 되므로 대단히 좋다고 판단해야 할 것이다.

따라서 전편인 命理秘典 下권에 기술되어 있는 길신과 용신의 성질이 완전한 천복지재(天覆地載)가 되어 사주상에 영향력을 더욱 더 극대화하고 있으니 이것은 정말 절묘한 배합을 구성하고 있다해도 과언이 아니다.

*. 본 사주팔자에 대한 청탁(淸濁)판별,!

이상과 같은 맥락에 비추어 본 사주원국에 대한 청탁(淸濁)판별을 하여 보면 보통 사주내 오행상 균등을 모두 갖추고 있는가, 그리고 오행이 편중(偏重)되는가,를 관찰하고 용신의 왕쇠(旺衰)를 판단한 후 각종 살성(殺星)과 합의 기운을 복수적으로 취용하여 그에 대한 결론을 내려야 될 것이다.

따라서 위 사주팔자를 면밀히 관찰하여 보면 일간 壬水가 비록 신약하나 중화(中和)의 기점에 안정되어 있는 격국이며 아울러 용신의 기운으로 자리매김하고 있는 월지 酉金 인수가 차지하여 길신인 겁재 癸水가 월상에 투출되어 서로간 천복지재(天覆地載)가 성립되어 있으니 용신의 기운이 더욱 더 왕성함은 두말할 필요가 없다.

이상의 부분은 더 나아가서 사주년주 己丑 정관이 월지 酉金 인수인 용신을 土生金으로 생조하고 있는데 정관 土氣의 기운을 흡수받은 월지 酉金 인수가 다시 월상에 투출되어 있는 癸水 겁재와 일간 壬水를 같이 金生水로 연결되고 있음을 엿볼 수가 있다.

그리고 이렇게 일간과 겁재인 壬水와 癸水는 또다시 사주일지 寅
木 식신에게 水生木으로 연결하고 있는 중에 이번에는 일지 寅木 식
신이 각각 시상과 시지에 丙午에게 木生火로 생조하고 있으니 이것
은 곧 오행상 유통을 도모하고 있는 주류무체(周流無滯)가 되어 물
결이 높은데서 낮은 데로 순리에 따라 흐르듯이 생화불식(生化不息)
및 생식불식(生息不息)의 조건이 되고 있으므로 이것은 정말 절묘한
배합을 구성하고 있다해도 과언이 아니다.

더구나 비록 사주천간에 탁기(濁氣)를 구성할 수 있는 시상 丙火
편재가 일간 壬水와 丙-壬 상충이 되고 있기는 하나 이렇게 오행상
상생의 법칙으로 서로간 유통이 되어 주류무체(周流無滯)로서 연결
되고 있다면 어떠한 상충의 작용도 감히 완벽하게 발생하지 못하게
만들게 되니 오행상 유통으로 연결되는 것은 얼마나 격국이 좋아지
는가 하는점을 단적으로 보여주는 대목이다.

결국 본 사주팔자는 본 장에 기술하고 있는 격국(格局)에 대한 청
탁(淸濁)의 부분에서 대단한 청기(淸氣)를 만족하는 사주팔자라는
것은 의심할 수가 없는 성질이 되니 비록 사주일간 壬水가 신약함을
보이고 있지만 중화(中和)의 기점에 안정되어 청기(淸氣)를 가짐에
따라 일청도저유정신(一淸到底有精神)이니 대단히 좋은 사주팔자라
는 것을 알 수가 있겠다.

*. 본 사주주인공의 성격,!

본 사주원국에 대한 주인공은 이 모씨로서 남자사주인데 지금까

지 일간의 왕쇠(旺衰) 및 격국(格局)의 청탁(淸濁)판별에 비추어 그 실체를 간명하여 볼때 비록 일간이 신약하나 일간의 세력이 중화(中和)의 기점에 육박하고 있으며 아울러 오생상 균등을 모두 갖추고 주류무체(周流無滯)를 이루어 생화불식(生化不息)이 되고 있으니 대단한 청기(淸氣)를 가지고 있는 사주명조라할 것이다.

따라서 본 장에 언급하는 사주주인공에 대한 성격을 판별하여 보면 우선 일간 壬水가 신약하여 사주월지에 酉金 인수를 용신으로 삼고 있으니 **"신약월지인수격(身弱月支印水格)"**을 성격(成格)하고 있으므로 완전히 인수의 특성이 그대로 잘 나타나고 있음을 알 수가 있다.

그렇다면 사주 주인공인 이 모씨는 그 성격이 자비롭고 불쌍한 사람을 보면 도움을 주지 않고는 못 견디는 인자 관대한 풍모를 갖추면서 매사를 치밀하게 연구하는 학자라 할 것인데 일간 壬水를 주동하여 월지 酉金 인수가 금수쌍청(金水雙淸)이 되면서 다시 일간 壬水의 기운을 일지 寅木 식신이 水-木 식신격(水-木 食神格)으로 누출시키고 있으니 아주 지혜 총명함을 엿볼 수가 있겠다.

더구나 이와 같은 성질은 일간 壬水를 주동하여 사주일지 寅木 식신이 문창성(文昌星)이 되고 있으니 문학적, 예술적인 부분에 천부적인 소질을 발휘하고 있음을 알 수가 있겠는데 더욱 더 본 사주팔자가 오행상 木, 火, 土, 金, 水를 모두 갖추고 오행간 서로 상생의 법칙으로 이어지는 주류무체(周流無滯)가 되어 있으므로 더욱 더 확실하게 되고 있다.

또한 사주팔자에 인수 酉金이 용신이 되고 있는 중에 월상에 투출되어 있는 癸水 겁재와 서로간 金生水로 상생이 되고 있는데 이것은 곧 길신과 용신이 같은 주에 동주(同柱)의 성질이 되어 길신과 용신간 세력을 한층 더 확장시키고 있음을 엿볼 수가 있겠다.

이러한 성질은 육친통변법에 적용시켜 간명하여 본다면 길신의 기운인 인수+겁재가 동주(同柱)하고 있는 것은 자비 인격자의 풍모로서 이미 본 저자가 편찬한 命理秘典 上권인 인수의 육친통변법에 자세하게 기술하고 있는 것을 상기할 때 완전히 일치하고 있음도 알수가 있다.

이상과 같은 맥락에 비추어 사주주인공인 이 모씨는 사주격국이 대단히 순수하고 청기(淸氣)를 가지고 있는 중에 사주일간과 월지 酉金간 금수쌍청(金水雙淸)을 하면서 다시 사주일간과 일지간 水-木 식신격(水-木 食神格)이 구성되고 있으니 완전한 학자의 풍모로서 세인들에게 존경을 한몸에 받는 사주이며 더욱 더 문창성(文昌星)까지 있으므로 이상의 성질에 완전히 부합하고 있음을 간명하는 바이다.

*. 부모님의 운명판단,!

다시 사주 주인공인 이 모씨에 대한 부모님의 성정을 판별하여 보면 사주월주가 부모궁이 되니 월주의 동태를 관찰하여 십이운성 왕쇠(旺衰)와 각종 살성(殺星) 및 귀인(貴人)을 복수적으로 간명한 뒤 육친을 대변하고 있는 편재나 인수를 적용하여 그 실체에 대한 길흉을 판단하여야 될 것이다.

따라서 본 사주격국을 면밀히 관찰하여 보니 사주월주에 癸酉로서 인수 酉金과 겁재 癸水가 동주(同柱)되어 일간 壬水에 대한 용신과 길신이 함께 들어 있음에 따라 단편적으로 판단할 경우 부친의 성정이 보이지 않고 있으니 그 실체를 간명하기가 어렵게 될 수가 있다.

일면 사주시상에 투출되어 있는 丙火 편재가 있는데 이렇게 시주에 편재가 있는 것은 손아래를 의미하고 있으니 부친을 볼 수가 없겠지만 육친의 성정상 참고하여 월주의 기운을 복수적으로 판단하는 것이 타당한데 그러나 비록 편재의 기운이 없더라도 사주 년, 월주의 인수를 모두 부모로 대변하고 있으므로 그대로 부모를 취용하여 간명하여도 무방할 것이다.

이 때 사주월주의 육친의 성정이 월지에 인수 酉金이 자리를 잡고 있는 중에 십이운성의 목욕지에 해당하고 있으니 부친이 호색다음(好色多淫)하다는 점을 단적으로 사주원국이 무언중에 암시를 하고 있는데 더구나 사주월지 酉金 인수가 년지 丑土와 酉-丑合金을 하고 있으니 더욱 더 확실함을 뒷받침하고 있다.

이러한 점은 한편으로 달리 판단할 수도 있겠는데 그것은 사주시상 편재 丙火가 사주 월지 酉金 인수의 지장간 정기(正氣)에 辛金과 丙-辛合水, 그리고 다시 사주년지 丑土 정관의 지장간 여기(餘氣)에 辛金이 들어 있으므로 이것 역시 丙-辛合水로 암합(暗合)을 군데군데하고 있는 점은 부친이 바람을 피우면서 호색하다는 것을 증명할 수가 있는 대목이다.

*. 본 저자가 약 30여년동안 경험상 터득한 비법(秘法)에 적용해서 사주 주인공인 이 모씨의 모친이 재취로 결혼한 성질,!

이상의 성질을 관찰하면서 문득 한가지 새로운 사실이 발견되고 있는데 그것은 비록 부친의 성정을 사주월주의 동태를 보면서 간명하였지만 이번에는 모친을 대변하고 있는 인수 酉金을 상대적으로 간명하여 볼 경우 어머니가 재취로 결혼하여 사주주인공인 이 모씨를 생산하였다는 것을 엿볼 수가 있다.

따라서 그 부분을 세밀하게 판단하여 보면 우선 부모의 자리로서 사주월주의 동태를 간명하여 酉金 인수를 부친을 대변하였지만 사주 시상에 丙火 편재를 복수적으로 간명하여 그 실체를 전자에 언급하였다고 볼 수가 있는데 이번에는 완전한 모친의 기운이 인수 酉金이 됨에 따라 역시 월주에 십이운성 목욕지에 해당하고 있으니 어머니가 재혼팔자라는 것을 단적으로 표시하고 있다해도 과언이 아니다.

그런데도 불구하고 월지 인수 酉金의 지장간 정기(正氣)를 표출하여 보니 辛金이 되고 있으므로 辛金을 주동하여 암합하는 성질을 면밀히 관찰할 때 사주일지 寅木 식신의 지장간 중기(中氣)에 丙火와 丙-辛合水를 성립하는 점을 면밀히 파악해볼 필요가 있겠다.

그리고 다시 이와 같은 현상은 더 나아가서 다시 사주시지 午火 편재의 지장간 여기(餘氣)에 역시 丙火가 들어 있으니 이것 역시

丙-辛合水가 구성되고 있는 중에 이번에는 사주시상에 丙火 편재와 丙-辛合水를 도모하여 이렇게 각각에 많은 丙-辛암합이 성립되는 자체가 어머니가 결혼을 여러번 하였다는 것을 단적으로 보여주는 현상이라 할 것이다.

이상과 같은 맥락에 비추어 볼 때 육친의 통변법상 모친을 의미하고 있는 酉金 인수의 지장간 정기(正氣) 辛金을 표출하여 이렇게 암합이 많이 맺어지고 있는 현상은 그만큼 모친이 재가팔자라고 단적으로 간명해도 무방한 성질이 되는데 더구나 십이운성의 목욕지에 해당하고 있으니 완전히 일치된다고 판단할 수가 있는 것이다.

실제로 사주 주인공인 이 모씨의 부친과 모친은 재혼팔자로서 맺어졌으며 그후 사주주인공인 이 모씨를 생산하였다는 사실을 본 저자가 조심스럽게 사주 주인공인 이 모씨를 통하여 들었으니 이 얼마나 하늘의 기운을 대변하고 있는 사주추명학이 신(神)의 학문이라 대변하지 않겠는가?

결국 지금까지 기술한 성질은 그동안 본 저자가 사주추명학의 원조인 고서(古書)나 원서에 이렇다할 내용이 구체적으로 언급하고 있지 않는 성질에 대해 실제인물을 간명하던 중에 하나씩 발견하여 그 실체에 적용되는 인물을 과거, 현재, 미래의 운로를 역추적하여 오늘날에 하나의 경험상 비법(秘法)으로 정리하였던 것이니 나름대로 참으로 어려운 시간들이었다.

따라서 우리 후학들은 마땅히 지금에 기술한 경험상 비법(秘法)으로 자리매김하고 있는 이상의 성질을 터득하여 이 부분에 적용되는 실제인물이 당면되거던 지금 방금 기술한 비법(秘法)에 적용하여 그 실체를 간명하였을 때 아마도 대단한 적중률을 나타내게 됨을 본 저자는 감히 첨언하는 바이다.

*. 본 장에 준한 부모덕이 있는 사주에 부합하여,!

다시 본 장에 준해 육친의 부모덕이 있는 격국에 적용해서 그 실체를 언급하여 보면,!

● **일간이 신약하여 인수가 길신인데 형, 충되지 않고 혹은 재성이 인수를 파극하지 않으면 부모덕이 크다.!**

● **일간이 신강, 신약을 불문하고 오행의 균등을 가지고 있는 중에 주류무체(周流無滯)하여 월주에 길신이 자리를 잡고 있을 경우 부모덕이 크다.!** 라며 육친의 부모덕을 받을 수 있는 격국을 구체적으로 기술하고 있다.

따라서 사주 주인공인 이 모씨는 지금 방금 설명한 성질에 완전히 일치를 하고 있음을 엿볼 수가 있겠는데 그것은 사주일간 壬水가 비록 신약하나 중화(中和)의 기점에 육박하고 있는 안정된 세력을 유지하고 있는 중에 사주월지 酉金 인수를 용신으로 선택하고 있다는 점을 눈여겨 볼 필요가 있다.

이와 같은 현상을 육친통변법으로 좀 더 구체적으로 기술하여 보면 사실상 사주월주는 부모궁을 의미하고 있으므로 월주에 일간에 대한 길신이 자리를 잡고 있는 것 자체가 극단적인 형, 충으로 파극하지 않는 이상 그만큼 부모덕이나 형제덕을 받을 수가 있다며 단적으로 판단해도 무방할 것이니 이것은 곧 월주에 자리를 잡은 육친의 성정을 불문하고 월주가 부모궁을 대변하고 있기 때문이다.

더구나 이러한 점은 더 나아가서 사주월상에 투출되어 있는 癸水 겁재와 월지 酉金 인수가 서로 공존하여 생조되는 현상은 길신의 기운을 더욱 더 왕성하게 하는 현상으로 말할 수가 있겠으며 더하여 사주년주 己丑 정관이 월지 酉金 인수를 끊임없이 土生金으로 부조하고 있으니 이는 곧 정관과 인수 역시 상생의 법칙으로 이어져 이것은 정말 절묘한 배합을 구성하고 있다해도 과언이 아니다.

결국 이상의 성질을 미루어 짐작하여 볼 때 사주주인공인 이 모씨의 부모님은 대단히 창성발달한 분으로 명문가의 세도를 뿌리깊게 내려왔음을 엿볼 수가 있겠는데 이것은 사주년주 정관 己丑과 월지 인수 酉金이 공조하여 상생이 되고 있으니 정관+인수가 되면 완전히 부모님이 관록이나 학자로서 품위를 가지고 있다고 판단하는 중요한 성질이다.

＊. 일부학자들의 의문,!

여기서 일부학자들 중에서 방금 본 저자가 기술한 성질에 대하여 한가지 의문을 가지면서 질문을 하고 있다.

그것은**"운정선생은 본 사주주인공인 이 모씨의 격국을 거**

론하면서 부모덕을 받은 사주에 부합시켜 그 실체를 기술하는 성질에 대해 막연히 사주월주에 길신이나 용신인 癸酉가 자리를 잡고 있을 경우 단적으로 부모덕을 받을 수가 있다고 첨언하고 있다",！

"하지만 저희 학자들은 운정선생이 설명한 성질에 대하여 상당한 의문을 제기하지 않을 수가 없겠으며 이는 곧 단편적으로 생각할 경우 본 사주일간 壬水가 신약하니 용신의 기운이 월주에 존재하여 있음에 따라 월주는 부모궁이 되니 한편으로 그렇게 판단할 수가 있을 것이다",！

"그러나 이와 같은 현상보다 앞서 본 사주상에 용신의 기운인 월지 酉金 인수를 사주일지 寅木 식신이 寅-酉 원진살(怨嗔殺)을 동반하여 월지와 일지를 상극하는 현상을 유념하여 보아야 될 듯 싶다",！

"이와 같은 현상은 월주는 부모궁이 되고 일지는 자신의 몸을 대변하고 있으니 부모님과 본인이 항상 원망과 불평으로 표시하는 성질이 됨에 따라 오히려 부모덕을 보지 못하고 타향객지로 진출하니 완전히 부모덕을 볼 수가 없는 격국이 되지 않겠는가",？

"상황이 이럴진데 命理大要의 저자 운정선생은 이와 같은 점은 거론도 하지 않는채 막연히 사주월주에 길신이나 용신의 기운이 자리를 잡고 있다해서 무조건 부모덕을 볼 수가 있다며 운운(云云)으로 매도하는 처사는 추명의 원리를 혼돈할 수 있는 조건이 충분하기 때문에 이와 같은 의문에 대하여 상당한 논리를 앞세워 자세하게 답변을 하여달라",! 라며 대단히 날카롭게 질문을 하고 있다.

*. 일부학자들의 질문에 대한 본 저자판단,!

이렇게 일부학자들이 반론을 제기하는 성질에 대하여 본 저자는 일면 학자들의 의견이 타당성이 있는 듯하나 그러나 사실상 사주격국에 대한 육친의 성정을 단순히 살성(殺星)에 의존하지 말고 오행상 변화되는 점을 면밀히 관찰하여 본다면 완전히 본 저자의 설명에 동조할 수가 있을 것이다.

따라서 그 부분을 좀 더 구체적으로 기술한다면 우선 일부학자들이 강조하고 있는 사주월지 酉金 인수와 일지 寅木 식신간 寅-酉 원진살(怨嗔殺)이 사주 일지 寅木 식신과 시지 午火 편재간 寅-午合火를 구성하고 다시 월지 酉金 인수는 년지 丑土 정관과 酉-丑合金이 되어 합을 성립하고 있음에 따라 서로간 합을 도모하는 현상은 살성(殺星)을 완전히 해극하고 있음을 자세하게 파악해볼 필요가 있다.

이와 같은 현상은 본 저자가 이미 편찬한 命理秘典 上권인 합, 충의 변화부분에서 아무리 각종 살성(殺星)이 존재하여 있다해도 사주내 살성(殺星)의 역할을 할 수 있는 어느 하나의 오행이라도 합의 기운이 되고 있을 경우 완전히 살(殺)의 작용을 모면할 수가 있다는 설명에도 일면 일치를 하고 있겠다.

상황이 이럴진데 사주내 오행이 모두 木, 火, 土, 金, 水를 가지고 오행상 상생의 법칙으로 이어지는 土生金, 金生水, 水生木등으로 주류무체(周流無滯)가 되어 생화불식(生化不息)에 의존하는 점은 사주 격국이 대단한 청기(淸氣)를 가지고 있음은 두말할 이유가 없다.

더구나 본 사주팔자가 비록 신왕하지 않고 신약하나 중화(中和)의 기점에 육박하는 안정된 세력을 가지고 있는 중에 이렇게 일간 壬水에 대한 용신의 기운인 월지 酉金 인수가 자리를 잡고 있는 것은 그만큼 부모궁이 본인에 대한 영향력을 행사할 수가 있는고로 완전히 부모덕을 받고 또한 장점을 가질 수가 있음도 간파하여야 된다.

이상으로 설명한 맥락에 비추어 볼 때 막연히 본 사주팔자에서 하나의 원진살(怨嗔殺)이 있다해서 해당하는 육친에 절대적인 흉함이 닥칠 수가 있다고 판단하는 처사는 추명의 원리를 오로지 각종 살성(殺星)에만 의존하는 결과가 됨이니 이것은 마땅히 배척하여야 됨을 본 저자는 첨언하고 싶다.

실제로 본 사주주인공인 이 모씨의 부친은 교육자의 가문으로 대학자였음을 회고를 하고 있는데 이것을 보더라도 사주월지 酉金 인수가 학문의 별이며 명예를 나타내고 있는 중에 본인 역시 가문을 지키면서 장남으로 가업을 이어가는 전통적인 가장이 되고 있으니 완전히 본 장에 부합하는 부모덕을 받고 있는 격국이 됨은 두말할 이유가 없겠다.

＊. 격국(格局)에 대한 대운흐름,!

　　지금까지 사주주인공인 이 모씨에 대한 격국에 대한 용신과 청탁 (淸濁) 및 본 장에 언급하는 부모덕을 볼 수 있는 사주팔자에 적용하여 그 실체를 완벽하게 파악하여 보았으며 그러고 보니 본 사주원국은 상당히 격국이 순수하고 아울러 그 부모님도 대단히 부귀명문의 집안이었음을 알 수가 있었다.

　　따라서 본 장에 기술하는 격국(格局)에 대한 대운 흐름편에서는 사주주인공인 이 모씨가 유년부터 살아가는 과정을 선천성인 사주 격국을 대조하여 후천성인 대운을 접목하여 그에 대한 길흉을 관찰하여야 될 것이다.

　　그렇다면 이와 같은 맥락에 비추어 본 사주팔자를 후천성인 전체 대운을 파악하여 보면 사실상 인생 총운이 흘러가는 것을 볼 때 초년 1세 壬申대운이 그나마 용신에 부합하는 金, 水로 흘렀을 뿐 나머지는 남방 巳-午-未 火局과 동방 寅-卯-辰 木局으로 치달리고 있으니 그에 대한 복록이 쇠약해지고 있음을 엿볼 수가 있다.

　　그렇다면 지금부터 초년대운부터 사주 주인공인 이 모씨의 일생 동안 살아가는 과정을 파악하여 보면,!

　　유년 1세는 壬申대운이다.

　　이 때 대운천간 壬水는 일간 壬水에 대한 비견이 되어 신약한 일간을 부조하는 현상이 되고 있으므로 대단히 길한 것을 알 수가 있겠는데 일면 사주시상에 투출되어 있는 丙火 편재를 丙-壬 상충으로 파극하고 있으니 그로 인한 흉함이 돌출되는 것은 염려할 수가 있겠다.

그러나 사주시상에 투출되어 있는 丙火 편재는 신약한 일간 壬水에 대한 기신(忌神)의 역할을 하고 있으니 오히려 기신(忌神)을 제거하는 것이 되어 별다른 문제가 없겠는데 문제는 대운지지 申金이 사주일지 寅木 식신을 寅-申 상충으로 파극하는 것을 걱정하여야 될 문제이다.

여기서 한가지 중요한 부분이 있겠는데 그것은 대운지지 申金이 신약한 일간 壬水에 대한 편인의 기운이 되어 일간을 생조하는 역할을 하고 있으므로 대길하다고 판단할지 모르지만 이렇게 사주일지 寅木 식신을 寅-申 상충으로 파극하면서 식신을 편인이 상극하는 점이 더욱 더 좋지 않게 작용한다고 판단하여야 된다.

이와 같은 현상은 보통 사주원국에 용신이나 일간에게 미치는 영향력에 대하여 기신(忌神)을 업고 들어오는 점이 되고 있는다면 상당한 흉의를 동반하는 것은 기정사실이지만 그보다 이렇게 사주상에 길신이 일지를 상충으로 하게될 때는 그 흉의가 소흉으로 약화되어 들이닥치는 것이 통례이다.

하지만 본 사주팔자와 같이 식신이 편인을 보면서 寅-申 상충으로 일지를 상극할 때는 비록 용신이나 희신의 기운이 되더라도 식신의 밥그릇을 엎는 도식(倒食)의 성질이 되므로 이럴 때는 아무리 용신이나 길신의 성질이라 하지만 상당한 흉함은 나타난다고 간명하는 것이 정석이다.

그렇다면 이 부분을 육친통변법으로 좀 더 구체적으로 기술하여 보면 식신을 파극하는 편인은 식신의 밥그릇을 엎기 때문에 식신은 건강이며 식록을 대변하고 있는데 이것을 편인이 상극하는 처사는 곧 건강상 질병을 의미하기도 하니 사주 주인공인 이 모씨는 건강상 질병으로 인한 수술등을 염려하는 시기이라 판단하면 적중률이 높게 된다.

실제로 사주 주인공인 이 모씨는 이 때의 1세 壬申대운이 지배되는 申운의 시점인 7세부터 건강이 좋지 못하여 탈창과 폐결핵등으로 수술의 고통을 당하였는데 그러나 이것은 상당한 흉함이 초래될 수가 있는 것이 소흉으로 지나갔다는 것을 알 수가 있겠으며 그것은 비록 식신을 편인이 보면서 寅–申 상충으로 파극하는 것이나 역시 申金 편인은 신약한 일간에 대한 용신의 기운이 되기 때문에 별탈이 없는 점으로 판명하는 것이 정석이다.

다시 11세는 辛未대운이다.

이 때 대운천간 辛金은 신약한 일간 壬水에 대한 인수의 기운이 되어 정히 용신의 성질이므로 대길한 운로라는 것을 알 수가 있겠는데 금상첨화로 사주시상에 투출되어 있는 기신(忌神)인 丙火 편재와 丙–辛合水로 변화되어 일간 壬水를 생조하는 비겁 水氣가 되니 더욱 더 일간이 기운을 얻고 있음을 엿볼 수가 있다.

하지만 대운지지 未土가 火氣를 업은 조토인 중에 신약한 일간 壬水에 대한 정관의 성질이니 상당히 강력하게 일간을 상극하는 것을 모면할 수가 없으며 더구나 사주년지 丑土 정관을 丑–未 상충으로 파극하고 있음에 따라 이것을 육친통변법으로 판단할 경우 년지를 상충하면 이사, 이동수가 발생하는 것이 되므로 이 부분에 완전히 적용된다 할 것이다.

따라서 대운천간 辛金이 지배되는 운로에서는 길운이 되겠지만 대운지지 未土가 지배되는 시점에서는 약간의 불운이라는 것을 알 수가 있겠는데 그러나 본 사주팔자가 일간 壬水의 세력이 중화(中和)의 기점에 안정되어 있는 중에 오행상 균등을 모두 갖추고 주류무체(周流無滯)가 되어 생화불식(生化不息)이 되고 있으니 그 흉함이 빙산의 일각이라는 것을 알 수가 있다.

상황이 이럴진데 대운천간지지가 비록 辛未로서 그 짜임새가 되나 그 성질을 면밀히 관찰하여 보면 대운지지 未土가 대운천간 辛金을 土生金이 되어 생조하는 현상을 무시할 수가 없으므로 오히려 강력한 未土의 기운이 생금작용을 하게 되니 역시 土氣의 기운이 쇠약해지는 것은 두말할 이유가 없다.

이와 같은 맥락에 비추어 사주 주인공인 이 모씨는 이 때 11세 辛未대운에서는 대운천간이 지배되는 시점에서는 상당한 길함을 맛볼 수가 있겠지만 대운지지 未土가 지배되는 시점에서는 학업성적도 미미하였고 이사등으로 인한 분주다사함이 있었다며 회고를 하고 있으니 아마도 이것은 사주년지 丑土를 대운지지 未土가 丑-未 상충으로 년지를 충하여 발생되는 하나의 소치이라고 판단하는 점이 정석일 것이다.

다시 21세는 庚午대운이다.

이 때 대운천간 庚金은 신약한 일간 壬水에 대한 편인의 기운이 되므로 일간을 생조하니 길운이라고 볼 수가 있겠는데 하지만 사주 시상에 투출되어 있는 丙火 편재를 丙-庚 상충으로 파극하고 있음에 따라 상충이 발생하는 소용돌이를 모면할 수가 없다.

그러나 근본적으로 대운천간 庚金이 신약한 일간 壬水를 생조하는 용신의 기운을 업고 들어와서 일간에게 그 영향력을 행사하면서 아울러 기신(忌神)인 丙火를 제거하는 점이 되므로 흉보다 길함을 얻을 수가 있는 장점이 있다고 보는 것이 타당하다.

하지만 문제는 대운지지 午火가 걱정스럽게 작용하는데 그것은 午火가 사왕지지(四旺地支)로서 신약한 일간 壬水에 대한 기신(忌神)의 역할인 정재의 기운이 되는 중에 사주일지 식신 寅木과 이미 선천성인 사주명조내 寅-午合火를 구성하고 있는 것을 이렇게 대운지지에서 중첩으로 寅-午合火를 성립하여 태양과 같은 불길로서 일간 壬水를 水剋火하게 되니 그 흉의는 실로 대단히 강력하게 작용한다고 보아야 된다.

실제로 사주 주인공인 이 모씨는 이 때에 대운천간 庚金이 지배되는 시점에서 비록 분주다사함은 있었지만 그래도 대학을 다니면서 학술적인 논문을 발표하여 석사과정을 무난하게 통과하였고 아울러 모 처 대학 전임강사로 근무하게 이르렀으니 이것은 대운천간 庚金의 영향력이 십분 발휘되었다고 보는 것이 타당할 것이다.

그렇지만 대운지지 午火가 지배되는 시점에서는 여자문제로 대단히 곤욕스러움을 겪었다고 말하고 있는 것을 볼 때 아마도 색정관계로 인한 주색잡기에 방탕한 생활로 인하여 본인의 생활이 가장 어려웠던 시절로 생각하지 않을 수가 없으니 이것은 午火가 사왕지지 (四旺地支)로서 사주일지 및 시지를 동시에 寅-午合火로 인한 흉을 만났다는 것을 여실히 증명하고 있는 셈이다.

31세는 己巳대운이다.

이 때 대운천간 己土는 신약한 일간 壬水에 대한 편관의 기운이니 그다지 좋지 못함을 알 수가 있겠는데 설상가상으로 사주월상에 투출되어 있는 길신의 역할을 하고 있는 癸水 겁재를 癸-己 상충으로 파극함에 따라 기신(忌神)의 성질로 인한 흉함이 돌출되는 것을 모면할 수가 없다.

그런데 절묘하게도 대운지지 巳火가 비록 신약한 일간 壬水에게는 편재의 기운이 되어 대단히 불리하게 연출되고 있겠으나 천만다행으로 사주월지 酉金 인수가 사왕지지(四旺地支)로서 자리를 잡고 있는 중에 년지 丑土 정관과 酉-丑合金을 하고 있는 점을 간파할 필요가 있다.

따라서 이 때 자연스럽게 대운지지 巳火가 들어옴에 따라 완전한 巳-酉-丑 삼합 金局을 성립하고 있으니 이렇게 신약한 일간 壬水를 생조하는 인성 金氣는 그야말로 가뭄에 단비를 만나는 형국이 발생되고 있으니 대박이 터지는 순간이라 할 것이다.

실제로 사주 주인공인 이 모씨는 이상의 31세 己巳대운중 대운천간 己土가 지 배하는 시점에서는 학업적인 성적이 오르지 않아 박사코스에 대한 논문을 제출하여도 번번히 낙방하였으니 그로 인한 정신적인 번뇌와 고통이 이루 말할 수가 없다해도 과언이 아니었다.

 하지만 대운지지 巳火가 지배되는 시점에서 이렇게 사주월지 酉金과 년지 丑土 정관과 巳-酉-丑 삼합 金局으로 변화되어 신약한 일간 壬水를 생조하고 있으니 이것은 육친통변법으로 간명할 때 완전한 인성 金氣가 되어 그 영향력을 십분 발휘하고 있는 것은 명예적, 학술적, 발명 및 그것으로 인한 대발전을 예고하고 있음을 예상할 수가 있다.

 결국 사주 주인공인 이 모씨는 이 때 일약 박사논문을 패스하여 서울 모 처 대학 교수로 임명되었으며 더 나아가서 본 장에 언급하는 부모덕을 받는 사주에 적용되어 부모님의 수십억대 유산까지 관리하게 되었으니 정말 하늘이 놀라는 형국이라 하여도 과언이 아니다.

 ∗. 일부학자들의 의문,!

 여기서 일부학자들 중에서 방금 31세 己巳대운중 대운지지 巳운이 사주원국 월지 酉金 인수와 년지 丑土 정관이 모두 巳-酉-丑 삼합 金局을 결성하는 성질을 놓고 한가지 의문을 가지고 질문하고 있다.

 그것은 **"운정선생은 본 사주팔자에 대한 운의 통변을 하는 자리에서 31세 己巳대운이 지배하는 대운지지 巳운의 시점에 사주월지 酉金 인수와 년지 丑土 정관이 대운지지 巳火와 모두 巳-酉-丑 삼합 金局으로 변화되어 사주 주인공이 대발복을 하고 있다며 설명하고 있다",!**

"하지만 저희 학자들은 이러한 운정선생의 설명에 대단히 의문을 제기하지 않을 수가 없겠는데 그 이유로 우선 운정 선생의 말씀대로 대운지지 巳火가 사주원국과 巳-酉-丑 삼 합을 결성하기 앞서 이미 사주일지 寅木 식신이 寅-巳 삼형 으로 합의 기운을 방해하고 있으니 정상적인 합으로 제대로 돌아가지 못하고 있지 않겠느냐",!

"그런데도 불구하고 운정선생은 이러한 寅-巳 삼형을 취 용하지 않는채 막연히 巳-酉-丑 삼합 金局만 성립시켜 사 주 주인공이 대발복을 하였다는 설(說)은 누가 보아도 사주 간명을 단순즉흥식으로 판단하였다는 추궁을 모면할 수가 없으니 이에 대하여 자세한 답변을 하여달라",!라며 상당한 의문을 제기하고 있다.

*. 일부학자들의 의문에 대한 본 저자판단,!

이와 같은 일부학자들의 의문에 대하여 일부학자들의 의견은 일 부 일리가 있겠으나 그러나 자세하게 오행상 변화를 판단해서 본 저 자의 설명을 들어본다면 곧 본 저자의 견해에 일치할 수가 있을 것 이다.

더구나 본 사주팔자에 대한 합을 취용하는 과정에서 운로인 대운 에서 하나의 기운을 삼형이나 상충을 하여 합을 방해하는 성질은 고 난도의 실력과 함께 좀 더 세밀한 판단을 요구하고 있으므로 이것은 상당한 합, 충의 변화를 읽어내야 하는 경지가 필요할 것이다.

　따라서 이상의 성질을 본 저자가 사주추명학상 일대 대혁신을 일으킬 수 있는 지금 집필중인 합, 충의 특비(特秘)에 준해 그 실체를 적나라하게 파헤쳐 보기로 한다.

*. 합, 충의 특비(特秘)인 제 4항의 성질에 인용하여,!

　4. "사주명조내 사왕지지(子, 午, 卯, 酉)로 뭉쳐진 두 개의 준삼합(準三合)이 존재하여 있는데 이 때 운로인 대운이나 세운에서 정삼합(正三合)을 성립할 수 있는 기운이 들어와서 합을 구성하는 과정에 상대의 준삼합(準三合)의 기운 중 하나의 오행이 상충이나 삼형의 기운이 되어 합을 방해하더라도 정삼합(正三合)은 성립된다".!

　이상의 합, 충의 특비(特秘)인 제 4항의 성질에 본 사주원국이 적용되어 있음을 엿볼 수가 있겠는데 이것은 또한 이미 선천성인 사주명조인 월지 酉金 인수와 년지 丑土 정관이 준삼합(準三合)인 酉-丑合金을 구성하고 있는 점을 면밀히 관찰하여야 될 대목이다.

　더구나 이와 같은 현상은 또 다른 준삼합(準三合)의 성질인 사주일지 寅木 식신과 시지 午火 정재가 寅-午合火를 구성하고 있는 중에 다시 그 세력을 대표하고 있는 시상 丙火 편재가 투출되어 있으니 비록 월령이 사왕지지(四旺地支)인 午火가 자리를 잡고 있지는 않겠으나 이것 역시 대단히 강력한 합을 구성하고 있음을 무시할 수가 없다.

이러한 양자의 성질을 감안해서 이 때 운로인 31세 己巳대운에서 대운지지 巳火가 사주원국내 巳-酉-丑 삼합을 구성하려고 들어오다 보니 일지 寅木 식신이 버티면서 대단히 강력하게 寅-巳 삼형으로 삼합의 기운을 방해하는 것을 염려할 수가 있겠다.

그렇지만 일지 寅木 식신이 이미 상대적인 午火 정재의 여인을 탐하여 합방을 하고 있는 관계로 이렇게 巳火가 寅-巳 삼형을 유도한다손 치더라도 양자의 선천성인 寅-午合火나, 酉-丑合金은 흔들리지 않는 성질이 되고 있음에 따라 완벽한 巳-酉-丑 삼합 金局을 구성하게 되는 이유가 여기에 있다.

이와 같은 맥락에 비추어 일부학자들이 의문을 표시하고 있는 본 사주원국의 巳-酉-丑 삼합의 기운을 寅-巳 삼형으로 방해하여 합이 분산되는 염려는 될 수가 없고 오히려 이상의 성질에 준해 완벽한 합이 되어 돌아가는 점으로 판단하는 것을 알 수가 있겠으며 이것은 한편으로 볼 경우 2개의 오행으로 합을 성립하는 쇠약한 육합(六合)이 성립하는 성질을 방해하는 것이 아니라는 점도 상기시키고 싶다.

무슨 말인지 좀 더 구체적으로 설명하자면 이상의 巳-酉-丑 삼합 金局은 상대적인 2개의 오행으로 합을 구성하는 육합의 성질에 비하여 대단히 강력하게 결합할 수가 있겠는데 이것은 중심오행인 사왕지지(子, 午, 卯, 酉)가 주체가 되어 3개의 오행으로 합을 결합하는 성질이 됨에 따라 더욱 더 강력하게 합을 성립하는 것은 두말할 필요가 없다.

결국 이렇게 강력한 삼합(三合)의 기운이 될 경우 아무리 상충이나 삼형으로 파극한다손 치더라도 이렇게 월령에 사왕지지(子, 午, 卯, 酉)가 자리를 잡고 삼합(三合)을 구성하는 이상 절대로 합을 깰수가 없는 이유가 여기에 있다해도 과언이 아니니 무슨 이유가 있을수가 없다.

다시 41세는 현재 1998년 戊寅년을 지배하고 있는 戊辰대운이다.

이 때 대운천간 戊土는 신약한 일간 壬水에 대한 편관으로서 대단히 강력하게 일간의 힘을 극루(剋漏)하게 되어 흉함을 돌출시키는 것을 모면할 수가 없는데 설상가상으로 단순히 일간을 오행상 상극하는 것이 아니고 壬-戊 상충을 동반하면서 일간을 파극하고 있으니 이것은 더욱 더 강력하게 재화가 돌출된다고 판단할 것이다.

그러나 한편으로 볼 때 절묘하게도 일간 壬水를 대운천간 戊土가 壬-戊 상충으로 파극하는 현상을 사주월상에 투출되어 있는 癸水 겁재가 戊-癸합이 되어 상충의 작용을 합으로 완화시키고 있으니 이것은 비록 기신(忌神)의 역할을 하고는 있지만 대흉함을 소흉으로 돌아가게 한다고 보는 것이 타당하다.

하지만 대운지지 辰土가 신약한 일간 壬水에게는 상당히 土剋水로 상극을 받을 수가 있을 염려가 있겠으나 辰土의 기운을 면밀히 관찰하여 볼 경우 오행상 습토로서 水氣를 일간에 보충시키는 현상이 되어 그다지 강력하게 일간을 극루할 수가 없다고 보는 것이 지배적이다.

상황이 이럴진데 사주월지 酉金 인수가 자리를 잡고 대운지지 辰土와 辰-酉合金을 구성하여 인성 金氣로 둔갑하니 신약한 일간에게 영향력을 행사하고 있는 중에 오히려 대운천간 戊土까지 土生金으로 그 기운을 흡수할 수가 있음에 따라 이것은 정말 절묘한 운로의 흐름이 되고 있다해도 과언이 아니다.

그렇지만 이와 같은 현상이 대운천간 戊土가 지배하는 시점에서는 아무리 대운지지 辰土가 합을 하여 길신의 역할을 할지라도 조금의 흉의는 돌출되기는 마련이고 아울러 분주다사함을 모면할 수가 없다고 판단하여야 된다.

이상의 맥락에 비추어 41세 戊辰대운이 지배하는 시점에서 현재 1998년은 戊寅년이 되고 있으므로 사주 주인공인 이 모씨는 상당한 고난을 받고 있을 즈음 본 저자를 만나는 시기가 되고 있음을 중시 볼 필요가 있겠다.

＊. 사주추명학에 비추어 1998년 戊寅세운을 간명,!

이와 같은 성질은 사실상 대운과 세운의 흐름을 사주추명학에 비추어 그 실체를 간명하여야 되는 아주 고난도의 성질이 됨에 따라 운의 통변법을 접목하기 위해 사주 주인공인 이 모씨의 사주명조와 41세 戊辰대운과 1998년 戊寅년이 나타나고 있는 사주도표를 보면서 그에 대한 부분을 자세하게 파 헤쳐 보기로 한다.

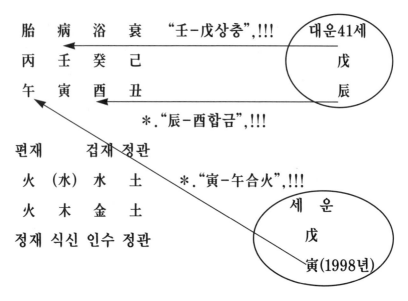

이상의 사주도표에서 나타나고 있듯이 1998년 戊寅년이 되는 해는 대운 41세 戊辰대운 말기에 적용되고 있음을 간파할 수가 있겠다.

따라서 이 때 전자에도 언급하였듯이 대운천간 戊土가 일간 壬水를 壬-戊 상충으로 파극하고 있는 중에 다시 대운지지 辰土가 사주월지 酉金 인수와 辰-酉合金으로 변화되어 신약한 일간 壬水를 생조하는 역할을 하게 되니 대운천간이 지배되는 시점에는 흉이고 대운지지 辰土가 지배되는 시점은 길이 된다는 것을 알 수가 있다.

그런데 1998년 戊寅년이 되고 보니 역시 일년을 지배하는 것은 세운의 역할이 절대적이라 생각할 때 대운지지 辰土가 아무리 일간 壬水에 대한 사주월지 酉金 인수와 辰-酉合金으로 변화되어 길함을 행사할 수가 있다고 볼 수가 있겠지만 세운천간 戊土가 대운천간 戊土와 마찬가지로 일간에 대한 편관이 되어 일간 壬水를 壬-戊 상충으로 파극하고 있으니 그에 따른 상당한 흉함이 나타나고 있다.

더구나 상황은 여기에만 끝나는 것이 아니고 세운지지 寅木이 신약한 일간 壬水에 대한 식신의 기운이 되고 있는 중에 이번에는 사주원국 시지 午火 정재와 이미 寅-午合火가 되고 있는 것을 중첩하여 다시 세운지지 寅木이 함께 寅-午合火로 돌변하여 더욱 더 강력한 태양의 불길로서 사주일간 壬水를 극루하고 있으니 그 흉함이 대단히 가중되고 있음을 판단한다.

실제로 사주 주인공인 이 모씨는 1998년 戊寅년 음력 5월달에 본 저자가 경영하는 철학원에 방문하여 신수를 보는 시점이 되었는데 본인의 사주명조를 보고 곧 바로 금전적인 보증관계로 관재가 돌출되어 있음을 말하자 깜짝 놀라면서 **"내가 말도 하지 않았는데 어떻게 그문제를 훤히 알고 있습니까",?** 라며 반문을 하고 있었다.

이와 같은 부분은 본 사주일간 壬水가 신약하여 인수 酉金을 용신으로 선택하고 있는데 비록 대운지지 辰土가 합을 해서 용신의 기운이 되고 있지만 세운이 戊寅년이 되고 보니 일년동안 군주의 역할을 하고 있는 성질인 세운지지 寅木이 사주시지 午火 정재와 완전한 寅-午合火로 돌변하여 기신(忌神)의 역할을 하고 있음을 중시 판단할 필요가 있다.

무슨 말인지 좀 더 자세하게 육친통변법으로 간명할 경우 본 사주팔자에 대한 재성 火氣는 재성은 금전이며 여자의 신(神)인데 재성이 기신(忌神)이 되면서 세운천간과 대운천간 戊土가 같이 사주일간 壬水를 壬-戊 상충으로 파극하고 있으니 戊土는 육친별로 편관이 되고 이렇게 편관이 상충을 업고 들어오게 될 경우 교통사고 및 관재를 당면한다는 점에 완전히 일치를 하고 있다.

결국 이상의 간명법을 적용하여 사주 주인공인 이 모씨에게 상당한 금전적인 부분을 해결하여야 만이 무사할 수가 있다고 답변을 하여주었는데 그것은 다음 1999년이 己卯년이 되고 있으니 己卯년 역시 기신(忌神)의 운로로 판단하고 있기에 금전적인 변제를 하여야 지금의 관재부분을 해결할 수가 있는 점으로 결론이 나고 있는 것이다.

앞으로 다가오는 51세는 丁卯대운이다.

이 때 대운천간 丁火는 사주일간 壬水에 대한 정재의 기운이 되어 기신(忌神)의 역할을 하는 것을 알 수가 있겠는데 설상가상으로 사주월상에 투출되어 있는 일간의 중요한 의지처인 癸水 겁재를 丁-癸 상충으로 파극하고 있음에 따라 그 흉의가 대단히 강력하게 작용하는 것을 알 수가 있다.

이와 같은 점은 일면 일간 壬水가 대운천간 丁火를 丁-壬합으로 잡아주고 있는 현상은 그나마 다행으로 흉함을 줄일 수 있는 단적이 요인으로 작용할 수가 있겠지만 문제는 대운지지 卯木이 사주원국에 영향력을 미치는 변수에 따라 그에 대한 흉의 강약에 차등을 둘 수가 있는 대목이다.

그런데 대운지지 卯木이 신약한 일간 壬水를 생조할 수 있는 길신이 되지 못하고 일간 壬水에 대한 상관의 기운이 되어 더욱 더 壬水의 힘을 水生木으로 누출시키고 있는 중에 더욱 더 아주 걱정스러운 점은 사주원국 일간 壬水가 가장 의지를 하고 있는 용신의 기운인 酉金 인수를 卯-酉 상충으로 파극하고 있음을 대단히 걱정스럽게 판단한다.

따라서 이것은 사실상 사주월상 겁재인 癸水와 용신의 기운으로 자리매김하고 있는 월지 酉金 인수를 동시에 완벽하게 상충의 작용으로 파극하게 되니 완전히 일간이 의지처를 상실함에 따라 아주 무서운 대흉의 현상이 발생된다고 간명하는 것이 타당하다.

이와 같은 현상을 미루어 짐작하여 볼 경우 사주 주인공인 이 모씨는 51세 丁卯대운이 일생최대의 고비가 될 수가 있음을 알 수가 있는데 이것을 육친통변법으로 판단하여 보면 월주의 기운이 상충으로 파극됨에 따라 제일먼저 육친의 운명상 월주는 부모궁을 나타내고 있는 중에 酉金 인수는 모친을 의미하고 있으니 모친의 생명이 위험하다는 것을 단적으로 판단할 수가 있다.

또한 이러한 부분은 여기에만 끝나는 것이 아니고 사주일간 壬水에 대한 용신 및 길신인 인수 酉金과 겁재 癸水를 동시에 파극하고 있는 현상은 사주 주인공인 이 모씨 생명의 위험에도 직결되는 현상을 모면할 수가 없겠으며 그렇다면 사실상 그에 상응하는 대가를 충분히 지불하여야 됨을 미루어 짐작할 수가 있다.

이상의 맥락에 비추어 지금의 흉함을 비교 분석한다면 사주 주인공인 이 모씨의 사주격국을 판별하여 볼 때 용신이 강령하고 오행이 균등을 갖추어 주류무체(周流無滯)로 이어지는 생화불식(生化不息)에 의존하는 사주격국이기 때문에 사실상 대흉함을 소흉함으로 줄일 수가 있는 장점이 있다.

그러나 이러한 재화가 닥치게 될 경우 사주내 오행이 유통을 도모하여 이상의 대흉함을 얼마나 완화시키는가에 기대할 수밖에 없다고 판단하는데 이것은 뒤따라 들어오는 61세 丙寅 대운이 시퍼렇게 칼날을 갈고 있으니 더욱 더 흉을 부채질하고 있다해도 과언이 아니다.

결국 사주 주인공인 이 모씨는 이와 같은 맥락에 비추어 판단하여 볼 때 앞으로 다가오는 51세 丁卯대운이 상당한 흉함을 모면할 수가 없을 것이며 이러한 극단적인 대흉을 사실상 오행상 생화불식(生化不息)에 의존하여 그 위기를 넘긴다손 치더라도 다음 대운인 61세 丙寅대운은 정말 가망이 없다고 판단하는 절대적인 이유가 성립되니 본 장에 부모덕을 볼 수가 있는 사주에 대하여 부귀공명도 여기서 끝나는 점을 엿볼 수가 있는 사주라 할 것이다.

(2). 부모덕이 없는 사주

● 일간이 신왕하고 관성이 길신인데 월간에 식상이 있을 때,! "관살길월식",!!("이상과 같이 암기")

● 일간이 신왕하여 재성이 길신인데 월간에 겁재가 있을 때,! "재성길월겁",!!

● 일간이 신약하여 인수가 길신인데 월간에 재성이 있을 때,! "인수길월재",!!

● 일간이 신약하여 비겁이 길신인데 월간에 관성이 있을 때,! "비겁길월관",!!

●일간이 신왕하여 식상이 길신인데 월간에 인수가 있을 때,! "식상길월인",!!

●일간이 신강, 신약을 불문하고 인수가 용신과 상극되면 부모덕이 없다.!

●일간이 신약하여 인수가 용신이 되는데 재성이 인수를 극 파하면 부모덕이 없다.!

●일간이 신강, 신약을 불문하고 월지에 인수가 형, 충이 되 면 부모덕이 없다.!

●신강, 신약을 불문하고 사주월주의 기운이 십이운성에 死, 墓, 絶에 해당한 중에 괴강살(魁罡殺)이나 백호대살 (白虎大殺) 및 양인살(羊刃殺)등이 있는 사주는 부모가 일 찍 단명할 수 있다.!

●일간이 신약하여 인수를 길신으로 선택하나 오히려 인수 나 편인이 교집(交集)되어 많을 경우 부모덕이 없다.!

●일간이 신강, 신약을 불문하고 인수도 많고 관성이 많을 때 부모덕이 없다.!

●편재의 기운을 비겁이 왕성하여 동주(同柱)하거나 혹은 나란히 있을 경우 부친이 일찍 생명이 위험하고 인수의 기운을 재성이 왕성하여 동주(同柱)하거나 나란히 있을

때 모친이 일찍 단명할 수 있다.!

● 일간이 신강, 신약을 불문하고 월주에 기신(忌神)이 있고 인수가 없을 때 초년대운이 기신(忌神)의 운로라면 유년시 부모를 잃고 고생한다.!

● 일간이 신약하여 월주에 재성이나 식상이 기신(忌神)이 되면 부모덕이 없다.!

● 일간이 신왕하여 재성이 길신인데 비겁이 재성을 파극하면 부모덕이 없고 유산이 없다.!

● 일간이 신강, 신약을 불문하고 년주나 월주가 용신을 상극하는 기신(忌神)이 되고 있으면 부모덕이 없다.!

● 일간이 신강, 신약을 불문하고 사주원국이 오행상 편중(偏重)되면 부모덕이 없는데 다시 초년대운이 기신(忌神)이면 부모를 잃는다.!

※ 참고로 지금까지 기술한 사주격국은 모두 부모덕이 없거나 유산을 받을 수 가 없는 명조이며 혹은 부모를 일찍 잃는 현상도 발견되고 있다.

그런데 여기서 본 저자가 실제 간명상 발견된 점을 기술하자면 이상의 성질 이외에도 사주원국이 오행이 편중(偏重)되어 용신이 너무 미약하거나 용신의 기운이 상대의 흉신(凶神)에 의해 파극됨이 심화되면 일부 부모를 일찍 여의는 현상도 종종 나타나고 있다.

또한 무릇 모든 사주원국을 놓고 실제 간명할 때 이상의 부모덕을 판단하는 과정에서 "유년을 지배하는 초년대운을 필수적으로 용신과 대조한 뒤 초년대운이 용신을 상극하는 기신(忌神)의 운로라면 유년시 부모덕이 없고 불행한 유년시절을 보냈다고 감평한다".!

(예1). 남자, 오 모씨(경남 산청) 1958년 음력 3월 9일 亥 시

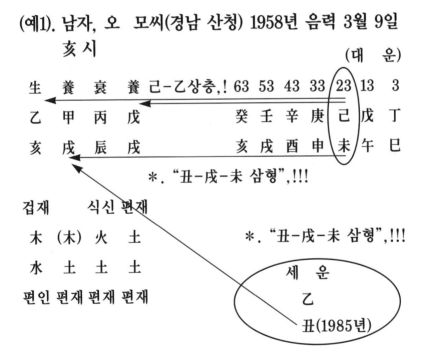

					(대					운)	
生	養	衰	養	己-乙상충,!	63	53	43	33	23	13	3
乙	甲	丙	戊		癸	壬	辛	庚	己	戊	丁
亥	戌	辰	戌		亥	戌	酉	申	未	午	巳

*."丑-戌-未 삼형",!!!

겁재　　　식신 편재

木	(木)	火	土
水	土	土	土

편인 편재 편재 편재

*."丑-戌-未 삼형",!!!

세 운
乙
丑(1985년)

● 일간 甲木이 사주내 편재 土氣가 많아 "재다신약격(財多身弱格)" 혹은 "신약편재격(身弱偏財格)"을 성격(成格)하여 용신을 "재중용비격(財重用比格)"이 되니 비겁 木氣를 용신으로 삼고 비겁 木氣를 생조하는 인성 水氣를 희신으

로 삼는 격국이 되고 있다.!

이렇게 사주원국이 일간이 왕성한 재성 土氣에 신약이 극심하고 있는 중에 사주원국 辰-戌 상충과 甲-戌 상충으로 오행이 편중(偏重)되어 있으니 격국에 대단한 탁기(濁氣)를 남기고 있는데 이것은 곧 단편적으로 보아도 일생동안 살아가는 운명이 빈천의 운명인 것을 단적으로 사주원국이 말하고 있다.!

따라서 본 장에 부모덕이 없는 사주격국에 부합시켜 보면 사주 월주는 부모궁을 나타내고 있는 중에 월주가 일간을 극루하는 기신(忌神)이 되어 있고 설상가상으로 월지 辰土 하나를 두고 년지와 일지 戌土가 양쪽에서 辰-戌 상충으로 파극되어 있으며 월주가 십이운성의 쇠지에 앉아 있으니 육친의 운명상 부친과 모친이 모두 단명객사운명이다.!

고로 부모덕이 없는 사주인데 초년대운을 관찰하여 보니 초년 3세 丁巳대운부터 남방 巳-午-未 火局이 되어 치달리고 있으므로 일간 甲木의 기운을 더욱 더 누출시키면서 왕성한 재성 土氣를 생조하는 식상 火氣니 유년이 대단히 신고(辛苦)를 당하였다는 것을 알 수가 있다.!

결국 유년 3세 丁巳대운에서 대운지지 巳火가 사주시지 亥水 편인을 巳-亥 상충하니 모친이 지병인 간암으로 별세했고 다시 이와 같은 흉함은 여기에서만 끝나지 않고 23세 己未대운이 지배하는 1985년 乙丑세운이 되자 대운과 세운이 동시에 편재 土氣를 丑-戌-未 삼형을 하니 부친마져 교통사고로 객사죽음을 당하였다.!

＊. 일간의 왕쇠(旺衰),!

甲일간 辰월에 출생하여 실령(失令)하였으며 사주월지 辰土 편재를 중심으로 해서 일지 및 년지 戌土 편재와 다시 그 세력에 뿌리를 두고 년간 戌土 편재 및 월상 丙火 식신이 투출되어 일간 甲木을 강력하게 극루(剋漏)시키고 있으므로 일간이 상당히 신약하다.

이렇게 일간 甲木이 신약이 극심하다면 오히려 외격(外格)의 왕성한 재성 土氣를 따라가는 왕신(旺神)의 종재격(從財格)이 되기 쉬운데 그렇다면 시급히 신약한 일간 甲木을 생조할 수 있는 인성 水氣와 비겁 木氣를 절대적으로 필요할 것임은 자명하다.

따라서 사주원국을 면밀히 관찰하여 보니 다행히도 일간 甲木의 세력을 부조할 수 있는 시지 亥水 편인이 자리를 잡고 있는 중에 다시 그 세력에 뿌리를 두고 시상 乙木 겁재가 투출되어 일간 甲木을 생조하고 있음을 알 수가 있다.

이와 같은 현상은 일간 甲木에 대한 인성 水氣나 비겁 木氣가 있다는 점은 그 만큼 일간이 의지처가 있어 힘을 받는 것으로 귀착하니 곧 왕성한 재성 土氣를 따라갈 수가 없음에 따라 외격(外格)의 종격(從格)이 되지 못하고 내격(內格)의 억부법이나 조후법상 용신이 선정되는 것이 마땅하다.

　그러나 한편으로 볼 때 이렇게 편재 土氣인 辰, 戌이 월지와 년지 및 일지에 각각 자리를 잡아 그 힘이 대단히 강력한 중에 다시 그 세력을 대표하고 있는 년간 戊土 편재가 투출되어 있고 다시 설상가상으로 월상 丙火 식신이 편재 土氣를 火生土로 생조하고 있으니 일간을 극루하는 세력이 강력하여 사주가 더욱 더 좋지 못하게 되고 있음을 엿볼 수가 있다.

　이러한 점은 사주명조가 곧 오행상 편중(偏重)으로 치우쳐져 있는 것을 알 수가 있겠는데 이렇게 되면 사실상 사주원국에 전형적인 탁기(濁氣)를 남기는 현상이 될 것이고 아울러 신약한 일간 甲木에게는 격국에 대한 불청(不淸)함을 모면할 수가 없게 되었다.

　결국 이상의 현상을 비추어 볼 때 이와 같은 현상은 사주 주인공이 숙명적인 운로가 대단히 불길함을 암시하고 있는 대목이고 더욱 더 운로인 대운이나 세운에서 용신을 상극하는 살운(殺運)을 맞이하게 될 경우 그 흉의는 대단히 강력하게 맞이하게 될 수 있는 소지를 가지고 있다고 판단한다.

*. 격국(格局)과 용신,!

　본 사주원국에 대한 일간 甲木을 주동하여 격국(格局)과 용신을 선정하여 보면 사주내 왕성한 기운을 선택하여 왕쇠(旺衰)에 대한 격국을 취용하는 것이 마땅한데 그렇다면 사주강약도표에 준하여 가장 큰 비중을 차지하고 있는 사주월주를 주동해서 격(格)을 선택하면 될 것이다.

따라서 사주명조를 자세히 관찰하여 보니 일간 甲木이 신약하고 사주월지 辰土 편재가 자리를 잡고 있는 중에 일지와 년지 戌土 편재가 재차 자리를 잡고 다시 그 세력의 중심으로 대표하고 있는 년간 戌土 편재가 투출되어 있으니 원칙적인 **"신약편재격(身弱偏財格)"** 혹은 **"재다신약격(財多身弱格)"**이 성격(成格)된다.

고로 용신은 **"재중용비격(財重用比格)"**이니 사주월지 辰土 편재를 중심으로 해서 지지에 대부분을 차지하고 있는 편재 土氣를 木剋土로 억제하고 아울러 신약한 일간 甲木을 부조할 수 있는 비겁 木氣를 용신으로 선택하고 용신인 비겁 木氣를 생조하는 인성 水氣는 희신으로 삼는 것이 마땅하다.

이렇게 사주상에 용신과 희신을 선택하여 놓고 사주격국을 면밀히 관찰하여 보니 사주의 용신으로 대변하고 있는 시상 乙木 겁재가 투출되어 있는 중에 시지 亥水 편인이 끊임없이 생조를 하고 있으므로 용신이 뿌리를 튼튼히 하는 것이 되어 일부 일간 甲木에 대한 의지처가 강령함을 엿볼 수가 있다.

더구나 이와 같은 현상은 용신과 희신의 기운이 시주 乙亥가 자리를 잡고 있음에 따라 이것은 곧 내격(內格)의 억부법이나 조후법상 일치되는 용신과 희신임을 알 수가 있고 또한 진신(眞神)의 성질이 되고 있으니 비록 사주오행상 식신 丙火와 편재 土氣가 대부분을 차지하고 있어 오행상 편중(偏重)이 되어 있지만 그나마 일간 甲木에 대한 세력을 얻을 수가 있으니 천만다행이라 할 수가 있겠다.

*. 용신과 길신에 대한 천복지재(天覆地載),!

다시 본 사주팔자에 대한 용신과 희신의 성질을 놓고 본 장 천복지재(天覆地載)의 법칙에 적용하여 그 실체를 판단하여 보면 일간 甲木이 비록 신약하나 사주시주에 乙亥가 자리를 잡고 두 개의 오행이 동시에 존재하여 있으니 이것은 편인 亥水와 시상 乙木 겁재가 동주(同柱)의 기운이 되고 있음을 판단할 수가 있다.

이와 같은 현상은 용신의 기운과 희신의 기운이 같이 자리를 잡고 있는 현상으로 용신의 기운을 배가할 수가 있는 장점을 가지고 있겠으나 사실상 왕성한 편재 土氣가 무리를 이루어 상대적인 乙木 겁재를 대단히 강력하게 상극하니 용신의 성질로 자리매김하고 있는 乙木 겁재가 힘의 세력이 상당히 줄여지고 있음을 알 수가 있다.

그런데 절묘하게도 사주시지 亥水 편인이 자리를 잡고 왕성한 편재 土氣를 억제하면서 다시 乙木 겁재를 水生木이 되어 생조하고 있으니 乙木 겁재가 편인 亥水에 의하여 완전히 보호를 받고 있다고 간명할 수가 있다.

또한 이상의 성질은 반대로 판단할 경우 시지 亥水 편인 역시 강력한 편재 土氣의 세력에 의하여 土剋水로 상극당하는 현상이 되고 있는 점은 두말할 것도 없는데 때마침 시상에 투출되어 있는 乙木 겁재가 편재 土氣를 木剋土로 억제하여 편인 亥水를 왕성한 편재 土氣로부터 보호하고 있음도 생각할 수가 있겠다.

따라서 이렇게 용신과 희신인 양자의 기운이 동주(同柱)의 성질이 되고 있을 때는 일간에 대한 길신의 영향력이 배가되어 용신과 희신이 모두 안정되면서 서로간 각각의 보호를 받을 수 있는 장점을 가질 수가 있게 된다.

하지만 불안한 점은 본 사주팔자가 근본적으로 일간 甲木이 신약이 되고 있는 중에 비록 시주 乙亥 편인과 겁재가 동주(同柱)가 되어 용신과 희신이 일간에게 영향력을 행사하고 있으나 무엇보다도 사주상의 오행상 대부분이 편재 土氣와 식신 丙火로 짜여져 왕신(旺神)의 기운이 되고 있는 것은 아무리 용신이나 희신의 기운이 왕성하다해도 편재 土氣와 식신 丙火에 의해 일부 길신의 기운이 줄여지는 것은 모면할 수가 없다.

결국 이상의 성질은 아무래도 일차적으로 용신과 희신의 기운을 쇠약하게 만들고 이와 같은 현상은 더 나아가서는 사주격국에 대한 중화(中和)의 법칙에 안정을 도모할 수가 없음에 따라 탁기(濁氣)를 형성하는 현상으로 이어지고 있으니 사주 주인공의 숙명적인 운기가 대단히 불길함을 모면할 수가 없다.

*. 본 사주팔자에 대한 청탁(淸濁)판별,!

이상과 같은 맥락에 비추어 본 사주원국에 대한 청탁(淸濁)판별을 하여 보면 보통 사주내 오행상 木, 火, 土, 金, 水가 모두 갖춰져 오행 서로간 균등을 가지고 있는가, 그렇지 않으면 오행이 골고루 갖추어져 있지 않고 편중(偏重)이 되어 있는지,를 관찰하고 다시 일간이 중화(中和)의 기점에 대한 안정 세력을 득하고 있는지를 파악한 후 용신의 기운의 왕쇠(旺衰)를 측정하여야 된다.

그리고 나서는 다음단계로 이상의 부분을 간파한 연후에 재차 사주원국내 형, 충, 파, 해와 합의 기운을 취용하고 난 후 다시 사주상에 극단적인 살성(殺星)인 양인(羊刃), 괴강(魁罡), 백호대살(白虎大殺)등을 중점하여 판별하고 나서야 비로서 사주상의 청탁(淸濁)에 대한 가부(可否)를 판단하여야 될 것이다.

따라서 위 사주격국을 면밀히 관찰하여 보면 일간 甲木이 사실상 왕성한 편재 土氣에 의하여 그의 독점하다시피 되고 있으니 일간의 세력이 신약이 되는 점은 두말할 것도 없고 이것은 곧 오행상 편중(偏重)으로 귀착되어 왕신(旺神)의 세력을 형성하는 절대적인 이유가 성립되고 있다.

일면 사주상의 용신과 희신의 기운으로 대변되고 있는 시주 乙亥 편인과 겁재가 동주(同柱)가 되어 신약한 일간 甲木을 그나마 구조하고 있지만 근본적으로 왕성한 편재 土氣와 식신 丙火에 의하여 양자의 용신과 희신이 직, 간접적으로 파극을 당하니 편인 亥水와 겁재 乙木의 힘이 줄여지고 있는 현상은 모면할 수가 없다.

＊. 탁기(濁氣)를 구성하고 있는 상충의 작용에 대하여,!

그런데 무엇보다도 좋지 않는 점은 비록 일간 甲木이 중화(中和)의 기점에 멀어져 가는 신약이 된다손 치더라도 사주상에 오행의 균등을 가지고 있을 경우 청탁(淸濁)의 기준에는 그나마 사주격국이 안정되었다고 판단할 수는 있을 것이다.

하지만 이렇게 사주지지에 월지 辰土 편재를 중심으로 다시 일지 및 년지 戊土 편재간 辰-戊 상충이 되는 점을 놓고 하나의 성질이 아닌 두 개의 오행이 서로간 충돌되고 있으니 상충의 작용은 대단히 강력하게 발생하는 원인제공을 하고 있으므로 전형적인 상충의 작용을 모면할 수가 없다.

더구나 이러한 현상은 사주천간에도 그대로 잘 나타나고 있겠는데 그것은 사주일간 甲木을 중심으로 해서 사주년간 戊土 편재와 甲-戊 상충이 되고 있으니 더욱 더 상충의 작용이 강력하게 돌출되는 점을 모면할 수가 없으며 그렇다면 사실상 이렇게 될 경우 이상의 상충의 작용을 해극시킬 수 있는 지지합이나 천간합이 존재하여야 될 것이다.

하지만 본 사주격국을 면밀히 관찰하여 보면 상충의 작용으로 인한 소용돌이는 강력하게 발생하고 있는데 마땅히 이를 완화시킬 수 있는 합의 기운이 없으니 완전한 생식불식(生息不息) 및 생화불식(生化不息)에 막힘이 많아 전형적인 탁기(濁氣)가 존재하는 것을 모면할 수가 없게 되었다.

이상의 맥락에 비추어 그 실체를 판단하여 볼 때 본 사주팔자는 본 장 청탁(淸濁)의 법칙에 비추어 상충의 작용과 오행상 편중(偏重)으로 인하여 완전한 탁기(濁氣)를 구성하는 사주명조가 되고 있음을 단적으로 판단해도 무방할 것이다.

더구나 전자에도 언급하였지만 비록 용신과 희신의 기운이 사주 시지 乙亥가 존재하여 비록 희신의 역할을 하고 있겠지만 근본적으로 오행상 편재 土氣와 식신 丙火로 뭉쳐진 火, 土의 기운이 거의 대부분 점거하고 있으니 오행상 편중(偏重)이 되면서 왕신(旺神)의 세력을 극복할 수가 없어 곧 사주 주인공은 생식불식(生息不息)에 막힘이 많은 사주격국이라는 점을 알 수가 있었을 것이다.

결국 본 사주는 청탁(淸濁)의 기준에 탁기(濁氣)를 구성하는 절대적인 이유가 되고 이렇게 되면 사실상 운로인 대운이나 세운에서 비록 용신이나 희신의 기운을 맞이한다손 치더라도 그에 대한 복록은 빙산의 일각이 될 것이며 그에 반하여 만약 운로에서 용신 및 희신을 상극하는 기신(忌神)의 기운이 부닥치게 되면 그에 대한 소용돌이는 대단한 재화를 당면하게 되므로 참으로 그 흉의는 막심하게 들어온다고 벌써 사주원국은 무언중에 암시를 하고 있다해도 과언이 아니다.

*. 본 사주 주인공의 성격,!

본 사주격국에 대한 주인공은 오 모씨로서 남자사주인데 지금까지 일간의 왕쇠(旺衰) 및 격국(格局)의 청탁(淸濁)판별에 비추어 그 실체를 간명하여 볼때 이렇게 일간이 신약한 중에 사주팔자내 오행이 편재 土氣와 식신 丙火로 거의 대부분 짜여져 왕신(旺神)의 세력을 형성하고 있으니 일간 甲木의 기운을 강력하게 극루하고 있음을 알 수가 있다.

더구나 이러한 점은 비록 시주 乙亥가 되어 편인과 겁재가 동주(同柱)가 되니 그나마 용신과 희신이 같이 자리를 잡는 천복지재(天覆地載)가 되어 일간이 극심한 신약으로부터 구조되고 있겠지만 무엇보다도 근본적으로 지지에 편재 土氣끼리 辰-戌 상충이 되어 과히 전쟁터를 방불케 하고 있다.

이러한 현상은 여기에만 끝나는 것이 아니고 사주천간에 일간 甲木과 년간 戊土 편재가 甲-戊 상충이 되어 마땅히 이것을 해극을 할 수 있는 합의 기운이 없으니 상충의 소용돌이로 말미암아 사주원국이 생화불식(生化不息) 및 생식불식(生息不息)에 막힘이 많아 숙명적인 운기가 대단히 불안하게 되었다.

따라서 본 장에 언급하는 사주 주인공에 대한 성격을 판별하여 본다면 우선 일간 甲木이 신약하여 사주월지 辰土 및 년지와 일지 戌土가 각각 자리를 잡고 있음에 따라 격국이 **"신약편재격(身弱偏財格)"** 및 **"재다신약격(財多身弱格)"**을 성격(成格)하고 있으므로 일간의 왕쇠(旺衰)의 격국에 대한 성격특성이 그대로 잘 나타나고 있다.

그렇다면 사주 주인공인 오 모씨는 그 성격이 자존심, 고집이 대단히 강력한 운명의 소유자이며 이것은 사주월지 및 년지 그리고 일지간 辰-戌 상충이 중첩되고 있으므로 더욱 더 그 작용이 강력하게 나타나고 있다할 것이다.

＊. 命理秘典 上권인 상충편에 인용해서,!

이와 같은 현상은 이미 본 저자가 편찬한 전편인 命理秘典 上권 인 상충편에 언급하여 보면 **"사주내 辰-戌 상충이 있게 되면 그 성격이 자존심, 고집이 강대하여 타인과 불화쟁론이 끊어지지 않으며 그에 따른 비방불리를 모면할 수가 없다",!**라며 자세하 게 기술하고 있다.

그렇다면 사주 주인공인 오 모씨는 이상의 命理秘典 上권인 상충 편에 辰-戌 상충이 존재하여 있으니 완전히 일치를 하고 있겠는데 더하여 이렇게 하나의 辰-戌 상충이 있는 것이 아니고 사주일지 및 년지 戌土 편재가 중첩하여 월지 辰土 편재를 가격하고 있으니 더욱 더 그 세력이 강력하게 작용하고 있음을 알 수가 있다.

이와 같은 현상은 신약한 일간 甲木에 대한 기신(忌神)의 기운을 업고 같은 土氣의 기운끼리 충돌이 발생함에 따라 그 성격이 고독하 고 남에게 자기주장을 관철시키기 위해 남의 인격을 일시 무시하는 처사가 강력하게 나타나게 되는 점을 모면할 수가 없으니 타인들에 게 소외를 당할 수 있는 성질이 되고 따라서 외로운 운명이 되는 것 을 모면할 수가 없다.

특히 사주일지 및 년지 戌土 편재와 월지 辰土 편재끼리 辰-戌 상충이 중첩 되어 있으므로 부친의 조업을 지키지 못하고 타향살이 팔자로서 일찍이 부모님을 떠나 타향객지로 떠돌아다니는 팔자라는 점을 알 수가 있다.

한편으로 볼 때 사주시지 亥水 편인이 희신이 되고 있으므로 편 인이 사주상에 길신이 된다면 두뇌가 명민하여 재치가 뛰어나니 매사를 민첩하게 처리하는 성격인데 그러나 사주시지와 일지에 육친의 기운이 편인과 편재가 나란히 자리를 잡고 있으니 육친운명상 편재+편인 동주(同柱)하거나 나란히 있게 되면 한곳에 머물지 못하고 밖으로 돌아다니는 즉, 역마성(驛馬星)을 가지게 된다.

그렇다면 사주 주인공인 오 모씨는 행상이나 세일즈, 유통계통 등으로 자주 밖으로 나돌아다니는 직업을 가지는 것을 알 수가 있고 일면 사주상에 戌, 亥 천문성(天門星)이 있으니 천문성은 문학적, 예술적 소질을 나타내고 있음에 따라 그 방면으로 소질을 충분히 가지고 있음도 엿볼 수가 있겠다.

더구나 년주가 戊戌로 괴강살(魁罡殺)이 있는 것을 월지 辰土가 辰-戌 상충으로 이미 중첩하여 파극하고 있으니 괴강(魁罡)을 상충하면 이상한 화를 불러들인다는 법칙에 따라 만약 일지 및 년지 戌土를 동시에 운로인 대운이나 세운에서 辰土가 들어와서 거듭 辰-戌 상충으로 파극하게 될 경우 상당한 재화가 발생되는 점을 모면할 수가 없으니 대단히 조심을 하여야 될 것이다.

＊. 본 장에 준하여 부모덕이 없는 격국에 적용해서,!

본 장에 준하여 사주 주인공인 오 모씨의 격국이 부모덕이 없는 사주팔자가 되고 있겠는데 그 부분을 자세하게 인용하여 보면,!

●**편재의 기운을 비겁이 왕성하여 동주(同柱)하거나 혹은 나란히 있을 경우 부친이 일찍 생명이 위험하고 인수의**

기운을 재성이 왕성하여 동주(同柱)하거나 나란히 있을 때 모친이 일찍 단명 할 수 있다.!

● 일간이 신강, 신약을 불문하고 월주에 기신(忌神)이 있고 인수가 없을 때 초년대운이 기신(忌神)의 운로라면 유년 시 부모를 잃고 고생한다.!

● 일간이 신약하여 월주에 재성이나 식상이 기신(忌神)이 되면 부모덕이 없다.!

● 일간이 신강, 신약을 불문하고 년주나 월주가 용신을 상극하는 기신(忌神)이 되고 있으면 부모덕이 없다.!

● 일간이 신강, 신약을 불문하고 사주원국이 오행상 편중(偏重)되면 부모덕이 없는데 다시 초년대운이 기신(忌神)이면 부모를 잃는다.!

라며 사주원국에 대한 부모덕이 없는 사주를 실제인물을 간명하는 절차에 준하여 그 실체를 자세하게 기술하고 있음을 엿볼 수가 있겠다.

따라서 사주 주인공인 오 모씨의 사주가 방금 기술하고 있는 성질에 완전히 일치를 하고 있겠는데 그것은 우선 본 사주일간 甲木이 신약한 중에 부모궁을 나타내고 있는 월주가 丙辰으로 식신 丙火와 辰土 편재로 일간을 상극하는 기신(忌神)이 자리를 잡고 있음을 알 수가 있다.

그런데 이와 같은 성질이 막연히 사주월주가 일간에 대한 기신(忌神)이 자리를 잡고 있는 것도 부족하여 사주월주 辰土를 중심으로 해서 일지 및 년지 戌土가 각각 편재의 기운이 되면서 辰-戌 상충으로 파극하고 있으니 이렇게 일지와 년지가 동시에 월지를 가격하는 것은 이유가 어찌되었건 간에 부모궁이 흔들리는 현상을 모면할 수가 없으므로 완전히 부합하고 있다.

더구나 신약한 甲木 일간으로서는 그렇지 않아도 강력한 재성 土氣와 식신 丙火에 의하여 쇠약한 기운인데 설상가상으로 상충의 작용까지 받아들여야하는 이중성을 가지고 있음에 따라 더욱 더 부모덕이 없는 사주로 귀착하고 있다.

상황이 이럴진데 본 사주격국을 간명하고 난 뒤 다시 후천성인 대운의 흐름을 판별하여 볼 경우 초년 3세 丁巳대운부터 첩첩으로 일간 甲木을 상극하는 남방 巳-午-未 火局이 되어 치달리고 있으니 이것은 더 이상 부모덕을 볼 수가 없는 절대적인 이유가 성립되고 있으므로 육친의 부모궁을 논할 수가 없음이 되고 있다해도 과언이 아니다.

*. 부모님의 운명 판단,!

그렇다면 본 사주 주인공인 오 모씨의 사주격국만 보고 단편적으로 판단해도 부모덕이 없는 사주로 귀착하고 있는 점에 알수가 있다.

그렇다면 이상의 성질을 사주추명학에 비추어 좀 더 자세하게 부모님의 운명을 간명하여 보면 보통 사주월주를 부모궁으로 판단하고 있는데 월주의 십이운성의 왕쇠(旺衰)를 거론하고 다시 육친별로는 편재는 부친를 의미하고 인수는 모친을 나타내고 있다.

따라서 이렇게 육친의 성정인 편재나 인수의 기운을 판별한 후 다시 월주의 동태와 각종 살성(殺星) 및 귀인(貴人)을 접목하여 종합적으로 판단하는 것이 타당하다.

이 때 사주 주인공인 오 모씨의 사주월주를 판별하여 보니 월주의 기운이 丙辰으로서 신약한 일간 甲木에 대한 천간지지가 모두 일간을 상극하는 성질인 火, 土가 되어 편재와 식신의 기운이 되고 있으니 완전한 기신(忌神)의 역할을 하고 있음을 엿볼 수가 있겠다.

*. 사주 주인공의 부친이 단명한 성질,!

여기서 부모님의 운명을 자세하게 사주추명학적으로 비추어 간명하여 볼 때 모친이나 부친이 모두 흉사의 운명으로서 단명한 팔자라는 것을 미루어 짐작할 수가 있겠다.

그 이유에 대하여 사주격국을 면밀히 관찰하여 보면 우선 부친을 나타내는 편재의 기운을 놓고 간명할 경우 사주년주가 戊戌로서 천간지지 모두 편재가 되고 다시 월주 辰土 및 일지 戌土가 각각 역시 완전한 편재의 기운으로 뭉쳐져 있음을 알 수가 있다.

그런데 이렇게 사주상에 편재의 기운이 많은 것은 그만큼 부친이 많다는 점은 곧 부친의 덕이 없다는 것도 일치하고 있으니 부친이 단명팔자라는 것을 무언중에 사주원국이 암시를 하고 있겠는데 다시 사주시지 亥水 편인의 지장간 여기(餘氣)에 戊土가 또 존재하여 있으므로 더욱 더 사주전체를 편재의 기운으로 휩쓸고도 남음이 있다.

이와 같은 현상은 단편적으로 판단하여 보아도 사주일간 甲木이 신약하여 편재 土氣가 기신(忌神)이 되어 용신의 격국을 **"재중용비격(財重用比格)"**을 성격(成格)하는 절대적인 요건이 되고 있으니 사실상 사주 주인공인 오 모씨는 부친의 덕을 볼 수가 없다는 성질에도 일치를 하고 있겠고 더욱 더 당사자인 부친은 비명횡사의 운명이라고 곧 바로 단정지워도 무리가 없게 되었다.

더구나 이러한 편재의 기운이 선천성인 사주원국에 많은데 이것이 왕성한 십이운성에 모두 들어 있지 않고 쇠약한 쇠지나 양지등에 해당하여 있으니 그에 대한 흉함은 불을 보듯 뻔한 일이 아닐 수가 없는 점도 한몫을 하고 있다해도 과언이 아니다.

결국 그런 와중에 상황은 더욱 더 나쁘게 전진되어 설상가상으로 편재 土氣를 사주천간에는 일간 甲木과 년간 戊土가 甲-戊 상충으로 파극하고 다시 지지에는 월지 辰土 편재와 일지 및 년지 戊土 편재가 각각 辰-戌 상충으로 파극되어 있으니 더 이상 부친의 생명을 거론할 수가 없는 성질이 되고 있는 이유가 여기에 있다할 것이다.

＊. 일부학자들의 의문,!

여기서 일부학자들 중에서 방금 본 저자가 본 사주팔자에 대한 부친의 운명이 횡사라고 판단하는 성질에 대하여 한가지 의문을 가지고 질문을 하고 있다.

그것은 "命理大要의 저자 운정선생은 지금 본 사주 주인공인 오 모씨의 격국을 거론하는 자리에 오 모씨의 부친이 횡사라고 단정지우는 절차가 편재 土氣가 십이운성의 각각 쇠지와 양지등에 해당하고 있는 중에 지지에 월지 辰土 편재와 일지, 그리고 년지 戌土 편재가 각각 辰-戌 상충이 되어 부친의 운명이 불길하다고 설명한 부분은 저희 학자들도 공감을 표시하고 있다",!

"하지만 비록 지지에는 편재 土氣끼리 상충의 작용으로 부친의 운명이 불길하다손 치더라도 운정선생이 전자에 거론하였던 사주천간에 투출되어 있는 즉, 년간 戌土 편재와 일간 甲木이 甲-戌 상충으로 파극하여 편재의 기운이 완전히 무용지물이 되어 부친의 운명이 흉하다고 명시하고 있다",!

"이와 같은 부분은 상당히 납득이 가지 않는 설명으로서 일간 甲木과 년간에 투출되어 있는 戌土 편재간 甲-戌 상충이 발생하는 성질을 좀 더 자세히 관찰하여 보면",!

"우선 일간 甲木과 년간 戌土 편재사이에 월상에 투출되어 있는 丙火 식신이 존재하여 일간 甲木의 기운을 木生火로 흡수하면서 다시 년간 戌土 편재에게 火生土로 연결시키

고 있으니 이것은 오행상 주류무체(周流無滯)가 되어 편재
土氣와 일간간에 甲-戊 상충을 오행상생의 법칙으로 해극
하고 있으니 올바른 상충의 작용이 되지 않는 것으로 저희
학자들은 보고 있다",.!

"따라서 이렇게 될 경우 비록 사주지지에 같은 편재끼리
辰-戌 상충으로 파극되어 부친의 운명이 불길한 것이 오히
려 편재의 기운이 많은 점을 상충으로 파괴시킴에 따라 수많
은 편재의 기운이 없어지고 그렇다면 자연스럽게 편재의 기
운이 소수로 남는 것은 부친이 곧 존속하여 있는 성질에도
일치하는 현상이 되고 있음은 두말할 이유도 없을 것이다",.!

"상황이 이럴진데 命理大要 저자 운정선생은 이와 같은
좋은 현상을 완전히 무시하고 또한 거론하지도 않은채 막연
히 천간상충과 지지상충 및 십이운성의 쇠약함만 판단하여
부친이 단명객사운명이라고 결론지우는 처사는 사주추명학
을 단순적으로 간명하는 현상이 되니 이 부분에 대하여 자
세한 답변을 하여달라",.!라며 일부학자들이 사주추명학에 비추
어 본 저자의 학술에 대한 반론의 여지를 상당히 날카롭게 지적하면
서 의문점을 반박하고 있다.

*. 일부학자들의 의문에 대한 본 저자판단,!

이와 같은 일부학자들의 의문에 대하여 본 저자는 일면 학자들의
견해가 타당성이 있다고 판단할 수가 있겠으나 그렇지만 사주격국

을 통하여 오행으로 보는 육친통변법이나 혹은 지장간의 변화를 읽어내는 장간(藏干)의 통변법을 접목시켜 그 실체를 세밀히 파악하여 본다면 곧 본 저자의 견해와 일치를 할 수가 있을 것이다.

따라서 일부학자들이 의문을 구하고 있은 사항을 조목조목 나열시키면서 그에 대한 체계적인 분석을 하여보면,!

그 첫째로,!

이상의 의문에 대하여 일부학자들이 질문하고 있는 성질이 본 사주팔자의 부친을 대변하고 있는 편재 土氣인 년간에 戊土가 나타나고 있는데 오행상 연결을 할 수 있는 월상 丙火 식신이 존재하여 있는데도 불구하고 甲-戊 상충의 작용을 취용하는 의문에 대하여 답변을 요구하고 있다.

또한 일부학자들의 견해가 사주일간 甲木이 甲-戊 상충을 취용하는 과정에서 사주월상에 丙火 식신이 가로막아 일간 甲木이 木生火로 돌리고 다시 월상 丙火 식신은 년간 戊土 편재에게 火生土로 연결하고 있으니 상충의 작용을 오행상 상생의 법칙으로 해극을 도모하고 있다고 설명하고 있다.

그러나 이와 같은 현상은 비록 오행상 상충이 일간과 년간 戊土와 甲-戊 상충을 비록 월상에 투출되어 있는 丙火 식신이 木生火, 火生土로 연결을 도모하지만 근본적인 사주격국에 부친을 표시하고 있는 수많은 편재 土氣가 존재하여 있다면 아무리 사주천간에 일부 상충의 작용을 오행상 유통을 하여 상충의 작용을 해극시킨다손 치더라도 근본적인 많은 편재 土氣를 사라지게 할 수가 없다.

무슨 말인지 좀 더 구체적으로 기술하자면 본 사주팔자를 적용시 킨다면 이미 선천성인 사주명조내 부친을 나타내는 편재 土氣가 많 이 나타나고 있는데 비록 하나의 사주천간에 편재 戊土를 甲-戊 상 충으로 파극되는 현상을 월상에 丙火가 오행상 木生火, 火生土로 연 결시키는 현상이 되어도 지지에 존재하는 수많은 편재 土氣는 그대 로 존속하는 것이 된다는 취지이다.

아울러 이와 같은 현상은 사주천간에 甲-戊 상충을 연결하는 식 신 丙火가 오행상 일간 甲木과 편재 戊土를 木生火, 火生土로 연결 시킨다고 해서 편재 戊土가 무사하다고 역으로 가정할 때 이것 역시 년간 戊土 편재가 보존을 할 수밖에 없는 이유도 성립되니 더욱 더 부친인 편재 土氣는 많아질 수밖에 없을 것이다.

결국 이것은 사주 주인공에 대한 육친의 운명상 편재인 즉, 부친 이 많이 존재하여 있다는 것은 곧 부친이 없다는 것과 일치를 하고 있으니 이래저래 해당되는 육친의 덕을 받을 수가 없음으로 귀착할 수밖에 없는 이유가 여기에 있다해도 과언이 아니다.

다음 둘째로,!

일부학자들이 의문을 표시하고 있는 사주년간에 투출되어 있는 戊土 편재는 오행상 일간 甲木과 甲-戊 상충을 식신 丙火가 오행상 생의 법칙에 준하여 연결시키고 있는 중에 사주지지에 辰-戊 상충 으로 수많은 편재 土氣가 파극되어 사라진 현상이 된다면 오히려 편재인 부친이 무사할 수가 있다고 의문을 제기하고 있다.

그러나 이와 같은 질문에도 본 저자는 상당한 거리감을 가지고 있는데 그것은 아무리 사주상에 편재의 기운인 土氣가 같은 편재끼리 辰-戌 상충으로 파극하여 깨어진다고 하지만 근본적인 상충으로 충돌하는 육친의 기운은 어느 기운이 되고 있는지를 불문하고 의문을 제기하지 않을 수가 없다.

이것 역시 상당히 어려운 부분이 되므로 예를 들어 좀 더 자세하게 언급하자면 학자들이 의문을 제기한 辰-戌 상충의 기운이 되고 있는 육친의 기운이 다른 관성이나 식상의 기운이 아닌 모두 부친을 나타내고 있는 편재 土氣의 기운이 됨을 중요시 관찰할 필요가 있다.

따라서 이렇게 편재 土氣의 기운끼리 일지 및 년지 戌土가 동시에 월지 辰土를 辰-戌 상충이 되어 충돌하는 처사는 곧 육친의 운명상 부친이 비명횡사나 단명객사의 운명이 될 수밖에 없다는 점을 단적으로 사주원국이 무언중에 암시를 하고 있다해도 과언이 아닌 것이다.

*. 부친의 흉사(凶死)에 대한 결론,!

따라서 일부학자들이 의문을 구하고 있는 사주월상 丙火 식신이 년간 戊土와 일간 甲木간을 아무리 오행상 연결을 도모하더라도 육친의 운명상 그에 대한 상충의 작용을 모면할 수가 없는 절대적인 이유가 발생하고 있는 것이며 그러나 이와 같은 성질이 만약 1:1이라는 기운이 되고 있을 경우 이 때는 조금 달리 해석을 하여야 될 것이다.

무슨 말인지 이것 역시 좀 더 구체적으로 기술하여 보면 가령 예를 들어 본 사주팔자에 준하여 부친을 대변하고 있는 편재 土氣가 오행상 정오행이 사주년간 戊土가 하나의 기운이 되어 존재하여 있는데 이것을 일간 甲木이 甲-戊 상충으로 파극하고 있을 경우 이 때 사주월상에 투출되어 있는 丙火 식신이 가로막아 양자의 기운을 오행상생의 법칙으로 연결을 하고 있다면 부친의 기운이 무사할 수가 있게 된다는 취지이다.

하지만 지금 본 사주팔자와 같이 이미 선천성인 사주격국내 부친을 대변하고 있는 편재 土氣가 사주시지 亥中의 지장간 여기(餘氣)에 존재하는 戊土까지 나열시킨다면 사주팔자 대부분을 차지하고 있을 만큼 편재의 기운이 5개가 나오고 있음을 발견하게 된다.

그렇다면 이와 같은 성질은 사주격국에 아무리 하나의 천간에 편재 戊土의 기운을 오행상 연결을 도모한다손 치더라도 나머지 편재의 土氣가 태과해 있는 현상은 도저히 막아내기가 역부족이 될 수밖에 없는 점으로 귀착하는 것이 정석이다.

결국 이상의 맥락에 비추어 본 저자는 일부학자들이 언급하는 년간 戊土 편재와 일간 甲木간 甲-戊 상충을 아무리 오행상생의 법칙에 준하여 해극을 도모하였다해도 그대로 부친의 운명이 흉사의 운명이라고 단정지우는 처사는 모두 지금의 성질에 적용시켜 간명하였던 것이니 무릇 모든 사주격국이 지금의 성질에 당면될 경우 모두 이와 같이 간명한다면 정말 놀라운 적중률을 나타낼 수가 있음을 감히 본 저자는 자인하는 바이다.

실제로 사주 주인공인 오 모씨는 23세 己未대운이 지배되는 1985년 乙丑세운에서 부친이 교통사고로 단명객사의 죽음을 맞이하였으니 이상의 맥락에 비추어 볼 때 완전히 부친이 비명횡사의 죽음을 맞이한다 법칙에 모두 일치를 하고 있으니 더 이상 무슨 이유가 있을 수가 없다.

*. 다시 사주 주인공에 대한 모친의 흉사,!

다시 사주 주인공의 오 모씨의 부모님의 운명을 간명하는 자리에서 지금까지 부친인 편재를 적용시켜 부친의 운명이 흉사의 운명이 되었다는 점을 판단할 수가 있었는데 하지만 이것 이외에도 전자에 약간 언급을 하였지만 모친 역시 흉사의 운명이 되었다는 것을 알 수가 있겠다.

그렇다면 본 장에 기술하고 있는 모친의 흉사(凶死)에 사주추명학의 초점을 맞추어 모친의 운명을 적용시키면서 그 실체를 좀 더 구체적으로 파악해볼 필요가 있다.

이 때 육친별로는 모친은 남, 녀를 불문하고 인수로 대변되고 있는데 사주월주가 부모궁이 되므로 월주의 동태를 참조하여 인수의 기운을 십이운성의 왕쇠(旺衰)를 파악한 후 각종 살성(殺星)과 귀인(貴人)등을 복수적으로 적용시켜 종합적으로 판단을 내리는 것이 타당하다.

이 때 본 사주원국을 자세히 관찰하여 보니 모친을 대변하고 있는 육친의 성정인 인수가 사실상 정오행이 없고 시지 亥水 편인이 존재하여 있는데 亥水 편인을 제쳐두고 지장간에 암장된 인수를 찾아볼 때 사주월지 辰土 편재의 지장간 중기(中氣)에 암장되어 있는 癸水인 인수가 발견되고 있으니 그것을 모친으로 판단한다.

그런데 이렇게 암장되어 있는 癸水 인수가 일면 단편적으로 간명할 때 월지는 사주강약도표에 준하여 그 힘이 약 30%가 되어 왕성한 세력이 형성되겠으나 월지 辰土 편재의 기운이 십이운성의 쇠약한 쇠지에 해당되고 있는 중에 사주일지 및 년지 戌土 편재가 양쪽에서 辰土 편재를 辰-戌 상충으로 파극하고 있으니 2:1에 대한 힘의 열세는 절대적인 역부족이라 할 것이다.

이와 같은 현상은 일면 단편적으로 판단하여 볼 경우 사실상 모친의 기운은 辰土 편재의 지장간 중기(中氣)에 암장되어 정기(正氣)나 여기(餘氣)에 둘러쌓여 보호를 받을 수 있는 성질이 될 수가 있겠지만 이렇게 양자의 戌土 편재가 이중으로 辰-戌 상충이 되어 파극시키고 있을 때 지장간 중기(中氣)에 癸水는 완전히 파괴됨을 모면할 수가 없다.

무슨 말인지 상당한 이해력과 고난도의 집중력을 요구하고 있으므로 이상의 성질을 아래 사주도표로서 나열시킨 후 戌土 편재와 辰土 편재의 辰-戌 상충에 대한 지장간 변화를 유심히 관찰하여 보면,!

(도표1),!

일 지   월 지   년 지

(지 지) ──→ 戌 ──────→ 辰 ──────→ 戌

＊."辰-戌상충",!!! ＊."辰-戌상충",!!!

辛 ──────→ 乙 ←────── 辛← (여 기)

丁 ──────→ 癸 ←────── 丁← (중 기)

戌   戌   戌← (정 기)

이상의 辰-戌 상충의 성질에 대한 도표에서 나타나고 있듯이 이때 사주월지 辰土 편재의 지장간 중기(中氣)에 癸水 인수가 존재하여 있는데 이렇게 양쪽의 일지 및 년지 戌土가 하나의 辰土를 놓고 辰-戌 상충으로 가격하고 있을 경우 辰土의 지장간 중기(中氣)속에 들어 있는 癸水는 丁-癸 상충으로 완전히 파극됨을 모면할 수가 없다.

이와 같은 성질을 일면 단편적으로 간명할 때 사주월지의 힘은 사주강약도표에 준해 그 힘이 약 30%가 되니 사주팔자에 군주(君主)로서 대단히 왕성하게 자리매김을 하고 있겠으나 이렇게 일지와 년지 戌土가 이중으로 辰-戌 상충으로 파극하고 있을 때는 그 힘이 일지와 년지에게 감당해 내지를 못하게 된다.

따라서 이렇게 파극되어 버린 사주월지 辰土의 지장간 중기(中氣) 癸水 인수는 완전히 비명횡사의 운명을 면치 못함을 알 수가 있겠는데 설상가상으로 월주 십이운성의 기운이 왕성한 기운에 해당하지 못하고 쇠약한 기운인 쇠지에 당면되고 있음에 따라 더욱 더 흉함을 나타내고 있다해도 과언이 아니다.

결국 사주 주인공인 오 모씨의 모친은 오 모씨가 유년시절인 3세 丁巳대운에서 지병인 간암으로 유명을 달리하였는데 이와 같은 간명은 후천성인 대운의 흐름을 판별할 때 좀 더 구체적으로 기술하기로 하겠다.

*. 격국에 대한 대운흐름,!

지금까지 사주 주인공인 오 모씨의 격국을 일간의 왕쇠(旺衰) 및 용신과 그리고 격국에 대한 청탁(淸濁)부분을 비롯해서 본 장에 기술하고 있는 부모덕이 없는 격국에 대해 모두 간명하여 보았었다.

그렇지만 사실상 본 사주팔자 격국이 청탁(淸濁)의 성질에 비추어 상당한 탁기(濁氣)를 가지고 있는 중에 대운의 흐름마져 초년부터 용신을 상극하는 남방 巳-午-未 火局으로 중중(重重)이 되어 치달리고 있으니 그에 대한 숙명적인 불길함을 모면할 수가 없게 되었다.

실제로 사주 주인공인 오 모씨는 이상의 맥락에 비추어 빈천의 운명을 모면할 수가 없기 때문에 하루하루 날품팔이로 삶을 이어가는 노무자로서 생활고에 힘든 시절을 살아왔다 해도 과언이 아니며 더구나 대운의 흐름이 23세 己未 대운에서는 설상가상으로 교통사고로 한쪽 다리를 저는 불구자가 되었으니 살운(殺運)을 맞이하였을 때는 그 흉의가 극심하게 닥치는 것을 단적으로 보여주는 현상이라

할 것이다.

따라서 본 사주팔자는 시급히 운로인 대운이나 세운에서 신약한 일간 甲木의 기운을 생조하는 인성 水氣와 비겁 木氣를 받아야 하는 절박함이 있겠으나 불행하게도 대운은 63세 癸亥대운까지 기다려야 인성 水氣가 다가오고 있으니 인생황혼기에 금전을 벌면 얼마나 모으겠으며 오히려 한편으로 볼 때 수명을 지키기도 급급할 것이다.

그렇다면 지금부터 사주 주인공인 오 모씨의 과거 운로인 초년대운부터 불행의 연속이 되고 있는 현재대운까지 사주추명학에 비추어 그 실체를 적나라하게 파 헤쳐보기로 하겠다.

유년 3세는 丁巳대운이다.

이 때 대운천간 丁火는 사주일간 甲木에 대한 상관의 운로로서 신약한 일간을 더욱 더 극루(剋漏)하고 있으니 기신(忌神)의 역할을 하고 있는데 설상가상으로 대운지지 巳火가 역시 일간에 대한 식신이 되고 있음에 따라 대단히 강력하게 식상 火氣의 작용으로 인한 영향력을 행사하고 있음을 엿볼 수가 있겠다.

그런데 더욱 더 좋지 않는 것은 이렇게 신약한 일간 甲木에 대한 기신(忌神)의 역할을 해서 그 흉의가 상당히 크게 들어오고 있는 중에 일간 甲木에 대한 중요한 희신의 기운인 시지 亥水 편인을 巳-亥 상충으로 파극하니 이것은 더 이상 시상에 투출되어 있는 乙木 겁재를 水生木으로 생조하지 못하게 만들면서 용신마져 뿌리를 둘 수가 없게 되므로 풍전등화라 즉, 바람 앞의 등불이다.

✻. 丁巳대운에서 모친의 죽음,!

이와 같은 현상은 전자에 약간 본 저자가 언급하였던 성질로서 사주 주인공인 오 모씨의 모친이 죽음을 당한 부분에 정면으로 부합되는 운기로 판단하고 있음을 알 수가 있다.

여기서 일면 단편적으로 생각할 때 모친의 기운이 육친별로 사주 월지 辰土지장간 중기(中氣)에 癸水 인수를 보고 간명할 수가 있겠지만 모친의 癸水가 전자에도 기술하였듯이 辰-戌 상충으로 파극하고 있으니 이미 숙명적인 모친의 운명이 불길함을 나타내고 있다해도 과언이 아니다.

✻. 본 저자가 약 30여년동안 실제인물에 준하여 경험상 터득한 비법(秘法),!

이상의 성질중에서 한가지 중요한 부분이 나타나고 있는데 무릇 모든 사주팔자에 육친의 운명을 간명할 경우 선천성인 사주명조내 해당되는 육친의 기운이 십이운성의 쇠약한 기운에 들어 있는 중에 상충이나 삼형등으로 파극되고 있다면 이미 극단적인 흉사의 운명을 당한다고 판단하는 것이 정석이다.

그런데 이상의 성질이 과연 어느 시점에서 해당되는 육친의 운명이 단명내지는 흉사의 운명으로 귀착되는가 하는 시기가 거론되어야 할 것인데 이것은 운로인 대운의 흐름이 재차 해당되는 육친의 기운을 중첩하여 상극하는 성질이 되고 있을 시점에서 죽음을 당면

한다고 판단하여야 될 것이다.

무슨 말인지 좀 더 구체적으로 기술하면 본 사주팔자를 예를 들어 설명할 때 이렇게 이미 선천성인 사주월지 辰土 편재의 지장간 중기(中氣)에 癸水가 존재하여 있는 중에 일지 및 년지 戌土 편재가 辰-戌 상충으로 파극하고 있는 성질을 면밀히 관찰할 필요가 있다.

더구나 이와 같은 현상은 더 나아가서 모친의 기운이 암장되어 있는 월지 辰土 편재가 십이운성의 왕성한 기운에 들어 있지 못하고 쇠약한 기운인 쇠지에 해당하고 있음에 따라 완전히 모친이 숙명적인 운기가 더욱 더 불길하여 단명내지는 흉사를 당한다고 판단한다.

하지만 죽음을 당하는 시기를 놓고 과연 어느때 어느 시점에 재난을 당할 것인가를 놓고 후천성인 대운의 흐름이 재차 모친의 기운인 인수를 상극하는 시점에 변을 당한다고 간명하는데 여기서 본 사주팔자는 이미 사주월지 辰土 지장간 중기(中氣)에 癸水 인수가 辰-戌 상충으로 파극을 당하고 있으므로 다시 또 다른 인성 水氣를 찾아볼 필요가 있다.

그것은 한편으로 판단할 경우 월지 辰土 편재의 기운을 운로 인 대운이나 세운에서 다시 상충의 기운을 가지고 중첩상극해도 죽음을 다할 성질도 되겠지만 이것 이외에도 사실상 건전한 오행을 완전히 파극해도 그에 대한 흉의가 곧 바로 나타나게 되는 성질을 간파하여야 된다.

그렇다면 본 사주팔자에 준해서 辰土 편재의 지장간 癸水가 辰-

戌 상충으로 파극되고 있는데 만약 선천성인 사주내 인성 水氣가 나타나고 있지 않을 경우라면 辰土 편재를 중첩하여 상극되는 기운을 운로에서 맞이하게 될 때 그에 해당하는 모친의 흉의가 돌출되겠지만 다시 시지 편인 亥水가 나타나고 있으므로 이것을 상충이나 상극되어 완전히 파극시키는 대운 세운이 위험하게 된다.

따라서 본 사주원국은 지금의 성질에 일치시켜 간명하여 볼 때 대운지지 巳火 식신이 사주시지 亥水 편인을 巳-亥 상충으로 파극하고 있으니 이것은 한 마디로 말해 신약한 일간 甲木이 의지를 하는 기운을 송두리채 뽑아버리는 현상도 발생하면서 편인 亥水는 모친의 성정을 의미하기도 하니 모친이 절명하는 성질에 일치를 하게 된다.

이상의 간명법은 대단히 중요한 성질로서 그동안 고서(古書)나 원서에 기록되어 있지 않는 부분으로 본 저자가 약 30여년동안 실제 인물을 적용하여 경험상 터득한 비법(秘法)임에 따라 이와 같은 성질에 당면되어 있는 사주운명 소유자를 과거, 현재, 미래를 역추적하여 그에 대한 육친의 성정이 어떠한 길흉을 당하고 있는가를 중점 간명하여 오늘날 하나의 간명상 체계를 세웠다 해도 과언이 아니다.

실제로 사주 주인공인 오 모씨의 모친은 3세 丁巳대운중에 巳운이 지배하는 시점에서 모친이 지병인 간암으로 흉사(凶死)의 운명을 당하고 말았으니 정말 하늘의 기운을 꿰뚫어내는 신(神)의 학문은 정말 놀라운 적중률을 나타내고 있다해도 과언이 아니다.

결국 마땅히 이러한 비법(秘法)을 터득한 후대의 역학자들은 지금의 성질에 당면되고 있는 실제인물이 나타나고 있을 때 방금 기술한 비법(秘法)을 적용시키게 된다면 대단히 놀라운 적중률이 될 것을 미루어 의심치 않는 바이다.

다시 13세는 戊午대운이다.

이 때 대운천간 戊土는 사주일간 甲木에 대한 편재의 기운이 되어 신약한 일간을 더욱 더 극루(剋漏)하고 있는데 설상가상으로 기신(忌神)의 기운을 가진채 일간 甲木을 甲-戊 상충으로 파극하고 있으니 이는 곧 상충의 소용돌이까지 일간이 받아야 하므로 그에 대한 흉함은 배가하고 있음을 알 수가 있다.

더구나 이와 같은 현상은 대운지지 午火가 사왕지지(子, 午, 卯, 酉)가 되어 신약한 일간 甲木에 대한 상관의 운로로서 더욱 더 일간의 기운을 누출시키고 있는데 이것 역시 사주일지 및 년지 戊土 편재와 午-戌合火가 되어 더욱 더 강력한 火氣로서 일간에게 영향력을 행사하고 있으니 그 흉함은 하늘을 찌르고도 남음이 있다.

실제로 사주 주인공인 오 모씨는 이 때 13세 戊午대운에서 공부에 취미를 잃고 중학교를 다니다가 못된 친구들과 어울려 다니다가 급기야는 도둑질을 예사로이 하였으며 이것이 곧바로 관재가 연결되어 절도죄로 소년원에 마냥 출입이 제집 드나들 듯이 하였으므로 정말 이 때부터 비행(非行)청소년으로 둔갑하게 되는 시기이라 할 것이다.

23세는 己未대운으로 사주 주인공인 오 모씨가 가장 어렵고 부친까지 절명한 일생동안 최대의 흉운을 맞는 시기이다.

따라서 실제간명법상 상당한 고난도의 집중력을 요구하고 있으니 운로인 대운의 흐름을 좀 더 구체적으로 파악하기 위해 사주 주인공인 오 모씨의 사주명조와 23세 己未대운이 나타나고 있는 사주도표를 보면서 그 실체를 자세하게 파악하여 보기로 한다.

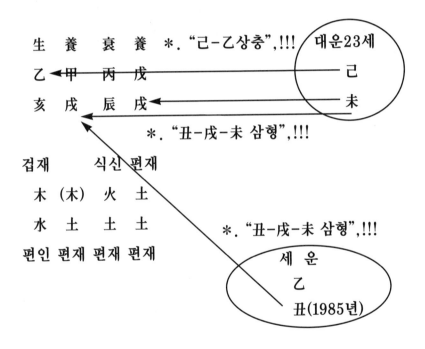

이상의 사주도표에서 나타나고 있듯이 사주 주인공인 오 모씨의 선천성인 사주명조와 23세 己未대운이 지배되는 시점에 다시 또 다른 후천성인 일년군주로 행사하고 있는 세운 乙丑년까지 접목되어 있으니 그 시점을 자세하게 간명할 수가 있겠다.

이 때 대운천간 己土는 사주일간 甲木에 대한 정재의 기운이 되어 있는데 신약한 일간으로서는 역시 기신(忌神)의 역할을 하고 있으니 그렇지 않아도 신약한 일간에게는 더욱 더 기운을 빼앗기게 되니 흉이 돌출되는 점은 두말할 이유가 없다.

그런데 이것이 여기에만 끝나는 것이 아니고 설상가상으로 일간 甲木이 가장 중요하게 의지를 하고 있는 시상에 투출되어 있는 乙木 겁재를 己-乙 상충으로 파극하여 더 이상 용신의 역할을 할 수가 없게 만들고 있기 때문에 상당한 재화를 감수하지 않으면 안될 지경이라 할 것이다.

여기서 한편으로 생각할 경우 대운천간 己土가 비록 사주시상 乙木 겁재를 己-乙 상충으로 파극하여 그 흉의가 두렵다고 판단하는 점이 일간 甲木과 甲-己合土로 변화시켜 상충의 작용을 합으로 해극을 할 수 있는 여지를 남기고 있겠지만 이것 역시 달리 판단하면 甲-己合土로 변화되어도 일간 甲木에게서는 기신(忌神)의 역할을 할 수밖에 없는 것이 되니 이래저래 설상가상이라할 것이다.

상황이 이럴진데 이와 같은 흉함은 여기에서만 끝나는 것이 아니고 이번에는 대운지지 未土가 역시 일간 甲木에 대한 정재의 기운이 되어 기신(忌神)이 되는 것은 자명한데 이것이 사주일지 및 년지 戌土와 丑-未 삼형으로 대접을 하고 있음에 따라 이렇게 기신(忌神)의 기운을 중첩하면서 삼형의 작용까지 동반하고 있으니 참으로 그 흉함은 대단히 강력함을 암시하고 있다해도 과언이 아니다.

*. 1985년 乙丑세운을 접목,!

이상의 성질을 보더라도 사주 주인공인 오 모씨에 대한 흉함은 극단적으로 나타나는 것을 알 수가 있겠는데 이 때 23세 己未대운이 지배하는 시점에 또하나의 후천성인 1985년 乙丑세운이 그 영향력을 행사하고 있으니 세운의 판단과 대운의 판단을 복수적으로 간명하여야 되는 시점이라 할 것이다.

이 때 乙丑세운을 판별하여 보니 세운천간 乙木이 비록 신약한 일간 甲木을 생조하는 용신인 겁재가 되어 일면 길하게 판단할 수가 있겠으나 이것이 대운천간 己土와 己-乙 상충이 발생하고 있음을 중시 판단할 필요가 있다.

따라서 이와 같은 점은 전편인 命理秘典 下권인 전극(戰剋)의 법칙에 대한 성질이 완전히 일치하고 있는 것으로 전쟁터의 소용돌이에 휘말리고 있으니 후천성인 두 마리 용이 세력을 다투는 싸움에 희신, 기신(忌神)을 막론하고 사주 주인공은 극단적인 흉함에 당면하게 된다.

더구나 상황이 이럴진데 세운지지 丑土가 신약한 일간 甲木에 대한 정재의 기운이 되어 일간의 기운을 더욱 더 소모시키고 있는 중에 다시 사주일지 및 년지 戌土 편재와 대운지지 未土 및 세운지지가 함께 丑-戌-未 삼형을 동반하여 사주원국에 강력한 삼형까지 들어오게 되니 해당되는 육친은 물론이고 사주 주인공인 오 모씨까지 생명에 위험이 갈 수 있을 정도의 대흉을 모면할 수가 없다.

＊. 부친의 흉사(凶死)시점,!

이와 같은 현상은 한 마디로 말해서 후천성인 대운천간과 세운천간이 己-乙 상충을 동반하고 다시 대운지지 未土와 세운지지 丑土가 같이 丑-未 상충을 돌출하고 있으니 완전히 두 마리의 용이 처절한 싸움을 하고 있는 것을 판단할 수가 있겠는데 따라서 전쟁터의 소용돌이는 대단히 재화가 극심하게 나타나고 있는 것을 알 수가 있다.

그런데 상황은 여기에만 끝나는 것이 아니고 설상가상으로 사주원국 일지와 년지 戌土 편재를 같이 丑-戌-未 삼형을 동반하고 있으니 이렇게 강력한 삼형의 소용돌이는 비록 세운천간 乙木이 아무리 일간 甲木에 대한 용신의 기운이 된다손 치더라도 무용지물이 될 수밖에 없다.

또한 이미 선천성인 사주명조내 일지 및 년지 戌土 편재와 월지 辰土 편재간에 戌-未 삼형이 성립되어 이중으로 편재의 기운을 파극하고 있으니 이것은 언제라도 운로인 대운이나 세운이 다시 중첩하여 편재 土氣를 가격하는 상충이나 삼형을 만날 때 부친의 생명이 위험에 도달한다는 점을 사주원국이 무언중에 암시를 하고 있다해도 과언이 아니다.

이상의 성질을 육친통변법으로 좀 더 자세하게 기술하여보면 23세 己未대운은 그 세력이 10년을 지배하고 있으므로 10년동안은 사주 주인공인 오 모씨에 대한 강력한 편재의 기운을 동반한채 기신(忌神)의 역할을 할 수밖에 없으니 이것은 곧 금전으로 인한 고통과 건강상 교통사고가 상시 따라 다니는 흉을 모면할 수가 없다.

더구나 이렇게 세운이 乙丑이 되어 대운 己未와 함께 사주일지 및 년지를 丑-戌-未 삼형을 하는 것은 이상의 흉함을 더욱 더 가중 시키는 현상이 나타나고 있는데 설상가상으로 사주일지를 충격하는 것은 남자사주에서는 일지는 육친의 정재를 떠나 처궁을 나타내고 있으니 부부간에 생이별 내지는 사이별이 되는 것을 알 수가 있다.

실제로 사주 주인공인 오 모씨는 이 때 23세 己未대운이 지배되는 만 27세 乙丑세운인 음력 3월달에 부친이 교통사고로 비명횡사 (非命橫死)를 하였는데 급기야는 그동안 금전적으로 대단히 고통을 받던 자신의 처가 더 이상 견디지를 못하여 음력 6월달에 이혼소송을 하여 처와 이별이 되었으며 이 흉함이 여기에만 끝나지 않고 더 나아가서는 음력 12월달에는 본인이 교통사고까지 당하여 그 여파로 다리를 저는 불구가 되었다.

결국 이와 같은 점은 하나의 흉을 당해도 견디기 힘든 고비라 할 것인데 이렇게 중첩하여 부친이 흉사함과 처와 이별 및 본인까지 교통사고로 불의의 재난이 모두 들이닥치는 것은 사실상 본 사주격국이 오행이 편중(偏重)되면서 선천적으로 재성이 무리를 이루고 있는 "재다신약격(財多身弱格)"을 성격(成格)하고 있음에 따라 대단히 탁기(濁氣)를 남기고 있으니 그 흉이 더욱더 강력하게 들어오는 현상을 판단할 필요가 있다.

다시 33세는 현재 운기를 지배하고 있는 庚申대운이다.

이 때 대운천간 庚金은 사주일간 甲木에 대한 편관이 되어 신약한 일간에게는 역시 기신(忌神)의 역할을 하고 있으므로 상당한 흉의가 돌출되는 것을 모면할 수가 없음을 알 수가 있겠다.

　따라서 이번에는 대운천간 庚金이 기신(忌神)의 기운을 가지고 일
간 甲木을 甲-庚 상충을 하고 다시 월상에 투출되어 있는 丙火 식신
을 丙-庚 상충으로 파극하고 있으니 신약한 일간甲木으로서는 상충
의 작용까지 받아야 하는 이중성을 부여하고 있다해도 과언이 아니
다.

　만약 이럴 경우 신약한 일간 甲木을 생조할 수 있는 인성 水氣가
사주천간에 투출되어 왕성하게 된다면 오히려 관성 金氣는 인성 水
氣에게 金生水로 살인상생(殺印相生) 및 관인상생(官印相生)의 법칙
을 실현하여 신약한 일간에 연결하면서 오히려 관성 金氣를 일간이
적절히 이용할 수가 있을 것이다.

　그렇다면 선천성인 사주명조내 인성 水氣가 강력하게 작용할 경
우 관성의 기운은 일간 甲木에게 흡수를 시킬 수가 있겠지만 아쉽게
도 이렇게 사주천간에 인성 水氣가 투출되어 있지 않으니 설상가상
으로 완벽하게 일간을 金剋木하여 치고 있음을 알 수가 있겠다.

　하지만 대운지지 申金이 역시 일간 甲木에게는 편관이 되어 비록
기신(忌神)이 되고 있겠지만 천만다행으로 시지 亥水 편인이 존재하
여 있으니 직, 간접적으로 편인 亥水를 金生水하여 일부 잔여기운이
나마 일간 甲木에게 편관 金氣를 화살(化殺)을 시키고 있음을 판단
할 수가 있다.

　더구나 이러한 상황은 여기에만 끝나는 것이 아니고 사주월지 辰
土 편재가 자리를 잡고 있으니 대운지지 申金 편관이 월지 辰土와
申-辰合水로 인성 水氣로 변화되어 일간 甲木에게 이끌리고 있음에

따라 사실상 완벽하게 일간을 극루하지 못하고 때에 따라서는 세운이 子水나 월운이 子水가 들어오게 될 때 완전한 申-子-辰合水로 변화되어 그에 대한 길함이 나타난다고 간명하는 것이 타당하다.

실제로 이와 같은 현상은 대운천간 庚金이 지배되는 시점에서는 하루세끼 입에 풀칠하기도 힘든 나날을 보냈으나 세운이 1996년 丙子년에 사주 주인공인 오 모씨는 그나마 문서를 잡는 행운을 뒤따랐는데 비록 세운천간 丙火가 일간 甲木의 기운을 누출시키는 식신이 되어 기신(忌神)이 될 수도 있다.

그러나 세운지지 子水가 들어옴에 따라 대운지지 申金 편관을 일간 甲木에게 연결시키는 인성의 역할을 도모하면서 대운지지 申金과 사주월지 辰土 편재와 함께 申-子-辰 삼합 水局이 되어 정히 인성의 기운이 왕성하게 만들어지고 있으니 이렇게 합을 하여 나오는 水氣가 세운천간 丙火의 기운을 水剋火하여 억제하게 됨에 따라 가뭄에 단비를 만나는 형국이 되고 있으므로 전자의 본 저자가 언급한 내용에 완전히 부합하고 있다고 보겠다.

앞으로 다가오는 43세는 역시 근심스러운 辛酉대운이다.

그것은 대운천간 辛金이 일간 甲木에 대한 정관의 기운이 되어 기신(忌神)의 역할을 하고 있는데 사주시상에 투출되어 용신으로 자리매김하고 있는 乙木 겁재를 乙-辛 상충으로 파극하고 있으니 일간에 대한 용신의 기운이 흔들리게 되어 대단히 불안함을 금할 수가 없다.

한편으로 볼 때 사주월상에 투출되어 있는 丙火 식신이 존재하여 있으니 대운천간 辛金이 丙-辛合水로 변화되어 인성 水氣로서 일간 甲木을 생조하고 있으면 참으로 다행이라 생각할 수가 있겠다.

그렇지만 애석하게도 본 사주팔자의 천간에 인성 水氣가 투출되어 있지 않는 중에 시상 乙木이 상충의 성질이 되어 오히려 상충의 작용까지 중첩 받아야 되므로 아무리 비록 水氣로 돌변한다손 치더라도 일간 甲木에게는 왕성한 辛金의 金剋木의 역할을 무시할 수가 없게 되었다.

상황이 이럴진데 대운지지 酉金이 사왕지지(子, 午, 卯, 酉)로서 재차 정관 金氣로서 사주원국에 영향력을 행사하고 있으니 이것은 중첩하여 정관 金氣의 기운을 더욱 더 강력하게 만들게 되니 참으로 어느 하나 의지를 할 수가 없는 점이 되니 재화의 연속을 맞이할 수밖에 없는 것을 알 수가 있다.

따라서 사주 주인공인 오 모씨는 지금까지 살아온 숙명적인 운로인 대운의 흐름을 판별하여 볼 때 본 장에 언급하는 부모덕이 없는 사주팔자로서 일찍이 부친과 모친을 모두 잃고 설상가상으로 처와 이별한 뒤 하루하루 날품팔이로 전락하는 독신팔자로 삶을 살아가고 있는데 앞으로 다가오는 53세 壬戌대운까지 첩첩으로 기신(忌神)의 기운이 되니 참으로 불행한 운명이 아닐 수가 없는 것이다.

결국 본 장에 기술하고 있는 부모덕이 없는 격국에 사주 주인공인 오 모씨가 포함되었다는 자체만으로 대단히 불행이 아닐 수가 없겠으며 앞으로 다가오는 63세 癸亥대운이 도래와야 만이 그나마 지금의 고난을 접으면서 발복을 누릴 수가 있을 것을 미루어 짐작하고 있다.

그러나 이미 몸도 늙고 마음도 늙은 쇠약한 운명이 비록 길운을 맞이한다고 해도 발전하면 또 얼마나 발전할 것인가, 차라리 수명을 지키기도 급급할 것인데 오늘도 불구가 된 한다리를 절며 노무자 일을 하고 있을 것을 본 저자가 살펴볼 때 참으로 가슴 아프고 애석하기 그지없다.

제3장

형 제 (兄 弟)

제3장

형 제(兄 弟)

1. 형 제(兄 弟)

형제(兄弟)는 전 장에 언급한 부모(父母)와 마찬가지로 하나의 동질성을 부여하니 곧 가족이며 혈연(血緣)으로 맺어지는 결합체라고 밀할 수가 있다.

따라서 형제(兄弟)는 나와 같은 성질임에 따라 한 부모님의 테두리속에 성장하면서 형제의 일이 어쩌면 내가 당면된 일이 될 수가 있으니 때에 따라서는 생사고락(生死苦樂)을 같이하며 같은 길을 걸어갈 수가 있을 것이다.

하지만 시대적인 변천이 진전됨에 따라 한뱃속에서 태어난 형제가 사업부도로 말미암아 금전적인 거래를 하거나 혹은 은행등에 보증관계 등으로 파산되는 영향력이 나에게까지 미치니 동질성인 형제 또는 내가 어느날 갑자기 원수로 돌변하여 물고 물리는 작금의 현실이 참으로 어쩔때는 비관과 슬픔을 금할 길이 없다.

이러한 현실성을 감안할 때 형제(兄弟)라는 육신이 과연 얼마나 나에게 이득을 주고 있는가, 그렇지 않으면 형제로 인하여 대단한 피해를 볼 수가 있는가,를 사주추명적으로 그에 대한 영향력을 깊이 판별할 필요가 있겠다.

이상의 형제(兄弟)의 기운을 놓고 본 장에 기술하는 것을 비추어 볼 때 그 성질로 분류하면 형제도 남형제(男兄弟)가 있는 반면 혹은 여형제(女兄弟) 및 더 나아가서는 이복형제(異腹兄弟)를 거론할 수가 있으며 공히 모두 사주월주는 형제궁이 되므로 월주의 동태를 면밀히 파악함이 필수적이다.

일면 사주월주는 원칙적으로 전 장에 언급하였던 부모궁(父母宮)을 대변하는 것이 원칙이나 사실상 이것 이외에도 월주는 형제(兄弟)의 궁을 같이 볼 수가 있는데 또한 육친의 성정은 비견은 친형제를 나타내고 겁재는 이복형제를 표시하고 있으니 사주추명학상 그에 대한 구별을 완벽히 하여야 만이될 것이다.

본 장에서는 형제(兄弟)의 육친인 비견이나 겁재를 거론한 후 육친의 궁(宮)인 월주를 판별해서 다시 십이운성의 왕쇠(旺衰)와 각종 살성(殺星) 및 귀인(貴人)등을 복수적으로 대조하여 형제덕이 있는 사주와 형제덕이 없는 사주로 분류시키면서 그 실체를 본 저자가 약

26년동안 경험상 터득한 비법(秘法)을 적용하여 완벽하게 파악하고 있는 것이 특징이라 하겠다.

결국 본 서 命理大要 中권에서 언급하는 이상의 형제(兄弟)가 자기의 손과 발과 같은 성질임을 감안하여 이것이 선천성인 사주원국 내 얼마나 형제가 나에게 혹은 내가 형제에게 이득이나, 피해를 줄 수 있는 정도를 완벽히 가려내고 있으며 아울러 부모를 대신하여 내가 가업을 이끌고 나가는가, 혹은 형제덕이 없어 타향 객지로 나가서 자수성가하는 등의 실체를 조목조목 거론한 후 그 실체를 사주추명학적으로 하나의 간명상 체계를 도모하고자 노력하고 있다.

(1). 형제덕(兄弟德)이 있는 사주,!

● 일간이 신약하여 비겁이 용신이나 희신이 되고 형, 충이 되지않으면 형제덕이 있다.!

● 일간이 신약하여 관성이 강력하나 인성이 관성을 유통시키면서 다시 인성이 비겁에게 오행상생이 되면 형제덕이 있다.!

● 일간이 신약하여 관성이 강력하나 비겁이 관성과 합을 하여 재차 용신이나 희신의 기운이 나오게 된다면 형제덕이 있다.!

● 일간이 신약하여 편관이 왕성하나 식상이 경미한 중에 다

시 비겁이 용신이나 희신이면 형제덕이 있다.!

● 일간이 신약하여 "재다신약격(財多身弱格)"이 되어 비겁이 재성을 억제하고 있을 경우 형제덕이 있다.!

● 신약하고 재성과 관성이 무리를 이루고 있을 경우 비겁이 일간과 동주(同柱)하거나 근접하여 있을 경우 형제덕이 있다.!

● 일간이 신약하나 월지에 인수나 비겁이 존재하여 길신이 되고 있을 경우 형제덕이 있다.!(단, 이 때 사주일지가 월지를 형, 충하고 있다면 형제덕이 없다고 판단한다)

● 일간이 신왕하여 재성이 용신인데 오생상 주류무체(周流無滯)하여 상생의 법칙이 된다면 형제로부터 큰 피해를 당하지 않게 된다.!

● 사주원국에 일간이 신왕이라도 중화(中和)의 기점에 안정된 40%에 육박하고 있고 다시 비겁이 식상을 생조하여 재성까지 연결되고 있다면 오히려 형제덕이 있다.!

● 일간이 신약하고 비겁이 용신이나 희신이 되면서 십이운성 건록에 해당하면 형제에게 관록이나 부귀영화가 있다.!

● 비겁이 천덕(天德), 혹은 월덕귀인(月德貴人)에 해당하면 형제의 성정이 차분하고 자비심이 있다.!(이 때 사주원국이

신약하면 제덕이 있어나 만약 신왕하여 비겁이 기신(忌神)이면 형
제덕이 없는데 그러나 형제는 본인보다 부귀복록을 누린다. 일면
본인이 형제에게 피해를 줄 수가 있다.!)

● 비겁이 장성살(將星殺)에 동주(同柱)하면 형제가 관록등
으로 부귀하며 혹은 십이운성의 장생지(長生地)에 동주
(同柱)하면 형제가 신체건강 장수한다.!(이 때는 일간이 신
왕하다면 형제덕이 없으나 그에 반하여 형제는 부귀공명을 누린
다고 판단하며 만약 신약하여 비겁이 용신이나 희신의 성질이 된
다면 형제덕을 같이 받으면서 형제 또한 번영발달한다.!)

※참고로 지금까지 선천성인 사주명조를 보고 남, 녀를 불문하고 형
제덕이 있는 격국을 기술하였는데 여기서 한가지 눈에 두드러지
게 나타나고 있는 점은 하나같이 대부분이 일간이 신약하여 비겁
이 용신이나 희신의 성질이 되어야만이 형제덕을 받을 수가 있음
을 알 수가 있다.

그러나 이상의 부분중에도 형제덕이 일면 있는 것 같으나 실제
간명상 오히려 형제덕이 없는 사주격국이 종종 나타나고 있는데
그것은 비록 일간이 신약하여 비겁이나 인성을 용신이나 희신으
로 선택하고 있더라도 사주일지와 월지간 삼형이나 상충의 작용
으로 서로간에 파극하는 현상이 되고 있다면 오히려 형제덕이 없
는 사주로 판단하여야 된다.

이와 같은 현상은 사실상 형제덕도 없을뿐더러 또한 부모덕도 없
는 두가지의 간명법을 모두 적용할 수가 있겠는데 더구나 십이운

성의 쇠약한 쇠, 병, 사, 묘, 절이 비겁이 있는 주(柱)에 동주(同柱)하여 있고 극단적인 살성인 괴강살(魁罡殺)이나 백호대살(白虎大殺) 및 양인살(羊刃殺)등이 같이 복수적으로 존재한다면 더욱 더 형제덕이 없다.

결국 이상의 성질은 비록 지금의 형제덕이 없는 사주도 되겠지만 더 나아가서는 극단적인 형제가 비명횡사(非命橫死)로 죽음을 당면할 수 있는 현상도 모면할 수가 없으므로 이 때는 사주격국에 대한 오행상 상생의 법칙 및 상극의 법칙을 적용하여 오행의 유통을 면밀히 관찰하여 그에 대한 간명을 하여야 됨은 두말할 필요가 없을 것이다.

✳. 본 장에 기술하고 있는 형제덕이 있는 사주에 부합하고 있는 실제인물인 조 모씨의 사주팔자이다.!

(예1). 남자, 조 모씨(부산 영도) 1949년 음력 윤 7월 17일 午 시

(대 운)

胎	病	浴	衰	丁-癸상충,!!	61	51	41	31	21	11	1
丙	壬	癸	己			丙	丁	戊	己	庚	辛	壬
午	寅	酉	丑			寅	卯	辰	巳	午	未	申

✳."卯-酉상충",!!!

편재　　겁재 정관

火 (水) 水 土

火 木 金 土

정재 식신 인수 정관

●일간 壬水가 신약하여 "신약월지인수격(身弱月支印綬格)"을 성격(成格)하고 있는 사주격국이면서 사주내 시지 午火와 일지 寅木과 寅-午合火를 구성한 중에 시상에 丙火 편재가 투출되어 있으니 "재중용비격(財重用比格)"이 되어 용신을 월상 癸水를 선택하고 월지에 있는 酉金 인수를 희신으로 삼고 있음을 알수가 있다.!

따라서 본 장 형제덕을 받는 사주에 준해 사주월상 癸水

겁재가 용신이 되면서 월주가 형제궁이므로 월지 酉金 인수가 희신이 되고 있음에 따라 완전히 형제덕을 받는 사주원국이 되고있다.!

실제로 사주 주인공인 조 모씨는 태어나서부터 지금까지 형제들이 모두 자신의 일을 내일같이 돌보고 또한 조 모씨 역시 형제들을 내몸 같이 보살피면서 동거동락(同居同樂)을 같이 하고 있으므로 본 장에 기술하고 있는 형제덕을 받는 사주에 일치하고 있음을 엿볼 수가 있겠다.!

하지만 대운의 흐름이 51세 丁卯대운이 지배되는 시점에서는 대운천간 丁火가 신약한 일간 壬水에 대한 정재의 기운이 되어 일간의 기운을 더욱 더 극루(剋漏)시키면서 월상에 투출되어 있는 일간의 중요한 길신인 癸水 겁재를 丁-癸 상충으로 파극하고 있으니 그 흉이 대단히 강력하게 작용할 것을 암시하고 있다.!

이와 같은 현상은 여기에만 끝나는 것이 아니고 재차 대운지지 卯木이 역시 일간 壬水의 기운을 설기(泄氣)시키면서 다시 일간에 대한 용신의 기운으로 자리매김하고 있는 酉金 인수를 卯-酉 상충으로 파극하고 있으니 이렇게 월상 癸水 겁재와 인수 酉金이 동시에 파극당하는 것은 용신과 길신이 뿌리채 흔들리는 것이 되어 죽음을 불사하고도 남음이 있는 성질이다.!

*. 일간의 왕쇠(旺衰),!

壬일간 酉월에 출생하여 득령(得令)하였으며 다시 사주월지 酉金 인수를 중심으로 해서 월상에 癸水 겁재가 투출되어 있으니 일간 壬 水가 그리 쇠약하지 않음을 알 수가 있다.

더구나 사주월지 酉金 인수는 년지 丑土 정관과 酉-丑合金으로 변화되어 인수 金氣의 기운이 한층 더 강력하게 그 세력을 형성하고 있음에 따라 일면 단편적으로 판단할 경우 일간 壬水가 신강으로 판 단되기 쉽게 되어 있다해도 과언이 아니다.

그러나 사주시지 午火 정재가 사왕지지(子, 午, 卯, 酉)가 되어 자 리를 강력하게 잡고 사주일지 寅木 식신과 함께 寅-午合火를 구성 해서 그 세력의 중심을 대표하고 있는 시상 丙火 편재가 투출되어 있으니 일간 壬水의 힘을 강력히 극루(剋漏)하고 있다해도 과언이 아니다.

또한 이러한 현상은 더 나아가서 사주년간에 己土 정관이 투출되 어 바로 마주보고 있는 월상 癸水 겁재를 癸-己 상충으로 파극하고 있으니 이것은 곧 암합리에 일간 壬水에 대한 의지처가 쇠약하고 있 음을 모면할 수가 없게 되었다.

고로 본 사주팔자는 일간 壬水가 신약으로 귀착되는 것이 마땅하 며 그러나 일간 壬水가 사주월지 인수 酉金과 월상에 투출되어 있는 癸水 겁재에 의해 강력하게 세력을 얻고 있으니 이것은 곧 일간의 강약면에서 중화(中和)의 기점에 안정을 얻을 수가 있고 또한 강력한 신(神)의 기운인 식신 木氣와 재성 火氣 및 정관 己土에 능히 대적할 만한 기운을 가지는 것이 되므로 아주 좋은 것이라 판단해도 무방하다.

∗. 일부학자들의 의문,!

여기서 일부학자들 중에서 방금 본 저자가 위 사주팔자에 대한 일간의 왕쇠(旺衰)를 설명하는 자리에서 한가지 의문을 가지고 질문을 하고 있다.

그것은 **"命理大要의 저자 운정선생은 본 사주팔자의 일간의 왕쇠(旺衰)를 구분하는 절차에서 본 사주팔자가 신약이라고 단정을 지우고 있는데 저희 학자들의 견해는 본 사주 월지 酉金 인수가 월령을 득한 뒤 년지 丑土 정관과 酉-丑 合金을 한 중에 다시 월상에 癸水 겁재가 투출되어 있는 성질을 중시보고 있다",!**

"그렇다면 이러한 성질은 상대적인 일지 寅木 식신과 시지 午火 정재간 寅-午合火를 하고 있는 세력과 비교 분석하여 볼 경우 사주월지는 사주강약도표에 준하여 그 힘을 판별하여 보자면 약 30%의 기운을 가지는 점은 기정사실이다",!

"더구나 이와 같은 점은 더 나아가서 사주월지 酉金과 년지 丑土 정관이 酉-丑合金을 구성하고 있는 반면 일지 寅木

과 시지 午火간 寅-午合火는 사왕지지(子, 午, 卯, 酉)가 시
지에 자리를 잡고 있는 성질이 됨에 따라 같은 사왕지지(四
旺地支)라도 그 힘의 결합여부가 강약에 차이가 나고 있다
해도 과언이 아니다",.!

"따라서 이상의 맥락에 비추어 볼 때 힘의 강약면에 월지
酉金 인수와 년지 丑土 정관이 결합하고 있는 酉-丑合金이
寅-午合火보다 강력한 점을 알 수가 있는데 이러한 점을 전
부 감안할 경우 자연스럽게 일간 壬水를 신강으로 선택하는
것이 무리가 없다고 보는 것이 타당하지 않겠는가",.?

"그런데도 불구하고 어찌하여 운정선생은 이러한 성질을
자세히 언급하지 않은채 막연히 본 사주 일간 壬水를 신약
으로 분류하고 있는지 이 부분에 대하여 자세한 답변을 하
여달라",.!라며 구체적인 대답을 요구하고 있다.

∗. 일부학자들의 의문에 대한 본 저자판단,.!

이와 같은 일부학자들의 의문에 대하여 본 저자의 판단에 비추어
일면 학자들의 견해는 일리가 있고 또한 한편으로 판단하여 볼 경우
그렇게 생각하기 쉽게 되어 있다해도 과언이 아니다.

그렇지만 그렇게 판단할 경우 사실상 본 사주팔자의 일간의 왕쇠
(旺衰)가 완전히 거꾸로 간명되어 용신이 정반대가 될 수가 있는 성
질이 되고 있으니 상당히 고난도의 심리를 통하여 신중하게 왕쇠(旺

衰)의 기준을 면밀히 하여야 될 것이며 아울러 다시 본 저자의 설명을 듣게 된다면 비로서 본 사주팔자가 신약이라는 것을 알 수가 있겠다.

따라서 위 사주원국을 놓고 그 실체를 언급하여 보면 우선 동질성으로 대변되고 있는 사왕지지(子, 午, 卯, 酉)의 기운이 어느 것이 더 강력한가를 판단하고 그 실체를 따져야 되겠는데 그렇다면 이것은 두말할 필요도 없이 사주월령에 득해 있는 酉金 인수가 자리를 잡고 합을 구성하고 있는 酉-丑合金이 시지 午火와 일지 寅木과 합을 하는 寅-午合火보다 더 강하다고 판단할 수가 있다.

그 부분을 집중적으로 판별하여 보면,!

상대적인 寅-午合火는 사왕지지(四旺地支)인 午火 정재가 시지에 자리를 잡고 합을 구성하는 성질이 되니 전자에 언급한 酉-丑合金보다 힘의 세력에 뒤진다고 보는 것이 타당성이 있겠지만 사실상 양자의 합에 대한 중심을 모아 주고 있는 사주천간에 동질오행인 火氣를 대표하고 있는 시상 丙火가 투출되어 寅-午合火의 기운을 더욱 더 강력하게 결성하는 성질도 무시할 수가 없다.

그렇다면 여기서 중요한 성질은 상대적인 酉-丑合金은 비록 월령에 酉金이 자리를 잡고 합을 결합하고는 있다지만 합의 중심을 모아주고 있는 사주천간에 金氣가 투출되어 있지 않으니 이것은 寅-午合火의 절대세력에 밀려날 수가 없는 절대적 이유가 되고 있으니 이런 점을 감안한다면 단편적으로 판단해도 寅-午合火가 酉-丑合金보다 강력하다는 것을 알 수가 있다.

더구나 이와 같은 부분은 더 나아가서 설상가상으로 월상에 투출되어 있는 癸水 겁재의 기운을 년간 己土가 癸-己상충으로 파극하니 암합리에 일간 壬水에 대한 중요한 의지처인 겁재의 기운이 다소 줄어들고 있는 하나의 요인으로 작용한다 하여도 과언이 아니다.

＊. 일간에 대한 강약을 결정하는 인성과 비겁의 차이.!

이상과 같은 맥락에 비추어 볼 때 본 저자가 위 사주팔자 일간의 왕쇠(旺衰)에 대하여 일간 壬水가 신약하다고 결론을 내리는 이유가 방금 설명한 부분에 적용되었다는 것을 알 수가 있겠는데 그러나 그보다 더욱 더 중요한 한가지 이유가 나타나고 있다.

그것은 무릇 모든 사주원국에 대하여 일간을 생조하는 것은 원칙적으로 인성과 비겁이 있어야 만이 일간이 힘의 세력을 얻을 수가 있겠는데 그 중에서 인성과 비겁의 기운을 놓고 힘의 강약을 측정하여 볼 경우 십이운성을 접목시키면 인성은 보통 病, 沐浴, 死지에 해당하는 것이 많고 長生지는 편인등에 일부 국한되어 나타나고 있다.

하지만 그에 반해서 일간의 동기인 비견이나 겁재는 보통 건록지나 제왕지에 해당하고 있는데 그 중에 戊, 己일간의 지지에 일간의 동기인 비겁은 辰, 戌, 丑, 未에 해당하니 고(庫)에 있는 현상이라 해서 쇠약한 기운인 冠帶, 衰, 墓, 養에 적용되고 있음에 따라 원칙적으로 제외된다.

이와 같은 점을 적용하여 본 사주팔자를 비추어 그 힘에 대한 강약을 측정하여 볼 때 일간 壬水에 대한 월지 酉金은 십이운성의 목욕지에 해당하고 있음이니 완전하게 그 힘이 비겁인 子水나 亥水가 생조되는 것보다 훨씬 쇠약하고 있음을 엿볼 수가 있다.

더구나 이러한 성질은 더 나아가서는 일간에 대한 동기인 비겁은 많으면 많을수록 일간이 세력을 더욱 더 강력하게 발휘할 수가 있는 장점이 있겠으나 그에 반하여 인성의 기운이 많이 있을 경우 오히려 일간이 수다목부(水多木浮) 및 모자멸자(母慈滅子)의 법칙에 준하여 오히려 일간이 쇠약해지는 현상을 생각한다면 더욱 더 판단이 쉽게 될 것이다.

결국 본 사주팔자가 일간 壬水가 신약으로 귀착하는 부분에 대해서 모두 합의 기운을 따지는 것을 거론하여 천간에 합의 기운을 대표하고 있는 오행을 중점 적용하였으며 아울러 일간 壬水에 대한 인성 金氣와 비겁 水氣에 대한 강약의 원칙도 복수적으로 취용하여 본 사주명조가 신약으로 간명하였던 절대적인 이유가 여기에 있다해도 과언이 아니다.

＊. 격국(格局)과 용신,!

다시 본 사주팔자에 대한 격국(格局)과 용신을 판별하여 보면 우선 사주일간 壬水가 신약한 중에 월지 酉金 인수가 자리를 잡고 있으니 원칙적으로 "신약월지인수격(身弱月支印綬格)"이 성격(成格)되고 있겠다.

고로 용신은 **"재중용비격(財重用比格)"**으로 사주원국에 시지 午火 정재가 일지 寅木 식신과 寅-午合火를 하여 시상에 丙火 편재가 투출되어 그 기세가 대단히 왕성하게 일간을 극루하고 있음에 따라 재성 火氣를 바로 억제하면서 아울러 신약한 일간 壬水를 부조하고 있는 비겁 水氣를 용신하고 비겁 水氣를 생조하는 인성 金氣는 희신으로 삼는다.

따라서 이렇게 사주상에 용신과 희신을 선택하여 놓고 사주격국을 면밀히 관찰하여 보니 일간 壬水에 대한 용신의 기운으로 자리매김하고 있는 월상 겁재 癸水가 투출되어 있으면서 다시 월지 인수 酉金과 동주(同柱)의 기운이 되어 金生水로 생조를 받아 겁재 癸水가 힘을 받고 있으니 이것은 절묘한 배합을 구성하고 있다해도 과언이 아니다.

또한 한편으로 볼 때 사주원국이 재성 火氣가 이렇게 寅-午合火를 구성하면서 시상에 丙火 편재까지 투출되어 있으니 재성 火氣가 강력하게 작용하게 되므로 일면 본 사주팔자는 억부법의 용신보다 조후법의 용신이 우선 선택되어야 하는 현상이 나타나고 있다.

그렇다면 이렇게 사주월상에 투출되어 있는 겁재 癸水를 용신으로 삼고 월지 인수 酉金을 희신으로 선택하고 있는 것 자체가 역시 억부법의 용신과 조후법의 용신이 일치하는 경향이 되고 있음을 엿볼 수가 있겠다.

더구나 이러한 점은 사주격국내 용신과 희신의 성질이 억부나 조후상 일치되는 현상이 되면서 사주월주에 자리를 잡고 있는 것은 곧 진신(眞神)의 기운이 되고 있는 중에 월주는 사주강약도표에 준하여 그 힘을 측정하여 보았을 때 약 39%의 기운에 부합하고 있음에 따라 완전히 일간 壬水의 세력이 비록 신약하나 중화(中和)의 기점에 안정되어 있으므로 상당히 좋은 격국이 되고 있음은 두말할 필요가 없겠다.

*. 사주격국에 대한 청탁(淸濁)판별,!

다시 위 사주팔자에 대한 격국(格局)에 대한 청탁(淸濁)판별을 하여보면 우선 일간 壬水가 그나마 중화(中和)의 기점에 안정되어 있다고 해도 근본적으로 신약함을 모면할 수가 없으니 단편적으로 판단할 경우 본 장에 기술하고 있는 청탁(淸濁)의 요건에 부합하지 않는다고 간명할 수가 있다.

그러나 자세히 관찰하여 보면 일간 壬水가 비록 신약하나 중화(中和)의 기점에 안정되어 있는 중에 사주월상에 투출되어 있는 癸水 겁재가 용신으로 자리매김을 하고 있는 가운데 다시 월지 酉金 인수가 겁재 癸水와 동주(同柱)의 기운이 되고 있으므로 이것은 곧 용신과 희신이 천복지재(天覆地載)의 법칙에 부합되어 대단히 길하게 되는 것으로 판단한다.

더구나 이와 같은 성질은 더 나아가서는 사주년주 己丑 정관을 중심으로 해서 다시 월지 酉金 인수에게 土生金으로 생조하고 이렇게 정관 土氣의 기운을 받은 인수 酉金은 정히 용신의 기운으로 대변하고 있는 월상 겁재 癸水에게 金生水로 생조하여 일간 壬水와 동시에 오행상 상생의 법칙으로 연결되고 있음을 알 수가 있다.

또한 이렇게 힘을 흡수받은 일간 壬水와 월상 癸水 겁재가 이번에는 재차 일지 寅木 식신에게 水生木으로 누출하면서 다시 壬, 癸水氣의 기운을 생조받은 일지 寅木 식신은 이번에는 시주가 丙午가 되어 정재와 편재의 기운이 되고 있는 재성 火氣에게 木生火로 연결하고 있어 오행상 막힘이 없는 성질이 되고 있다.

따라서 이와 같은 현상은 곧 오행상 상생의 법칙이 되고 있는 주류무체(周流無滯)이므로 물결이 높은데서 낮은데로 순리에 따라 흐르는 성질이 되고 있음에 따라 생화불식(生化不息) 및 생식불식(生息不息)에 의존하게 되어 **"일청도저유정신(一淸到底有精神)"**이라 할 만하니 정말 절묘한 배합을 구성하고 있다해도 과언이 아니다.

결국 본 사주팔자는 비록 일간 壬水가 신약하나 정히 중화(中和)의 기점에 육박하면서 안정되어 있고 아울러 일간 壬水에 대한 용신의 기운인 겁재 癸水와 희신인 酉金 인수가 서로 천복지재(天覆地載)가 결성되어 오행상 주류무체(周流無滯)로 생화불식(生化不息)에 의존하고 있는 성질이 되고 있으니 대단한 청기(淸氣)를 가지는 사주명조임은 두말할 이유가 없다.

*. 사주 주인공의 성격,!

이상과 같은 맥락에 비추어 본 사주팔자에 대한 격국(格局)과 용신 및 청탁(淸濁)판별을 모두 하여보았는데 비록 사주팔자가 일간

壬水가 신약하더라도 용신인 월상 癸水와 인수 酉金이 천복지재(天覆地載)가 되고 있는 중에 오행이 모두 구비되어 청탁(淸濁)의 부분에 부합하고 있으니 상당히 좋은 사주격국으로 판단하고 있다.

따라서 본 사주 주인공은 남자사주로서 조 모씨인데 본 장에 언급하는 사주 주인공의 성격부분을 판별하여 보면 격국이 **"신약월지인수격(身弱月支印綬格)"** 및 **"재중용비격(財重用比格)"**을 성격(成格)하고 있으니 매사를 낙천적이며 근면 성실한 인품을 가지고 있음을 엿볼 수가 있다.

또한 사주월지 인수 酉金이 길신으로 작용하고 있기 때문에 대단히 자비로운 성격임을 알 수가 있고 이것은 불쌍한 사람을 보고는 도와주지 않고는 못견디는 성격이니 곧 정통적인 학자의 본보기라고 볼 수가 있겠는데 더구나 사주일지 寅木 식신이 문창성(文昌星)이 되고 있으므로 문학적, 예술적소질이 뛰어나 못하는 것이 없는 다재다능한 만능꾼의 소질이 탁월하다할 것이다.

이와 같은 성질을 더 나아가서는 사주년주 己丑을 주동하여 월주 및 일주, 그리고 시주까지 오행상 木, 火, 土, 金, 水가 모두 구비되어 있는 중에 土生金, 金生水, 水生木등 오행상 상생의 법칙으로 이어지는 주류무체(周流無滯)로 생화불식(生化不息) 및 생생불식(生生不息)으로 가고 있으니 매사 순리를 존중하고 남의 인격을 받드는 인격자임도 판단할 수가 있다.

따라서 본 장 사주 주인공의 성격에 비추어 그 실체를 파악하여 본 결과 조 모씨는 그 성격이 낙천적이고 학자의 인품을 가지고 있는 고귀한 운명이라는 것을 첫눈에 알 수가 있겠으며 이것은 곧 여러사람의 존경과 신망이 끊어지지 않는 사람이라는 것을 알 수가 있다.

＊. 부모님의 운명,!

본 사주팔자에 대한 부모님의 운명을 판단하여 보면 우선 사주격국에 대한 남, 녀를 불문하고 사주월주를 부모궁으로 대변하고 있으며 또한 육친별로는 편재는 부친을 나타내고 인수는 모친으로 판단하는 것이 원칙이다.

그러나 사주팔자내 육친의 운명인 부친으로 대변하고 있는 편재가 없을 시는 인수가 부모를 모두 표시할 수가 있기 때문에 인수를 부친대용으로 보고 월주의 기운을 복수적으로 취용하여 간명하여야 될 것이다.

따라서 위 사주팔자는 시상에 투출되어 있는 丙火 편재가 나타나고 있으나 시주에 있는 육친은 사주 주인공보다 손아래의 기운으로 의미하고 있으니 곧 바로 적용하지 말고 참고하면서 월지 인수를 모두 부모로 보고 간명하는 것이 타당하다.

더하여 이러한 육친의 부분이 선정되게 되면 다시 사주월주의 기운과 육친의 성정을 십이운의 왕쇠(旺衰)와 각종 살성(殺星) 및 귀인(貴人)의 성정과 복수적으로 대조 취용하여 비로서 그에 대한 길흉의 결론을 내리는 것이 좋을 것이다.

그렇다면 본 사주팔자에 대한 월주의 기운을 판별하여 보니 부모님을 나타내고 있는 월지 인수 酉金이 자리를 잡고 있으니 부모궁을 대변하면서 그 자리를 지키고 있는 것이 되는데 비록 부친인 편재의 기운이 월주에는 자리를 잡고 있지는 않으나 육친별 성정인 시상 丙火도 같이 참고하여 판단하기로 한다.

이 때 사주월주의 기운이 일간 壬水에 대한 용신과 희신의 기운이 모두 동주(同柱)의 성질로 짜여져 있는 중에 월지에 酉金 인수가 길신으로 자리를 잡고 있으니 부친은 학자이며 또한 윗전인 조부님이나 증조부님은 관록을 쥐었던 분으로 판단하는데 그것은 년주가 己丑이 되어 정관이 동일하게 되고 다시 월지 酉金 인수를 土生金으로 생조하고 있음에 따라 정관과 인수가 상생의 법칙이 실현되기 때문이다.

이상의 맥락에 비추어 사주 주인공인 조 모씨는 부모님이 현량한 분이라는 것을 알 수가 있고 또한 학자로서 명문집안태생임을 알 수가 있겠는데 이것은 단편적으로 판단해도 사주일간 壬水에 대한 용신과 희신의 기운이 모두 사주월주에 집중되어 있음에 따라 부모덕과 함께 육친의 성정이 참으로 좋게 작용하는 이유가 여기에 있다해도 과언이 아닐 것이다.

*. 사주 주인공인 조 모씨의 부모님이 재혼팔자로 맺어진 인연,!

그러나 사주 주인공인 조 모씨의 부모님은 재혼팔자로 맺어졌다는 것을 알 수가 있겠는데 그 부분을 자세하게 판별하여 보면 우선

사주월주가 癸酉가 되어 인수와 겁재가 동주(同柱)하여 있는 중에
월주에 자리를 잡고 있는 십이운성 기운을 판별하여 볼 경우 음란성
을 표시하는 목욕지에 해당하고 있으니 이것은 곧 단편적으로 판단
하여도 부모님이 호색다음(好色多淫)하다는 점을 판단하게 된다.

그 중에서도 모친의 기운을 집중적으로 심리를 하여 보면 재혼팔
자라는 것으로 간명할 수가 있는데 이것은 육친통변법상 남, 녀 다
같이 편재는 부친을 나타내고 인수는 모친을 의미하고 있는 중에 월
지 酉金이 인수가 되고 있으므로 인수 酉金이 십이운성 목욕지에 자
리를 잡고 다시 사주년지 丑土 정관과 酉-丑合金이 되고 있으니 완
전히 부합하고 있다할 것이다.

*. 본 저자가 약 30여년동안 실제인물에 준한 경험상 터득한 비법(秘法),!

더구나 이와 같은 현상은 사주월지 酉金 인수의 지장간 정기(正
氣)의 기운을 대조하여 볼 때 酉金에는 지장간이 모두 庚, 辛이 존재
하고 있는데 정기(正氣)의 오행이 辛金이 되고 있으므로 辛金에 대
한 천간합(天干合)을 할 수 있는 오행은 丙火가 되어 丙-辛合水를
찾아볼 필요가 있다.

따라서 사주 주인공인 조 모씨의 사주원국내 辛金에 대한 관성인
火氣를 관찰하여 보니 우선 첫눈에 나타나고 있는 것이 시상에 투출
되어 있는 丙火 편재가 나타나고 다시 사주시지 정재로 대변하고 있
는 午중의 지장간 여기(餘氣)에 丙火가 있으며 더하여 다시 일지 寅

木 인수의 지장간 중기(中氣)에 丙火가 또다시 자리를 잡고 있음에 따라 모두 합해서 3개의 丙火가 숨어있음을 엿볼 수가 있다.

그렇다면 월주 酉金 인수의 지장간 정기(正氣)인 辛金에 대한 火氣는 관성인 즉, 다시 말해서 여자로 볼 경우 남편성이 되고 있어 이렇게 남편성인 丙火가 모두 3개가 모조리 사주월지 酉金 인수의 지장간 정기(正氣)인 辛金에 丙-辛合水를 이루고 있음은 3번씩이나 시집을 가는 것을 나타내고 있으므로 더욱 더 완전히 부합하게 되니 이것은 더 이상 무슨 이유가 있을 수가 없다.

실제로 사주 주인공인 조 모씨에 대한 이상의 부분을 개인적인 프라이버시도 있고 해서 대단히 조심스럽게 본 저자가 물어본 결과 모두 지금의 부분에 일치 되었음을 알 수가 있었고 아울러 부친이나 모친이 모두 재혼으로 맺어져 지금의 사주 주인공인 조 모씨를 생산하였다는 점을 알 수가 있었으니 정말 참으로 사주추명학은 神의 기운을 읽어내는 무서운 학문임에는 틀림이 없다.

결국 이와 같은 간명법은 본 저자가 사실상 고서(古書)나 원서에 이렇다할 내용이 나타나고 있지 않는 점을 실제인물에 대한 간명을 통하여 약 30여년 동안 이상의 부분에 해당되어 있는 사주인물만 골라서 그 실체에 대한 육친통변법을 적용시켜 사실상 경험상 하나의 비법(秘法)으로 정리하였던 것이니 이런저런 의문과 고뇌로 빠져버린 내 머리카락이 아마도 상당하리라.... 풀릴듯 풀릴듯 풀리지 않는 의문덩어리를 하나씩 극복할때마다 온밤을 나는 그 설레임에 잠을 이룰수가 없었다.

*. 본 장에 준하여 형제덕이 있는 사주,!

본 장에서 중요하게 기술하고 있는 형제덕이 있는 격국에 적용시
켜 그 실체를 인용하여 보면,!

● 일간이 신약하여 관성이 강력하나 인성이 관성을 유
통시키면서 다시 인성이 비겁에게 오행상생이 되면
형제덕이 있다.!

● 일간이 신약하여 "재다신약격(財多身弱格)"이 되어
비겁이 재성을 억제하고 있을 경우 형제덕이 있다.!

● 신약하고 재성과 관성이 무리를 이루고 있을 경우 비
겁이 일간과 동주(同柱)하거나 근접하여 있을 경우
형제덕이 있다.!

● 일간이 신약하나 월지에 인수나 비겁이 존재하여 길
신이 되고 있을 경우 형제덕이 있다.!(단, 이 때 사주
일지가 월지를 형, 충하고 있다면 형제덕이 없다고
판단한다)라며 사주팔자에 대한 형제덕이 있는 격국을 자세하
게 기술하고 있음을 알 수가 있다.

따라서 사주 주인공인 조 모씨의 사주원국을 이상의 부분에 적용
시켜 보면 완전히 일치하고 있겠는데 그것은 일간이 신약한 중에 壬
水에 대한 용신의 기운이 사주월상에 투출되어 있는 癸水 겁재를 선
택하고 있으니 완전히 형제의 기운이 덕을 받을 수가 있음을 미루어

짐작할 수가 있다.

더구나 이와 같은 성질은 사주월지에 酉金 인수가 자리를 잡고 월상의 겁재 癸水와 같이 동주(同柱)의 기운을 형성하고 있으니 용신과 희신이 천복지재(天覆地載)의 기운이 됨에 따라 그 역할을 더욱 더 배가하고 있는데 일간 壬水 곁인 월주에 바짝 가까이 자리를 잡고 있는 점은 신약한 일간이 힘을 완벽히 받을 수가 있으므로 절묘하다.

상황이 이럴진데 본 사주격국에 존재하는 오행이 모두 구비되어 있는 중에 또한 비록 년주에 己丑 정관이 자리를 잡고 있겠지만 사주월지 酉金 인수가 년지 정관 丑土를 酉-丑合金으로 합으로 이끌며 또한 土生金으로 생조하고 다시 월상에 癸水 겁재 및 일간 壬水에게 金生水등으로 오행이 주류무체(周流無滯)로 이어지면서 생화불식(生化不息) 및 생생불식(生生不息)이 되고 있으니 완전히 형제덕을 받는 것은 기정사실이라 할 것이다.

실제로 사주 주인공인 조 모씨는 여형제 1명을 포함한 모두 3형제가 있는데 하나같이 조 모씨의 일이 자신의 일이고 또한 조 모씨 역시 형제들의 일이라면 내일같이 돌보는 그야말로 오손도손 살아가고 있는 점을 말하고 있을 때 완전히 본 장에 부합하는 형제덕이 있는 격국에 일치를 하고 있다해도 과언이 아니다.

＊. 격국(格局)에 대한 대운흐름,!

지금까지 사주 주인공인 조 모씨에 대한 일간의 왕쇠(旺衰)에 대한 용신 및 격국의 청탁(淸濁)판별과 함께 본 장에 기술하고 있는 형제덕을 받는 사주에 대하여 그 실체를 자세하게 파악하여 보았는데 격국이 비록 일간 壬水가 신약하나 중화(中和)의 기점에 안정되어 있는 중에 용신과 희신이 모두 천복지재(天覆地載)가 되어 있으니 참으로 좋은 사주라는 것을 알 수가 있었다.

따라서 사주 주인공인 조 모씨는 현재 서울 모 처 대학 교수로 재직하고 있는데 역시 비겁 水氣를 용신으로 삼고 있는 중에 사주월지에 인수 酉金이 길신으로 작용하고 있기 때문에 인성 金氣는 학술적, 명예적인 부분에 직업을 잡는 것이 적중되고 있으니 과히 사주추명학적으로 직업판단은 모두 일치되고 있음은 두말할 이유도 없다.

하지만 이렇게 선천성인 사주명조는 나무랄 것이 없겠지만 다시 후천성인 대운의 흐름이 초년 일시 일간을 생조하는 金, 水로 치달리고 있을 뿐 11세 辛未대운부터 남방 巳-午-未 火局과 동방 寅-卯-辰 木局이 되어 치달리고 있음을 엿볼 수가 있다.

이러한 점은 사실상 신약한 일간 壬水를 극루하는 재성 火氣와 식상 木氣로 중첩되어 사주원국에 영향력을 행사하고 있으므로 용신과 희신을 상극함에 따라 복록을 가지는 것을 상쇄시키면서 발전을 둔화시키고 있다해도 과언이 아닐 것이다.

그렇다면 사주 주인공인 조 모씨에 대한 길흉을 간명하는 자리에서 대운의 흐름을 좀 더 자세하게 파악하여볼 필요가 있겠는데 그것에 대한 초년대운부터 그 실체를 사주추명학에 비추어 조목조목 자세하게 판단하여 보기로 하겠다.

초년 1세는 壬申대운이다.

이 때 대운천간 壬水는 신약한 일간 壬水에 대한 비견으로서 정히 용신의 기운이 되고 있으니 길운이라고 판단하지만 일면 사주시상에 투출되어 있는 丙火 편재를 丙-壬 상충으로 파극하고 있으니 그것으로 인한 분주다사함과 함께 상당한 번민이 있을 것을 암시하고 있다.

이와 같은 현상은 사실상 시상에 투출되어 있는 丙火 편재는 신약한 일간 壬水에 대한 기신(忌神)의 역할을 하고 있으니 한편으로 판단하자면 기신(忌神)을 제거하는 것이 되어 대길하다고 단편적으로 간명하기 쉽게 되어 있다.

그렇지만 사주일지 寅木 식신과 시지 午火 정재간에 寅-午合火를 구성하여 시상에 투출되어 있는 丙火 편재가 火氣의 중심기운으로 대변하고 있으니 이것을 丙-壬 상충으로 파극하는 것은 왕신(旺神)의 성질을 건드리는 것이 되어 그것으로 인한 상당한 번민이 나타나는 것을 모면할 수가 없다.

더구나 대운지지 申金이 일간 壬水에 대한 편인의 성질이 되어 역시 일간에 대한 희신의 작용을 할 수가 있다고 판단하겠으나 이것 또한 사주일지 寅木을 寅-申 상충으로 파극하고 있음에 따라 일지는 자신의 몸을 나타내고 있기 때문에 이것 역시 그로 인한 흉함이 직, 간접적으로 돌출되는 점은 기정사실이다.

실제로 사주 주인공인 조 모씨는 이 때 대운천간 壬水가 지배되는 시점에서는 자신의 신체상 별탈은 없겠지만 부친의 조업이 좋지 못하여 그 영향력으로 인한 타격은 생활상 어려움으로 연결됨에 따라 이사, 이동을 자주하였다는 것으로 파악되니 이것은 비록 부친의 기운으로 시주의 재성 火氣가 대변 할 수는 없으나 육친통변법상 부친의 조업이 상극을 당하여 그로 인한 흉함을 암시하여 있다고 볼 수가 있음이다.

그러나 이와 같은 현상은 비록 왕신(旺神)의 기운을 상극하는 일로 인하여 분주다사함을 가질 수가 있겠지만 사실상 대운천간 壬水는 근본적으로 역시 본 사주일간에 대한 용신의 기운인 비견이 되고 있으니 그다지 흉함을 나타낼 수가 없다는 것으로 판단하는 점이 정석이다.

하지만 대운지지 申金이 지배되는 만 7세에는 신체상 탈창과 맹장염으로 인한 수술을 하였다고 사주 주인공인 조 모씨는 회고를 하고 있는데 이것은 대운지지 申金이 일간 壬水에 대한 희신의 작용을 하고 있지만 역시 일지 寅木을 寅-申 상충으로 파극하는 처사는 곧 일지는 자신의 몸을 의미하고 있기 때문에 상충으로 인한 수술을 모면할 수가 없음을 알 수가 있겠다.

다시 11세는 辛未대운이다.

이 때 대운천간 辛金은 신약한 일간 壬水에 대한 인수의 운로이니 용신 癸水를 생조하는 희신임에 따라 대단한 발전을 누리는 것을 알 수가 있겠는데 더구나 사주시상에 투출되어 있는 기신(忌神)으로 대변하는 丙火 편재를 상극하지 않고 丙-辛合水로 자연스럽게 용신의 기운을 만들고 있으니 더욱 더 절묘하게 작용하고 있다.

하지만 대운지지 未土가 역시 신약한 일간 壬水에게는 정관이 되어 기신(忌神)으로 인한 그 영향력을 행사하고 있는데 그런 와중에서 사주년지 丑土 정관을 丑-未 상충으로 파극하나 사주시지 午火 정재가 午-未합으로 잡아주고 있으니 더 이상 기신(忌神)이 발동하지 않게 된다.

따라서 원칙적으로 대운천간 辛金이 지배되는 시점인 11세부터 5년간인 15세까지는 대단한 길운이 되겠으나 대운지지 未土가 지배되는 16세부터 20세까지는 불운이라 할 수가 있는데 그러나 본 사주원국이 오행을 모두 갖추고 있는 중에 중화(中和)의 기점에 안정되어 오행이 모두 주류무체(周流無滯)로 이어지는 생화불식(生化不息)에 의존하고 있는 격국이 되고 있으니 그 흉함을 다소 줄이면서 소흉 내지는 평운으로 돌리고 있음을 판단할 수가 있다.

실제로 사주 주인공인 조 모씨는 대운천간 辛金이 지배되는 시점에서는 전교 1~2등을 다투는 수재로서 주위를 놀라게 하였지만 대운지지 未土가 지배되는 시점에서는 고등학교의 성적이 미미하였으며 급기야는 대학을 들어가는 시점도 상당한 어려움이 있었다고 본인인 조 모씨는 회고를 하고 있다.

결국 이와 같은 부분을 예상하여 볼 때 대운천간 辛金은 역시 길운이라는 것은 틀림이 없겠으나 대운지지 未土가 기신(忌神)으로 그 영향력을 강력하게 발휘할 수가 있는 소지를 안고 있지만 그래도 오

행상 생화불식(生化不息)에 의존하고 있으니 같은 사주격국보다 그
흉함이 약화되어 그나마 대학문턱을 무리없이 들어갔다고 보는 점
이 타당할 것이다.

다시 21세는 庚午대운이다.

이 때 대운천간 庚金은 신약한 일간 壬水에 대한 편인의 기운이
되어 용신을 생조하는 희신의 성질이 되니 대길한 운로이겠으나 일
면 사주 시상에 투출되어 있는 丙火 편재를 丙-庚 상충으로 파극하
고 있으니 왕신(旺神)인 火氣가 집단적으로 반발을 하여 그로 인한
흉함이 돌출될 수 있는 염려를 다분히 안고 있다고 볼 수가 있다.

하지만 아무리 왕신(旺神)인 재성 火氣를 상극한다손 치더라도 역
시 일간 壬水에 대한 희신의 역할을 벗어날 수가 없고 또한 일간을
직접적으로 가격하는 상충의 작용이 나타나지 않는 중에 일간에 대
한 기신(忌神)을 제거하는 것이 되어 비록 분주다사함은 있겠지만
길함은 얻을 수가 있는 장점은 있겠다.

그렇지만 대운지지 午火가 신약한 일간 壬水에 대한 기신(忌神)의
역할을 하고 있는 정재의 기운이 되니 이것은 사실상 사왕지지(子,
午, 卯, 酉)로서 태양과 같은 불길임에 따라 사주명조에 그 영향력을
행사하는 것이 되므로 상당한 흉함이 나타나는 점은 기정사실이다.

이상의 기운을 놓고 그에 대한 길흉을 거론하는 자리에서 대운천
간 庚金이 지배되는 21세부터 25세까지는 길하다고 판단하는 것이
정석이며 그러나 26세부터 5년간은 불운이라고 판단하고 있는데 하

지만 역시 본 사주명조가 오행이 균등을 가지고 있는 중에 생화불식 (生化不息.)이 되고 있으니 그 흉함을 다소 줄일 수가 있음으로 판단한다.

따라서 이와 같은 점을 예상하고 사주 주인공인 조 모씨의 과거 운로를 회고한 결과 21세부터는 학업이 승승장구하였고 더하여 육군에 ROTC장교로 좋은 보직으로 근무를 하였으며 그러나 대운지지 午火가 지배되는 시점에서는 개인적인 프라이버시가 있기 때문에 자세하게 이야기는 하지 않지만 여자문제로 대단히 곤욕을 치루었다고 말하고 있는 것을 볼 때 午火의 영향력은 참으로 대단하였다는 것을 미루어 짐작할 수가 있다.

31세는 己巳대운이다.

이 때 대운천간 己土는 일간 壬水에 대한 정관의 기운이 되어 신약한 일간을 더욱 더 극루하는 기신(忌神)의 역할을 하고 있는데 설상가상으로 사주월상에 투출되어 있는 일간에 대한 중요한 의지처이고 용신으로 대변되고 있는 癸水 겁재를 癸-己 상충으로 파극하고 있으니 용신의 기운이 흔들리게 되어 대흉함을 모면할 수가 없다고 판단한다.

하지만 대운지지 巳火가 비록 신약한 일간 壬水에 대한 편재의 기운이 되어 기신(忌神)의 역할을 하고 있지만 이것이 절묘하게도 사주월지 酉金 인수와 년지 丑土 정관이 모두 합세 巳-酉-丑 삼합 金局을 결합하여 사주명조에 그 영향력을 행사하고 있으니 비록 대운천간 己土가 흉물이 되더라도 구사일생으로 대흉함을 모면하면서 때에 따라서는 오히려 길함까지 얻을 수가 있다고 볼 수가 있다.

*. 여기서 일부학자들의 의문,!

여기서 일부학자들 중에서 방금 본 저자가 설명한 대운지지 巳火 편재가 사주명조내 월지 酉金 인수와 년지 丑土 정관간에 모두 巳- 酉-丑 삼합 金局을 결성하여 사주 주인공인 조 모씨가 길함을 얻었 다고 판단하는 부분에 대하여 한가지 의문을 가지면서 구체적으로 질문을 하고 있다.

따라서 그 부분을 살펴보면,!

"命理大要의 저자 운정선생은 방금 본 사주팔자에 대한 31세 己巳대운중에 대운지지 巳火가 사주명조와 巳-酉-丑 삼합을 하여 길하다는 과정을 기술하고 있으나 저희 학자들 의 견해는 운정선생과 조금 다르게 판단하고 있다",!

"그 이유로 우선 대운지지 巳火가 비록 사주명조의 월지 및 년지와 모두 巳-酉-丑 삼합을 결합하기 이전에 먼저 사 주일지 寅木 식신이 대운지지 巳火를 寅-巳 삼형으로 합을 방해하고 있으니 제대로 합을 결합할 수가 없을 것은 기정 사실이지 않겠는가",?

"이와 같은 현상을 조금도 언급하지 않은 채 운정선생은 막연히 대운지지 巳火가 사주명조의 월지와 년지 모두 합세, 巳-酉-丑 삼합을 결합하여 길하다는 논리는 누가 보아도 쉽게 납득이 가지 않는 것은 자명하니 이 부분에 대하여 구체적으로 자세하게 설명을 하여달라",! 라며 상당히 날카로운 지적과 함께 그 원리를 되묻고 있다.

✻. 일부학자들의 의문에 대한 본 저자판단,!

이와 같은 일부학자들의 의문에 대하여 본 저자는 학자들의 논리는 지극히 타당한 것으로 일면 단편적으로 판단할 경우 그렇게 볼 수가 있는 함정이 있을 것이라고 자인하는 바이다.

그렇지만 이상의 성질을 본 저자가 지금 집필을 계속하고 있는 합, 충의 특비(特秘)에 준하여 그 실체를 조목조목 언급하여 설명한다면 쉽게 이해가 갈 수가 있는 것이니 지금부터 정신을 집중하여 그 부분을 집중적으로 판단하기로 하겠다.

✻. 본 저자가 지금 현재 계속 집필중에 있는 합, 충의 특비(特秘)에 인용하여,!

3. "사주명조내 사왕지지(子, 午, 卯, 酉)로 뭉쳐진 두 개의 준삼합(準三合)이 존재하여 있는데 이 때 운로인 대운이나 세운에서 정삼합(正三合)을 성립할 수 있는 기운이 들어와서 합을 구성하는 과정에 상대의 준삼합(準三合)의 기운 중 하나의 오행이 상충이나 삼형의 기운이 되어 합을 방해

하더라도 정삼합(正三合)은 성립된다".!

※이상의 성질을 좀 더 구체적으로 기술하자면 무릇 하나의 사주지
지에 중심오행인 사왕지지(子, 午, 卯, 酉)로 짜여져 있는 두 개의
준삼합(準三合)이 자리를 잡고 있는데 그렇다면 이것을 자세하게
설명해서 사주년지와 월지간 하나의 준삼합, 또한 일지와 시지간
의 준삼합이 각각 성립되는 현상이라 볼 것이다.

그런데 여기서 후천성인 운로인 대운이나 세운등에서 정삼합(正
三合)을 성립할 수 있는 빠진 오행이 들어올 경우 완전한 정삼합
(正三合)을 구성할 수가 있게되나 공교롭게도 다시 사주지지에 또
다른 준삼합이 존재하여 있는 한쪽 오행이 대운이나 세운에서 들
어오는 정삼합(正三合)을 하려는 오행을 상충이나 삼형으로 가격
하는 현상이 나타나는 점을 말할 수가 있다.

이와 같은 현상은 일면 단편적으로 생각할 때 합의 기운을 삼형이
나 상충의 작용으로 파극하기 때문에 합의 기운이 분산될 수 있는
소지를 가지고 있겠지만 이렇게 준삼합(準三合)이 성립되어 있는
것을 모자란 정삼합(正三合)의 한쪽기운이 들어오게 된다면 아무
리 상충이나 삼형등으로 파극한다손 치더라도 일부 합에 대한 방
해는 하나 그래도 완전한 정삼합(正三合)으로 귀착하게 된다.

상당히 고난도의 이해를 요구하고 있으므로 학자들의 이해를 돕
기 위해 아래 도표1항 사주명조를 적용시켜 그 실체를 완벽하게
파악하여 보면,!

(도표1),!

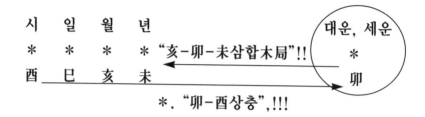

시　　일　　월　　년
＊　　＊　　＊　　＊ "亥-卯-未삼합木局"!!
酉　　巳　　亥　　未

대운, 세운
＊
卯

＊. "卯-酉상충",!!!

● "월지 亥水와 년지 未土가 반합(半合)의 기운으로 亥-未合木
을 구성하고 있는데 운로인 대운이나 세운에서 卯木이 들어오
게 되니 亥-卯-未 정삼합의 기운이 되고 있음을 엿볼 수가 있
다",!

"그러나 시지 酉金이 대운 및 세운의 卯木을 보고 卯-酉 상충
으로 합의 기운을 방해하나 亥-卯-未 정삼합 木局의 합을 깨
뜨리는 것은 역부족이며 또한 시지 酉金은 일지 巳火에 巳-酉
合金으로 묶어져 있으니 완벽하게 정삼합(正三合)木局이 성격
(成格)된다",!

이상의 도표1항에 나타나고 있는 사주명조를 자세히 관찰하여 볼
때 사주일지 巳火와 시지 酉金간에 巳-酉合金, 그리고 사주년지 未
土와 월지 亥水간에 亥-未合木등의 각각에 준삼합(準三合)이 2개씩
성립하여 자리잡고 있음을 엿볼 수가 있다.

따라서 위 사주명조는 비록 양자의 준삼합(準三合)의 성질이 자리
를 잡고 있지만 양자의 합을 상극하는 삼형이나 상충의 작용이 없기
때문에 서로간에 합을 방해하는 일이 없으므로 합의 성질이 건전하

다고 판단할 수가 있겠는데 이 때 후천성인 운로인 대운이나 세운에서 卯木이 들어오는 것을 알 수가 있다.

그렇다면 이와 같은 현상은 이미 사주년지 未土와 월지 亥水간 亥-未合木 준 삼합이 결성되고 있는 점을 대운이나 세운에서 정삼합(正三合)의 기운을 충족할 수 있는 하나의 기운인 卯木이 들어오고 있으니 자연스럽게 亥-卯-未 정삼합 木局을 결성할 수가 있게 된다.

더구나 운로인 대운이나 세운에서 들어오고 있는 卯木은 亥-未合木을 중심체를 구성할 수 있는 사왕지지(子, 午, 卯, 酉)로서 왕성한 木局을 대표하고 있으니 이것은 곧 강력하게 삼합을 성격(成格)할 수 있는 요인이 되고 있다해도 과언이 아닐 것이다.

하지만 공교롭게도 사주시지 酉金이 일지 巳火와 巳-酉合金을 구성하고 있는데 갑짜기 酉金이 운로인 대운이나 세운에서 들어오는 卯木을 바라보자 원수지간으로 돌변하여 卯-酉 상충이 되어 파극하게 되므로 亥-卯-未 삼합 木局을 방해하고 있음을 알 수가 있다.

그러나 이상의 성질은 일지 巳火가 시지 酉金을 巳-酉合金으로 합을 도모하여 결혼으로 묶여져 있는 현상이 되므로 그곳에 집착하다보니 올바른 상충을 할 수가 없겠고 더구나 운로인 대운이나 세운에서 들어오는 卯木은 사주년지와 월지 亥-卯-未 삼합의 중심체인 木局을 대표하는 오행임에 따라 이렇게 亥-卯-未 삼합이 결합될 경우 상충이나 삼형의 기운으로 합을 분산시켜도 끄떡도 하지 않는 점을 감안한다면 완전한 하나의 木局을 성립할 수 있다.

　이러한 점은 사주추명학의 원조인 고서(古書)나 원서에 완벽하게 기술되지 않고 불투명하게 언급되고 있는 점을 본 저자가 약 30여 년동안 수많은 실제 인물을 간명하는 자리에서 유독 본 장에 해당되고 있는 각각의 준삼합의 기운에 당면되어 있는 사주를 놓고 과거, 현재, 미래순으로 운로를 역추적하여 오늘날에 하나의 간명상 특비(特秘)로 자리매김하고 있으니 이것은 정말 참으로 소중한 하나의 원리라 아니할 수가 없을 것이다.

　결국 본 장 3항에서 기술하는 취지는 무릇 모든 사주명조내 지지 합으로 대변하고 있는 준삼합(準三合)이 두 개의 오행으로 각각 또 다른 준삼합(準三合)을 구성하고 있는데 이 중에 어느 준삼합이거나 후천성인 운로인 대운이나 세운에서 3개의 오행으로 충족할 수 있는 모자란 오행이 들어오게 될 경우 비록 한쪽의 준삼합 오행 중에 상충이나 삼형의 작용이 있다해도 정삼합(正三合)의 기운을 깨뜨릴 수 없다는 논리를 본 장에서 대단히 강조하고 있다해도 과언이 아니다. 라며 그에 대한 합, 충의 실체를 자세하게 기술하고 있음을 엿볼 수가 있겠다.

　따라서 이상의 맥락에 비추어 본 사주팔자에 대한 31세 己巳대운 중 대운지지 巳火가 사주월지 酉金과 년지 丑土 정관간에 巳-酉-丑 삼합 金局을 결성하는 과정에서 비록 사주일지 寅木 식신이 寅-巳 삼형으로 가격한다손 치더라도 이렇게 사왕지지(四旺地支)인 酉金이 사주월지에 자리를 잡고 삼합을 구성하는 것은 그 어떠한 상충이나 삼형의 작용이 있다해도 절대로 쉽사리 분산되지 않음을 合, 의 特秘에서 적나라하게 파헤치고 있다.

더구나 상황이 이럴진데 본 사주일지 寅木 식신이 사실상 대운지지 巳火를 寅-巳 삼형으로 충격하기 앞서 寅-巳 삼형은 이미 본 저자가 편찬한 命理秘典 上권인 실제인물을 해설하는 과정에서 언급하였듯이 木生火의 조건이 되고 있으니 완벽한 삼형의 작용을 할 수가 없음이고 무엇보다 중요한 점은 사주시지 午火 정재가 사주일지 寅木 식신을 이미 寅-午合火를 구성하여 합으로 묶여져 있음을 중시볼 필요가 있다.

이와 같은 현상은 하나의 삼형을 동반하여 상극하기 이전에 합으로 인한 기반(羈絆)을 먼저 하고 있음에 따라 이미 사랑에 눈이 멀어져 있는 寅木 식신이 대운지지 巳火를 寅-巳 삼형을 하기에는 바지가랭이를 붙들고 있는 시지 午火 때문에 완벽하게 상극을 할 수가 없고 따라서 자연스럽게 巳-酉-丑 삼합 金局을 그 어떠한 이유에서라도 깰 수가 없는 절대적인 성질이라 할 수가 있으니 이것은 더 이상 무슨 이유가 있을 수가 없다.

이상의 성질에 비추어 실제로 사주 주인공인 조 모씨는 31세 己巳대운에서 비록 대운천간 己土가 지배되는 시점에서는 국문학과를 우수한 성적으로 졸업하고 난 후 석사코스와 박사코스를 밟아 왔지만 논문패스에서 번번히 낙방하여 실의의 연속이었다고 조 모씨는 회고를 하고 있다.

하지만 대운지지 巳火가 지배되는 시점에서는 정히 박사 논문이 패스를 하여 일약 부교수로 재직하다가 급기야는 정식교수로 발령을 받았으며 더 나아가서는 학술 세미나등에서 대단히 이름을 날리게 되었으니 이것은 대운지지 巳火가 巳酉丑 삼합 金局이 결합되어 인성 金氣의 기운이 한층 더 강력하게 작용하였다는 점을 여실히 증명하고 있다해도 과언이 아니다.

다시 41세는 현재 1997년 丁丑세운을 지배하고 있는 戊辰대운이다.

이 때 대운천간 戊土는 신약한 일간 壬水에 대한 편관의 기운이 되어 대단히 강력하게 일간을 극루하고 있는 기신(忌神)운이 되고 있겠는데 설상가상으로 사주일간 壬水를 壬-戊 상충까지 파극하고 있으니 상당한 흉의가 들이닥친다고 판단할 수가 있다.

그렇지만 절묘하게도 사주월상에 투출되어 있는 癸水 겁재가 戊-癸합으로 壬-戊 상충의 작용을 완화시키고 있으니 비록 용신인 癸水를 기반(羈絆)시키는 흉도 염려할 수가 있지만 역시 상충의 작용이 있기 때문에 제대로 戊-癸合火로 완벽하게 귀착할 수가 없으니 안심이라 하겠다.

하지만 근본적으로 戊土는 편관이 되어 기신(忌神)의 역할을 모면할 수가 없겠지만 이번에도 대운지지 辰土가 사주월지 酉金 인수와 辰-酉合金으로 되어 대운천간 戊土의 기운을 土生金으로 흡수받아 그 세력을 인성 金氣로 돌리고 있으니 이것은 정말 절묘한 이치가 성립되고 있다해도 과언이 아니다.

실제로 사주 주인공인 조 모씨는 이 때 41세 戊辰대운중 대운천간 戊土의 기운에서 상당한 흉함을 염려하였지만 그다지 별탈 없이 넘어갔다고 회고를 하고 있는 점을 감안하여 볼 때 완전한 대운지지

辰土가 辰-酉合金을 하는 성질에 土生金으로 부합시켰다고 판단하는 절대적인 요인이 되고 있다.

이와 같은 부분은 더 나아가서 대운지지 辰土의 기운에 들어와서는 일약 조 모씨의 본인에 대한 학술적인 명예가 사방에 명진사해하였으며 아울러 부귀복록을 한껏번에 거머쥐는 일약 쾌거를 이루었으니 과히 천지가 진동하는 운기라 감히 말할 수가 있다.

앞으로 다가오는 51세 대운은 사주 주인공인 조 모씨가 일생최대의 흉운을 감지할 수 있는 丁卯대운이다.

따라서 사주 추명학적으로 상당한 이해력과 고난도의 심리를 요구하고 있으므로 사주 주인공인 조 모씨의 사주명조와 51세 丁卯대운이 나타나고 있는 사주 도표를 보면서 그 실체를 적나라하게 파헤쳐보기로 한다.

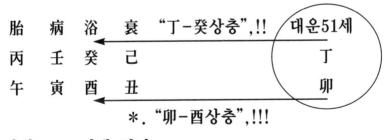

胎	病	浴	衰	"丁-癸상충",!!	대운51세
丙	壬	癸	己		丁
午	寅	酉	丑		卯

*. "卯-酉상충",!!!

편재		겁재	정관
火	(水)	水	土
火	木	金	土
정재	식신	인수	정관

　이상의 사주 주인공인 조 모씨의 선천성인 사주명조와 후천성인 51세 丁卯대운이 지배되는 시점이 도표와 함께 자세하게 나타나고 있음을 엿볼 수가 있겠다.

　따라서 이 때 대운천간 丁火는 신약한 일간 壬水에 대한 정재의 기운이 되어 정히 기신(忌神)이 되고 있는데 이것이 사주월상에 투출되어 있는 일간의 중요한 용신으로 자리잡고 있는 癸水 겁재를 丁-癸 상충으로 파극함에 따라 용신을 무용지물을 만들고 있으니 그로 인한 재화가 극심하게 나타날 수 있은 소지를 가지고 있다해도 과언이 아니다.

　더구나 이러한 점은 대운지지 卯木이 신약한 일간 壬水에 대한 상관의 기운이 되어 더욱 더 일간의 기운을 누출시키면서 사주월지에 용신을 생조하고 있는 일간의 중요한 희신의 기운인 酉金 인수를 卯-酉 상충으로 파극하고 있으니 이것은 대운천간지지 모두 동시에 용신과 희신의 기운을 한꼇번에 파극시켜 일간 壬水가 생조를 받지 못하게 되는 절대적인 사태에 돌입하게 되므로 그 흉함은 불을 보듯 뻔한 일이 아닐 수가 없다.

　여기서 본 저자는 위 사주를 보고 한가지 중요한 부분이 발견되고 있는데 그것은 대운천간 丁火가 지배되는 시점에서는 그나마 대흉함을 줄여줄 수 있는 성질이 나타나고 있다고 볼 수가 있다.

　그에 대한 이유를 자세하게 세별하여 기술하여 보면 본 사주명조 내 월상에 투출되어 있는 용신으로 대변하고 있는 월상 癸水 겁재를 丁-癸 상충으로 파극하고 있는 점이 사주일간 壬水가 丁-壬합으로 잡아주고 있으니 그나마 용신이 완벽하게 파극되지 않음에 따라 일시 용신의 성질을 발휘할 수 있는 기대가 되므로 극단적인 흉함은 다소 줄일 수가 있다고 판단할 수 있다.

그렇지만 대운지지 卯木은 사주월지 酉金 인수를 卯-酉 상충으로 파극하는 점은 대운지지 卯木이나 사주월지 酉金이나 모두 사왕지지(子, 午, 卯, 酉)로서 충돌하고 있음에 따라 인수 酉金이 파극되는 처사는 그에 상응하는 대가를 충분히 지불하여야 하는 염려는 불을 보듯 뻔한 일이 아닐 수가 없다.

결국 아마도 사주 주인공인 조 모씨는 이 때 51세 丁卯대운에서 일생최대의 고비를 맞이할 수가 있다고 본 저자는 간명하고 있으니 숙명적인 하늘의 기운으로 대변하고 있는 사주추명학은 인생총운을 모두 거울보듯이 꿰뚫어 볼수 있는 神의 학문이라 감히 말할수가 있겠다.

(2). 형제덕(兄弟德)이 없는 사주,!

● 일간이 신왕하여 비견이나 겁재가 기신(忌神)이 될 때.!

● 일간이 신약한 중에 식상이 왕성하여 비겁이 식상을 생조하고 있으면 형제로 인한 보증 및 금전등으로 고통을 받는다.!

● 일간이 신강, 신약을 불문하고 비겁이 괴강살(魁罡殺), 백

호대살(白虎大殺), 혹은 양인살(羊刃殺)에 해당한 중에 다시 형, 충등으로 파극하고 있다면 형제가 단명, 비명, 객사등의 죽음을 당하니 형제덕이 없다.!

● 일간이 신왕하여 재성이 용신인데 비겁이 재성을 파극하고 있을 경우 형제로 인한 금전 및 보증관계로 피해를 당한다.!

● 일간이 신약하여 인성이 용신인데 식상이 인성을 파극하고 있다면 형제덕이 없다.!

● 일간이 신약하여 비겁이 길신이 되나 관성이 왕성하여 인성으로 살인상생(殺印相生)이 되지 않는다면 형제덕이 없다.!(참고로 관성이 강력하여 일간을 극도로 극루하고 있는데 인성이 관성의 기운을 흡수해서 일간에게 연결하지 못하는 것을 말한다.)

● 일간이 신강, 신약을 불문하고 비겁과 일간, 혹은 일지와 상충이 되면 형제와 시비 다툼이 많다.!(이 경우 비겁이 비록 용신나 희신이 되더라도 형제덕을 받지 못한다.)

● 일간이 신왕하고 월주에 천간지지 모두 겁재가 있을 경우 이복형제나 의형제로 인한 피해를 당한다.!

● 일간이 신강, 신약을 불문하고 십이운성에 비겁이 사, 묘, 절, 목욕등에 해당하고 있을 경우 형제가 풍파를 많이 당

하니 그로 인한 본인이 고통을 받는다.!

● 일간이 신강, 신약을 불문하고 비겁이 화개와 동주(同柱)
하면 승려, 목사등으로 세상을 등지며 비겁이 역마살(驛
馬殺)에 해당하고 있다면 형제가 원행(遠行)하여 고향을
떠나거나, 혹은 형제가 없다.!

● 일간이 신왕한 중에 겁재가 많을 경우 형제간 시비, 다툼
이 심하고 더하여 부모유산 때문에 형제간 원수가 되는
수가 있다.!

● 일간이 신강, 신약을 불문하고 비겁이 도화살(桃花殺) 및
십이운성 목욕지에 앉아 있을 경우 형제가 주색잡기로 파
란이 많으니 그로 인한 본인이 걱정이 많게된다.!

※ 참고로 이상으로 사주격국에 대한 형제덕(兄弟德)이 없는 팔자를
기술하여 보았는데 대체로 사주일간에 대한 비견이나 겁재가 용
신이나 희신을 상극하는 기신(忌神)이 되고 있다면 형제덕이 없
는 격국으로 판단하는 것이 정석이라 할 수가 있다.

그러나 그런 와중에 형제의 기운으로 대변하고 있는 비견이나 겁
재가 비록 사주일간이 신약하더라도 일간과 일지를 비겁과 상충
및 삼형으로 상극하고 있을 경우 형제인 비겁이 길신이 되더라도
형제와 사이가 나쁘니 형제간에 우애가 없어 서로 불목함에 따라
이 경우 형제덕이 없는 것으로 판단한다.

또한 비겁의 기운이 극단적인 살성인 양인살(羊刃殺)이나 괴강살
및 백호대살(白虎大殺)등에 앉아 다시 십이운성의 쇠, 병, 사, 묘,
절등에 해당한 중에 다시 중첩하여 삼형이나 상충등으로 사주내
타오행이 비겁의 기운을 파극하고 있다면 형제가 비명, 단명, 객
사죽음을 맞이할 수도 있으니 이 때는 형제의 기운이 사망으로
간주하는 등으로 명리학상 유동성을 부여하여 간명에 임하여야
됨을 본 저자는 대단히 강조하는 바이다.

*. 본 장 형제덕(兄弟德)이 없는 사주에 적용되어 평생동안 형제와 불목하면서 급기야는 부모유산 때문에 형제간 서로 원수지간이 된 실제인물의 도 모 씨의 사주팔자이다.!

(예1). 남자, 도 모씨(경기도 파주)1947년 음력 9월 28일 子 시

(대 운)

祿	胎	旺	旺	壬-戊상충,!	61	51	41	31	21	11	1
壬	癸	辛	丁		甲	乙	丙	丁	戊	己	庚
子	巳	亥	亥		辰	巳	午	未	申	酉	戌

*. "巳-申삼형",!! "申-子合水",!!!

겁재		편인	편재
水	(水)	金	火
水	火	水	水
비견	정재	겁재	겁재

●일간 癸水가 사주내 비겁 水氣에 의해서 대단히 강력하게 생조를 받고 있으니 극심한 신왕으로 되어 있는데 일지 巳火 정재가 자리를 잡고 년간 丁火 편재가 십이운성 제 왕지에 앉아 투출되어 있어 외격(外格)의 종격으로 돌아 가지 못하고 내격(內格)의 용신법이 선택되고 있다.!

따라서 "겁중용관격(劫重用官格)"으로 관성 土氣를 용신 으로 삼아야 하겠으나 태어난 계절이 亥월에 출생하여 제 일로 조후법상 재성 火氣를 용신으로 삼고 재성 火氣를 생조하는 식상 木氣를 희신으로 선택하는 "식상생재격(食 傷生財格)"이 되어 일면 귀격 일 듯하다.!

하지만 근본적으로 사주내 비겁 水氣가 태왕하여 있는 중 에 비록 재성 火氣가 있다고 하나 식상 木氣가 없음에 따 라 완전히 군비쟁재(群比爭財)가 되어 시급히 식상 木氣 를 보아서 비겁 水氣와 재성 火氣 양자간을 통관(通關)을 시켜야 하는 절박함마져 감돌고 있다.!

고로 본 사주팔자는 통관법에 적용한 식상 "木氣"가 주된 용신이 되고 있는데 격국이 이렇게 水氣와 火氣간 전극 (戰剋)이 발생하고 있으니 숙명적인 운로가 후천성인 대 운이나 세운에서 식상 木氣를 보고 있지 않을 경우 그에 대한 재화는 극심하게 발생하는 것을 모면할 수가 없다.!

이상의 맥락에 비추어 본 사주팔자는 이렇게 년주와 월주 및 시주까지 비겁 水氣가 중중하게 자리를 잡고 기신(忌

神)의 역할을 하고 있음에 따라 본 장에 언급하는 형제덕
이 없는 사주에 적용되어 평생을 형제로 인한 고통과 근
심을 당할 수 있는 팔자가 되었다.!

대운이 21세 戊申대운에 이르자 부친이 교통사고로 비명
객사죽음을 맞이하였는데 설상가상으로 이복형제들과 유
산상속문제로 다툼까지 발생하고 있으니 정말이지 사람
이 싫고, 사는게 싫어지는 대목이다.

*. 일간의 왕쇠(旺衰),!

癸일간 亥월에 출생하여 득령(得令)하였으며 사주월지 亥水 겁재
를 중심으로 해서 다시 년지 亥水 및 시지 子水 비견에 각각 십이운
성 건록지 및 제왕지에 앉은 시상 壬水 겁재가 투출된 중에 월상 辛
金 편인까지 일간 癸水를 생조하고 있으므로 일간이 대단히 신왕하
다.

이렇게 일간 癸水가 일간의 동기인 비겁 水氣에 의하여 신왕함이
태과하게 되면 사주원국이 보통 왕신(旺神)의 성질을 따르는 외격
(外格)의 종격이나 가종격으로 돌아가기 쉽게 되는데 그렇다면 시급
히 일간 癸水의 힘을 억제할 수 있는 오행이 필요한 것은 자명한 일
이다.

사주팔자를 면밀히 관찰하여 보니 일간 癸水의 기운 바로 밑에
사주일지 巳火 정재가 자리를 잡고 그 세력에 십이운성 제왕지에 앉

은 년간 丁火 편재가 투출되어 있으므로 이는 곧 마땅히 일간의 힘을 억제하는 성질이 되고 있다할 것이다.

따라서 이와 같이 일간 癸水와 비겁 水氣를 억제할 수 있는 기운이 존재하여 그 세력을 가지고 있는 점은 결코 본 사주팔자가 외격(外格)의 종격이나 가종격(假從格)으로 돌아가지 못하고 내격(內格)의 억부법이나 조후법상 용신이 선정되는 것을 알 수가 있다.

그러나 보다 근본적으로 본 사주팔자는 일간의 기운이 강하여 신왕함이 태왕한 중에 사주강약도표에 준하여 그 힘을 판별하여 볼 때 중화(中和)의 기점인 40%에 훨씬 태과하는 성질이 되니 이것을 억제할 수 있는 신(神)의 성질인 즉, 식상, 재성, 관성의 기운이 비겁 水氣의 기운보다 절대적인 역부족이 되고 있으므로 사주오행이 편중(偏重)되어 상당히 좋지 못함을 엿볼 수가 있다.

더구나 이와 같은 성질은 일간 癸水가 비록 신왕함이 태과하더라도 그나마 왕성한 일간의 기운을 억제시킬 수 있는 재성 火氣와 비겁 水氣간에 자연스럽게 연결할 수 있는 식상 木氣가 있으면 정말 절묘할 것인데 이렇게 식상 木氣가 없음에 따라 양자의 비겁과 재성간에 水剋火 상극이 불을 보듯 뻔하게 발생하고 있으니 사실상 곧 전극(戰剋)의 법칙에 휘말리고 있다.

결국 이것은 곧 비겁 水氣와 재성 火氣간에 전극(戰剋)이 발생하는 군비쟁재(群比爭財)의 법칙에도 일면 부합하고 있으므로 사주 주인공은 반드시 후천성인 운로인 대운이나 세운에서 식상 木氣를 시급히 보아야 길함이 올 수 있는 필연적인 소지를 가지고 있으니 대단히 숙명적인 운로가 불길하기 그지없다고 하겠다.

*. 본 사주원국에 대한 격국(格局),!

다시 사주원국에 대한 격국(格局)을 간명할 때는 보통 사주내 가장 강력한 세력을 가지고 있는 오행을 목표로 하여 격국(格局)을 선정하는데 이것은 하나의 힘에 대한 군주를 선정하여 일간의 왕쇠(旺衰)와 용신을 선정하는 것이며 또한 더 나아가서는 육친의 성정을 간명하고 다시 사주 주인공의 성격등도 판별할 수 있는 간명상 필연적인 요체이다.

따라서 본 사주팔자에 대한 격국(格局)을 판별하여 보면 우선 일간 癸水가 사주내 비겁 水氣가 대부분을 차지하고 있어 신왕이 극심한 중에 사주월지 및 년지에 亥水가 자리를 잡고 십이운성의 제왕지에 해당하고 있으므로 원칙적인 **"신왕월지겁재격(身旺月支劫財格)"**이 성격(成格)되고 있다.

*. 일부학자들의 의문,!

여기서 일부학자들 중에서 방금 본 저자가 위 사주팔자에 대한 격국(格局)을 기술하는 과정에서 한가지 의문을 제시하며 질문을 하고 있다.

그 부분을 거론하여 보면,!

"命理大要의 저자 운정선생은 본 사주팔자에 대한 일간의 왕쇠(旺衰)를 결정하는 과정에서 일간 癸水가 왕성한 비겁 水氣에 의하여 대단히 신왕한 중에 사주월지에 亥水 겁재가 자리를 잡고 다시 년지 亥水와 시지 子水 비견에 십이운성 의 건록지와 제왕지에 앉은 시상 壬水가 투출되어 있으니 원칙적으로 신왕월지겁재격(身旺月支劫財格)을 성격(成格) 한다고 명시하고 있다",!

"하지만 저희 학자들의 견해는 운정선생의 답변과 조금 달리 판단하고 있는데 우선 고서(古書)나 원서에 기술하고 있는 것을 보아도 사주격국에 양인이나 겁재등이 아무리 사 주상 힘이 강력하게 자리를 잡고 있다해도 격(格)을 취용할 수가 없다",!라며 단적으로 못을 박고 있다",!

"그렇다면 이상의 고서(古書)나 원서에 언급하고 있듯이 본 사주팔자에 대한 월지 겁재인 亥水가 아무리 강력하게 자리를 잡고 있어도 "신왕월지겁재격(身旺月支劫財格)"인 격국으로 취용할 수가 없고 또한 저희 학자들도 그렇게 생 각하고 있는 점이 지배적이라 할 수가 있겠다",!

"상황이 이럴진데 어찌하여 운정선생은 이와 같은 고서 (古書)나 원서의 인용을 전혀하지 않은채 막연히 본 사주팔 자에 대한 격국을 신왕월지겁재격(身旺月支劫財格)으로 성 격(成格)하는 처사는 누가 보아도 어불성설임은 자명한데 이 부분에 대하여 구체적인 해답을 하여달라",!라며 날카롭게 지적을 하면서 자세한 답변을 요구하고 있다.

*. 일부학자들의 의문에 대한 본 저자판단,!

이상의 일부학자들이 지적한 부분에 대하여 일부학자들의 견해는 지극히 타당하다고 볼 수가 있지만 그러나 사실상 본 사주격국을 거론하는 자리에서 과거에 기술하고 있던 고서(古書)나 원서에 대한 불투명한 실체를 본 저자는 상당히 배척을 하고 있다해도 과언이 아니다.

따라서 지금부터는 이러한 고서(古書)나 원서에 기술되어 있는 성질을 중점적으로 그 실체를 파헤치면서 사주추명학상 하나의 체계를 도모하는 성질이 될 것이며 이것은 마땅히 사주간명을 하는 절차에서 격국(格局)을 취용하는데 하나의 중요한 판단의 기준이 될 것은 두말할 이유가 없겠다.

*. 고서(古書)나 원서에 대한 본 저자의 비판적인 견해,!

무릇 고서(古書)나 원서에 설명하고 있기를, 일반적인 사주명조내 월지에 겁재가 자리를 잡고 있는 것은 사실상 격국(格局)으로 취용하지 않는다고 기술하여 있는 것을 보고 있고 또한 본 저자도 역학에 처음 입문하였던 초학시절에는 그렇게 알고 따랐던 절대적 원리였다는 점도 사실이다.

그러나 보통 사주원국에 격국(格局)을 선정하는 과정은 하나의 사주팔자에 대한 용신의 선택과 본인의 성격 및 더 나아가서 육친의 운명을 판단하는 절차에서는 격국을 필수불가결하게 채택하여야 만이 비로서 제대로 사주간명을 할 수가 있는 점은 어쩌면 필연적이라 할 수가 있다.

하지만 고서(古書)나 원서에서는 격국(格局)을 취용하는 과정에서 사주명조내 가장 힘이 강한 오행을 선정하여 그것을 격국으로 취용하라고 분명히 명시하고 있는바, 그렇다면 일간에 대한 왕쇠(旺衰)을 따진 뒤에 그에 대한 왕성함을 결정한 뒤 오행의 힘이 강한 것을 격국(格局)으로 선택하는 것은 자명한 일이다.

그렇다면 한 일례로 사주원국내 월지에 정관이 자리를 잡고 있다면 정관격(正官格)이라 할 수가 있고 또한 만약 정재가 자리를 잡고 있다면 정재격(正財格)이며 혹은 사주월지에 일간의 동기인 비견이 자리를 잡고 십이운성 건록지에 해당하고 있다면 원칙적으로 건록격(建祿格)이 된다고 볼 수가 있다.

이것은 곧 단편적으로 판단해도 힘이 강한 오행이 자리를 잡고 있는 중심체의 성질에 대하여 하나의 격국을 취용하는 과정을 말할 수가 있겠는데 더 나아가서는 이상의 성질이 장점의 격(格)이던, 단점의 격(格)을 불문하고 취용하여야 되는 점은 필연적이라 하겠다.

그런데 사주월지에 양인이 되고 있거나, 혹은 겁재가 자리를 잡고 있다면 월지의 힘이 대단히 강력함은 두말할 필요가 없는데 이것이 일간에 대한 희신, 기신(忌神)을 막론하고 격(格)을 삼을 수가 없다는 취지는 누가 보아도 우습지 않겠는가,?

*. 격(格)에 대한 고서(古書)나 원서의 오류,!

상당히 고서(古書)나 원서의 부분을 배척하는 성질이 되고 아울러 고난도의 심리를 요구하고 있으니 무슨말인지 학자들의 이해를 돕기 위해 이 부분을 좀 더 구체적으로 기술하여 보면,!

보통 사주명조내 격국(格局)을 선택하는 과정에서 격국(格局)을 분류하자면 일간에 대한 왕쇠(旺衰)의 격국(格局)과 용신의 격국(格局)등으로 약 2가지에서 3가지 정도로 격(格)을 취용하여 사주 주인공의 운명과 육친의 성정 및 용신을 결정하는 과정에 중요하게 취용하고 있다.

또한 복수적으로 취용할 수 있는 성질로서 전편인 命理秘典 下권에 나오고 있는 특수내격(特殊內格) 및 특수외격(特殊外格)의 부분을 복수적으로 격(格)이 부합하는 성질이 되고 있으니 어쩔 경우 억부와 조후법의 내격(內格)과 함께 상당히 많은 다수의 격국(格局)이 같이 선택되는 사주팔자도 있다.

그런데 여기서 중요한 점은 보통 내격(內格)에 준하여 용신의 격국(格局)을 취용하는 자리라면 위 사주팔자의 경우 사주월지에 亥水 겁재가 강력하게 자리를 잡고 있으니 마땅히 **"신왕월지겁재격(身旺月支劫財格)"**으로 표시할 수가 없게 될 것이다.

하지만 일간의 왕쇠(旺衰)의 격국을 따지는데 있어 오행상 그 힘이 가장 강력하게 작용하는 육친을 취용하여야 되므로 위 사주에서는 사주월지에 亥水 겁재가 자리를 잡고 있으므로 원칙적인 **"신왕**

월지겁재격(身旺月支劫財格)"이 성격(成格)할 수밖에 없다.

이러한 점을 비교 분석해 볼 경우 고서(古書)나 원서에는 사주일 간의 왕쇠(旺衰)에 따른 격국(格局)과 용신에 대한 격국(格局)을 완벽하게 구별하지 않은채 막연하게 모든 사주명조상 힘이 강한 오행 을 격(格)을 삼으라고 말하면서 이번에서는 이것이 겁재다.! 혹은 양 인이다.! 하여 고서(古書)나 원서에서는 격을 취용할 수가 없다는 논 리를 강조하고 있으니 이것은 곧 상당히 이중적인 학설을 나타내는 작태이다.

무릇 모든 사주팔자에서는 격국을 선정하는데 있어서는 사주내 강력한 힘을 주도하는 오행을 가지고 격국(格局)을 선정하는 것은 필연적이 될 수밖에 없는데 이것이 양인이나 겁재등의 기운은 제외 시키고 정관 혹은 인성이나 재성 및 식상등의 기운을 취용하여 왕쇠 (旺衰)의 격국을 선택하는 처사는 역학자라면 고서(古書)나 원서의 태도에 대하여 누구나 한번쯤은 의심을 하지 않을 수가 없다.

이상의 부분을 거론하여 본 저자는 일간의 왕쇠(旺衰)에 대한 격 국을 선택한다면 사주내 주도하는 강약에 대한 오행의 힘을 판별하 게 될 경우 자연스럽게 사주 주인공에 대한 성격 및 육친의 운명이 나타나는 것이 쉽게 되므로 본 사주격국은 일간에 대한 신왕(身旺)을 주도하는 강력한 겁재인 亥水를 취용하여 **"신왕월지겁재격(身旺 月支劫財格)"**을 취용하는 이유가 여기에 있다해도 과언이 아니다.

결국 본 저자는 이와 같은 고서(古書)나 원서의 불투명한 설명의 틀에 구속되지 말고 사주상에 일간의 왕쇠(旺衰)의 격국(格局)을 취용하는 자리에서 과감하게 무조건 힘이 강한 오행을 격국으로 취용하여 그에 대한 용신의 선택이나 육친의 성정을 간명하여야 되는 필연성을 당부하고 싶으니 말도 되지않는 고서(古書)나 원서의 부분에 현혹되어 사주추명학을 어렵게 판단하는 고서(古書)나 원서의 작태는 과감히 배척하여야 됨을 대단히 강조하는 바이다.

*. 위 사주명조에 대한 용신(用神),!

다시 위 사주팔자에 대한 격국(格局)을 선정한 뒤 용신을 판별하여 보면 일간 癸水가 신왕하여 있으니 원칙적으로 **"겁중용관격(劫重用官格)"**으로 왕성한 비겁 水氣를 억제할 수 있는 관성 土氣를 용신으로 일면 삼아야 될 것이다.

하지만 본 사주일간 癸水가 태어난 계절이 추운겨울인 亥월에 출생하여 만물이 모두 꽁꽁 얼어붙어 있으므로 시급히 조후법상 재성 火氣를 용신으로 선택할 수밖에 없을 것이며 또한 재성 火氣는 식상 木氣를 희신으로 삼는 것을 생각해 볼 수가 있다.

그러나 본 사주명조는 근본적으로 식상 木氣가 없음에 따라 우선 단편적으로 보아도 비겁 水氣와 재성 火氣인 즉, 정재와 편재의 기운이 서로 水剋火로 대치되어 양자의 전극(戰剋)이 끊임없이 발생하고 있으니 시급히 양자의 비겁 水氣와 재성 火氣를 통관법(通關法)상 화해 연결시킬 수가 있는 식상 木氣를 주된 용신으로 선정할 수밖에 없다.

아울러 일간 癸水가 왕성한 비겁 水氣에 의하여 신왕하고 있으니 비겁 水氣를 土剋水로 억제할 수 있는 관성 土氣는 길신으로 선택할 수가 있는데 그 중에 강력한 水氣에 부합할 수 있는 辰土나 丑土는 습토가 되어 오히려 조후법에 역행하고 있으니 불리하며 그러나 조후법을 충족할 수 있는 未土나 戌土는 조토가 되므로 대단히 길하게 작용할 수 있다.

*. 본 사주팔자의 용신에 대한 집중적인 심리,!

한편으로 볼 때 이러한 비겁 水氣와 재성 火氣는 막연히 단편적으로 판단해서 오행상 상극으로 짜여져 있는 水剋火의 원칙이 되고 있다면 그나마 다행으로 볼 수가 있겠지만 사주월지 및 년지 亥水 겁재는 일지 巳火 정재를 巳-亥 상충으로 파극하고 있는 점을 중시 볼 필요가 있다.

더구나 이러한 성질은 사주월지와 일지에만 끝나지 않은채 다시 년간에 투출되어 있는 丁火 편재는 월상에 재차 투출되어 있는 辛金 편인이 辛-丁 상충으로 파극하고 있으니 이렇게 상충의 작용을 업고 천간지지 모두 재성 火氣를 쟁탈하고 있는 점은 더욱 더 전극(戰剋)이 강력하게 발생하고 있다고 판단한다.

따라서 이와 같은 부분은 비록 본 사주팔자에서 재성 火氣가 용신으로 선택될 수 있는 소지를 가지고 있지만 이렇게 이미 선천성인 사주내 비겁 水氣와 재성 火氣를 쟁탈할 수 있는 군비쟁재(群比爭財)의 법칙에 부합되고 있으니 참으로 좋지 못함은 기정사실이 되었다.

또한 이것은 곧 양자에 어느 한쪽의 재성 火氣나 비겁 水氣를 후천성으로 대변하는 운로인 대운이나 세운에서 거듭 만나게 된다면 똑같이 어느 기운이던 반발을 하는 것은 기정사실이기 때문에 아무리 용신의 기운이 되더라도 양자인 비겁 水氣와 재성 火氣를 통관(通關)시킬 수 있는 식상 木氣가 아니면 절대적 용신으로 선택할 수 없는 중요한 성질이 귀착되고 있으니 이것은 참으로 대단히 중요한 용신에 대한 선택법이라 아니할 수가 없다.

*. 통관법(通關法)에 대한 용신판단,!

다시 이렇게 사주상의 용신을 선정한 뒤 사주원국을 면밀히 관찰하여 보니 일간 癸水에 대한 용신의 기운으로 대변하고 있는 식상 木氣가 사주상에 정오행이 없고 오르지 사주년지 및 월지 겁재인 亥중의 지장간 중기(中氣)에 甲木이 존재하여 있으나 이렇게 암장된 기운은 그 역할이 미미하기 짝이 없으므로 사실상 통관용신의 기운으로 선택하는 것이 무력할 수밖에 없다.

그렇다면 이와 같은 현상은 글자그대로 강력한 비겁 水氣와 재성 火氣간을 통관을 시킬 수가 없는 절대적인 요인으로 작용할 수밖에 없으니 더욱 더 비겁 水氣와 재성 火氣간에 군비쟁재(群比爭財)의 법칙이 부합되어 하루라도 끊임없이 전쟁터를 방불케하고도 남음이 있다해도 과언이 아니다.

한편으로 달리 생각한다면 만약 사주명조내 한, 두 개의 식상 木氣가 정오행이 존재하여 있다면 **"식상생재격(食傷生財格)"**이 되

어 지금의 사주격국보다 천배 내지는 만배정도의 등급이 올라갈 수
가 있을 것은 두말할 여지가 없겠다.

그러나 이렇게 사주상에 암장된 기운을 제외한 식상 木氣가 정오
행이 없음에 따라 이것은 곧 진신(眞神)의 성질이 되지 못하고 오르
지 후천성인 운로인 대운이나 세운에서 식상 木氣를 목마르게 보아
야 하는 가신(假神)의 성질이 되고 있으니 더욱 더 안타깝기 그지없
다.

결국 본 사주는 주된 용신이 식상 木氣로 선정되는 것을 알 수가
있겠는데 그렇다면 원칙적으로 단편적으로 판단하면 **"식상생재격
(食傷生財格)"**으로 보게 되면 일면 귀격이 될 수가 있지만 무엇보
다도 근본적인 비겁과 재성의 기운을 연결하는 식상 木氣가 없으니
"식상생재격(食傷生財格)"이 파격(破格)이 됨에 따라 참으로 양자
의 전극(戰剋)이 하늘을 찌르고도 남음이 있으니 이것은 곧 사주 주
인공의 숙명적인 운기가 대단히 불길함을 단적으로 보여주고 있다
해도 과언이 아니다.

*. 격국(格局)에 대한 청탁(淸濁)판별,!

위 사주원국에 대한 격국(格局)의 청탁(淸濁)판별을 하여 보면 제
일먼저 오행상 균등을 가지고 용신이 강령한지, 그리고 형, 충, 파,
해가 없는지, 또한 오행이 편중(偏重)으로 치우쳐져 있는지, 등으로
관찰하고 그에 대한 복수적으로 오행상 물결이 흘러가듯 주류무체
(周流無滯)등으로 중점하여 관찰하여 결정을 내리는 것이 타당하다.

따라서 본 사주팔자는 비록 일간 癸水가 신왕하여 격국(格局)이 "신왕월지겁재격(身旺月支劫財格)" 및 "겁중용관격(劫重用官格)"을 성격(成格)하고 있겠으나 사실상 오행이 편중(偏重)되어 일간 및 일간의 동기인 비겁 水氣를 재성 火氣와 연결을 도모할 수 있는 식상 木氣가 사주내 보이지 않고 있다.

이러한 사항은 가장 중요하게 판단하여야 될 문제로서 이것은 곧 용신의 성질로 자리매김하고 있는 재성 火氣를 직접적으로 비겁 水氣가 水剋火가 되어 파극하는 절대적인 요인으로 간명할 수가 있음을 엿볼 수가 있겠다.

하지만 그나마 비겁 水氣만 재성 火氣를 상극하는 성질이 된다면 다행이겠지만 설상가상으로 월상의 편인 辛金마져 재성 火氣를 火剋金으로 상극하고 있으니 이래저래 식상 木氣가 없음에 따라 용신을 생조할 수 있는 힘을 상실하면서 재성 火氣가 그대로 노출되어 힘이 쇠약해지는 것을 모면할 수가 없다.

더구나 상황이 더욱 더 좋지 않는 것은 본 사주원국이 오행이 모두 木, 火, 土, 金, 水가 모두 갖추어져 있지 않고 오로지 金, 水, 火만 간직한 채 오행이 편중(偏重)되면서 비록 사주일간 癸水에 대한 조후법을 충족할 수 있는 정재 巳火는 일지와 년간에 존재하여 있으니 일면 다행이라 생각하기 쉽다.

또한 강력하게 그 세력을 형성하는 사주년지 및 월지 亥水 겁재가 이중으로 조후를 충족하고 있는 정재 巳火를 巳-亥 상충으로 파극하고 있고 다시 년간에 투출되어 있는 丁火 편재는 월상의 辛金

편인이 辛-丁 상충으로 파극하고 있으니 이것은 완전히 군비쟁재 (群比爭財)의 법칙에 휘말리게 되어 극도의 전극(戰剋)을 형성하는 것이기에 그에 대한 흉함은 하늘을 찌르고도 남음이 있다고 볼 수가 있다.

결국 본 사주팔자는 본 장에 언급하는 청탁(淸濁)의 법칙에 대단한 탁기(濁氣)를 남기는 사주팔자가 되고 있음을 알 수가 있겠는데 이것은 사실상 운로인 대운이나 세운이 비록 용신이나 희신의 기운으로 치달리고 있다해도 근본적인 사주얼굴이 좋지 못하기 때문에 큰 복록을 처음부터 기대하기는 틀린 것이라고 판단하는 것이 정석이다.

*. 사주 주인공의 성격,!

본 사주팔자에 대한 격국과 용신 및 청탁(淸濁)의 부분에 비추어 본 장에 언급하고 있는 사주 주인공의 성격을 판별하여 보면 우선 일간의 왕쇠(旺衰)에 따라 격국(格局)을 취용한 뒤 그에 대한 각종 살성(殺星)과 귀인(貴人) 및 십이운성을 상호 접목하여 비로서 그에 대한 성격판단을 하여야 착오가 없을 것이다.

따라서 본 사주명조에 대한 주인공의 성격을 판단하여 볼 때 남자사주로서 격국이 **"신왕월지겁재격(身旺月支劫財格)"**이 성격 (成格)함에 따라 이렇게 일간의 동기인 비겁 水氣가 중중(重重)하여 신왕이 태왕함에 이르고 있으니 대단히 고집스러움과 자존심이 타허추종을 불허하는 성격이다.

그런데 비록 사주일간 癸水를 주동하여 사주일지 巳火 정재가 천을귀인(天乙貴人)에 해당하니 귀인의 장점을 발휘할 수가 있겠지만 이렇게 천을귀인이 있는 주(柱)를 巳-亥 상충으로 파극하고 말았으므로 오히려 천을귀인이 노하여 그에 대한 복록을 싸그리 거두어가는 흉물로 돌변하고 있는 중에 사주월지와 년지가 다같이 亥-亥 자형살(自刑殺)이 되고 있는 것은 이중인격자이며 겉으로는 웃음을 가장하나 내심은 험독한 사람이다.

한편으로 보면 사주일간 癸水가 신왕한 중에 비겁 水氣가 강력하면서 사주지지에 년지와 월지 亥水 겁재가 일지 巳火 정재를 巳-亥 상충의 작용이 이중으로 중첩되어 있는 것은 쓸데없이 남의 일로 걱정근심을 하여 그것으로 인한 재화를 만들게 되니 이것 또한 크나큰 걱정 근심이 끊이지를 않음을 판단할 수가 있다.

더구나 위 사주원국이 조후를 충족하고 있는 재성 火氣가 사주일지 巳火 및 년간 丁火에 투출되어 있겠으나 사실상 사주월지 및 년지 亥水 겁재가 巳-亥 상충으로 파극하고 또한 년간 丁火 편재는 월상에 투출되어 있는 辛金 편인이 辛-丁 상충으로 역시 파극하고 있으니 이렇게 金, 水가 집단적으로 조후를 충족할 수 있는 재성 火氣를 쟁탈하고 있음에 따라 이것은 곧 사람됨에 노력하지 않고 금전을 탐하는 것을 단적으로 보여주고 있다.

따라서 사람됨이 노력하지 않고 눈이 먼 돈을 챙기는 스타일이니 게으르며 매사를 한탕주의적인 근성이 농후하게 작용하므로 세인들에게 눈총과 비방이 끊어지지 않으므로 평생을 통하여 금전과 여자 관계로 재화를 당하고 또한 근심과 고통이 떠나지 않을 것이다.

*. 사주 주인공의 육친에 대한 운명,!

부모님의 운명을 단편적으로 판단하여 보면 사주월주에 자리를
잡고 있는 오행이 辛亥로서 월지 亥水 겁재와 월상에 투출되어 있는
편인 辛金이 같이 동주(同柱)의 기운이 되고 있는 가운데 일간 癸水
에 대한 기신(忌神)의 역할을 하고 있으므로 부친덕이 없고 아울러
부친이 단명객사팔자라고 판단한다.

더구나 본 사주팔자가 비겁 水氣가 중중(重重)하여 신왕함이 태왕
한 중에 편인+겁재가 동주(同柱)하는 것은 타인으로 인한 재산상 실
패가 많을 것이며 이것은 형제나 부친덕이 없는 단적인 요인도 작용
하겠지만 결혼운이 불리하 여 평생 여색을 탐하다가 망신이나 구설
이 종종 있을 것이다.

또한 본인의 숙명적인 측면을 판단하자면 사주일주 癸巳를 주동
하여 년지 亥水와 월지 亥水 겁재가 각각 역마살(驛馬殺)이 중첩하
고 있는 중에 년지 및 월지 亥水를 기점해서 시지 子水 비견이 도화
살(桃花殺)이 되며 또한 일간 癸水를 주동하여 년지 및 월지 亥중의
지장간 여기(餘氣)에 戊土, 그리고 일지 巳중의 지장간 여기(餘氣)에
戊土가 자리를 잡고 있음을 엿볼 수가 있다.

이와 같은 점은 역마+도화+암합의 기운이 중복되어 남의 여자를
데리고 천리를 도주하는 운명이 되니 곧 재혼팔자로 귀착하는 것이
사실이 될 것이며 아울러 주색잡기에 능하여 만인에게 지탄을 모면
할 수가 없음에 따라 참으로 불우한 운명이 될 것을 미루어 짐작하
고도 남음이 있다할 것이다.

　결국 본인의 성격과 육친의 운명을 판단하여 볼 때 사주 주인공은 불우한 운명을 타고났다는 것을 여실히 알 수가 있겠으며 평생을 통하여 금전을 탐하다 보니 소년시절부터 관재구설을 자주 받을 수가 있는 단점이 지배적이므로 일생동안 살아가는 과정에 대단히 주의를 하여야 만이 그에 대한 흉함을 모면할 수가 있다는 것은 자명한 일이라 판단한다.

*. 본 장에 거론하는 형제덕이 없는 격국에 적용하여,!

　다시 사주 주인공에 대한 성격과 육친의 운명 및 격국의 청탁에 대한 모든 부분을 사주추명학에 비추어 그 실체를 적나라하게 파혜쳐 보았었다.

　본 장에 거론하고 있는 사주 주인공은 남자사주로서 도 모씨로 이렇게 격국이 탁기(濁氣)를 남기고 있으니 후천성인 대운의 흐름이 재성 火氣와 비겁 水氣간을 연결 화해시킬 수 있는 식상 木氣를 받지 않을 경우 그에 대한 흉함은 불을 보듯 뻔한 일이 아닐 수가 없다.

　따라서 본 장에 언급하고 있는 사주격국에 대한 형제덕이 없는 사주에 인용하여 그 실체를 판단하여 보면,!

*. 일간이 신왕하여 비견이나 겁재가 기신(忌神)이 될 때.!

●일간이 신왕하여 재성이 용신인데 비겁이 재성을 파극하

고 있을 경우 형제로 인한 금전 및 보증관계로 피해를 당한다.!

● 일간이 신강, 신약을 불문하고 비겁과 일간, 혹은 일지와 상충이 되면 형제와 시비 다툼이 많다.!(이 경우 비겁이 비록 용신이나 희신이 되더라도 형제덕을 받지 못한다.)

● 일간이 신왕하고 월주에 천간지지 모두 겁재가 있을 경우 이복형제나 의형제로 인한 피해를 당한다.!

● 일간이 신강, 신약을 불문하고 비겁이 화개와 동주(同柱) 하면 승려, 목사등으로 세상을 등지며 비겁이 역마살(驛 馬殺)에 해당하고 있다면 형제가 원행(遠行)하여 고향을 떠나거나, 혹은 형제가 없다.!

● 일간이 신왕한 중에 겁재가 많을 경우 형제간 시비, 다툼이 심하고 더하여 부모유산 때문에 형제간 원수가 되는 수가 있다.! 라며 형제덕이 없는 사주격국을 자세하게 기술하고 있음을 알 수가 있다.

따라서 사주 주인공인 도 모씨의 격국이 완전히 본 장에 준하여 형제덕이 없는 사주명조에 부합하고 있음을 엿볼 수가 있겠는데 그 것은 우선 사주일간 癸水가 일간의 동기인 비겁 水氣에 의하여 신왕함이 태왕하고 있으니 단편적으로 보아도 비겁 水氣가 일간에 대한 기신(忌神)이 되고 있으므로 형제덕이 없는 격국에 적용된다할 것이다.

더구나 이와 같은 현상은 이상의 비겁 水氣가 사실상 태왕하여 일간에 대한 흉신의 역할을 하고 있는 가운데 사주월상에 투출되어 있는 辛金 편인이 왕성한 비겁 水氣를 金生水로 생조하고 있으니 비겁 水氣가 기운을 얻고 있음은 자명하니 비겁의 성질이 더욱 더 흉폭하게 발동하는 점은 기정사실이 되었다.

또한 일면 사주일지 巳火 정재가 일간 癸水가 亥월에 출생하여 추운겨울이 되고 있으므로 사실상 조후법을 충족하고 있는 중요한 기운이 되고 있는 것을 사주월지 및 년지 亥水 겁재가 중첩으로 자리를 잡고 일지를 巳-亥 상충으로 파극하여 조후를 무력시키고 있음을 엿볼 수가 있으니 이것은 참으로 대단히 좋지 못하다.

상황이 이럴진데 이렇게 사주년지 및 월지 亥水 겁재가 일지 巳火 정재를 巳-亥 상충으로 파극하는 점은 육친통변법상 일지는 처궁이 되면서 한편으로는 자신의 몸으로도 대변되고 있기 때문에 이렇게 월지 및 년지가 동시에 상충으로 일지를 가격하는 것 자체가 부부간에 풍파가 끊어지지 않겠으며 또한 형제 및 부모덕이 없는 점을 단적으로 보여주고 있다.

실제로 사주 주인공인 도 모씨는 본인을 포함한 형제들이 이복형제가 3명이 되고 친형제가 2명이 되어 모두 5형제라고 말하고 있으며 하나같이 금전적, 물질적인 손재를 입히므로 인해 서로를 원망과 불목하니 한시라도 싸움이 끊어지지 않았다고 회고를 하고 있었다.

더구나 이와 같은 성질은 더 나아가서 급기야 객사한 부친을 안방에 눕혀놓고 초상도 치루지 않는채 재산싸움 때문에 서로간 멱살

을 잡고 난장판이 발생하였다며 말하고 있으니 이 문제는 본 사주팔
자에 대한 대운의 흐름을 판별할 때 자세히 간명하기로 하겠다.

*. 형제가 원행(遠行)하여 객사한 부분에 적용하여,!

한편으로 볼 때 사주일간 癸水를 주동하여 사주월지 및 년지 亥
水가 겁재의 기운이 되어 육친통변법상 형제를 의미하고 있는데 이
렇게 사주일주 癸巳를 기점하여 亥水가 역마살(驛馬殺)이 해당하고
있으니 형제가 타향객지에서 객사죽음을 당한 형제가 있다는 사실
을 미루어 짐작해볼 수가 있다.

따라서 이와 같은 부분을 육친통변법으로 좀 더 자세하게 간명하
여 보면 우선 사주일간 癸水에 대한 월주 및 년지가 다같이 일간 癸
水에 대한 기신(忌神)이 되고 있는 중에 亥水가 역마살(驛馬殺)에 해
당하는 것은 형제 및 부친이 타향으로 자주 원행(遠行)을 하고 있다
는 것을 사주원국이 무언중에 암시를 하고 있다.

그런데 이렇게 막연히 일간에 대한 기신(忌神)이 되고 있는 중에
역마살(驛馬殺)만 되고 있다면 별 문제가 되지 않겠으나 월주인 辛
亥의 기운을 사주일지 巳火 정재가 巳-亥 상충으로 파극하고 있고
더하여 사주년지 亥水 겁재와 월지 亥水가 모두 亥-亥 자형살(自刑
殺)이 되고 있으니 상충과 자형살이 중복되어 더욱 더 그 흉의가 강
력하게 발생한다고 볼 수가 있겠다.

더구나 이와 같은 현상은 더 나아가서는 다시 월상에 투출되어

있는 辛金 편인은 년간에 투출되어 있는 편재 丁火가 辛-丁 상충으로 파극하고 있으니 이렇게 상충의 작용이 이중으로 중첩 가격하는 것은 곧 객사죽음을 의미하고 있으므로 완전히 부합하고 있다해도 과언이 아니다.

실제로 이러한 상황을 감지한 본 저자는 사주 주인공인 도 모씨를 통하여 그 사실을 조심스럽게 타진하여본 결과 청년시절에 장사차 나가서 객사한 형님이 있었다고 말하고 있으며 또한 부친 역시 젊은 나이에 객사하였다고 회고를 하고 있으니 이 얼마나 사주추명학은 무서운 신(神)의 학문이라 아닐 수 없겠는가?

*. 격국(格局)에 대한 대운흐름,!

지금까지 사주 주인공인 도 모씨에 대한 사주팔자에 대한 격국과 용신 및 육친의 운명, 그리고 본 장에 적용하고 있는 형제덕이 없는 격국을 접목시켜 그에 대한 판단을 사주추명학적으로 심도 있게 자세히 간명하여 보았다.

하지만 사주격국이 그리 썩 좋지 못하여 사주상의 대단한 탁기(濁氣)를 구성하고 있음에 따라 부귀복록을 거론할 수 없는 사주가 되고 있는데 이것은 곧 아무리 후천성인 대운의 흐름이 비록 용신이나 희신의 기운으로 치달리고 있다손 치더라도 선천성인 얼굴(사주?)이 좋지 못하니 미스코리아로 나가지 못하는 절대적인 이유가 성립된다고 볼 수가 있겠다.

 따라서 본 장에 적용하여 사주 주인공의 격국에 대한 대운의 흐름을 판별하여 보니 애석하게도 초년 1세대운부터 기신(忌神)의 운로로 첩첩 받고 있는 서방 申-酉-戌 金局이 되어 치달리고 있으므로 이미 유년부터 대단한 고통과 근심을 받았다는 것을 미루어 짐작하겠으며 아울러 부모덕과 형제덕이 없어 타향살이 신세로 전전긍긍하였다는 것을 간명할 수가 있다.

 본 장에 적용하여 형제덕이 없는 격국에 판단해서 사주 주인공인 도 모씨의 후천성인 대운흐름을 처음부터 끝까지는 지면 한정상 세세하게 판별할 수가 없고 그 중에 중요한 시점이 되고 있는 21세 戊申대운을 집중하여 그 실체를 사주추명학에 비추어 적나라하게 간명하기로 하겠다.

 상당히 고난도의 집중력과 심리를 요구하고 있으므로 실제인물의 도 모씨의 사주명조와 후천성인 21세 戊申대운이 지배되는 시점을 사주도표로 나타내면서 그 부분을 세밀하게 판단하여 보면,!

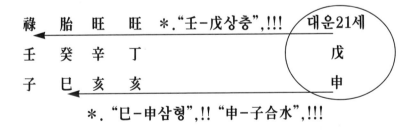

```
祿   胎   旺   旺   *.“壬-戊상충”,!!!      대운21세
壬   癸   辛   丁                          戊
子   巳   亥   亥                          申
        *.“巳-申삼형”,!! “申-子合水”,!!!
```

겁재   편인 편재
水   (水) 金   火
水   火   水   水
비견 정재 겁재 겁재

이상의 사주도표에서 자세하게 나타나고 있듯이 이 때 21세 戊申 대운이 지배되는 현상은 대운천간 戊土가 신왕한 일간 癸水에 대한 정관의 기운이 되어 일간의 기운을 줄여주게 되니 길신의 영향력이라고 판단하는 것이 타당하다.

그러나 한편으로 볼 때 이렇게 길신의 역할을 하고 있는 대운천간 戊土 정관이 사주시상에 투출되어 있는 壬水 겁재를 壬-戊 상충으로 파극하고 있으니 이것은 비록 사주일간 癸水와 戊-癸合火로 잡아준다손 치더라도 지지에 강력한 亥水와 子水의 십이운성 제왕지와 건록지에 앉은 시상 壬水를 가격하는 것은 그만큼 상충의 소용돌이는 강력하게 발생하는 점을 모면할 수가 없다.

*. 본 저자가 실제인물을 통하여 약 30여년간 경험상 터득한 비법(秘法),!

여기서 한가지 중요한 부분이 나타나고 있는데 그것은 본 사주팔자가 일간의 기운이 중화(中和)의 기점에 안정되어 있는 가운데 오행상 木, 火, 土, 金, 水의 균등을 가지고 있다면 戊土의 기운이 사실상 시상 壬水를 壬-戊 상충으로 파극한다손 치더라도 오히려 일간에 대한 기신(忌神)을 제거하는 것이 되어 흉은 고사하고 대길함을 바라볼 수 있는 성질이 될 것이다.

하지만 본 사주팔자는 너무 일간의 동기인 비겁 水氣가 중화(中和)의 기점을 훨씬 멀어져 가는 신왕이 태왕하고 있는 중에 조후를 충족할 수 있는 재성 火氣마져 강력한 비겁 水氣에 의하여 巳-亥 상충과 辛-丁 상충으로 파극된 중에 오행이 金, 水, 火만 자리잡고 있는 것을 중시볼 필요가 있다.

이것은 곧 선천성의 사주명조가 오행이 편중(偏重)되어 전형적인 탁기(濁氣)를 구성하는 절대적인 요인으로 작용하고 있기 때문에 아무리 후천성인 대운이나 세운에서 길신이 들어온다해도 조금의 상충이나 상극의 작용이 있을 것 같으면 왕신발(旺神發)이 발생하는 소지를 가지고 있게 되어 그로 인한 흉의는 극단적으로 발생하는 점을 학자들은 면밀히 관찰하여야 된다.

이상의 성질은 본 저자가 그동안 고서(古書)나 원서에 준하여 이렇다할 내용을 언급하고 있지 않으니 부득히 사주실제인물이 지금의 성질에 적용되어 있는 것만 찾아서 약 30여년동안 후천성인 운로인 대운이나 세운에서 어떠한 운로를 받고 있는가, 그리고 그에 대한 흉의는 오행을 모두 구비한 것하고 이렇게 편중(偏重)되어 있는 격국과 비교 분석하여 오늘날 하나의 경험상 비법(秘法)으로 자리매김 시키고 있다.

다시 본 사주팔자에 되돌아 가서 사주천간의 상황이 이럴진데 이번에는 대운지지 申金이 신왕한 일간 癸水에 대한 인수의 기운이 되어 이미 배가 불러 터져 죽을 성질인데 더욱 더 음식을 먹임으로서 배탈을 부채질하는 것이 되니 그 흉함이 극도로 배가되는 것을 알수가 있다.

그런데 이와 같은 현상은 여기에만 끝나는 것이 아니고 대운지지 申金이 사주시지 子水 비견과 申-子合水를 구성하여 왕신(旺神)의 성질인 비겁 水氣에 더욱 더 바다물을 만들면서 이번에는 일간에 대한 중요한 조후를 충족하고 있는 일지 巳火 정재를 巳-申合水 및 巳-申 삼형을 동반하여 조후의 기운을 무용지물로 만들고 있으니 이것은 더 이상 무엇을 바랄 수가 없는 절대적인 흉운에 직면하게 된다.

실제로 사주 주인공인 도 모씨는 이 때 21세 戊申대운에서 부친이 타향객사로 죽음을 맞이 하였는데 이복형제들과 함께 안방에 부친을 눕혀둔 채 재산싸움 문제로 등살이 벌어져 서로 멱살을 잡고 주먹다짐을 하다가 급기야는 사주 주인공인 도 모씨가 부엌에 들어가 식칼로 이복형을 찔러 그 길로 살인죄에 해당하여 교도소에 수감되었다.

결국 부친에 대한 초상은 고사하고 이 얼마나 동네망신이며 집안 식구들 모두 싸잡아 동네사람들이 너도나도 모두 손가락질을 하고 있으니 참으로 개탄(慨嘆)스러움을 금치 못하는 사주팔자를 본 저자는 보고 있으니 세상말세라 하겠다.

제4장
수명의 장수(長壽)

제4장
수명의 장수(長壽)

1. 수명의 장수(長壽)

인간에게는 누구나 오복(五福)이라하여 다섯가지의 욕망과 바램을 가지고 있는데 그것은 첫째로 오래살고 싶어하는 수명(壽命)을 가지고 싶고 둘째는 재물을 한 없이 가지고 싶은 욕망과 질병으로부터 해방, 또한 자식으로 부터 효양과 번영 및 아름다운 처복등이 그것이라 하겠다.

그 중에서 수명에 대한 장수(長壽)는 제일 으뜸으로 치는 것을 알수가 있겠으며 본 장 수명의 장수(長壽)편에 다루고자 하는 목적의 범위가 이상의 테두리에 준하여 그 실제를 완벽하게 간명하고 있다.

따라서 인간의 수명의 장수(長壽)는 사주팔자의 본래 격국이 청수(淸秀)함을 요구하고 더하여 오행이 골고루 갖추어지고 생화불식(生化不息) 및 생식불식(生息不息)되는 중에 용신이 강령함이 되어야 할 것인데 무엇보다 중요한 것은 이상의 조건을 모두 갖추면서 대운의 흐름이 정히 용신이나 희신의 기운으로 치달려야 한다.

이상의 부분에 대하여 고서(古書)나 원서에도 그에 대한 맥락에 일치를 하고 있으며 그렇다면 사주원국이 격국에 대한 탁기(濁氣)를 남기고 용신이 미약하던지 아예 쇠약하여 있는 중에 대운의 흐름이 정히 기신(忌神)이 되어 첩첩으로 받고 있을 경우 결코 수명의 장수를 누리는 사람이 아니고 곧 단명이라는 것은 바로 판단할 수가 있다.

결국 인간의 수명에 대한 장수의 비결은 사주팔자의 청기(淸氣)와 용신의 강령함을 갖추고 오행이 균등을 이루는 중화(中和)의 원칙에 일치하여야 되며 더하여 대운이 용신이나 희신을 상극하는 기신(忌神)의 운으로 흘러가지 않아야 만이 본 장 장수(長壽)의 사주팔자에 부합할 수가 있을 것이다.

(1). 장수(長壽)의 운명,!

● 木, 火, 土, 金, 水의 오행이 모두 갖추어진 중에 오행이 木生火, 火生土, 土生金등으로 생화불식(生化不息)이 되어 있는 사주,!

●사주팔자에 오행을 상극하는 삼형이나 상충 및 파, 해가
없는 사주,!

●사주오행을 모두 갖추고 있는 중에 비록 합이 되더라도 합
을 하여 나오는 오행이 일간에 대한 용신이나 희신의 기운
이 나오고 있는 사주,!
단,! 이 때에 합을 하여 나오는 오행이 일간에 대한 기신
(忌神)이 되지 않는 한신(閑神)의 기운도 적용한다.!

●사주에 비록 상충이 있더라도 상충하여 파극하는 것이 일
간에 대한 기신(忌神)을 제거하는 사주,!

●일간이 신왕하나 중화(中和)의 기점을 너무 넘지 않고 용
신이 강력한 사주,!

참고로 일간에 대한 중화(中和)의 기점은 일간의 힘이 사
주강 약도표에 40%에 육박하는 것으로 만약 40%를 훨씬
넘어가는 현상이 되면 오행이 편중(偏重)되어 왕신(旺神)
의 성질이 되어 대단히 불리하게 된다.

●일간이 신왕하고 관성이 쇠약하나 재성이 관성을 생조하
고 대운이 용신이나 희신으로 치달리는 사주,!

●일간이 신왕하고 재성이 쇠약하나 식상이 재성을 생조하
고 역시 대운이 재성이나 식상운으로 치달리는 사주,!

● 일간이 신왕하고 식상이 왕성하여 수기(秀氣)유행으로 누출시키고 있는 중에 대운이 식상이나 재성운으로 치달리는 사주,!

● 일간이 신약하나 인수가 왕성하고 말년대운이 일간을 생조하는 인성이나 비겁운으로 치달리는 사주,!

● 일간이 신강, 신약을 불문하고 말년대운이 정히 용신이나 희신으로 치달리고 있는 사주,!

※ 참고로 아래 마지막 두 번째에 기술하는 **"일간이 신약하나 인수가 왕성하고 말년대운이 일간을 생조하는 인성이나 비겁운으로 치달리는 사주"**!는 일간이 중화(中和)의 기점인 40%에 너무 멀어져가는 신약이 되지 않아야 한다.

그 이유는 일간이 중화(中和)의 기점에 너무 신약으로 치우쳐지면 일간의 기운이 쇠약함이 극심하게 되므로 이 때는 만약 세운이나 대운에서 비록 용신이나 희신의 운로를 맞이한다고 해도 사주내 하나의 집단적인 오행 즉, 왕신(旺神)을 충격하는 삼형이나 상충을 만나게 될 경우 그에 대한 소용돌이로 말미암아 십중구사로 종명(終命)하기 쉬운 까닭이니 그에대한 소용돌이를 감당할 수 있을 만큼 일간이 힘을 가져야 된다는 논리이다.

(예1). 고서(古書)에 장수의 격국에 나오는 한 중국인의 사주,!

胎　生　絕　死　　乙-庚合金,!　　　　　（대　운）

戊　丙　乙　己　　　　　戊　己　庚　辛　壬　癸　甲

子　寅　亥　酉　　　　　辰　巳　午　未　申　酉　戌

＊."寅-午合火",!!!

식신　　인수　상관

土　(火)　木　土

水　木　水　金

정관 편인 편관 정재

● 대운천간 庚金이 일간 丙火를 丙-庚 상충으로 파극하나 월상에 투출되어 있는 乙木 인수가 乙-庚合金으로 완화시 키고 다시 대운지지 午火가 사왕지지(子, 午, 卯, 酉)로서 사주일지 寅木 편인과 寅-午合火로 변화되니 용신의 기운 이 정히 왕성하여 대박이 터지고 있음을 알 수가 있다.

＊. 일간의 왕쇠(旺衰),!

丙일간 亥월에 출생하여 실령(失令)하였으며 사주원국 월지 亥水 편관을 중심으로 해서 시지 子水 정관 및 년지 酉金 정재 그리고 년, 시상에 己, 戊土식상이 강하게 일간 丙火를 극루(剋漏)하고 있으니 신약이다.

하지만 일간 丙火는 사주일지 寅木 편인의 십이운성 장생지에 앉아 득지(得地)한 중에 월지 亥水 편관과 寅-亥合木하여 월상 乙木 인수가 투출되어 일간 丙火를 생조하고 있으니 일간이 그리 쇠약하지 않고 있는데 그렇다면 일간 丙火의 힘은 중화(中和)의 기점에 육박하는 성질이 되고 있음을 알 수가 있겠다.

*. 일부학자들의 의문,!

여기서 일부학자들 중에서 방금 본 저자가 설명한 일간의 강약 부분을 설명한 것에 대하여 한가지 의문을 가지고 질문을 하고 있다.

그것은 "사주팔자에 일간 丙火의 기운을 운정선생이 판단할 때 사주일지 寅木 편인과 월지 亥水 편관이 寅-亥合木을 하여 사주월상에 乙木 인수가 투출 되어 있을 경우 일간 丙火가 신왕으로 될 것인데 어찌하여 운정선생께서는 寅-亥合木을 보면서 일간 丙火가 신약하다고 하는 것인지 상세하게 설명하여 달라,"라며 의문을 제시하고 있다.

*. 일부학자들이 의문을 제기한 부분에 대하여 본 저자판단,!

이 부분에 대하여 일부학자들이 의문을 제기한 성질에 대하여 일면 타당성이 있다고 볼 수가 있겠으나 본 저자는 학자들의 견해와 조금 달리하고 있으며 그와 같은 부분은 지지합의 성질에 대하여 좀 더 구체적으로 간파할 필요가 있다.

이상의 성질을 본 저자가 약 26년동안 실제인물을 적용하여 경험상 발견되었던 부분을 적용시키면서 그 실체를 기술하여보면,!

보통 지합이 구성되는 것이 육합이나 삼합, 그리고 방합등의 3종류로 구분하고 있는데 그 중에서 가장 힘이 강력하게 작용하는 것이 씨족집단끼리 결합하는 방합이고 다음이 삼합, 육합 순서로 힘의 기운을 대변하고 있다.

따라서 위 사주팔자를 세밀하게 살펴보면 우선 월지 亥水 편관이 자리를 잡고 일지 寅木 편인과 寅-亥合木을 구성하는 절차가 일면 단편적으로 판단하면 완전히 월지 亥水 편관의 기운이 합을 하여 木氣로 변화되는 인상을 주고있는 것을 엿 볼 수가 있겠다.

그러나 이와 같은 寅-亥合木은 육합의 성질이 되고 있는 것을 알아야 하며 같은 동질성인 삼합이나 방합은 사왕지지인 子, 午, 卯, 酉가 중심이 되어 3개의 오행이 결합하는 성질인데 반해 육합은 2개의 기운으로 구성되는데 그 중에서 더구나 위 사주의 寅-亥合木은 사왕지지(子, 午, 卯, 酉)가 없는 상태에서 결합하는 합이니 그 힘이 삼합이나 방합에 비해 월등하게 미약한 것으로 판단한다.

*. 命理秘典 上권인 지지의 방합편에 인용하여,!

상황이 이럴진데 사주일간 丙火가 일지 寅木 편인의 십이운성 장생지에 그리고 월상에 투출되어 있는 乙木 인수가 일지 寅木 편인의 제왕지에 해당하고 있으니 본 저자가 편찬한 命理秘典 上권인 지지의 방합편에 인용할 때 **"사주지지에 십이운성 장생, 건록, 제왕지에 뿌리를 두고 사주천간에 투출되어 있는 오행이 있을 때 잘 합을 하지 않을려는 성질이 있다"**, 라며 대단히 자세하게 기술하고 있다.

이상의 부분을 모두 종합적으로 검토하여 판단하여 보면 완전히 본 저자가 설명한 것에 대하여 충분히 이해하리라고 보는데 비록 위 사주팔자가 월지와 일지간 寅-亥合木을 구성한다손 치더라도 그 세력이 미약한 것을 알 수가 있을 것이며 더욱 더 사주월지 亥水의 기운이 사주강약도표에 준하면 30%인 점을 감안할 때 30%의 힘이 완전히 木氣로 둔갑할 수가 없다는 것으로 귀착한다.

결국 이상의 부분을 모두 종합적으로 검토하여 간명하여 볼 경우 사주일간 丙火에 대하여 일부나마 사주월지 亥水 편관이 寅-亥合木을 이끌어내어 일간이 도움을 받는 것은 되더라도 결론은 신약이 될 수밖에 없는 이유가 여기에 있는 것이다.

*. 격국(格局)과 용신,!

다시 위 사주팔자에 대한 격국을 판단하여 보면 일간 丙火가 신약한 중에 사주월지 편관 亥水와 시지 子水 정관이 강력하게 작용하고 있으니 일간에 대한 왕쇠(旺衰)의 격국은 **"신약편관격(身弱偏**

官格)"이며 혹은 **"신약월지편관격(身弱月支偏官格)"**이 성격(成格)된다.

또한 이와 같은 성질을 한편으로 관찰하여 보니 일지 寅木 편인에 뿌리를두고 사주월상에 乙木 인수가 투출되어 있으므로 **"월상인수격 (月上印綬格)"**을 같이 성격(成格)한다.

그렇다면 이상의 일간에 대한 왕쇠(旺衰)의 격국을 참고하여 용신(用神)의 격국(格局)을 판단하여 보면 일간 丙火가 신약하고 있으니 용신은 **"살중용인격(殺重用印格)"**으로서 강력한 관성 水氣를 일간 丙火에게 살인상생(殺印相生) 및 관인상생(官印相生)의 법칙과 신약한 일간을 생조하는 인성 木氣를 삼는 것이 마땅하다.

아울러 일간 丙火가 쇠약하고 있으니 신약한 일간을 부조하는 비겁 火氣를 길신으로 삼는데 일면 사주원국이 추운겨울인 亥월에 태어나 조후법과 억부법에 일치하는 용신이 되니 복록이 깊은 것을 알 수가 있다.

여기서 신약한 일간 丙火의 기운을 누출시키는 식상 土氣의 경우는 원칙적으로 일간이 신약하니 불리하게 작용할 수밖에 없으며 일면 관성 木氣가 사주내에 태과하면 반대급부현상으로 식상 土氣로 제살(制殺)을 도모하여 길하게 될 수 있을 것이다.

하지만 위 사주는 이미 편관 亥水가 일지 寅木 편인과 寅-亥合木하니 인성 木氣로 변화하여 일간과 유정(有情)한 결과로 되어 있기 때문에 식상 土氣는 오히려 일간 丁火의 기운을 빼어내므로 좋지 않게 판단하여야 된다.

보통 사주팔자가 외격(外格)의 종격(從格)이나 가종격(假從格)으로 돌아가지 않는 이상 내격(內格)의 억부법이나 조후법에 용신이 선정되는 것 같으면 하나인 동일체로 억부법이나 조후법에 용신이 일치하지 않는 사주가 많이 나타나고 있는 것이 대다수 정석인데 이와 같이 억부법이나 조후법에 용신이 일치하는 성질이 되고 있을 경우 그 기운이 하나로 집중되기 때문에 대단히 길하다고 간명하여야 될 것이다.

따라서 이와 같이 용신과 길신을 선정하여 놓고 사주팔자를 살펴보니 일간 丙火를 생조하고 아울러 조후법에도 일치하는 편인 寅木이 사주일지에 자리를 잡아 일간과 유정(有情)하면서 월지 亥水 편관과 寅-亥合木을 구성하여 일간을 생조하고 있으므로 완전히 살인상생(殺印相生) 및 관인상생(官印相生)의 덕을 실현하여 대단히 좋게 작용하고 있다.

*. 격국에 대한 청탁(淸濁),!

위 사주팔자에 대한 격국의 청탁(淸濁)을 판별하여 보면 사주월상 乙木 인수와 년간 己土 상관간에 己-乙 상충이 있지만 지지에 이렇다할 상충과 삼형이 없고 년간 己土 상관이 년지 酉金 정재에게 土生金, 다시 월지 亥水 편관에게 金生水하여 연결이 되고 있는 것을 알 수가 있겠다.

그리고 또다시 일지 寅木 편인과 월상에 투출되어 있는 乙木 인수에게 水生木으로 연결하고 있는 성질은 비록 천간상충이 있다손 치더라도 상충의 작용이 생화불식(生化不息) 및 생생불식(生生不息)에 의존하여 천간상충의 작용을 완화시키고 있음을 판단하여야 된다.

더하여 이렇게 일지와 월상에 인성 木氣는 일간 丙火에게 木生火로 연결하고 다시 일간 丙火는 사주시상에 투출되어 있는 戊土 식신에게 火生土로 완전히 오행의 상생의 법칙에 준하여 물이 흐르고 있듯이 연결되고 있으니 격국이 대단히 청수(淸秀)하고 아름답다.

이와 같은 성질은 곧 강물이나 냇물이 자연스럽게 흘러가는 것에 비유하여 주류무체(周流無滯)라고 말하는 것이며 생식불식(生息不息)에 부합하는 현상이니 아주 사주격국이 상급으로 분류되는 것이 마땅하고 이는 곧 대단한 청기(淸氣)를 가지는 명조라고 판단하여야 될 것이며 정말 어느하나 버릴 것이 없는 절묘한 배합을 이루고 있다하여도 과언이 아니다.

이상의 위 사주원국을 간평하여 볼 때 비록 일간 丙火가 신약하더라도 곧 중화(中和)의 기점에 육박하는 기운을 가지고 있는 중에 이렇게 사주오행이 연결되는 현상이 주류무체(周流無滯)로 물이 흘러가듯 자연스럽게 서로 생조를 하고 있으니 만약 운로인 대운이나 세운에서 비록 살운(殺運)이 들어온다손치더라도 오행의 연결인 생화불식(生化不息)에 의존하여 대흉함이 평운으로 전환되는 것을 학자는 판단할 필요가 있다.

*. 격국에 대한 정신기(精神氣)삼자,!

위 사주팔자에 대한 정신기(精神氣)삼자를 판별하여 보면 일간 丙火를 중심으로 하여 인성 木氣가 사주일지 寅木 편인과 월상에 투출되어 있는 乙木 인수가 자리를 잡고 일지 寅木과 월지 편관 亥水가 寅-亥合木을 구성하니 일간 丙火를 생조하는 정(精)이 왕성함을 알수가 있다.

또한 일간 丙火를 적절히 억제하고 단련하는 식상 土氣와 편관水氣 및 재성 金氣가 왕성하여 일간이 약간 신약이 되고 있는 것은상대적인 정(精)의 기운에 비교해 볼 때 신(神)의 기운이 많은 것이되어 조금은 부족함을 가지는 것이라 판단한다.

더하여 신약한 일간 丙火의 기운을 부조하는 비겁 火氣가 사주팔자에 없고 오르지 사주일지 寅木 편인의 지장간 중기(中氣)에 암장되어 있으니 암장된 기운은 그 힘이 미약하여 제대로 그 역할을 할수가 없는 고로 일간 丙火에 대한 비겁의 기운으로 대변하는 기(氣)의 기운이 미약한 것은 사실이다.

그래도 그나마 다행스런 부분은 일지 寅木 편인이 일간 丙火와 바로 직접 근접하여 유정(有情)하고 그런 와중에 때마침 월지 亥水 편관과 寅-亥合木을 구성하여 신약한 일간 丙火를 도우는 것이 되고있으니 완전히 기(氣)의 부족함을 충족시키고 있다고 볼 수가 있다.

하지만 무엇보다도 비록 정신기(精神氣)삼자의 법칙에서는 약간의 부족함을 면할 수가 없겠으나 절묘하게도 사주팔자가 오행이 균등을 이루고 있는 중에 오행의 상생의 법칙에 준하여 주류무체(周流無滯)로 이어지는 생화불식(生化不息)에 의존하고 있으니 이상의 정신기(精神氣)의 부족함을 완전히 커버하고도 남음이 있다고 보아야 하므로 결론은 대귀격(大貴格)이 성격(成格)된다.

*. 본인의 성격과 운명,!

위 사주팔자에 대한 본인은 이미 고인(故人)이 되어 무덤속에 있는 인물로 실제인물이 아니기 때문에 별 의미가 없는 것이 되겠으나 이상의 부분에 적용되는 실제인물이 종종 나타날 수 있는 성질이 되니 사주추명을 연구하는 차원에서 간명을 세밀하게 하여야 됨은 두 말할 것도 없다.

따라서 사주주인공인 본인의 성격을 판별하여 보면 사주일간 丙火가 비록 신약하나 중화(中和)의 기점을 근접하는 사주이고 또한 월지 亥水 편관이 자리를 잡고 신약편관격(身弱偏官格)을 성격(成格)하고 있으니 단편적으로 볼 때 그 성격이 바람같이 급한 것을 알 수가 있다.

이와 같은 현상은 편관이라는 특성이 월지에 자리를 잡고 있는 것은 사주강약도표에 준하면 그 힘이 30%가 되어 있기 때문에 편관의 특성상 성급, 황폭을 나타내며 그러나 불의를 보고는 절대 타협이 있을 수가 없을 것이고 일면 약자를 도와주는 보살핌이 있다는 것도 간명하는 것이 타당하다.

하지만 사주일지 寅木 편인에 십이운성의 제왕지에 앉은 월상 인수 乙木이 투출되어 월상인수격(月上印綬格)으로서 인수 乙木을 용신으로 삼고 있으니 그 성격이 자비롭고 매사에 정도를 걸어가는 인격자임은 분명한데 더하여 인수가 용신이 되는 것은 문학, 학술, 예능에 천부적인 소질을 발휘하게 되어 학자로서 관직에 종사하여 대귀격을 누렸다는 것으로 판단한다.

*. 命理秘典 上권인 육친의 편관편에 인용하여,!

이와 같은 부분은 본 저자가 편찬한 命理秘典 上권인 육친의 편관편에 자세하게 기술하고 있는데 그 부분을 인용하면 **"사주팔자에 육친의 편관, 인수가 동주하던지 나란히 있게 될 경우 때때로 자기중심으로 큰 세력을 만들며 그러나 편관보다 인수가 왕성하면 문관으로 출세하고 인수보다 편관이 왕성하면 무관으로 출세한다"**,라며 대단히 구체적으로 언급하고 있다.

이상의 부분을 위 사주팔자에 접목시켜 간명하여 볼 때 완전히 일치를 하고 있겠는데 사주팔자 월지에 亥水 편관이 자리를 잡고 다시 월상 乙木 인수가 투출되어 이상의 편관, 인수가 동주(同柱)하여 水-木이 상생이 되므로 정말 절묘한 배합을 이루고 있음을 알 수가 있다.

그렇다면 지금 본 사주팔자의 주인공은 그때 그당시 관록을 지녔던 것으로 판단하는 것이 정석이고 아울러 격국이 이렇게 청수(淸秀)하니 대발복을 누렸던 점을 미루어 짐작하며 또한 부귀공명은 두말할 것도 없으며 수명장수까지도 승승장구하였다는 부분도 완전히 부합하고 있다.

*. 격국에 대한 대운흐름,!

이상의 사주주인공에 대한 본인의 성격과 운명을 간명하여 보았는데 사주주인공인 중국인은 지금 현재 이미 고인(故人)이 되어 무덤속에 있는 인물로서 대운의 흐름을 파악하는 것은 별 의미가 없겠으나 사주추명학적인 하나의 정립을 이룩하는 현시점이 되므로 일부 언급하는 것이 좋을 것이다.

따라서 사주팔자에 대한 격국과 청탁(淸濁)의 부분에 부합하여 대단한 청기(淸氣)를 가지는 명조라는 것은 두말할 것도 없는데 본 사주주인공은 일생동안 살아가는 중에 庚午대운에서 가장 전성시절이었다는 것을 미루어 짐작할 수가 있다.

그것은 대운천간 庚金은 비록 신약한 일간 丙火에 대한 편재로서 丙-庚 상충까지 되어 기신(忌神)이 되겠으나 절묘하게 사주월상에 투출되어 있는 乙木 인수와 乙-庚합으로 상충의 작용을 완화시키면서 대운지지 午火까지 합세하여 火剋金하니 개두(蓋頭)의 법칙에 준하여 그 흉함을 없애버리고 있겠다.

더구나 대운지지 午火는 일간 丙火에 대한 정히 겁재로서 용신의 기운이 되고 있는 중에 다시 사주원국 일지 寅木 편인와 寅-午合火를 구성하여 태양과 같은 성질이 되고 있으니 정히 승승장구하고 일생최대의 행운을 맞이하였다는 것을 사주원국은 이미 암시하고 있다.

*. 고서(古書)에 기록되어 있는 본 장수(長壽)의 중국인에 대한 해석,!

고서(古書)에 기록되어 있는 본 장수(長壽)의 서열에 대한 해석을 살펴보면 **"본 사주는 戊, 己 土가 酉金을, 酉金이 亥, 子水를 다시 水가 乙, 寅木을 다시 木이 丙火를 생조하여 오행을 모두 구비하고 관살과 일주가 모두 왕성하다."**

"고로 백이십세의 희수(稀壽)를 받았다",라며 구체적인 언급을 회피한채 막연히 기술하고 있다.

*. 고서(古書)의 불분명한 태도에 대하여 본 저자의 비판적인 견해,!

이러한 고서(古書)는 위 사주주인공인 중국인의 사주팔자를 간명하면서 사주의 격국(格局)과 용신도 선정되지 않은채 막연히 **"일주와 관살이 모두 왕성하다"**는 식으로 언급하는 처사는 도대체 일간이 신강으로 표현하는 것으로 받아들여야 할 지 의문이 생기고 있다.

따라서 고서(古書)가 기술하고 있는 일주와 관살이 모두 왕성하다는 것은 관살을 용신으로 선정하는 점으로 받아들이기 쉬운 단적 요인이 되고 있는데 그렇다면 일간 신강하다고 고서(古書)가 판단하는 것은 완전히 운로자체를 거꾸로 뒤집은 결과를 불러올 수 가 있기 때문에 고서(古書)의 저자는 용신을 잘못 판단한 것이다.

아마도 본 저자가 생각할 때는 이와 같은 사주주인공인 명조가 寅-亥合木을 판단하는 부분에서 추명의 간명에 어떻게 결론을 내리기 힘든 일면이 있었으므로 막연히 단순 즉흥식으로 일주도 왕성하고 관살도 왕성하다는 표현을 하고 있음을 미루어 짐작할 수가 있겠다.

이상의 부분을 종합적으로 판단하여 볼 때 하나의 사주명조를 간명함에 앞서 막연히 자기 기분대로 해석하는 고서(古書)의 처사는 추명의 혼란을 불러들이는 요인을 단적으로 가지는 성질이 될 것이며 차라리 위 사주에 대한 용신과 격국을 모르겠으면 아예 서책으로 기록하여 세상에 내어놓지를 말던지 이것도 아니고 저것도 아닌 불분명한 태도는 도저히 용납할 수가 없다.

결국 이와같은 현상은 공부하는, 더더욱이 독학으로 공부하는 초심의 학자들에게 혼란을 가중시키고 그 애매한 태도로 번뇌를 가져오게 하니, 비록 비판의 대상이 될지언정 자신의 시각과 판단은 분명히 표현을 함이 정당한 처사가 아니겠는가.

(예2). 남자, 박 모씨(전남 여천 돌산)1907년 음력 7월 13일 亥時

祿	病	生	養 金生水,!	74	64	54	44	34	24	14	4
辛	壬	戊	丁	庚	辛	壬	癸	甲	乙	丙	丁
亥	寅	申	未	子	丑	寅	卯	辰	巳	午	未

*."申-子合水",!!!

인수		편관	정재
金	(水)	土	火
水	木	金	土
비견	식신	편인	정관

●대운천간 庚金이 신강한 일간 壬水에 대한 편인의 운로로서 일간을 더욱 더 생조하니 대단히 불리하게 되고 있다.

또한 대운지지 子水가 사왕지지(子, 午, 卯, 酉)로서 일간 壬水에대한 겁재인데다가 다시 사주원국 월지 申金 편인과 申-子合水로 변화되어 일간을 더욱 더 생조하니 그 흉함이 하늘을 남음이 있다.

보통 이상과 같은 대운이 되고 있을 때 평범한 사주팔자 같으면 십중구사의 운명을 면하기 어려울 것이지만 사주팔자가 생화불식(生化不息)에 의존하는 명조가 되어 저승 문턱까지 갔다와서는 재차 기사회생하고 있었으니 이 얼마나 사주격국이 오행의 유통됨이 중요한 것인가를 여실히 증명하고 있다.!

*. 일간의 왕쇠(旺衰),!

壬일간 申월에 출생하여 득령(得令)하였으며 다시 사주원국 월지 申金 편인을 중심으로 하여 시지 亥水 비견에 득세(得勢)한 중에 월지 申金 편인의 십이운성 제왕지에 앉은 시상 辛金 인수가 투출되어 일간 壬水를 생조하고 있으니 신강하다.

이렇게 일간 壬水가 신강이 되고 있을것 같으면 마땅히 사주원국이 외격(外格)의 종격(從格)이나 가종격(假從格)으로 돌아가지 않는 이상 일간 壬水의 기운을 억제하는 오행이 존재하여 있어야 만이 내격(內格)의 억부법이나 조후법에 준하여 용신이 선정될 것이다.

따라서 사주팔자를 살펴볼 때 일간 壬水의 기운을 적절히 억제하며 견제할 수 있는 일지 寅木 식신이 자리를 잡고 일간 壬水와 근접하여 서로 유정(有情)한 가운데 정재 丁火와 관성 土氣가 서로 균등하게 있으니 일간을 단련시키면서 오행의 유통을 도모하므로 대단히 길하게 되고 있음을 알 수가 있다.

한편으로 사주일지 寅木 식신과 시지 亥水 비견과 寅-亥合木이 될 듯 싶으나 사주월지에 자리를 잡고 있는 申金 편인이 寅-申 상충으로 합을 방해하고 있는 것은 寅-亥合木이 성립되지 못하고 더하여 寅-申 상충도 합으로 해극하고 있으니 이것 역시 퇴색되어 있다고 볼 것이다.

*. 격국(格局)의 판별,!

위 사주팔자에 대한 격국과 용신을 선정하기 위해 제일 먼저 일간의 왕쇠(旺衰)의 격국을 판별하여 보면 우선 일간 壬水가 사주월지 申金 편인등으로 인하여 신강하고 있는 중에 월지에 편인이 자리를 잡고 있음을 엿볼 수가 있다.

그렇다면 본 사주원국에 대한 왕쇠(旺衰)의 격국은 **"신왕월지편인격(身旺月支偏印格)"**과 아울러 년지 未土 정관에 뿌리를 두고 월상 戊土 편관이 투출되므로 **"월상편관격(月上偏官格)"**이 같이 성격(成格)된다.

따라서 이렇게 사주년지 未土 정관에 뿌리를 두고 월상에 편관 戊土가 투출되어 있는 것은 아무리 일간 壬水가 신강하다 하더라도 두려운 것은 사실인데 설상가상으로 丁火 정재가 사주년간에 투출되어 편관 戊土를 土生金하여 생조하고 있으니 편관 戊土가 더욱 더 기운이 왕성하여 대단히 일간이 상극을 받는 것은 좋지 못하다.

*. 命理秘典 上권인 육친의 편관편에 인용하여,!

이와 같은 부분은 본 저자가 편찬한 命理秘典 上권인 육친의 편관편에 자세하게 기술하고 있는 **"월상편관격(月上偏官格)"**을 다시 인용하면,!

"편관이 사주원국에 지지의 뿌리를 두고 월상에 투출하여 있는 것을 말하는데 이와 같이 편관이 월상에 투출되어 나와 있으면 일간을 극하는 그 의미가 매우 강해진다,"!

"이것은 전장의 양인의 힘이 사주에 미치는 강도에 대해 잠간 언급을 하였지만 역시 편관의 힘도 이와 마찬가지로 지지에 강력한 십이운성 장생, 건록, 제왕지이나 또는 지지에 편관의 동기인 정관이나 편관이 자리잡으면서 편관이 월상에 투출이 된다면 그 세력은 매우 강해진다고 판단하는데 그것은 일간과 월상은 근접하여 제일로 일간에 대한 영향력을 직접행사하여 그 힘이 강하게 일어나기 때문이다,"!

"따라서 편관이 월상에 투출되어 그 세력이 강해 있다면 그 흉폭성은 대단한데 이렇게 편관의 기운이 강하다면 제일로 일간이 신왕하여 편관의 기운을 대적할 수 있는 힘이 필요하며 더하여 편관을 제살(制殺)할 수 있는 식상이 존재할 수 있는 전살후식(前殺後食)의 법칙에 준하여 식상이 사주원국의 시상(時上)에 투출하여 편관을 제살(制殺)하여야 길해진다",라며 구체적으로 기술하고 있다.

그렇다면 이상의 命理秘典 上권인 육친의 편관편에 인용한 것을 보더라도 위 사주팔자에 편관이 강하면서 일간도 강하고 있으니 이는 곧 전편 命理秘典 上권인 월상편관격(月上偏官格)에 적용하여 반드시 식상으로서 전살후식(前殺後食)의 법칙에 따라 제살(制殺)을 하여야 된다고 적고 있는데 이와 같은 조건이 사주천간에 편관이 투출되어 있을 경우 그 식상제살(食傷制殺)의 법칙에 적용되는 원칙이 두가지로 나누어 지고 있다.

*. 본 저자가 경험상 사주간명에 적용되고 있는 식상제살(食傷制殺)의 법칙,!

그 첫째로,!

사주팔자에 편관이 지지에 뿌리를 두고 사주시상에 투출되어 있을 경우 일간과 바로 근접하여 대단히 일간을 상극하기 때문에 일간이 신강, 신약을 불문하고 **"후살전식(後殺前食)"**의 법칙에 준하여 반드시 월상에 식신이 투출되어 있어야 만이 완벽한 제살(制殺)을 도모할 수가 있어 길하게 된다.

이와 같은 현상은 시상에 편관은 일간과 근접하여 일간을 상극하는 의미가 대단히 강력하게 작용하여 일간이 강약을 불문하고 편관에 대한 극루함은 괴로운 것은 기정사실이라 할 것이다.

따라서 이 경우에는 반드시 월상에 식신이 투출되어 있어야 완벽히 편관을 견제하여 그 흉폭성이 견제가 되어 길하게 되는데 만약 이 때 편관과 원격(遠隔)하여 있는 사주년간이나 시지를 제외한 지지에 식신이 자리를 잡고 있을 경우 강력한 편관을 견제하는 임무가 다소 약해진다.

다음 둘 째로,!

사주천간에 편관이 지지에 뿌리를 두고 투출되어 있는 것이 사주 월상에 존재하는 즉 본 장에 언급하는 사주팔자와 같이 되고 있을 때는 이것 역시 일간과 근접하여 있는 관계로 일간에 대한 상극이 강력하게 작용하는 것이므로 곧 **"전살후식(前殺後食)"**의 법칙에 준하여 반드시 사주시상에 식신이 존재하여 제살(制殺)을 하여야 길해진다.

그렇다면 사주팔자에 편관이라는 육신이 일간과 얼마나 근접하여 그 세력정도의 차이에 따라 식신으로 제살(制殺)을 하는 현상을 두고 정하는 원칙일 것인데 만약 시상에 편관이 있고 월상에 식신이 존재하는 것을 **"후살전식(後殺前食)"**이라고 말하며 반대로 월상에 편관이 존재하고 시상에 식신이 있는 것을 전살후식(前殺後食)의 원칙이 되어 길명이 된다는 것을 강조하고 있는 부분이다.

이상의 부분은 편관이라는 육신이 사주지지내 뿌리를 두고 사주 천간에 투출되어 있을 경우 일간이 상극하는 정도가 강력하게 작용하는 것이기에 반드시 식신제살(食神制殺)의 법칙에 준하여 각각 성질의 정도를 놓고 기술하고 있음을 알 수가 있다.

＊. 본 사주팔자에 대한 식상제살(食傷制殺)의 법칙을 적용,!

따라서 위 사주팔자는 비록 월상에 편관이 투출되어 전살후식(前殺後食)의법칙에 적용되어 반드시 식신 제살(制殺)을 도모하여야 될

것이나 절묘하게 월지에 편인 申金이 편관과 근접하여 있음을 눈여
겨 볼 필요가 있다.

그런 와중에 금상첨화로 다시 사주시상에 인수 辛金이 투출되어
편관의 기운을 식신대용으로 살인상생(殺印相生) 및 관인상생(官印
相生)의 법칙을 실현하게 되어 오히려 식신제살(食神制殺)에 버금가
는 완벽한 편관을 굴복시키고 있다해도 과언이 아니니 추명의 원리
에 대한 오묘한 부분이 여기에 있다해도 과언이 아니다.

*. 격국에 대한 용신(用神),!

위 사주팔자에 대한 용신을 판별하여 보면 전자에 일간에 대한 왕
쇠(旺衰)의 격국은 일간이 신약한 중에 사주월지에 편인이 존재하여
있으니 원칙적으로 **"신왕월지편인격(身旺月支偏印格)"**및 **"월상
편관격(月上偏官格)"**을 성격(成格)하고 있음을 엿볼 수가 있었다.

따라서 일간에 대한 왕쇠(旺衰)의 격국을 참조하여 용신의 격국
(格局)을 판단하여 보면,!

우선 일간 壬水가 사주내 인성 金氣와 비견 水氣에 의하여 신강
하고 있으니 **"인중용재격(印重用財格)"**및 일면 **"식신생재격(食
神生財格)"**이며 마땅히 인성 金氣와 비겁 水氣를 억제할 수 있는
재성 火氣를 용신하고 재성 火氣를 생조하는 식상 木氣는 희신으로
삼는다.

*. 본 사주팔자에 대한 관성 土氣의 판단,!

여기서 관성 土氣의 경우는 원칙적으로 일간 壬水가 인성 金氣가 주도되어 신강이 되고 있는 것이니 인성 金氣를 관성 土氣가 土生金하여 생조하면 오히려 일간 壬水를 살인상생(殺印相生) 및 관인상생(官印相生)하므로 일간을 더욱 더 신강하게 만들기 때문에 불리할 수도 있다.

그러나 사주월상에 편관 戊土가 투출되어 일간 壬水와 근접하고 있는 것은 일간과 편관간에 서로 유정(有情)한 관계이며 아울러 시상에 인수 辛金이 투출되어 관성의 기운을 일부나마 흡수하여 있으니 습토인 辰, 丑, 土氣는 水氣에 부합하여 그다지 좋지 못하나 조토인 未, 戌, 土氣는 일부 길신으로 작용할 것이다.

이렇게 사주상의 용신과 희신 그리고 길신을 선택하고 난 후 사주팔자를 자세히 관찰하여 볼 때 신강한 일간 壬水의 기운을 일지 寅木 식신이 자리를 잡아 자연스럽게 수기(秀氣)유행하여 누출시키면서 편관 戊土와 정재 丁火가 서로 근접하여 상생의 작용을 이루고 있으니 완벽한 식신생재격(食神生財格)으로 절묘한 배합을 구성하고 있음을 엿볼 수가 있겠다.

더구나 각각 용신의 기운과 희신의 기운이 사주일지와 년간에 자리를 잡고 있는 중에 억부법이나 조후법에 준해서도 충족할 수 있는 성질이 일치가 되고 있으므로 이는 곧 진신(眞神)이 자리를 잡은 것이 되어 복록이 깊게 되는 것은 기정사실이다.

*. 격국에 대한 정신기(精神氣)삼자,!

위 사주팔자에 대한 정신기(精神氣)삼자를 판별하여 보면 우선 일간 壬水를 신강하게 만들고 있는 인성 金氣가 사주월지 申金 편인이 자리를 잡고 시상에 辛金 인수가 투출되어 강력하게 일간을 생조하고 있으니 정(精)氣가 강력하게 작용하고 있음을 알 수가 있다.

또한 신강한 일간 壬水의 기운을 적절히 억제하고 단련시키는 용신과 희신의 기운인 식상, 재성, 관성으로 대변되는 사주일지 寅木 식신과 관성 未, 戊土등이 존재하여 있는 중에 정재 丁火가 년간에 투출되어 정히 진신(眞神)이 되어 자리매김을 하고 있으니 신(神)氣가 왕성함을 표시하고 있다.

그리고 마지막 일간 壬水의 기운을 부조하는 일간의 동기인 비견이나 겁재인 水氣는 기(氣)의 기운으로 대변되고 있는데 사주원국 시지 亥水 비견이 일간 壬水에 대한 십이운성 건록지에 앉아 있으니 그 세력이 대단히 왕성함을 나타내고 있는 것이 되어 정말 어느하나 흠잡을 데가 없는 격국이라 말할 수가 있을 것이다.

이상의 부분을 모두 종합적으로 판단하여 볼 때 사주팔자에 정신기(精神氣) 삼자가 왕성하여 일간과 용신 및 희신의 기운이 모두 강령하게 작용하고 있는 것은 벌써 첫눈에 대귀격(大貴格)이라는 것을 미루어 짐작할 수가 있겠으며 여기서 무엇보다도 눈에 띄는 것은 오행이 모두 갖추어져 있는 중에 사주년간 丁火 정재를 비롯하여 년지 未土 정관과 월상에 투출되어 있는 戊土 편관에 火生土로 생조하고 있다.

또한 월상과 년지 未土 관성은 월지 申金 편인에게 土生金, 그리고 월지 申金 편인은 또다시 일간 壬水에게 金生水, 그리고 마지막으로 일간 壬水는 일지 寅木 식신에게 水生木하여 누출시키면서 오행의 생조가 사주원국을 한바퀴 돌아주게 되는 것을 알 수가 있겠다.

이것은 곧 오행이 서로간 상생이 되어 연결을 도모하면서 생화불식(生化不息) 및 생식불식(生息不息)이 되고 있는 현상이라 정말 무엇과도 바꿀수가 없는 성질인데 오행이 물이 흘러가듯 주류무체(周流無滯)의 형상이니 정말 절묘하다.

*. 고서(古書)나 원서에 인용하여,!

이와 같은 부분은 고서(古書)나 원서에 기록하고 있기를,!

"사주팔자가 일간이 신강, 신약을 불문하고 오행의 연결함이 상생의 원칙이 되어 물이 흘러가듯 주류무체(周流無滯)의 법칙이 되어 있을 경우 비록 운로인 세운이나 대운에서 살운(殺運)을 맞이한다고 해도 오행의 생화불식(生化不息)에 의존하여 있는 성질이 됨에 따라 그 흉함이 강력하게 작용하지 않고 평운으로 전환할 수가 있다",! 라며 대단히 자세하게 기술하고 있다.

따라서 이와 같은 고서(古書)나 원서에 기록하고 있는 것을 보아도 위 사주팔자는 완전히 부합하고 있는 것을 알 수가 있겠는데 더하여 금상첨화로 용신이 진신(眞神)으로 자리잡고 오행이 木, 火,

土, 金, 水가 모두 갖추어진 중에 서로 균등을 이루고 있으니 사주팔자가 어디하나 흠잡을데가 없음을 알 수가 있다.

＊. 격국에 대한 청탁(淸濁),!

다시 위 사주팔자에 대한 격국의 청탁(淸濁)부분을 관찰하여 보면 사주천간에 일간 壬水와 월상에 투출되어 있는 戊土 편관과 壬-戊 상충이 그리고 년간 丁火 정재와 비록 원격(遠隔)하지만 시상에 투출되어 있는 辛金 인수간에 辛-丁 상충이 되어 일면 사주상에 상충으로 인한 탁기(濁氣)를 구성하는 것을 알 수가 있다.

하지만 사주천간에 壬-戊 상충과 辛-丁 상충은 일간 壬水와 년간에 투출되어 있는 丁火 정재와 丁-壬合木이 성립 곧 해극을 도모하여 상충으로 인한 성질이 합이 되어 완화시키는 것을 엿볼 수가 있으니 천간에 상충으로 인한 탁기(濁氣)는 없는 것으로 보아야 한다.

더하여 사주지지에 월지 申金 편인과 일지 寅木 식신간 寅-申 상충이 되고 있으니 지지 역시 상충으로 인한 탁기(濁氣)를 구성하는 요인이 되고 있겠으나 이것도 일지 寅木 식신과 시지 亥水 비견과 寅-亥合이 되어 곧 해극을 도모하고 있으므로 사주상의 탁기가 절묘하게 합으로 해극되고 있는 것을 알 수가 있다.

＊. 본 저자가 약 30여년동안 경험상 비법(秘法)을 적용한 사주팔자에 대한 청탁(淸濁)의 구비조건,!

그렇지만 무엇보다도 중요한 것은 이와 같이 상충으로 인한 사주상의 탁기(濁氣)를 구성하는 요인이 된다손 치더라도 이렇게 오행이 모두다 갖추어지고 있는 중에 오행의 연결함이 상생의 작용으로 생화불식(生化不息) 및 생식불식(生息不息)이 이루어져 주류무체(周流無滯)로 물이 흘러가듯 이루어지고 있을 경우 상충의 작용이 성립될 수가 없게 된다.

그것은 보통 사주팔자에 상충의 작용이나 삼형의 작용이 발생되면 오행의 상극으로 인한 흉을 동반하는 것이 오행상 서로간 대치되는 형국을 말하는 것인데 이 때 이상의 상극으로 인한 탁기(濁氣)를 해소하려면 양자의 오행을 가로막아 서로간의 연결시키든지 그렇지 않으면 합이 성립되어 상충의 작용을 둔화시키는 등 두 가지 중에 하나의 요법이 실현되어야 된다.

하지만 이상에 합이나 연결하는 오행이 없더라도 오행의 균등을 갖추고 오행 서로간 상생의 작용이 성립하여 생화불식(生化不息)이 되고 있을 경우 양자의 상극이 모두 오행의 상생의 법칙으로 연결을 도모할 수가 있으니 대단히 길하게 작용하며 아울러 사주상의 탁기(濁氣)는 모두 해소되는 것으로 판단하여야 된다.

이와 같은 성질은 그동안 본 저자가 고서(古書)나 원서에는 이렇다 할 자세한 언급이 없었으니 부득이 실제인물을 적용시켜 약 30여년동안 경험상 터득한 비법(秘法)으로 자리매김을 하고 있는 것이며 마땅히 후학들은 이러한 중요한 비법(秘法)을 터득하게 될 경우 상당한 사주추명학의 대가(大家)의 경지로 우뚝 다가설 수가 있음을 본 저자는 감히 확신하는 바이다.

결국 본 장에 기술하는 사주원국은 이상의 오행의 균등을 모두 갖추면서 오행상생의 법칙을 실현한 생식불식(生息不息)의 법칙에 완전히 부합하고 있게 되는 것은 곧 대단한 청기(淸氣)를 가지는 명조인 것이다.

*. 본 장 장수(長壽)에 대한판단,!

위 사주팔자 주인공인 박 모씨는 이상과 같은 맥락에 비추어 사주간명을 하여보았는데 격국이 순수하고 청기(淸氣)를 가지면서 용신이 정히 진신(眞神)이 되니 복록이 깊은 것을 알 수가 있었다.

그런데 무엇보다도 중요한 것은 본 사주팔자가 일간의 강약을 불문하고 오행이 생화불식(生化不息)되어 본 命理大要를 집필하는 1998년 戊寅년을 지내오는 동안 수명이 100세를 넘겨오고 있으니 이는 정말 대단한 수명장수를 누리고 있다해도 과언이 아니다.

따라서 사주주인공인 박 모씨는 이승만 전 대통령시절때에 모 처 도교육청 교육감까지 지냈던 인물로서 명실공히 대학자이며 널리 세인의 추앙을 한몸에 받았던 사람으로 전국의 수많은 제자들이 활동하고 아울러 일부제자들 중에는 행정고시와 사법고시에 합격하여 판, 검사들이 많이 있음을 본 저자는 보고 있다.

이와 같은 현상은 사주팔자가 격국이 순수하면서 용신이 강령한 중에 오행이 균등을 갖추고 있는 것을 다시 생식불식(生息不息)이 되어 주류무체(周流無滯)하고 있으니 어쩌면 이상의 복록을 갖추는 것이 작은 부분에 지나지 않음을 알 수가 있겠다.

*. 命理秘典 上권인 육친의 편관편에 인용하여,!

이와 같은 관록의 부분을 판단하는 과정에서 본 사주팔자를 놓고 한가지 특이한 것을 발견할 수가 있겠는데 그것은 사주월상에 편관 戊土가 시상에 辛金 인수와 나란히 존재하여 있는 것을 눈여겨 보아야 된다.

그것은 본 저자가 집필한 命理秘典 上권인 육친의 편관편에 대단히 자세하게 기술하고 있는데 그 부분을 인용하여 보면,!

"사주에 편관, 인수가 나란이 있거나 동주(同柱)하여 있을 경우 때때로 자기 중심으로 큰세력을 만들고 그러나 편관보다 인수가 강하면 문관으로 출세하고 인수보다 편관이 강하면 무관으로 출세하는 경향이 많다",라며 구체적으로 언급하고 있다.

그렇다면 방금 命理秘典 上권인 육친의 편관편에 적고 있듯이 위 사주팔자를 이상의 부분에 부합시켜 볼 경우 완전히 일치하는 것을 알 수가 있겠으며 더구나 사주월지 申金 편인과 일지 寅木 식신간 寅-申 상충이 있으므로 더욱 더 적중률이 높게 되니 위 사주주인공인 박 모씨는 관록에 녹을 먹는 것은 어쩌면 당연한 결과라고 볼 수가 있겠다.

하지만 박씨는 권력의 상위급으로 올라가지 못하고 문학적, 예술적, 학자로서 교육감을 택하였던 것은 이상의 편관, 인수가 자리를 잡고 있는 것도 적용이 될 수가 있겠으나 월지에 편인이 존재하여 인수의 힘을 방해하면서 인성의 기운이 한곳으로 모여지지 않고 분산되어 흩어졌기 때문이다.

그래서 보통 사주팔자에는 길신의 성질이 되고 있을 경우 그 기운이 하나가 가장 좋게 되는 것은 장점의 기운이 한곳으로 모여지기 때문이며 만약 장점의 기운이 많을 경우는 서로간 세력다툼을 하여 그 힘이 집중되지 않아 분산되어 버리니 따라서 밥그릇 쟁탈이 벌어지게 되어 그 복록이 약화되는 것으로 판단하여야 된다.

결국 이와 같은 현상으로 말미암아 사주주인공인 박 모씨는 이상의 편인, 인수가 자리를 잡고 있는 것 때문에 이렇게 좋은 격국이 도 교육감 직책으로 만족을 하여야 되는 이유가 성립되는 것을 알 수가 있고 또한 사주월지에 편인 申金이 존재하는 것은 그 힘이 사주강약 도표에 준하면 30%를 차지하고 있으니 단편적으로 보아도 편인의 기운이 그만큼 강력하게 작용하기 때문이다.

*. 본인의 성격과 운명,!

다시 사주주인공인 박 모씨의 본인에 대한 성격과 운명을 판별하여 보면 우선 일간 壬水가 인성 金氣에 의하여 신강하여 있는 중에 사주월지 편인 申金이 자리를 잡아 **"신왕월지편인격(身旺月支偏印格)"**을 성격(成格)하고 있는 점을 면밀히 판단하여야 된다.

따라서 사주월지에 편인이 자리잡고 일간의 기운이 신강이 된다면 마땅히 편인 申金은 일간에 대한 기신(忌神)이 되고 있는데 그럴 경우 그 성격이 조금 변덕을 부리는 타입이며 자존심, 고집이 강하고 그로인하여 타인과 불화쟁론이 종종 발생하는 것을 엿 볼 수가 있다.

이는 곧 편인이라는 육신이 유시무종(有始無終), 용두사미(龍頭蛇尾)의 기질이 농후하게 작용하는데 그렇다면 박 모씨는 고집과 함께 매사를 시작을 잘 하여도 끝마무리를 시원하게 처리하지 못하는 결점을 지니고 있다하여도 과언이 아니다.

또한 일지 寅木 식신과 월지 申金 편인이 나란히 자리를 잡아 4흉성(겁재, 상관, 편관, 편인)과 4길성(식신, 재성, 정관, 인수)끼리 상극이 되고 있는 중에 寅-申 상충까지 성립하므로 정말 끊임없이 투쟁이 되고 있으니 유년에 부모님곁을 떠나 할머니나 이모, 고모에게 양육 되었을 것이며 더하여 결혼운이 나쁘니 재혼하는 팔자이다.

하지만 사주격국이 오행이 균등을 이루고 있는 중에 생화불식(生化不息)에 의존하며 주류무체(周流無滯)하여 물이 흘러가듯 오행이 연결되고 있으니 매사를 순리를 존중하겠고 더하여 시상에 인수 辛金이 절묘하여 대단한 자비심과 불우한 이웃을 보살피는 인정 어린 손길이 많다고 볼 수가 있다.

*. 고서(古書)나 원서에 적고 있는 인수의 성질에 대한 판단,!

이와 같은 인수의 기운을 놓고 고서(古書)나 원서에 기술하고 있기를 "**인수는 사주월상에 투출되어 있는 것을 가장 절묘하고 그 다음이 시상에 투출되어 있는 인수를 최묘(最妙)를 나타내는데 지혜총명하고 타인의 은덕과 보살핌과 총애를 한몸에 받아 세인의 존경이 끊어지지 않는다**",라며 대단히 자세하게 기술하고 있다.

더하여 사주일지 寅木 식신이 희신의 기운으로 일간 壬水와 근접하여 서로 유정(有情)을 이끌어내고 있으니 식신이 길신으로 작용하면 신체가 풍만하며 매사를 낙천적으로 처리하는 중후한 풍모로서 세인의 마음을 사로잡는다 하여도 과언이 아닐 것이다.

또한 사주월지 申金을 주동하여 일간 壬水가 월덕귀인(月德貴人)이 되고 있는 중에 일지 寅木 식신이 문창성(文昌星)이 되고 있으니 문학적, 예술적으로 천부적인 소질이 있을 것이며 월지 편인 申金과 일간 壬水가 금수쌍청(金水雙淸) 및 일간 壬水와 일지 寅木간에 水生木 누출이 있게 되어 더욱더 완전히 부합하고 있음을 알 수가 있다.

그렇다면 사주주인공인 박 모씨는 대단히 지혜총명하니 곧 예술가팔자와 문학적인 소질로 대발복을 할 수 있는 능력을 가진 것을 알 수가 있는데 정말 무엇이든 못하는 것이 없는 다재다능한 인물임을 알 수가 있는 것이다.

＊. 여기서 일부학자들의 의문,!

여기서 일부학자들 중에서 방금 본 저자가 설명한 부분에 대하여 한가지 의문을 가지고 질문을 하고 있다.

그것은 **"방금 운정선생께서 사주일지 寅木 식신이 문창성 (文昌星)이 되고 있다고 하나 문창성(文昌星)인 일지 寅木이 년주 丁未로부터 시작하면 공망이 되고 있으니 문창성(文昌星)이 깨어지는 점이 기정사실일 것이다"**,!

"그런데도 불구하고 어찌하여 운정선생께서는 본 사주팔자에 대하여 공망(空亡)을 보지 않고 문창성(文昌星)이 들어 있다고 하는 것인지를 구체적으로 설명을 하여달라",!라며 답변을 요구하고 있다.

*. 일부학자들의 의문에 대하여 본 저자판단,!

이와 같은 일부학자들의 의견에 대하여 본 저자는 일면 타당성이 있겠으나 하지만 위 사주원국을 자세히 관찰하여 보면 본 저자와 견해를 같이할 수가 있을 것이다.

따라서 위 사주원국에 년주 丁未를 주동하여 일지 寅木 식신이 공망이 되고 있기는 하나 사실상 사주시지 亥水 비견이 寅-亥합으로 잡고 있기 때문에 고서(古書)나 원서에 기술하기를 **"공망의 성질이 되더라도 육합이 되면 공망으로서 그 작용을 하지 못한다"**,라고 구체적으로 언급하고 있다.

248

그렇다면 결국 위 사주팔자는 이상 고서(古書)나 원서의 부분에 적용시켜 판단하여 볼 때 비록 일지 寅木이 공망이 되고 있기는 하나 시지 亥水 비견이 寅-亥合木으로 합을 시키고 있으니 공망이 육합이 되면 공망으로서 제대로 그 역할을 할 수가 없는 것을 알 수가 있고 따라서 문창성(文昌星)의 기운은 완전히 살아있는 것으로 귀착하는 이유가 여기에 있다해도 과언이 아니다.

*. 부모님의 운명,!

다시 위 사주주인공인 박 모씨 부모님의 운명을 간명하는데 사주 원국 월주의 동태를 보고 십이운성 강약 및 귀인(貴人)과 각종 살성(殺星)을 참조하며 육친별로는 편재는 부친을 나타내고 인수는 모친을 뜻하는데 이러한 육친의 성정과 사주월주의 동태를 같이 보면서 간명하여야 만이 올바른 감정을 할 수가 있다.

따라서 박 모씨의 부친을 살펴보니 사주팔자내 부친의 정오행인 편재가 없고 사주일지 寅木의 지장간 중기(中氣)에 편재 丙火가 있으므로 부친이 암장되어 있음을 알 수가 있겠는데 하지만 사주에 상대적으로 왕성한 인성과 비겁인 金, 水의 기운이 많은데다가 사주월지 申金 편인이 일지 寅木을 寅-申 상충으로 파극까지하니 부친이 단명객사운명이다.

*. 일부학자들의 의견,!

여기서 일부학자들 중에는 방금 본 저자가 설명한 부친의 운명에 대하여 한가지 의문을 가지고 문의를 하고 있다.

그것은 "운정선생은 본 사주주인공의 육친의 운명을 거론하는 자리에서 부친의 운명이 단명객사운명이라고 명시하고 있다",!

"하지만 사주월주는 부모궁을 나타내고 있으므로 일간 壬水를 기준하여 월지 申金 편인이 십이운성 장생지에 앉아 있으니 부친의 운명이 좋지 않겠느냐",?

"그리고 무엇보다도 사주팔자가 생화불식(生化不息)으로 오행이 서로간 연결을 하고 있으니 전자 운정선생께서 말한 바와 같이 오행이 연결이 되어 주류무체(周流無滯)가 된다면 상충의 작용은 퇴색되기 때문에 극단적인 오행 상충으로 인한 부친이 단명객사까지는 가지 않을 수도 있지 않겠느냐",라며 대단히 자세하게 대답을 원하고 있다.

＊. 일부학자들의 의문에 대한 본 저자판단,!

이와 같은 일부학자들이 의문을 표시하는 부분에 대하여 일면 타당성이 있다고 볼 수가 있겠으나 하지만 본 저자는 약간 견해를 달리하고 있다.

그것은 보통 사주팔자에 대하여 오행의 상극부분이 삼형이나 상충이 되어있을 때 오행의 균등을 모두 갖추고 생화불식(生化不息)이 되어 흐르고 있을 경우는 사주주인공 본인 운명이 대부귀운명으로 대단히 길하다고 판단하는 것이 원칙이다.

하지만 이렇게 오행이 모두 갖추어진 상태인 중에 사주가 생화불식(生化不息)으로 흘러간다손 치더라도 사주내 상호 해당하는 기운끼리 상충이나 삼형이 존재하여 있을 경우 이미 상충이나 삼형에 해당하는 육신의 운명이 불길하다는 것을 사주원국이 무언중에 암시를 하고 있으니 더 이상 억매이지말고 완전히 불길로 결론을 지어야한다.

이 부분은 대단히 중요한 것으로 재차 다시 자세하게 설명하자면 결론적으로 사주주인공은 이상의 오행이 중화(中和)을 이루면서 또한 생화불식(生化不息)이 되고 있을 경우라 치더라도 사주본인 자신은 아무리 상충이나 삼형이 있다해도 오행이 연결되어 주류무체(周流無滯)로 물결이 흘러가듯 상극의 작용을 완화시키는 점이 되어 별탈이 없다고 판단하는 것이 정석이다.

그러나 이렇게 될 경우 비록 사주주인공은 무사하여 별탈이 없는 것은 될수가 있겠지만 육친의 성정상 이렇게 삼형이나 상충을 받고 있는 육신은 아무리 오행상 균등을 가지고 주류무체(周流無滯)가 되어 생화불식(生化不息)이 되었다손 치더라도 이미 숙명적 불길함을 사주원국이 암시를 하고 있으니 이때는 어떠한 이유가 있을 수가 없다.

실제로 사주주인공인 박 모씨는 24세 乙巳대운에서 부친이 간경화로 대단히 고생을 하다가 일찍이 타향객지에서 객사죽음을 당하였다며 회고를 하고 있는데 그 부분은 박 모씨의 대운의 흐름을 추적, 간명할 때 더욱 더 자세하게 기술하기로 하겠다.

*. 본인에 대한 처궁의 판별,!

다시 사주주인공인 박 모씨의 처궁을 판별하여 보면 사주일지의 동태를 보고 십이운성 강약과 각종 살성(殺星) 및 귀인(貴人)을 복수적으로 간명하며 아울러 남자의 사주에서 육친의 정재는 본처이고 편재는 첩의 기운이니 이와 같은 육친에 대한 재성을 같이 검토하여 판단하는 것이 타당하다.

따라서 사주원국을 자세히 관찰하여 보니 일지에 비록 4길성인 식신 寅木이 자리를 잡고 있겠으나 십이운성에 일주가 病地에 앉아 있으니 첫눈에 처궁이 허약한 것을 알 수 있으며 더하여 사주월지 申金 편인이 寅-申 상충으로 일지 寅木 식신을 파극하고 있음에 따라 일지를 상극하는 것은 그만큼 부부궁이 흔들리게 된다.

또한 박 모씨의 사주에 여자의 기운으로 대변되는 정재나 편재의 기운이 사주년간 丁火 정재가 있고 다시 년지 未土 정관의 지장간 여기(餘氣)에 丁火 정재, 그리고 일지 寅木 식신의 지장간 중기(中氣)에 丙火인 편재의 기운등 모두 3개의 여자를 표시하는 오행이 들어 있으니 벌써부터 사주가 재혼팔자라는 것을 의미하게 된다.

실제로 사주주인공인 박 모씨는 24세 乙巳대운에서 부친이 질병으로 인한 사망과 본인 역시 부부간에 풍파로 말미암아 본처와 이별하고 재혼을 하였다며 회고를 하고 있는데 이와 같은 부분은 대운을 파악할 때 자세한 육친통변법에 준하여 언급하기로 한다.

＊. 본인에 대한 자식궁의 판단,!

다시 사주주인공인 박 모씨의 자식궁을 판별하여 보면 사주시주의 동태와 십이운성 강약 및 각종 살성(殺星) 그리고 귀인(貴人)를 종합적으로 판별하고 아울러 남자에게 육친별로는 정관은 딸을 의미하고 편관은 아들을 나타내니 관성의 기운을 시주와 복수적으로 부합시켜 판단하는 것이 마땅하다.

따라서 사주팔자를 살펴보니 사주시주에는 자식을 의미하는 관성이 나타나지않고 있겠으나 년지 未土 정관이 하나가 있고 다시 월상에 투출되어 있는 편관, 그리고 시지 亥水의 지장간 여기(餘氣)에 戊土 편관이 각각 자리를 잡고 있음을 알 수가 있다.

그런데 여기서 사주월지 申金 편인의 지장간 여기(餘氣)에 戊土 편관, 그리고 일지 寅木 식신의 지장간 여기(餘氣)에 戊土 편관은 월지와 일지간 寅-申상충으로 파극을 당하는 현상으로 자식을 지우는 것이 되니 박 모씨의 자식은 아들이 2명이고 딸이 1명인 모두 3명이 되는 것으로 판단한다.

＊. 실제경험에 준하여 자식에 대한 관성이 숫자별로 볼 때 판단오류,!

이와 같은 사주팔자에 관성을 갯수를 세어 자식을 판단하는 것이 어떡해 보면 일부 타당한 것도 볼 수가 있음이니 다소 적중률이 높게 나타나고 있는 점도 있겠으나 일부 완벽하지 못한 것이 발견되고 있는데 한편으로 관성의 숫자를 세어 자식을 관찰하는 것에 대하여 조금 오류가 생기는 것을 본 저자는 실제간명상 종종 경험하고 있다.

따라서 이 때는 사주에 타오행이 지지의 지장간과 합을 하여 나오는 오행까지도 판단하여야 되며 예를 들면 본 사주에 비추어 볼 때 만약 사주천간에 甲木이 자리를 잡고 있다고 가정할 경우 사주지지에 존재하는 지장간에 己土가 암장되어 있다면 甲-己合土하여 하나의 관성이 또 생기니 이와 같은 관성도 판별하라는 취지이다.

더하여 사주에 관성이 많으나 실제로 간명하여 볼 때 자식이 없거나 그렇지 않으면 1-2명 정도 밖에 되지 않는 것은 사주원국에 자식을 나타내는

"정관을 상관이 파극하거나", "삼형이나 상충으로 상극하여 서로간 흉을 동반할 때",! 그리고 "합을 하여 재차 관성이 되지 않고 타오행이 나오면서 그것도 일간에 대한 기신(忌神)으로 변화될 때",!

"외격(外格)의 종격(從格)이나 가종격(假從格)의 성질이 되어 자식을 나타내는 관성이 무조건 왕신(旺神)의 기운으로 돌아가 버릴 때",!

등은 모두 자식을 숫자로 판별하는 것은 오류가 발생되므로 이때는 간명에 대한 신중함이 요구된다.

이상의 부분은 본 저자가 약 26년동안 경험상 비추어 고서(古書)나 원서에 자식을 숫자로 보고 판단하는 것에 대하여 오류를 발견한 것이며 실제로 지금도 일부 사주간명을 할 때 종종 나타나고 있는데 이것은 유독 남자사주에만 적용시킬 것이 아니라 여자사주에 자식을 나타내는 식신이나 상관의 육신도 전부 적용하여야 될 것이다.

*. 사주주인공에 대한 자식부분의 결론,!

실제로 본 사주주인공인 박 모씨는 아들이 2명이고 딸이 1명이라는 것을 본 저자는 확인하였으며 자식에 대한 戊土 편관이 사주월상에 투출되어 시상에 인수 辛金과 나란히 있어 자식이 관직을 가지는 것을 알 수가 있다.

하지만 자식이 부모에게 효도를 하겠는가 아니면 불효를 하겠는가는 전편의 命理大要 上권에서 약간 언급하였지만 보통 내격(內格)의 억부법이나 조후법에 준하는 사주팔자가 시주에 일간에 대한 기신(忌神)이 자리를 잡고 있을 경우 부모에게 불효를 한다고 보는 것이 정석이라며 본 저자는 기술하고 있다.

그러나 이 경우에도 사주팔자가 오행의 유통됨이 생식불식(生息不息)이 되는 즉, 주류무체(周流無滯)로 이어지는 냇물이 자연스럽게 흘러가고 있으며 더하여 말년대운이 정히 용신이나 희신으로 치달리고 있을 때는 반대로 자식덕을 볼 수가 있다고 보는 것이 타당하다.

따라서 위 사주주인공인 박 모씨는 이상의 조건을 갖추고 있는 중에 말년대운이 수명을 보장하는 승승장구에 치달리고 있으므로 완전히 부합하고 있는데 이와 같은 사주는 내격(內格)의 억부법이나 조후법에도 시주의 기운이 일간에 대한 기신(忌神)이 자리를 잡고 있을 때 박 모씨와 같은 격국이 되고 있다면 예외로 인정하여야 될 것이다.

*. 격국에 대한 대운흐름,!

지금까지 사주주인공인 박 모씨의 운명과 본인에 대한 처궁 및 자식까지 판별하여 보았는데 본 장 장수(長壽)의 격국에 박씨가 자리매김을 하고 있다는 자체만으로도 본인에겐 행운이 될 수가 있을 것이며 아울러 사주추명학상 대한민국의 역학자들을 위하여 보더라도 본인의 사주원국이 실제공부가 되는 것은 두말할 것도 없다.

더하여 이렇게 격국의 짜임새가 오행이 균등을 갖추고 있는 중에 생식불식(生息不息)이 되어 있을 경우 사주팔자는 대단한 청기(淸氣)를 가지는 것은 두말할 것도 없을 것이며 아울러 수복장수(壽福長壽)와 자손들의 발복도 함께 가지는 것이 되니 본 격국을 해설하는 본 저자도 부러움을 감출수가 없는 것을 자인하는 바이다.

따라서 사주주인공인 박 모씨는 현제 수명이 100세를 넘어가는 것을 보고 있겠으며 지금까지 살아왔던 과거를 실제 대운의 흐름을 통하여 사실 그대로 간명하여 보기로 한다.

초년 4세는 丁未대운이다.

대운천간 丁火는 일간 壬水에 대한 정재로서 정히 용신의 기운이 되니 대단히 발복하는데 금상첨화로 사주일간 壬水와 丁-壬合木을 하여 정히 식상 木氣로 둔갑하여 역시 희신이 되므로 대단히 길하게 된다.

아울러 대운지지 未土는 사주일간 壬水에 대한 정관이 되어 역시 같은 관성이라도 辰, 丑 土氣인 습토보다 未, 戌 土氣는 조토라서 조후법을 충족하면서 길함이 오게 되는 것을 알 수가 있겠다.

그런데 더욱 더 절묘하게 사주시지 亥水 비견과 대운지지 未土간에 亥—未合木으로 변화되어 정히 희신의 기운인 식상 木氣가 왕성하게 되어 역시 길운이 되니 유년 부모님의 비호속에 호의호식하여 남부럽지 않는 생활을 하였다는 것을 알 수가 있다.

하지만 한편으로는 대운천간 丁火가 사주시상에 투출되어 있는 인수 辛金을 辛-丁 상충으로 가격하여 인수의 기운이 파극을 당하는 것은 육친통변법상 인수는 모친을 의미하는 것이 되어 유년 7세 때에 모친이 논에 가다가 언덕에 떨어져 다리에 골절상을 입는 중상을 겪기도 하였으니 이것은 대운천간 丁火가 인수 辛金를 상극하여 발생하는 소치인 것으로 판단한다.

다시 14세는 丙午대운이다.

이것 역시 대운천간 丙火는 사주일간 壬水에 대한 편재라서 정히 용신의 기운이 되나 일면 사주시상에 투출되어 있는 辛金 인수와 丙-辛合水하여 용신의 기운이 기신(忌神)으로 변화되어 불리하게 작용할 수도 있지만 일간 壬水가 丙-壬상충으로 합을 방해하니 완벽한 丙-辛合水가 되지 못한다.

따라서 丙火의 잔여기운은 남아 있게 되어 길신으로 작용하고 다시 대운지지 午火는 사왕지지(子, 午, 卯, 酉)로서 사주일지 寅木 식신와 寅-午合火하여 대단히 왕성한데 이렇게 용신인 재성 火氣로 변화되어 그 기운이 강력해지므로 대단히 발복함을 알 수가 있다.

실제로 사주주인공인 박 모씨는 이 때 학업에 전념하는 시기인데 국제적 혼란스러움과 온 나라가 시끌벅적한 시기임에도 불구하고 중국 상해에 모 처 사범대학을 우수한 성적으로 졸업하고 급기야 후학인을 가르치는 교편에 몸을 담았다며 박 씨는 회고를 하고 있다.

다시 24세는 乙巳대운이다.

이 때 대운천간 乙木이 일간 壬水에 대한 상관의 운로여서 역시 길운이 되겠으나 사주시상에 투출되어 있는 辛金 인수를 대운천간 乙木이 乙-辛 상충으로 파극하니 부모님의 운명이 좋지 못하는 것이 된다.

더구나 대운지지 巳火가 비록 사주일간 壬水에 대한 편재로서 대단한 길운이 될 수도 있겠지만 용신의 기운이 사주일지 寅木 식신과 월지 申金 편인을 동시에 寅-巳-申 정삼형이 되고 있으므로 그에 대한 흉의가 대단히 강력하게 발생하는 것이다.

또한 일지 寅木 식신은 사주주인공인 박씨의 처궁을 나타내고 있는데 일지를 寅-巳-申 삼형을 하게 될 경우 부부궁이 흔들리는 현상까지 발생되는 것은 기정사실이며 보통 일반적으로 사주일지를 파살(破殺)이나 해살(害殺)이 들어와도 부부간 이별이나 별거등의 불미스러운일이 발생되는데 하물며 이렇게 寅-巳-申 정삼형이 동반되면 완전한 부부이별로 결론이 나는 것이 된다.

이와 같은 현상은 사주팔자를 단편적으로 판단하면 무조건 용신이나 희신의 기운이 들어오게 될 때 삼형이나 상충을 제쳐두고 대길하다고 판단하는 것은 추명의 원리에 정면으로 배척되는 것이니 학자는 판단의 기준을 명확히 하여 간명에 대하여 실수를 하지 않아야 된다.

따라서 위 사주원국에 대한 寅-巳-申 삼형은 비록 대운지지 巳火가 일간 壬水에 대한 용신의 기운을 업고 들어오는 것이 되어 일면 대길하다고 판단할 수가 있겠지만 그럴 경우는 순수한 용신의 기운이 사주를 상충이나 삼형등으로 상극하지 않게 될 때에 말하는 것이다.

하지만 이상과 같은 삼형이 성립될 경우 대운이 용신의 기운이라 할 지라도 그 길함은 고사하고 삼형의 충돌로 말미암아 그 흉의는 극도로 치달릴 수가 있겠는데 하지만 용신의 기운이 들어오니 극단적인 십중구사의 운명은 되지 않는다고 판단한다.

＊. 사주주인공의 부친이 죽음을 당한 운의 통변법,!

실제로 사주주인공인 박 모씨는 이 때 대운이 지배되는 29세때에 부친이 그 동안 지병인 간경화가 진전되어 타향에서 간암으로 객사 죽음을 맞이하였는데 이것을 육친통변법에 준하여 좀 더 자세하게 간명하자면 우선 두가지 이유를 들어 설명하기로 한다.

그 첫째로,!

대운천간 乙木이 비록 일간 壬水에 대한 상관의 운로로서 희신의 성질이 되고 있겠으나 부모를 나타내는 시상 辛金 인수를 乙-辛 상충으로 파극하고 있으니 벌써 대운이 24세 乙巳대운이 들어오게되면 부모님의 운명이 좋지 못하다는 것을 단적으로 암시하고 있다.

그렇다면 일면 사주시상에 辛金 인수는 모친을 의미하니 단편적으로 관찰하여 볼 때 어머니가 흉한 것을 판단할 수가 있겠으나 육친별로 판단하여 인수는 어머니도 나타내지만 부모도 의미하고 있기 때문에 부친의 운명이 좋지 못하는 것으로 판가름이 난다고해도 과언이 아니다.

다음 둘째로 대운천간 乙木이 인수 辛金을 乙-辛 상충을 하고 있는 중에 대운지지 巳火가 일지 寅木 식신과 월지 申金 편인을 동시에 寅-巳-申 삼형을 하고 있으니 월주는 부모궁에 해당하고 있기 때문에 부모님이 불리하다는 것을 이것 역시 암시를 하고 있다.

*. 본 저자가 약 30여년동안 경험상 얻어진 비법(秘法),!

그런데 여기서 한가지 중요한 부분을 판단할 수가 있겠는데 그것은 박 모씨의 사주원국내 부친을 대변하는 편재 丙火가 정오행이 없겠으나 사주일지 寅木 식신의 지장간 중기(中氣)에 丙火가 존재하여 있으니 부친이 암장되어 있음을 알 수가 있다.

그렇다면 대운지지 巳火가 사주일지 寅木과 월지 申金을 동시에 寅-巳-申 삼형으로 가격하는 것은 완전히 부합하고도 남음이 있겠는데 이 부분을 좀더 심도있게 지장간의 변화를 보면서 판단하면,!

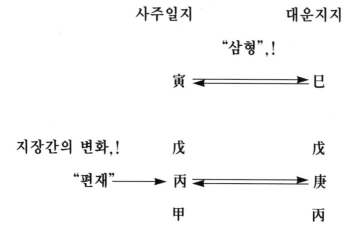

도표에서 표시하고 있듯이 사주일지 寅木의 지장간 중기(中氣)에 丙火 편재가 암장되어 있는데 대운지지 巳火가 들어옴에 따라 寅-

巳 삼형이 돌발되면서 충돌이 발생하니 대운지지 巳火 지장간 중기 (中氣)에 존재하는 庚金이 일지 寅木 지장간 중기(中氣)에 丙火 편재 를 丙-庚 상충을 하여 丙火를 완전히 파극하므로 부친의 운명이 십 중구사임을 알 수가 있다.

이와 같은 부분은 보통 사주간명을 단편적으로 판단할 경우 그냥 무심코 지나가버리기 때문에 막연히 부친의 흉사의 운명은 월지 寅-巳-申 삼형과 시상의 辛金 인수의 乙-辛 상충만 보고 부친을 객 사단명으로 판단하는 것은 어쩐지 조금은 추명학적으로 비추어 볼 때 심도있게 판단하는 것이 되지 못하는 현상도 발생한다.

하지만 방금 본 저자가 설명한 대운지지가 일지 寅木을 삼형을 하여 지장간에 존재하는 편재 丙火를 지장간끼리 丙-庚 상충하니 부친이 십중구사 한다고 판단하는 논리는 대단히 적중률이 높고 더 하여 간명상 고난도의 경지에 이르지 못하면 판단을 할 수가 없는 아주 중요한 것으로 유독 이상의 부친의 기운인 편재만 적용할 것이 아니고 거의 모든 육신에 대하여도 적용되는 것으로 본 저자는 경험 상 확인하였다.

이상의 부분은 본 저자가 약 30여년동안 기나긴 세월속에 실제인 물을 간명하면서 얻어진 경험상 비법(秘法)으로서 지금까지 사주간 명을 하여 이와 같은 인물이 대면될 때 이상과 같은 결론을 내리게 되면 한치의 틀림이 없게 되니 학자는 이와 같은 비법(秘法)을 십중 발휘하여 간명상 보탬이 되었으면 더 이상 바램이 없겠다.

결국 사주주인공인 박씨는 이 때인 24세 乙巳대운에서 부부간 이별하여 재혼팔자로 돌아섰으며 또한 부친이 타향에서 지병인 간경화로 객사단명의 죽음을 맞이하였다고 세월이 지난 지금 주름진 박씨의 얼굴에 번민과 근심이 가득찬 눈빛으로 회고하여 말하여 주었을 때 이 얼마나 하늘의 기운을 꿰뚫어내는 신(神)의 학문의 무서운 적중률을 보고 감히 당사주식인 건성으로 공부를 할 수 있겠는가,?

다시 34세는 甲辰대운이다.

따라서 대운천간 甲木이 사주일간 壬水에 대한 식신으로서 정히 희신의 기운이 되겠으나 사주원국 월상에 투출되어 있는 戊土 편관을 甲-戊 상충으로 파극하고 있으니 편관은 육친별로 볼 때 깡패, 관재, 교통사고를 나타내니 호랑이를 건드려 벌집을 쑤셔놓은 결과를 불러일으키고 있다.

만약 대운천간 甲木이 사주월상 戊土 편관을 甲-戊 상충만 성립되면 甲木 자체가 일간 壬水에 대한 식신이니 희신의 작용을 하기 때문에 별반 흉의가 미미할 수가 있겠으나 문제는 대운지지 辰土가 사주상 조후법에 거슬리는 습토이면서 사주월지 申金 편인과 申-辰 合水로 일간에 대한 비겁인 기신(忌神)으로 돌변하는 것이 문제가 된다.

사주주인공인 박 모씨는 이 때 광주 모 처 교육청에서 근무를 하다가 윗전 상사인 장학사와 언쟁충돌이 벌어지자 이것이 사건화가 되어 순천 모 교육청으로 좌천이 되는 비운을 맞이 하였고 그 와중에 설상가상으로 동족상잔인 6.25사변이 발발하여 죽을고비를 여러번 넘겼으며 하지만 그 흉의가 약한것은 앞에서도 설명하였지만 대운천간 甲木이 일간 壬水에 대한 희신의 작용을 하였음을 알 수가 있겠다.

다시 44세는 癸卯대운이다.

따라서 대운천간 癸水는 비록 일간 壬水에 대한 겁재가 되어 신강한 일간 壬水를 더욱 신강하게 만들기 때문에 불리하게 작용하겠으나 절묘하게 사주월상에 투출되어 있는 戊土 편관이 戊-癸合火가 되어 재성 火氣로 변화되니 정히 용신의 기운으로 승승장구할 운로이다.

더하여 대운지지 卯木은 일간 壬水에 대한 상관의 운로이면서 정히 용신인 火氣를 생조하는 희신의 기운이 되고 있는데 이것 역시 절묘하게 사주년지 未土 정관과 시지 亥水 비견이 모두 亥-卯-未 삼합 木局이 되어 정히 용신을 생조하는 희신의 기운이 왕성하여져서 대발복이 되는 것을 알 수가 있다.

실제로 그동안 사주 주인공인 박 모씨는 말못할 고통과 번민속에서 세월을 보냈는데 이 때에 국가에서 치르는 국가고시에 정히 합격을 하여 주위 사람들을 깜짝 놀라게 하였으며 그리고 나서는 도 교육청 장학사로 승진을 거듭하여 도 교육감으로 승승장구하였다고 본인은 회고를 하고 있다.

다시 54세는 壬寅대운이 되고 있다.

이 때 비록 대운천간 壬水가 일간 壬水에 대한 비견으로 불리하겠지만 사주년간에 丁火 정재와 丁-壬合木으로 둔갑하니 길하게 되었으며 대운지지 寅木은 일간에 대한 식신으로 다시 사주시지 亥水 비견과 寅-亥合木하니 그동안 쌓았던 공로가 인정되어 대통령이 하사한 훈장을 받았고 그 후 수많은 제자들이 바라보는 가운데 정년퇴임을 하였다.

다시 64세는 辛丑대운이 지배되는 것을 알 수가 있다.

따라서 대운천간 辛金이 일간 壬水에 대한 인수의 운로로서 신강한 일간을 더욱 더 신강하게 만들고 있는 중에 다시 대운지지 丑土가 습토로서 비록 정관의 운로이나 신강한 일간 壬水에 대한 水氣를 가지고 들어오게 되니 조후법에 거슬리는 것이 되어 사고와 질병이 끊이지 않아 고통과 번민의 세월의 연속이었다.

하지만 74세 庚子대운에서는 사주주인공인 박 모씨의 일생최대의 고난이 닥친다는 것을 알 수가 있겠는데 그것은 대운천간 庚金이 일간 壬水에 대한 편인의 운로이니 신강한 일간을 더욱 더 신강하게 만들고 있으므로 아주 불운이다.

보통 사주팔자에 일간이 인성의 기운에 의하여 신강이 되고 있을 때 인수의 기운보다 편인의 기운이 들어온다면 이는 대단한 흉운을 자초하는 것으로 이는 곧 육친통변법에 준하여 판단하면 편인은 질병, 교통사고를 예상하니 그에 대한 흉의는 불을 보듯 뻔한일이 아닐 수가 없다.

이렇게 되고 있을 때 대운이 편인으로 기신(忌神)이 되어 들어오면 다시 세운에서 편재나 정재의 기운이 되어 편인의 흉을 막아주면 별탈이 없겠지만 그러나 역시 대운은 10년을 지배하는 것이 되니 1년의 세운이 지나가버리면 그 흉함을 모면할 수가 없게된다.

따라서 만약 대운천간에 편인이 들어오게 될 때는 사주명조에 천간에 재성이 투출되어 기신(忌神)인 편인을 막아주어야만이 그 흉함을 다소 줄일 수가 있게 되어 무사할 수가 있겠는데 그렇다면 위 사주팔자가 절묘하게 사주년간에 丁火 정재가 투출되어 그 역할을 할 수가 있게 되어 있으니 천만다행이라 아니할 수가 없다.

그런데도 불구하고 대운지지 子水가 사왕지지(子, 午, 卯, 酉)로서 일간 壬水에 대한 겁재이니 그 흉이 불을 보듯 뻔한데 설상가상으로 다시 사주월지 申金 편인과 申-子合水로 변화되어 더욱 더 水氣로서 일간을 생조하므로 그 흉함이 하늘을 찌르고도 남음이 있다할 것이니 목숨이 바람앞의 등불이다.

실제로 사주주인공인 박씨는 74세 庚子대운에서 급성 신장염과 합병증으로 인하여 그 생명이 바람앞의 등불인 격이 되어 죽을 목숨이 되었으나 병원에서 수차례 수술과 끊질긴 생명력으로 구사일생 생명을 연장하여 오늘날까지 살아왔던 것이다.

*. 박 모씨의 사주격국에 대한 본 저자판단,!

하지만 여기서 본 저자는 한가지 강조할 부분이 있는데 그것은 보통 내격(內格)의 억부법이나 조후법에 준하는 사주격국이 오행을 모두 갖추고 있다손치더라도 이렇게 대운천간지지에서 기신(忌神)이 되어 첩첩으로 받고 있을 경우 모두다 목숨을 부지할 수 없다고 판단하는 것이 정석이다.

상황이 이럴진데 하물며 사주주인공인 박 모씨의 나이가 이미 74세를 넘어가는 고령인 것을 감안할 경우 보통 사람이 건강을 유지할수 있는 50세나 60세라 가정해도 이와 같은 흉함이 된다면 그래도 체력이 되니 그나마 다행으로 목숨을 부지할 수 있다고 판단하겠지만 이렇게 고령인 가운데 庚子대운이 10년을 지배하는 성질을 감안한다면 어떻게 목숨을 부지할 수가 있는 것인가 하고 의문이 남는다.

따라서 그에 대한 해답은 본 사주팔자가 오행의 균등을 갖추고 생화불식(生化不息)이면서 주류무체(周流無滯)하니 여기에 의지하는 성질이 되므로 비록 살운(殺運)이나 일간에 대한 기신(忌神)의 운로를 맞이한다해도 그 흉함을 오행이 서로간 흉의를 상쇄시켜 극단적인 흉함을 모면할 수가 있는 잇점이 생기므로 오행의 생화불식(生化不息)에 대한 중요함이 여기에 있다해도 과언이 아니다.

실제로 사주주인공인 박 모씨는 그 때 그 상황을 생각하기도 싫은 모양인지 고개를 설레설레 흔들면서 참혹한 고통을 회고하고 있는데 하지만 그러한 어려움을 잘 극복하고 현재 94세 戊戌대운이 지배되는 시점까지 젊은이 못지않은 건강을 유지하고 있다.

본 장 장수(長壽)의 팔자에 본 사주주인공인 박 모씨가 그 자리를 차지하고 있는 것은 그 무엇보다도 격국이 순수하고 청기(淸氣)를 가지고 있으면서도 용신이 왕성함에 따라 사회 고위층에 존재하여 살아왔고 더하여 수명 또한 장수를 누렸는 것은 격국이 좋으니 그에 대한 대부귀를 이끌어내는 것을 알수가 있겠다.

결국 사주주인공인 박 모씨는 대운의 흐름이 비록 말년 庚子대운에서 일시 생명의 위태로움이 있었으나 오행의 생식불식(生息不息)에 의존하여 오늘날까지 살아오고 있으니 오행의 균등과 생화불식(生化不息)의 중요함을 실감케하는 대단히 중요한 실제인물의 사주를 우리는 보고 있는 것이다.

제5장

단명(短命)할 팔자

제5장

단명(短命)할 팔자

1. 수명(壽命)에 대한 단명(短命)

전 장에 기술한 수명(壽命)의 장수(長壽)는 인간의 오복(五福)중 제일 으뜸으로 치는 것을 더 이상 말하지 않아도 될것이다.

그에 반하여 본 장에 기술하는 인간의 수명(壽命)에 대한 단명(短命)의 격국을 가지는 사람은 아마도 대단히 허망한 사람임에는 틀림이 없을 것이며 이는 곧 본래 인간에 대한 다섯가지 욕망에 비추어 볼 때도 오래살지 못함에 따라 부귀영화를 간직할 수가 없을 것이니 이 이상 허무한 것은 없다.

이것은 지금 집필을 하고 있는 본 저자도 같은 생각이라는 것을 재삼 거론할 필요가 없을 것인데 지금 이 시간에도 병원문턱을 넘어 들어가자마자 질병으로 인한 단명, 더하여 사고로 인한 단명,등 수 없는 사람이 얼마 살지도 못하고 저승길을 가고 있을 때 직계비속은 물론이고 그것은 지켜보는 이웃사람도 눈시울을 적시는 일이 한두 번이 아닐 것이다.

본래 인간은 태어날 때부터 욕망을 가지면서 세상에 나왔고 또한 살아감에 따라 남들보다 부귀공명을 누리면서 살고 싶어하는데 인간만사가 제뜻데로 되는게 없지만 출생과 죽음만큼은 아직은 신의 섭리에 따라 움직여지는 영역이다.

운명, 신의섭리, 탄생과 죽음등 온갖 의문속에 본 저자는 사주추명학을 연구하는 과정에 과연 인간의 운명에 대한 흉함을 길로 전환할 수가 없을까,?그리고 더 나아가서는 본 장에 언급하는 수명이 단명한 사람도 역(易)을 연구하여 이 흉함을 좀더 길(吉)로 전환시켜 보다 나은 인생의 즐거움을 선사할 수가 없을까,?라는 의문과 고뇌를 가지고 오늘날의 명리학(命理學)에 전념하고 있다해도 과언이 아니다.

따라서 운(運)이란 커다란 물체의 근본을 파헤치고 더 나아가서는 아무리 수명이 단명(短命)한 인간의 사주팔자가 비록 내 자신이라고 해도 살운(殺運)이란 굴레에 고개숙여 복종하는 처사는 오히려 더욱 더 미련한 일이 될 것이며 이것은 더 이상 구제를 받을 수가 없는 절망의 늪으로 빠져들게 됨은 자명한 일이다.

결국 본 장 수명(壽命)의 단명(短命)에 기술한 모든 사주격국에 대한 단점의 원리를 속속들이 파악하여 비록 내자신이 그 추명의 틀속에 자리를 잡고 있다해도 그것을 거울삼아 극단적인 흉함을 간파하면서 살운(殺運)에 대처해나 가자는 본 저자의 대국적인 지침를 본 장에 기술하고 있는 것이며 더하여 궁극적인 흉운(凶運)이 들어온다손 치더라도 본 단명(短命)의 격국을 거울삼아 살운(殺運)을 대처하여 길운으로 전환시키야 마땅할 것이다.

어렵고도 어려운 일이며 어쩌면 명리학의 전제인 주어진 운명에 감히 인간이 도전을 하는 험난하고도 고된 연구과정이 될것이고, 감히 흉의 운로를 길로 전환시킬 방도가 마련 된다면, 그대 정녕, 神의 경지에 접어들었다 해도 과언이 아닐것이다.

어려운들 어찌하고 힘이든덜 어찌하리...
내가 가야할 길이 이길이라면 죽는 순간까지 미지를 찾는 개척자의 심정으로 찾고 또 찾아봐야지...

(1). 단명(短命)의 운명,!

● 일간이 극심한 신약을 유지하여 외격(外格)의 종격(從格) 이나 가종격(假從格)이 되지 않고 내격(內格)이 되는 사 주,!

● 사주일간이 신약한 중에 용신이나 희신이 쇠약한 중에 기 신(忌神)이 왕성하여 용신을 파극하고 있을 때,!

●일간이 신약함이 극심한 중에 기신(忌神)이 지지에 육합, 삼합, 방합하여 하나의 무리를 이루어 일간을 대단히 극루(剋漏)할 때,!

※참고로 이 때는 일간의 기운이 외격(外格)의 종격(從格)이나 가종격(假從格)이 되지 않고 억부법이나 조후법의 내격(內格)이 되는 사주.

●사주상 용신이나 희신이 합을 하여 기신(忌神)으로 변화되거나 기반(羈絆)되어 용신으로 제역할을 하지 못하고 있는 중에 기신(忌神)을 상충등으로 제거하지 못한 사주,!

●일간이 신약한데 비겁이 없고 인수나 편인이 무리를 이루어 일간을 생조하고 있을 때,!

※참고로 일간이 신약한 중에 비겁이 없고 인수나 편인이 무리를 이루어 생조가 되면 수다목부(水多木浮) 및 모자멸자(母子滅子)의 법칙에 해당되어 일간이 많은 인성의 기운을 견며 내지를 못함.

●사주에 월지와 시지, 년지와 일지가 서로 삼형이나 상충이 하는 사주,!

●일간이 신왕하고 일간의 기운을 극루(剋漏)하는 기운이 전혀 없고 종격(從格)으로 돌아가지 않는 내격(內格)의 사주,!

※참고로 일간이 신왕하면 반드시 일간의 기운을 억제내지는 누
 출시키는 기운이 있어야 되는데 만약 이와 같이 되지 않을 시는
 오행이 유통됨이 막히 는 것이 된다.

●일간이 신약하고 인성을 용신삼는 격국이 재성이 왕성하
 여 인성을 파극할 때,!

●일간이 극심한 신약일 때 식상이 무리를 이루어 일간의
 기운을 대단히 설기(泄氣)하는 사주,!(식상을 따르는 종아
 격(從兒格)이 안되고 내격(內格)에 준함.

●사주에 金, 水가 많아 대단히 습하고 있는 중에 초 중년
 대운이 기신(忌神)으로 치달리고 있는 사주,!

●일간이 신약하고 水氣나 金氣가 왕성하거나 습토(辰, 丑)
 가 대부분을 차지하여 아주 과습한데 사주에 조후를 충족
 할 기운이 미약할 때,!

●사주에 木, 火로만 되어 있던지 조토(未,戌)가 있어 과조
 (過燥)한 사주,!

※참고로 염상격(炎上格)은 水氣나 金氣, 곡직격(曲直格)은 金氣
 나 土氣등으로 초, 중년 대운이 종격(從格)을 거슬리는 기신(忌
 神)으로 첩첩 받고 있을 때.

●일간이 신강, 신약을 불문하고 초년 및 중년대운이 용신

과 극심하게 파극하거나 일천간지지를 동시에 상충할
때,!

**(예1). 일본 사주추명학의 대가(大家)로 널리 알려진 다
기기씨(古木氏)의 장남의 사주,!**

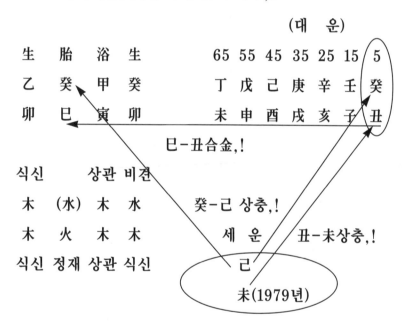

				(대　운)
生	胎	浴	生	65　55　45　35　25　15　5
乙	癸	甲	癸	丁　戊　己　庚　辛　壬　癸
卯	巳	寅	卯	未　申　酉　戌　亥　子　丑

巳-丑合金,!

식신		상관	비견
木	(水)	木	水
木	火	木	木
식신	정재	상관	식신

癸-己 상충,!

세 운　丑-未상충,!

己
未(1979년)

●사주일간 癸水가 신약이 극심하여 식상 木氣를 따르는 종
아격(從兒格)이 되고 있는데 대운천간 癸水가 일간 癸水
를 생조하면서 대운지지 丑土가 일지 巳火 정재와 巳-丑
合金하여 종아격(從兒格)인 왕신(旺神) 木氣를 金剋木하
여 파극하면서 일간 癸水를 생조하고 있으니 대단한 흉을
동반하고 있다.!

상황이 이럴진데 세운이 己未로서 세운천간 己土가 사주 일간 癸水와 대운천간 癸水를 癸-己 상충으로 파극하고 있으므로 사주인공은 그 소용돌이를 피할 수가 없다고 시중일부서적에 기술하고 있다!.

하지만 위 사주를 그대로 인용하여 시중서적에 기술하고 있는 저자(著者)는 아마도 한국 역학계를 우습게 알고 있는지는 몰라도 17세 己未년은 이미 5세 대운을 넘은 15세 壬子대운이 되는 것으로 판단할 수가 있으니 참으로 서운한 처사이다.

*. 일간의 왕쇠(旺衰),!

癸일간 寅월에 출생하여 실령(失令)하고 사주원국 월지 寅木 상관을 중심으로 해서 천간지지 대부분 식상 木氣로 둘러쌓여 있는 중에 식상 木氣가 일지 巳火 정재를 강력하게 생조하므로 일간 癸水가 극심한 신약을 보이고 있다.

이렇게 일간 癸水가 신약함이 극심하면 마땅히 일간을 생조할 수 있는 인성 金氣와 비겁 水氣가 신약한 일간 癸水를 생조하여야 만이 일간이 왕신(旺神)의 성질을 가진 외격(外格)의 종격(從格)이나 가종격(假從格)으로 돌아가지 않을 것이다.

따라서 사주팔자를 살펴보니 일간 癸水를 생조하는 년간 癸水 비견이 투출되어 있고 일지 巳火 정재의 지장간 중기(中氣)에 庚金 인수가 있으나 이렇게 사주내 왕성한 식상 木氣를 대적하기가 역부족이 된다.

더구나 일간 癸水가 음(乙, 丁, 己, 辛, 癸)일간이니 주위의 세력에 따라가는 현상이 두드러지게 나타나고 있는데 이와 같이 일부 일간 癸水를 생조하는 비겁 水氣나 인성 金氣가 비록 지장간에 있다해도 식상 木氣가 왕성하면 종격(從格)으로 돌아가기가 쉽게 된다.

고로 위 사주팔자는 왕신(旺神) 식상 木氣가 대단히 강력하여 불과분의 성질에 따라 식상 木氣를 따르는 종아격(從兒格)이 성립되는데 년간 癸水 비견은 사주내 년지와 월주가 모두 卯木과 甲寅으로서 식상 木氣가 둘러쌓여 있으니 일간을 생조하는 힘이 퇴색되어 있는 것을 알 수가 있겠다.

*. 일부학자들의 의문,!

여기서 일부학자들 중에는 방금 본 저자가 설명한 일간 癸水가 식상 木氣를 따르는 종아격(從兒格)이 된다고 말하는 부분에 대하여 한가지 의문을 가지면서 질문을 하고 있다.

그것은 "운정선생은 본 사주팔자를 일간 癸水가 신약함이 극심하여 왕성한 식상 木氣를 따르는 종아격(從兒格)이 된다고 말하였는데 하지만 사주팔자 년간에 癸水 비견이 일간 癸水를 생조하면서 다시 사주일지 巳火 정재의 지장간 중기(中氣)에 庚金이 존재하여 있음을 판단할 수가 있다",

"따라서 그 속에 뿌리를 두고 있는 중에 일간 癸水와 유정 (有情)하여 근접하여 있는 것은 그만큼 일간 癸水가 의지하 는 성질이 강하게 되어 결코 일간 癸水가 왕성한 식상 木氣 를 따르는 종아격(從兒格)이 되지 않고 내격(內格)의 억부법 이나 조후법상 일간 癸水를 생조하는 金, 水를 용신으로 삼 아야 되지 않겠느냐",라고 반문을 하고 있다.

＊. 일부학자들의 의문에 대한 본 저자판단,!

이에 대하여 본 저자는 일부학자들이 의문을 제기한 성질을 단편 적으로 볼 때 일면 타당성이 있다고 볼 수가 있겠으나 하지만 위 사 주원국을 자세히 관찰하여 보면 곧 본 저자와 생각의 견해가 일치함 을 알 수가 있을 것이다.

따라서 위 사주팔자의 일간 癸水에 대한 일간의 의지처인 년간 癸水 비견이 투출되어 있으니 어찌 생각하면 일간 癸水를 생조하는 여력이 있다고 생각되겠지만 전자에 잠깐 언급하였듯이 왕성한 식 상 木氣가 년지 卯木 식신, 그리고 월지에 寅木 상관이 십이운성의 건록지에 앉아 다시 월상에 甲木 상관이 투출되어 일간과 년간 비견 癸水를 가로막고 있음을 알 수가 있겠다.

그렇다면 년간 癸水 비견은 일간 癸水를 생조할 수가 없겠금 상 관 甲木과 寅木이 가로막아 있는 것은 그만큼 일간이 힘을 얻지 못 하는 것에 귀착하는 하나의 절대적인 이유가 될 것이며 아울러 음 (乙, 丁, 己, 辛, 癸)일간인 癸水는 의지하는 기운이 무용지물이 됨에 따라 왕신(旺神)인 식상 木氣를 어쩔수 없이 따르게 되는 것은 두말 할 것도 없다.

또한 방금 일부학자들이 언급한 **"일지 巳火 정재의 지장간 중 기(中氣)에 庚金이 존재하니 일간 癸水와 서로 유정(有情)하여 있는 것은 그만큼 일간 癸水가 뿌리를 튼튼히 하는 것이 되므로 종격(從格)인 식상 木氣를 따라갈 수가 없지 않겠느냐"**,라며 말하고 있다.

하지만 이 경우도 일면 단편적으로 보면 학자들의 생각데로 맞을지 모르겠지만 사주일지 巳火 정재와 사주월지 寅木 상관의 동태를 면밀히 관찰하여 볼때 寅-巳 삼형으로 완전히 파극하여 일간 癸水가 삼형의 소용돌이로 인하여 뿌리를 둘 수 없는 성질이 되니 곧 해답이 나오게 되는 것을 알 수가 있다.

*. 다시 일부학자들의 재차반문,!

일부학자들은 방금 본 저자가 설명한 寅-巳 삼형에 대하여 재차 의문을 가지면서 질문을 하고 있는데 그것은 **"운정선생이 집필한 전편인 命理秘典 上권과 命理秘典 下권에서 실제인물의 사주를 설명하는 과정에 준하여 선생이 기술하기를 寅-巳 삼형은 오행상 木生火의 조건이 되고 있으니 곧 생조의 법칙이 된다"**,

"따라서 비록 삼형으로 상극한다고 하나 완벽한 삼형이

되지 않고 때에 따라 서는 서로 유정(有情)한 결과를 불러일
으키게 되니 삼형의 작용이 퇴색된다며 말하고 있는데 지금
에 와서는 위 사주팔자를 해설하는 과정은 틀리게 설명하는
이유는 무엇입니까",?라며 구체적인 설명을 요구하고 있다.

*. 일부학자들의 재차 반문에 대한 본 저자견해,!

다시 일부학자들의 재차 반문에 대하여 본 저자는 학자들이 말한
부분은 절대 틀리는 것이 아니며 본 저자는 **"학자들이 말한데로
본 저자가 집필한 전편 命理秘典 上권과 命理秘典 下권에
실제인물에 준하여 寅-巳 삼형의 부분이 木生火의 법칙이
성립되니 완벽한 상극이 되지 않고 때에 따라서는 서로간
유정(有情)한 결과를 낳을 수가 있다"**,라며 언급한 바가 있다.

하지만 사주팔자를 간명하는 과정에서 방금 寅-巳 삼형의 부분
에 대한 성질을 아주 자세하게 파악할 필요가 있겠는데 寅-巳 삼형
木生火의 성립절차와 삼형으로 인한 상극하는 작용절차가 단순히
오행상생법에 준하면 판단의 차질이 오게 될 것은 기정사실이다.

그렇다면 위 사주를 놓고 비교분석하여 볼 때 전자에 설명한 寅-
巳 삼형은 木生火의 성립여부와 지금 위 사주에 대한 寅-巳 삼형의
작용으로 인한 상극여부를 좀 더 구체적으로 언급하여야 될 것이며
따라서 위 사주에 대한 일간 癸水가 일지 巳火 정재의 지장간 중기
(中氣)에 庚金에 뿌리를 두지 못하는 것은 지금 본 저자가 2가지 언
급한 부분을 대단히 정신을 집중하여 들어야 할 것이다.

첫째로 사주팔자에 寅-巳 삼형을 놓고 상극이기 앞서 木生火의 법칙이 성립되어 寅木과 巳火가 서로 유정(有情)하여 생조가 된다는 현상은 寅木과 巳火의 각각 지장산 정기(正氣)끼리 생조의 법칙이 실현된다는 취지이다.

무슨 말인지 좀 더 자세하게 도표를 보면서 기술하자면,!

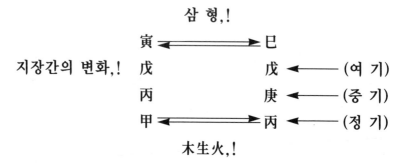

이상에 寅-巳 삼형의 도표에 보듯이 비록 寅-巳 삼형을 하더라도 지장간의 정기(正氣)끼리는 木生火의 조건이 이루어지고 있으므로 사주일지 巳火의 지장간 정기(正氣) 丙火가 월지 寅木의 지장간 정기(正氣)에 존재하는 甲木의 힘을 木生火로 생조받고 있음을 알 수가 있다.

따라서 만약 사주내 己火가 신약한 일간에 대한 비견이나 겁재로서 그 힘이 미약하고 있는데 사주내 己火에 근접하여 寅木이 있다면 寅—巳 삼형으로 가격하여 巳火의 기운을 무력하게 만드는 것이 아니고 오히려 寅木의 기운을 巳火가 생조를 받아 강력하게 작용한다는 취지이다.

그렇다면 사주에 寅—巳 삼형이 된다손 치더라도 방금과 같이 신약한 일간이 巳火에 의지하고 있는 명조가 되고 있을 때는 寅—巳 삼형의 작용이 퇴색된다는 결론에 귀착하는 것이고 아울러 寅—巳 삼형의 상극은 木生火로 연결되는 이유가 여기에 있음을 알수 있겠다.

여기서 한가지 중요한 부분이 있는데 그것은 이상의 부분을 접목시켜 볼 경우에 寅—巳 삼형의 기운이 서로간 유정I(有情)하여 木生火의 생조법칙이 된다고 가정해도 그것은 사주일간이나 타오행이 寅—巳의 기운에 의지하는 즉, 통근(通根)하여 서로간 얼마나 기운을 얻게되는 성질을 본 저자가 강조하고 있는 것을 알아야 한다.

하지만 이상의 경우가 성립되고 있을때 사주팔자에 육친통변법에 준하여 간명할 경우 어떤이유가 발생되더라도 寅—巳 삼형은 상극하는 기운이 될 수가 있으니 육친을 설명할때는 양자의 기운은 상극으로 인하여 불리하다고 간명하는 것이 타당하다.

무슨 말인지 좀더 육친을 언급하여 설명하면 가상적으로 일지 巳火 정재는 남자사주에서 자기처를 나타내고 월지에 寅木 상관은 할머니를 의미하는데 寅—巳삼형이 되어 할머니가 손자며느리를 좋지 않게 생각하고 있다는 등으로 해석하라는 취지이다.

다음 두 번째로 전자의 경우는 寅—巳 삼형이 서로간 유정(有情)하여 木生化의 성립여부를 기술하였지만 寅—巳 삼형이 상극이 되는 점은 사주팔자에 寅—巳 삼형이 성립되어 지지에 뿌리를 두는 일간이나 의지하는 타오행이 있다고 가정할때 그것이 지지의 지장간 정기(正氣)가 아닌 중기(中氣)에 통근(通根)하는 성질이라면 이때는 완벽한 寅—巳 삼형의 작용으로 인하여 파극된다.

따라서 만약 사주원국에 일간이나 그곳에 의지하는 용신이나 희
신이 있다고 가정할 때 일간 및 용신이나 희신은 寅—巳 삼형으로
인하여 파극되어 무용지물이니 고립무원이고 아울러 뿌리를 두지
못하게 된다.

무슨 말인지 좀 더 구체적으로 도표를 보면서 기술하자면.!

삼형,!

지장간의 변화,! 寅 ⟵⟶ 巳

　　　　　　　戊　　　　　　　戊 ⟵ (여 기)

　　　　　　　丙 ⟵⟶ 庚 ⟵ (중 기)

　　　　　　　甲 **"丙-庚"상충,!** 丙 ⟵ (정 기)

이상의 도표에 보이고 있듯이 寅—巳 삼형이 되고 있는데 각각의
지장간 중기(中氣)에 존재하는 寅중 지장간 중기(中氣) 丙火와 巳火
의 지장간 중기(中氣) 庚金이 丙-庚 상충이 되어 양쪽의 기운이 서
로간 완전히 파극되어 무용지물이 되고 있음을 나타내고 있다.

따라서 이 때에 일간 및 용신이나 희신의 寅木의 지장간 중기(中
氣) 丙火에 뿌리를 두던지 그렇지 않으면 巳火의 지장간 중기(中氣)
庚金에 의지하는 성질이 되던지간에 지장간 중기(中氣)의 기운은 양
자의 丙-庚 상충으로 인하여 완전히 파극이 되고 있으니 절대로 그
속에 통근(通根)을 할 수가 없게 된다.

그렇다면 본 사주팔자도 이와 같은 성질에 비추어 볼 때 완전히
부합하고 있음을 알 수가 있겠는데 비록 사주일지 巳火 지장간 중기

(中氣)에 庚金 인수가 들어 있다고 해도 월지 寅木 상관의 지장간 중
기(中氣)에 존재하는 丙火가 丙-庚 상충으로 파극하고 있으니 사주
년간 癸水나 일간 癸水가 지지에 의지하는 기운이 없게되므로 완벽
히 일간 癸水가 식상 木氣를 따르는 종아격(從兒格)으로 귀착하는
것이된다.

이상과 같은 맥락에 비추어 본 저자는 寅-巳 삼형이 서로간 유정
(有情)하여 오행상생을 받는다는 하나의 학설과 또 한편으로는 寅-
巳 삼형으로 인하여 파극되니 그 속에 의지할 수가 없다는 하나의
학설에 대하여 완벽한 해석을 하였다고 판단하는데 아마도 학자는
그동안 의문이 모두 해소가 되고 있음을 감히 본 저자는 자인하는
바이다.

*. 격국(格局)과 용신,!

다시 위 사주팔자에 대한 격국(格局)과 용신을 판별하여 보면 사
주일간 癸水가 신약함이 극심하니 식상 木氣를 따르는 외격(外格)에
준하여 종아격(從兒格)이 성격(成格)되는 것을 알 수가 있다.

만약 위 사주를 판단을 잘못할 경우 일간 癸水가 사주일지 정재
巳중의 庚金에 의지하고 아울러 년간에 비견 癸水가 투출되어 있으
니 일간이 신약하다고하여 내격(內格)의 억부법이나 조후법상 진상
관용인격(眞傷官用印格)으로서 일간 癸水를 생조하는 인성 金氣를
용신으로 삼을 것 같으면 큰 낭패를 볼 수가 있는 격국이다.

고로 용신은 왕신(旺神) 식상 木氣를 따르는 식상 木氣와 식상 木氣가 생조하는 재성 火氣를 같이 용신으로 삼는데 사주원국을 살펴보니 일지 巳火 정재가 자리를 잡고 왕성한 식상 木氣를 흡수하고 있으니 일면 사주팔자를 좋게 볼 수도 있다.

하지만 위 사주팔자가 만약 내격(內格)의 억부법이나 조후법에 준하는 사주격국일 것 같으면 일간이 신왕한 중에 식상과 정재가 나란히 존재하고 있을 경우 식상생재격(食傷生財格)으로서 대단히 길하게 작용하겠으나 일간이 신약함이 극심하여 외격(外格)의 종격(從格)인 종아격(從兒格)이 되고 있는 중에 애석하게도 대운이 첩첩으로 일간 癸水를 생조하고 아울러 왕신(旺神) 식상 木氣를 상극하는 金, 水로 치달리고 있으니 빛좋은 개살구 형상이 될 수밖에 없다.

＊. 본 장 단명(短命)에 준한판단,!

위 사주팔자에 대한 주인공은 일본 사주추명학의 대가(大家)라고 불리어지는 다기기씨(古木氏)의 장남의 사주라며 일본 역학계(易學界)에 널리알려져 역학의 대가(大家)들마다 격국에 대한 논란을 불러일으켜던 장본인으로 지금도 일본에서 추명의 역사에 한페이지를 남기고 있다.

따라서 본 장 수명(壽命)의 단명(短命)에 부합시켜 본 사주팔자를 간명하여 볼 때 이렇게 일간 癸水가 극심한 신약을 면치못하여 왕신(旺神)인 식상 木氣를 따르는 종아격(從兒格)을 유지하고 있을 경우 반드시 운의 흐름인 대운이 식상 木氣에 부합할 수 있는 운로로 치달리고 있어야 된다.

그런데 본 사주팔자에 대한 대운의 흐름을 면밀히 관찰하여 보니 초년 5세 癸丑대운부터 일간 癸水를 생조하는 북방 亥-子-丑으로 치달리고 있는 중에 15세 壬子대운에서 대운천간 壬水와 대운지지 子水가 水氣를 업고 사주일간 癸水를 더욱 더 생조하니 그에 대한 숙명적 불길함이 불을 보듯 뻔한일이 아닐 수가 없다.

*. 일부학자들의 의문,!

여기서 일부학자들 중에 역학의 대가(大家)경지에 이르고 있는 연세가 지긋한 몇분의 학자가 본 저자가 방금 설명한 부분에 대하여 한가지 의문을 가지고 질문을 하고 있다.

그것은 "운정선생이 이미 기술하여 편찬한 命理秘典 下권인 외격(外格)의 종격(從格)인 종아격(從兒格)에 기술하고 있기를" "종아격(從兒格)의 성격(成格)은 식신 상관이 대단히 왕성하고 일간이 비겁 및 인성이 매우 쇠약하여 일간을 구조하기 힘들고 도움이 되지 않는다면 왕성한 식상이 일간의 기운을 강력하게 설기(泄氣)하기 때문에 오히려 식상의 기운에 따라가야 할 것이다".

"이것을 명칭하기를 종아격(從兒格)이라 하며 종아격(從兒格)의 용신법에는 일간의 동기인 비겁과 식상 그리고 강한 식상을 누출시키는 재성이 용신이 된다".

"더하여 종아격(從兒格)을 거슬리는 관성과 인성은 대단히 싫어하며 그 중에서도 제일로 인성을 기(忌)하며 다음은 관성을 싫어하는데 운로의 흐름인 대운이나 세운에서도 관성과 인성을 보지 말아야 길하며 만약 운로에서 관성이나 인성을 보게 된다면 종아격(從兒格)의 대세를 상극하여 그 흉의가 대단히 강하게 발생한다".

"종아격(從兒格)은 타 종격(從格)보다 대발복을 기대할 수 있는 장점을 가지고 있는데 그 이유는 식신 상관이 재성을 생조하여 부귀를 주도하는 이유도 있겠지만 무엇보다 대운이나 세운에서 운로의 흐름이 일간의 기운을 생조하는 비겁을 만나더라도 왕성한 식상의 기운이 이를 흡수하여 무사하게 만들고 더하여 식상의 기운이 배가되니 부귀를 자연히 가질 수 있는 장점 때문에 그 특성은 더욱 더 빛이 나는 것이다",라며 대단히 구체적으로 적여 있다.

"따라서 운정선생은 본 사주팔자를 설명하는 부분에서 위 사주원국이 일간 癸水가 극심한 신약을 유지하지 못하므로 식상 木氣를 따르는 종아격(從兒格)을 성격(成格)하고 있는데 비록 일본 역학계가 대운의 운로를 잘못판단하여 15세 壬子대운이 지배하는 17세 己未년운에 사망한 것을 5세 癸丑대운에서 사망하였다고 오류를 범하고 있는 것을 알고 있다".

하지만 이미 5세 癸丑대운을 넘어와서 15세 壬子대운까지 살아왔는데 그것은 대운천간이 癸水로서 왕신(旺神)식상 木氣를 생조하는

희신의 운로가 분명하고 비록 대운지지 丑土가 일지 巳火 정재와
巳-丑合金을 하여 金氣가 되고 있겠지만 이것 역시 사주년간에 투
출되어 있는 비견 癸水가 金生水로 흡수하여 다시 식상 木氣에 연결
하고 있으니 극단적인 흉함을 모면할 수가 있지 않겠느냐",

또 한가지는 **"선생이 집필한 命理秘典 下권인 종격(從格)인
종아격(從兒格)에 이미 기술하여 있듯이 식상 木氣를 생조
하는 것은 비겁 水氣가 될 것인데 어찌하여 본 사주팔자를
해설하는 과정에서 비겁 水氣가 막연히 일간을 생조한다고
해서 고서(古書)나 원서에 기술하여 있는 점을 배척하고 흉
의를 동반하는 것인지 그것도 구체적으로 설명을 하여달
라"**,라며 세밀한 질문과 동시에 반문을 하고 있다.

*. 일부학자들의 의문에 대한 본 저자판단,!

이와 같은 일부학자들의 의문에 대하여 본 저자는 학자들이 언급
하는 학술적인 근거는 타당하고 또한 본 저자도 견해를 같이하고 있
겠으나 그러나 사주팔자를 해설하는 과정에 격국에 대한 판단의 부
분을 명확히 하여야 만이 본저자의 생각을 이해할 수 있을 것이다.

그렇다면 지금부터 본 저자가 기술하는 것은 사주추명학적으로
대단히 난이하고 어렵기 때문에 고난도의 이해력을 요구하니 학자
들은 정신을 집중하여 본 저자의 설명에 귀를 귀울여야 될 것이다.

따라서 위 사주팔자에 대한 제일먼저 왕신(旺神)의 성질인 식상

木氣를 따르는 종아격(從兒格)의 용신법에 대한 체계적인 분석을 약 3가지 성질로 해석하여야 되는데 그 첫째로 가상하여 위 사주팔자를 예를 들면 사주원국내 비격 水氣가 없어야 한다.

만약 사주내에 비겁 水氣가 존재하여 있다면 이는 비록 강력한 식상 木氣를 생조하여 왕신(旺神)인 식상 木氣는 반발을 하지 않더라도 일간이 의지하는 현상이 되고 있으므로 결코 외격(外格)인 종아격(從兒格)을 따라가지 않고 내격(內格)의 억부법이나 조후법의 용신이 선정되는 문제가 발생된다.

그렇다면 제일먼저 식상의 기운을 따라가는 종아격(從兒格)이 성격(成格)되려면 우선 사주원국에 강한 식상의 기운을 생조한다손 치더라도 일간과 더불어 비겁이 강하게 작용하지 않아야 완벽한 종격(從格)인 종아격(從兒格)이 성립될 수가 있음을 알아야 한다.

하지만 반대로 일간의 동기인 비겁이 다수가 있을 경우 일간이 그곳에 의지하는 현상이 발생되기 때문에 비록 식상을 생조한다해도 이 때는 종격(從格)으로 귀착되지 않고 억부법이나 조후법의 원리에 부합되는 성질은 사주격국이 순수하지 못할 뿐더러 아무리 식상의 기운을 따라간다고 가정해도 종격(從格)을 거슬리기는 매일반이 되는 것이다.

다음 둘째로 사주원국에 비겁이 존재하여 있다해도 일간의 의지처인 비겁이 일간과 원격(遠隔)해 있어 주어야 일간이 비겁의 생조를 받지 못하면서 종격(從格)의 기운에 따라가기 쉬울텐테 그렇지 않으면 식상의 기운이 무리를 이루어 일간을 둘러 쌓아 비겁의 생조를 받지 못하게 가로막고 있어야한다.

만약 이 경우에도 비겁이 사주지지에 뿌리를 두면서 일간과 근접
하여 있을 경우 아무리 강력한 식상의 기운을 거슬리지 않고 생조를
한다고해도 일간은 다소 식상의 기운에 의하여 비록 힘은 누출되겠
지만 비겁이라는 의지처가 있게되니 이는 곧 완벽한 종격(從格)인
종아격(從兒格)으로 돌아가지 못하고 억부법의 원리에 부합할 수도
있음이다.

마지막 셋째로 사주팔자내 비겁이 존재하여 있다해도 사주지지
에 뿌리를 두는 것이 미약하고 다시 비겁을 타 주 재성이 상충등으
로 파극하여 비겁의 기운을 극도로 쇠약하게 하면 이 때는 일간을
생조하는 능력을 완전히 상실하기 때문에 이는 강력한 식상의 기운
을 따라가는 종아격(從兒格)이 성립된다고 볼 수가 있는 것이다.

따라서 이상의 부분을 바꾸어서 언급한다면 일간에 대한 비겁이
재성의 기운에 의하여 상충으로 파극도지 않고 비록 지지에 뿌리를
두는 현상이 미약하다해도 식상의 기운은 비겁이나 일간을 상극하
는 기운이 아니기 때문에 조금이라도 일간을 생조하는 비겁이 살아
남게 되면 종격(從格)으로 돌아갈 수가 없음이 되기 때문이다.

이와같이 세 가지 원칙을 적용하여 비록 비겁이 사주에 있다해도
이상과 같이 위의 법칙에 준하여 부합학 될 때 비겁의 기운이 무용
지물일 수밖에 없는 것이므로 이 경우 운로인 세운이나 대운에서 비
겁의 기운이 들어와도 일간이 의지를 할 수가 없는 것이 되어 그에
대한 길 흉이 불리하게 연출되지 않고 오히려 길하게 되는 점이 이

상과 같은 법칙에 준하여 보면 될것이다.

그러나 만약 후자의 두 번째 경우에 비겁이 존재하여 있을 때 식상의 기운이 무리를 지워 아무리 일간과 원격(遠隔)하여 일간이 비겁에 의하여 의지하지 못한다손 치더라도 비겁이 사주지지내 조그의 지장간등에 의지하는 인성에 뿌리를 두고 있는 현상이 생긴다면이 때는 일간과 비겁이 동시에 그곳에 통근(通根)하는 성질이 발생되는 것은 기정사실일 수 밖에 없다.

만약 그렇게 될 경우 비록 지금은 식상의 기운이 대단히 강력하여 불과분에 따라 어쩔수 없이 식상의 기운에 따르는 가종아격(假從兒格)이 되고 있을지라도 다시 운로인 대운이나 세운에서 재차 비겁이나 인성을 만나게 된다면 강력한 식상의 기운을 거슬리게 되는즉, 일간이 기운을 얻음에 따라 종격(從格)응ㄹ 따를려는 성질이 되지 않음으로 인하여 왕신(旺神)인 식상이 반발을 하게 되니 의외의 결과가 아주 불리하게 연출되어 재화가 속출한다.

따라서 학자들이 의문을 가지는 종아격(從兒格)에 대한 비겁의 기운을 놓고 운로인 세운이나 대운에서 비겁이 일간에게 미치는 영향력이 길이 되느냐, 아니면 흉이 되느냐는 사주원국에 존재하는 비겁의 기운이 전혀 없거나 아니면 파극이 되어 무용지물이 되는 경우에는 종아격(從兒格)에 대한 격국이 아주 순수하게 되니 운로에서 들어오는 비겁의 기운은 대단히 길하게 작용한다고 판단하는 것이 정석이다.

그러나 만약 사주원국에 사주지지에 지장간이라도 인성이나 비겁이 들어 있어 비겁이 의지하고 있는 중에 반대인 식상의 기운이 대단히 왕성한 불과분의 성질인 식상을 따르는 가종아격(假從兒格)이 되고 있을 경우 다시 운로인 세운이나 대운에서 비겁이나 인성의 기운을 만나게·될 때 일간이 기운을 얻으면서 종아격(從兒格)을 주도하는 식상의 기운에 정면으로 위배되는 현상이 발생되니 왕신(旺神)인 종격(從格)이 반발을 하여 그 흉의가 극도로 발생하므로 이 때는 아무리 식상의 기운을 생조하더라도 흉이라고 판단한다.

이상의 맥락에 비추어 위 사주팔자에 대한 것을 부합시켜 간명하여 볼 때 완전히 일치하는 현상이 되고 있음을 알 수가 있겠는데 아무리 식상의 기운을 따르는 비겁이 들어온다고 가정해도 이미 사주년간에 癸水 비견이 돌출되어 있는 중에 사주일지 巳중의 지장간 庚金이 파극되어 있겠으나 재차 운로인 비겁이나 인성의 기운이 들어오게 될 경우 巳중의 庚金이나 년간 癸水 비견이 반갑게 맞이하게 되므로 일간이 힘을 가지게 되어 왕신의 성질에 대항을 하니 왕신(旺神)의 반발로 말미암아 십중구사의 운명이 될 수도 있다.

따라서 위 사주는 불과분의 법칙에 준하여 가종아격(假從兒格)이 되고 있음을 본 저자는 분명히 밝혀두는 입장이고 더구나 학자들이 의문을 표시한 대운지지 丑土가 사주일지 巳火와 巳-丑合金하여 비록 대운천간 癸水가 金生水로 받아들여 극단적인 흉을 모면할 수 있다는 생각은 오히려 합을 하여 나오는 金氣가 식상 木氣의 기운에 정면으로 대치되는 형국이 되어 왕신(旺神)이 반발하는 처사는 죽음을 불사하고도 남음이 있으니 무슨 이유라도 절대 부합시킬 수 없다.

결국 사주 주인공이 이상의 5세 癸丑대운에 지배되는 시점부터 대단히 흉함을 가지는 것은 기정사실인데 그나마 천운(天運)으로 겨우 목숨을 부지하여 15세 壬子대운까지 살아왔다는 것은 그만큼 사주 주인공이 삶에 대한 애착이 많았음을 알 수가 있고 그렇다손 치더라도 그동안 신체상 질병으로 인한 고통은 이루말할 수가 없을 것임을 미루어 짐작할 수가 있겠다.

*. 일본 사주추명학에 기술하고 있는 본 사주팔자에 대한 언급,!

본 사주팔자의 부친은 다기기씨(古木氏)로서 일본 모 처 신문기자를 지내다가 장남인 본 사주 주인공이 초년 5세 대운인 癸丑대운에 요사(夭死)하자 다년간 생업에 종사하던 신문기자 생활을 그만두고 운명학으로 전심케한 이유가 발생되었다.

따라서 일본 역학계(易學界)에서는 본 사주팔자를 판단할 때 위 사주 주인공의 사주가 일주가 극히 미약하므로 식상을 따르는 종아격(從兒格)이다.

따라서 초년 10세 이후 癸丑대운인데 왕성한 木氣를 누출시키는 巳火와 丑이 삼합하여 기신(忌神)으로 화하고 십칠세 己未년운이 용신과 극히 상반되어 요사(夭死)했다,라며 짤막하게 언급하고 있다.

*. 이상의 부분에 대한 본 저자판단,!

이상의 일본 역학계(易學界)에서 언급한 본 사주팔자에 대한 단명

(短命)팔자에 언급한 부분에 대하여 본 저자는 막연히 용신과 상극하여 요사(夭死)하였다는 해석은 추명의 원리를 완벽하게 이해할 수 없는 단면을 보여주는 것으로 보는 수밖에 없다.

또한 일본 사주 역학계는 세운이 己未년이 될 경우 1979년은 이미 대운이 15세 壬子대운에 지배를 받고 있는데 어찌하여 이미 넘어가버린 5세 癸丑대운을 놓고 세운인 己未년운을 접목시키고 있는 것인지 도무지 이해할 수가 없는 점이 된다.

따라서 이와 같은 본 사주 주인공이 요사(夭死)하였다는 부분에 대하여 일본 사주추명학을 그대로 검증없이 옮겨 적은 시중의 저자는 대한민국의 역학자들에게 비난의 목소리를 면할 수가 없게 될 것이며 만약 일본 역학계도 대운의 흐름을 판별하지도 않고 지금의 5세 癸丑대운을 부합시켜 己未년이라고 가정,언급하는 것이 된다면 이 또한 비판의 목소리를 면하기 어렵게 될 것이다.

본 저자는 추명의 원리를 정도(正道)에 입각하여 그동안 약 23년의 세월을 통해 사실그대로 경험한 실제간명에 준하여 위 사주팔자를 좀 더 추명의 원리에 부합할 수 있겠금 완벽한 해석이 뒷받침되어야 새로운 역학의 한 기틀을 마련할 수가 있을 것을 바라는 차원에서 본 명조부분을 심도있게 파헤쳐 보기로 하겠다.

우선 위 사주격국이 식상 木氣를 따르는 종아격(從兒格)이라고 일본 역학계(易學界)가 언급하고 있는데 격국의 부분에선 본 저자도 일치하는 견해이며 그러나 단명(短命)에 대한 용신을 상극하는 의미를 두고 아마도 이 부분에 대하여 본 저자는 대운지지 丑土가 사주인지 巳火 정재와 巳—丑合金하여 합을 하여 나오는 金氣로 식상 木氣를 金 土하여 왕신(旺神)이 발동하여 절명하였다고 일본 역학계는 보고 있는 것을 알수가 있다.

그러나 그 부분은 이미 본 저자가 지적하였듯이 5세 癸丑대운과 己未세운은 일치하지 않음을 알 수가 있었는데 문제는 己未년은 1979년으로 이미 5세 癸丑대운이 넘어간 시점이 되니 그렇다면 대운을 15세 壬子대운을 접목시켜 간명함이 타당할 것이다.

이 현상을 사주팔자와 대운 및 세운의 부분을 다시 사주원국에 나열시켜 보면,!

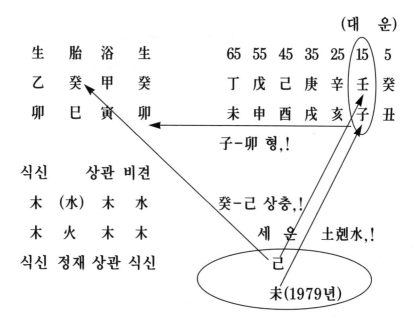

우선 사주 주인공이 초년 5세 癸丑대운을 넘기고 15세 壬子대운이 지배되어 있을 즈음 己未세운은 1979년으로서 대운이 15세 壬子

대운이 지배되고 있음을 판단할 수가 있겠다.

따라서 이 때 15세 대운인 壬子는 대운천간지지 모두 식상 木氣를 생조하는 비겁 水氣로서 만약 전자에 언급한 사주격국이 일간 癸水가 사주내 인성이나 비겁이 없을 경우 격국이 순수하므로 비록 운로인 대운에서 비겁 水氣가 종아격(從兒格)인 식상을 생조하게 될 때 희신의 성질로서 대단히 길하게 되고 있음을 두말할 것도 없게 된다.

그러나 위 사주팔자가 사주년간에 癸水 비견이 투출되어 있고 비록 일지 巳火 정재의 지장간 중기(中氣)에 인수 庚金은 월지 寅木과 寅-巳 삼형으로 인하여 파극이 되었다고 하지만 운로인 대운에서 인성 金氣나 비겁 水氣가 들어오게 될 때 일간 癸水가 힘을 얻는 요인을 제공하게 되니 왕성한 식상 木氣를 따르는 종아격(從兒格)을 항명(抗命)하게 되는 이유가 여기에 있다해도 과언이 아니다.

그렇다면 사주원국내 인성이나 비겁이 얼마나 존재하느냐, 그리고 인성 및 비겁이 아주 없느냐, 만약 있더라도 인성 및 비겁이 타오행에 의하여 완전히 파극되어 무용지물이 되는 격국이면 아주 순수하다는 등, 차등을 두어야 하는 것은 기정사실이 될 것이다.

위 사주팔자를 보면 비록 왕성한 식상 木氣를 따르는 종아격(從兒格)이 일부 사주내 비견 癸水나 파극한 지장간 庚金 인수가 존재하여 있으므로 가종아격(假從兒格)이 되어 일간에 불과분의 성질에 따른다는 것이 되니 사주상 격국은 순수하지 못하고 일시 탁기(濁氣)를 남기는 것을 판단할 수가 있다.

따라서 대운에서 들어오는 壬子 水氣는 일간 癸水가 힘을 얻는 구실이 될 것이고 아울러 가종아격(假從兒格)에 대한 탈퇴를 할 수밖에 없는 것이니 이때는 일간에 대한 비겁의 기운은 질대적 기신(忌神)이 될 수밖에 없으니 고서(古書)나 원서에 기록되어 있는 식상의 기운을 따르고 있는 종아격(從兒格)이 무조건 비겁의 기운은 희신이 된다는 논리는 정면으로 배척되는 이유가 여기에 있는 것이다.

상황이 이럴진데 세운이 1979년은 己未년으로 이 때 세운천간지지 모두 대운천간지지를 상극하는 전극(戰剋)의 법칙에 휘말리게 되는데 보통 내격(內格)의 억부법이나 조후법에 준하는 사주는 그래도 오행이 모두 균등을 가지고 있다고 가정해도 이상과 같이 되면 대단히 소용돌이가 닥치는 것은 피할 수가 없게 된다.

그런데도 불구하고 하물며 외격(外格)에 적용되는 왕신(旺神)의 성질을 가진 사주는 더욱 더 그 흉의가 내격(內格)의 억부법이나 조후법에 적용되는 사주보다 강력하게 들어오니 그 소용돌이는 내격(內格)의 사주와 외격(外格)의 사주하고는 비교가 될 수 없는 극단적인 흉의가 들어오게 된다.

＊. 命理秘典 下권인 간명비법상 전극(戰剋)의 법칙에 인용하여,!

이와 같은 현상을 두고 본 저자가 편찬한 命理秘典 下권인 간명비법상 전극(戰剋)편에 인용하여 기술하자면,!

후천성의 운인 대운과 세운간의 천간끼리 또는 지지끼리 상극이 된다든지 아니면 대운 천간지지와 세운 천간지지 모두 서로간 충돌하는 성질을 전극(戰剋)이라고 칭한다.

고서(古書)나 원서의 일부에 전극(戰剋)의 부분을 대운과 세운의 지지를 포함하지 않고 대운천간과 세운천간이 충돌이 일어나는 성질만 전극(戰剋)이라고 판단하고 있다.

하지만 본 저자는 대운지지 및 세운지지 역시 상충과 상극으로 일어나는 성질이 대운천간과 세운천간이 충돌하는 성질과 일치하므로 모두 같이 포함시켜 판단하는 것이 타당하다고 본다.

그러나 이 중에서 대운천간과 세운천간이 충돌하고 양자간의 지지가 합을 구성하고 있다면 합과 상충이 교차되는 성질이 되므로 약간 중화(中和)의 성질을 도모할 수가 있을 것이다.

만약 이와 반대로 대운천간과 세운천간이 합이 되고 대운지지 및 세운지지가 충돌이 되는 것은 역시 천간의 힘보다 지지의 힘이 약 3배정도 강력하게 작용하는 것이므로 그 흉의로 부터 완전하게 벗어날 수가 없다.

따라서 이것은 대단히 중요한 성질로서 만약 대운이 용신이나 희신의 운으로 되고 있을 경우 세운에서 기신(忌神)을 맞이하여 대운을 상극하게 될 때 곧 전극(戰剋)이 형성되므로 길흉이 교차 된다고 판단할 수가 있다.

이와 같은 성질은 비록 대운에서 용신의 운로를 받고 있는 성질이 되고 있을때 이렇게 대운과 세운간에 충돌이 일어나 양자간의 세력다툼이 되고 있다면 사주의 운명 소유자는 극도로 희비가 교차되는 것을 엿 볼 수가 있는데 이럴 경우 사주원국에서 대운과 세운을 화해 및 연결시킬 수 있는 오행의 중재가 시급히 필요하다.

그렇지 않고 마땅히 이것을 중화시킬 수 있는 오행이 없다면 사주 주인공은 비록 대운이 용신이나 희신의 운로로 치달리고 있어도 세운이 지배하는 동안은 기신(忌神)의 역할이 오히려 강해질 수도 있는데 그것은 세운이 비록 대운보다 힘은 약하다고 치더라도 세운역시 일년의 군주이므로 그 힘은 무시할 수가 없다.라며 구체적으로 기술하고 있다.

따라서 위 사주팔자를 위 전극(戰剋)의 법칙에 부합시켜 판단하여 볼 때 완전히 일치하는 현상이 되고 있겠는데 비록 내격(內格)의 억부법이나 조후법에 적용되는 사주팔자도 이상의 전극(戰剋)의 법칙에 휘말리게 될 경우 용신의 기운이나 희신의 기운을 막론하고 사주원국의 운명 소유자는 그에 대한 소용돌이에 휘말리게 되는 것은 피할 수가 없게 되는 것을 알 수가 있다.

그런데도 불구하고 위 사주원국처럼 왕신(旺神)의 기운을 가진 종아격(從兒格)이 성립되고 있을 경우 아주 조금의 흉의나 왕신(旺神) 木氣를 상극하는 기운을 업고 대운과 세운끼리 전극(戰剋)이 발생될 경우 이는 곧 우리일상생활에 비추어 비록 쪽집게로 대수롭지 않게 호랑이 수염하나를 장난삼아 뽑아 버린다고 가정할 때 진정 당사자인 호랑이는 물불을 가리지 않고 덤벼들므로 그에 대한 대단한 흉의가 들어오게 되는 것을 생각하면 이해하기 쉬운 대목이다.

더구나 설상가상으로 세운이 대운을 상극하는 정도가 세운천간이 대운천간끼리 혹은 세운지지가 대운지지끼리 한쪽만 상극을 해도 그 흉의가 강력하게 발생하는데 하물며 이렇게 양쪽 천간지지 모두 상극하는 것은 도저히 피할 수가 없게 되며 더욱 더 세운천간 己土가 사주일간과 년간 癸水를 癸-己 상충까지 벌어지게 되므로 정말 이것은 무슨 이유가 있을 수가 없다.

결국 본 15세 壬子대운이 지배되는 己未세운에 위 사주 주인공이 죽음을 당한 것은 피할 수가 없고 자식잃은 아비의 그 안타까운 심정이 아마도, 추명의 대가를 탄생시킨 원동력이 아니었나 생각해본다.

(예2). 남자. 故 진 모군(전남 목포) 1967년 음력 9월 13일 丑 시

(대 운)

祿	帶	衰	墓	丁-癸 상충!	62	52	42	32	22	12	2
壬	癸	庚	丁		癸	甲	乙	丙	丁	戊	己
子	丑	戌	未		卯	辰	巳	午	未	申	酉

*. "丑-戌-未 삼형",!!!

겁재		인수	편재
水	(水)	金	火
水	土	土	土
비견	편관	정관	편관

●일간 癸水가 관성 土氣가 많아 신약한데 대운천간 丁火가 편재로 기신(忌神)을 업고 일간 癸水를 丁-癸 상충으로 가격하고 있으니 그 흉의가 대단히 강력하게 발생하고 있다.!

더구나 설상가상으로 대운지지 未土가 편관이 되어 역시 기신(忌神)으로 사주년지 및 월, 일지를 모두 丑-戌-未 삼형으로 파극하고 있으니 위암과 신장염등의 합병증으로 요사(夭死)하였다.!

*. 일간의 왕쇠(旺衰),!

癸 일간 戌 월에 출생하여 실령하고 사주원국이 월지 戌土 정관을 중심으로 해서 지지에 전부 관성 丑-戌-未 土氣로 구성되어 있는 중에 년간 丁火 편재가 일간 癸水를 강력하게 극설(剋泄)하고 있으므로 신약하다.

하지만 일간 癸水는 지지 관성 土氣의 세력이 강력하여 일간이 신약하여 있다면 곧 외격(外格)의 종격(從格)이나 가종격(假從格)으로 돌아가기 쉬운데 그러나 일간이 의지하는 세력이 있을 경우 일간을 생조하여 의지하는 기운이 있게 되니 결코 외격(外格)의 종격(從格)이나 가종격(假從格)으로 돌아가지 못하게 된다.

따라서 사주팔자를 관찰하여 보니 일간 癸水가 시지 壬子의 십이운성 건록지에 뿌리를 두면서 월상에 투출되어 있는 庚金 인수에 생조되고 다시 사주원국의 일지 丑중의 지장간 여기(餘氣)와 중기(中氣)에 癸水와 辛金이 존재하여 그 곳에 의지하는 성질이 되고 있으니 결코 종격(從格)이나 가종격(假從格)으로 돌아가지 못한다.

그렇다면 일간 癸水는 마땅히 사주팔자내 일간을 생조하는 기운이 있으므로 일간에 대한 의지처가 있음이 분명하니 이것은 곧 내격(內格)의 억부법이나 조후법에 준하여 용신을 선정하여야 마땅하겠다.

*. 격국(格局)과 용신,!

위의 사주팔자 격국을 판단하여 보니 지지에 관성 土氣가 대단히 강력한 중에 일간 癸水가 신약하므로 신약정관격(身弱正官格)이 성격(成格)될 것이며 한편으로는 관살혼잡격(官殺混雜格)을 같이 볼 수가 있다.

고로 용신은 일간 癸水가 왕성한 관성 土氣에 의하여 신약하니 살중용인격(殺重用印格)과 살중용식상격(殺重用食傷格)으로 강력한 관성 土氣를 살인상생(殺印相生) 및 관인상생(官印相生)하는 인성 金氣와 아울러 왕성한 土氣를 제살하는 식상 木氣를 같이 용신하며 일간 癸水가 신약하니 비겁 水氣는 길신으로 채택한다.

따라서 이렇게 사주상의 용신과 희신을 채택하고 난 후 사주팔자를 살펴볼때 일간 癸水에 대한 관성 土氣가 관살혼잡(官殺混雜)이 되어 무리를 이루고 있는 것을 사주월상에 庚金 인수가 투출되어 살인상생(殺印相生) 및 관인상생(官印相生)의 작용을 하면서 신약한 일간과 관성사이를 소통시키고 있으니 정히 억부법이나 조후법에 용신이 일치를 하고 있으므로 진신(眞神)의 성실이 되는 것을 알 수가 있다.

＊. 격국에 대한 청탁(淸濁),!

격국에 대한 청탁의 부분을 파악하여보면 일간 癸水가 지지의 왕성한 정관 및 편관 土氣가 혼잡되어 관살혼잡(官殺混雜)이 되어 있는 중에 관성 土氣로 인한 신약을 면치 못하고 있는데다가 사주원국이 오행상 생식불식(生息不息)에 막힘이 많은 것이 되어 대단히 좋지 못하고 있음을 판단한다.

또한 더하여 용신의 기운이 월상에 庚金 인수가 있겠으나 년간에 丁火가 투출되어 일간의 중요한 의지처를 火剋金하여 파극이 되고 있으며 일간 癸水 비견과 역시 丁－癸 상충이 되고 있으므로 설상가상이라 할 것이다.

더구나 사주천간에도 이럴진데 지지 역시 왕성한 관성 土氣끼리 丑－戌－未 삼형이 성립되고 있으니 매우 탁기를 형성하는 결과가 초래되고 있음을 미루어 짐작할 수가 있을 것이다.

＊. 일부학자들의 의문,!

여기서 일부학자들 중에서 한가지 의문을 가지고 본 저자에게 질문을 하고 있는데 그것은 "운정선생은 위 사주팔자를 놓고 사주천간에 일간 癸水와 사주년간 丁火 편재간 丁-癸 상충, 그리고 월상에 투출되어 있는 용신의 성질이 되고 있는 庚金 인수를 년간 丁火 편재가 파극하고 있음을 거론하고 있다".

"또한 사주지지에 월지 戌土 정관을 중심으로 해서 년지 未土 편관과 월지 戌土 정관 및 일지 丑土 편관이 함께 丑-戌-未 삼형이 되니 일간 癸水가 신약한 중에 삼형까지 있게 되어 격국이 대단히 탁기(濁氣)를 구성하고 있다",라며 기술하고 있다.

"하지만 이와 같은 천간상충이나 사주지지에 존재하는 丑-戌-未 삼형에 대하여 사주천간은 시상에 壬水 겁재가 투출되어 년간 丁火 편재와 丁-壬합이 성립되니 상충의 작용을 합으로 막고 있고 또한 사주지지 丑-戌-未 삼형은 이것 역시 시지 子水 비견이 자리를 잡아 일지 丑土 편관과 子-丑합이 성립되고 있으니 완전히 상충이나 삼형으로 인한 탁기는 곧 합으로 해극을 도모하지 않겠느냐",라며 구체적으로 질문을 하고 있다.

*. 일부학자들의 의문에 대한 본 저자판단,!

이와 같은 일부학자들이 의문을 표시한 위 사주원국 탁기(濁氣)에 대한 설명은 일면 타당한 점은 있겠으나 본 저자는 약간 생각을 달

리하고 있는데 그렇다면 사주상의 탁기(濁氣)를 구별하는 과정이 오
행의 성질을 면밀히 관찰하여 볼 때 바로 본 저자와 견해를 같이하
게 될 것이다.

＊. 사주원국에 탁기(濁氣)를 판단하는 원칙,!

따라서 일부학자들이 막연히 사주상의 청탁(清濁)을 구분하는 과
정에서 대단히 추명의 혼란을 불러올 수 있는 점들이 종종 발견되고
있는데 비록 사주추명학의 대가(大家)들이라도 청탁(清濁)의 구분을
판단하는 과정이 고난도의 실력을 요구하므로 대단히 어려운 것은
기정사실이다.

그래서 본 저자는 초심의 학자이던, 그렇지 않으면 역학의 대가
(大家)이던, 불문을 하고 본 장에 기술하는 사주격국의 청탁(清濁)의
판별하는 과정을 실제 경험에 준하여 설명을 하겠으니 학자들은 사
주격국을 간명하는 과정에 십분응용하여 간명상 도움이 되면 더 이
상 바랄 것이 없겠다.

＊. 사주상의 탁기(濁氣)를 구성하는 절대적인 현상,!

1.사주팔자에 용신이 건전한지를 구별하여여야 되는데 만약
용신이 자리를 잡고 있는 주(柱)에 나란이 용신을 파극하는
기신(忌神)이 근접하여 있는지를 면밀히 관찰하여야 된다.!

이 부분을 좀 더 자세하게 기술하여 보면 사주팔자의 일간에 대한 용신이 자리를 잡고 있는데 그렇다면 용신은 희신의 생조와 더불어 사주지지에 통근(通根)이 될 수 있는 천복지재(天覆地載)가 되어 그 뿌리를 튼튼히 하면서 왕성하여야 만이 대부귀 운명으로 치달릴 수가 있는 것이니 더 이상 두말할 것도 없다.

그런데 이렇게 일간에 대한 중요한 용신의 기운이 자리를 잡고 있는 것을 동주(同柱)하는 즉, 만약 사주월상에 용신이 있는데 월지에 기신(忌神)이 자리를 잡고 있거나 그렇지 않으면 사주년간에 기신(忌神)이 투출되어 나란히 근접하고 있을 경우 용신의 기운을 파극하니 용신이 힘을 못쓰게 만드는 현상을 말한다.

이렇게 될 경우 사주운명의 주인공은 사주상에 일간에 대한 용신이 기진맥진하니 곧 사주상의 탁기(濁氣)를 구성하게 되는 것은 피할 수가 없겠으며 더구나 만약 운로인 대운이나 세운에서 중첩하여 기신(忌神)의 운을 맞이 하게될 때 그 흉의의 강도는 대단히 강력하게 발생하는 것은 두말할 것도 없게된다.

결국 사주일간에 대한 용신의 힘이 이상의 부분에 준하여 파극이 됨에 따라 그 힘이 쇠약함을 면할 수가 없게되고 아울러 사주 주인공은 일생을 인사불성으로 지나가기 쉽기때문에 가장 두려운 현상이며 이 부분을 사주상의 탁기(濁氣)를 남기는 성질로 제일 첫째로 손꼽는다.

2.사주팔자에 용신의 기운이 아예 없거나 있더라도 사주지지에 무근(無根) 즉, 지지에 뿌리를 두지 못하는 성질이

되고 있는 중에 그렇다고 희신이라도 왕성하여 있으면 별
문제가 되지 않겠지만 희신도 쇠약해 있는 것을 추명용어상
가신(假神), 즉 가용신(假用神)이라고 판정하며 곧 사주상의
탁기(濁氣)를 구성하는 절대적인 요인이 된다.!

이 부분을 좀 더 세별하여 자세하게 기술해 보면 전자 1,항의 경
우는 사주 용신이 상대오행에게 파극을 당하여 쇠약함을 거론하였
지만 본 장 2,항은 사주팔자 일간에 대한 용신이 아예 없거나 있더
라도 사주지지에 무근(無根)이 되고 있는 것을 말한다.

따라서 이것은 곧 비록 용신이 사주에 있더라도 용신을 생조하는
희신이 용신을 생조하지 못하거나 그렇다고 지지의 지장간등에 뿌
리를 두지 못하고 있을 경우 용신이 힘을 받지 못하니 용신이 대단
히 미약하게 되고 있는 현상이 나타난다.

이럴 경우 용신을 생조하는 희신이라도 용신을 생조하면 좋겠지
만 희신 역시 쇠약하여 용신을 생조하는 것이 미미하여 있을 때 시
급히 용신의 기운을 바로 운로에서 보던지 그렇지 않으면 용신을 대
타로 고용하여야 되는데 이것 역시 모두 희신과 용신이 미미함에 따
라 가신(假神) 및 가용신(假用神)이라 하여 용신의 힘이 무용지물이
됨이니 곧 사주상의 전형적인 탁기(濁氣)를 구성하는 하나의 요인으
로 작용한다.

결국 이상의 부분을 두고 우리일상생활에 비추어 판단하자면 사
람이 일을 열심히 하여야 돈도 벌면서 부귀공명을 누릴 수가 있을 것
인데 질병으로 인하여 항상 고통을 받고 있으니 그 신체가 병약함에

따라 병석에 누워 있게 되므로 늘 가난과 꿈주림으로 하루하루를 연명하게 되는 처지와 같은 일례라 생각하면 이해가 쉽게 될 것이다.

3.사주팔자에 오행이 木, 火, 土, 金, 水가 골고루 갖추어지지 않고 이것이 土剋水, 火剋金, 木剋土 등의 오행상 상극이 이루어지고 있는 현상은 곧 오행이 생화불식(生化不息)으로 연결됨을 방해하고 있는 성질로 전형적인 탁기(濁氣)를 구성하는 하나의 요인으로 작용한다.!

이 부분을 좀 더 구체적으로 기술하여 보면 사주팔자에 오행이 다섯가지인 木, 火, 土, 金, 水가 골고루 들어 있는 것이 좋은데 그 중에서 상생의 법칙으로 이어지는 즉, 木生火, 火生土, 土生金, 金生水등으로 연결되고 있을 경우 곧 고서(古書)나 원서의 추명용어상 주류무체(周流無滯)라 비교되고 있다.

따라서 사주팔자내 오행이 유통됨이 냇가의 물이 높은데서 낮은데로 흘러가듯 막힘이 없는 것을 표현하며 이는 곧 근본적인 오행의 생화불식(生化不息) 및 생식불식(生息不息)이라 하여 대단히 청기(淸氣)을 가지는 것을 의미하고 있다.

그런데 사주팔자가 이상과 같이 생화불식(生化不息)으로서 부합하지 않고 오행이 상극으로 구성되고 있을 경우 오행상 서로간 전극(戰剋)이 발생되게 되니 아무리 사주팔자가 좋다해도 오행끼리 전쟁터로 말미암아 사주운명소유자는 극도로 재화에 시달리게 된다.

이것을 두고 오행의 유통됨이 막히면서 더하여 오행상 서로간 싸움이 발생되고 있으니 만약 이와 같은 사주운명의 소유자는 아무리 대운을 용신의 기운으로 맞이 한다고해도 일시 길함은 오겠지만 결론은 일평생동안 인사불성으로 지나가기 쉽다.

결국 이와 같은 현상이 그나마 대운의 운로를 정히 용신이나 희신의 운으로 치달리고 있을 경우 그나마 다행스럽게 극단적인 운명을 피할 수가 있지만 때에 따라서는 중첩하여 오행상 상극을 운로에서 거듭 맞이할 경우 십중구사의 운명도 될 수가 있음이니 이런 사주팔자를 두고 전형적인 사주상 탁기(濁氣)를 구성하는 요인이 되는 것이다.

4.사주팔자에 일간의 힘이 중화(中和)의 기점에 육박하지 않고 극도로 신왕이 되는 것은 격국이 왕신(旺神)의 성질이 될 것이며, 또한 신약정도가 극도로 치달리고 있는 격국은 일간이 너무 기운이 없기 때문에 양자 모두 운로에서 기신(忌神)에 대한 위기를 대처할 수가 없는 것이 되니 결국은 오행이 편중(偏重)을 나타내므로 궁극적인 사주상 탁기(濁氣)을 남기는 것이 된다.!

이 부분을 좀 더 자세하게 기술하여 보면 사주팔자에 일간의 기운이 중화(中和)의 기점은 전편인 命理秘典 上권인 사주강약도표에 인용할 경우 약 40%가 될 것인데 만약 사주원국이 중화(中和)의 기점에 육박하는 성질이 된다면 일간의 기운이 안정되기 때문에 살운(殺運)이나 기신(忌神)운에 대처할 수 있는 능력이 부여될 수가 있다.

그러나 일간의 힘이 중화(中和)의 기점을 훨씬 넘어가는 신왕은 동일적인 오행인 즉, 왕신(旺神)의 성질이 되기 때문에 운로에서 조금이라도 왕신(旺神)을 상극하는 기운을 만나게 된다면.왕신발(旺神發)하여 왕신이 발동함으로 인하여 사주운명 소유자는 십중구사의 운명도 면하기 어렵게 된다.

또한 일간의 기운이 중화(中和)의 기점에 너무 신약으로 치달리고 있을 경우는 곧 사람으로 비유할 때 신체가 병약하여 기진맥진하는 현상과 똑같으니 운로인 살운(殺運)이나 일간을 상극하는 상충이나 삼형의 기운을 만날 때는 일간이 대처하고자하는 기운이 쇠약하여 곧 극도로 재화에 당면됨은 피할 수가 없게 된다.

따라서 이를 두고 일간이 너무 신왕이나 신약으로 치달리고 있을 경우 위기 대처능력이 떨어지기 때문에 곧 사주상의 탁기(濁氣)를 구성하는 하나의 요인으로 작용하는 이유가 여기에 있다고 해도 과언이 아니다.

5.사주팔자에 형, 충, 파, 해가 많고 살(殺)의 기운인 백호대살(白虎大殺)이나 괴강살(魁罡殺) 및 양인살(羊刃殺)등이 많게 되면 격국이 순수하지 못하기 때문에 곧 사주상의 탁기(濁氣)를 구성한다고 판단한다.!

이 부분을 세별하여 좀 더 자세하게 기술하여 보면 우선 사주팔자에 형, 충, 파, 해가 많은 것은 그만큼 오행상 상극의 기운이 많게 되니 비록 일간이나 일지를 상극하지 않는다해도 주위의 오행끼리 소용돌이 치는 현상은 곧 전극(戰剋)을 의미하므로 전쟁터로 인하여 일간이나 일주가 큰 피해를 보게 된다.

이를 두고 한편으로 판단하면 궁극적인 오행상 상극이 벌어지는 것을 의미하기도 하는데 따라서 사주원국이 정(靜)하고 유통됨을 기뻐한다는 원칙을 생각하여 볼 때 완전히 일치하는 것으로 곧 사주팔자가 안정과 불안정의 기준에서 사주가 얼마나 안정되는가를 면밀히 보아야 타당하다.

따라서 사주내 백호대살(白虎大殺)이나 괴강살(魁罡殺) 및 양인살(羊刃殺)등이 중중(重重)하여 있을 경우 살(殺)의 기운으로 말미암아 사주가 극도로 흉함을 모면할 수가 없는 것이 되는데 만약 사주원국에 이상의 살(殺)이 있는 중에 다시 운로인 대운이나 세운에서 중첩하여 살(殺)의 기운을 맞이하게 될 때 더욱 더 살(殺)에 대한 흉폭성이 강력하게 발생되는 이유가 성립되므로 궁극적인 사주상의 탁기(濁氣)을 가진 사주라 판단하는 이유가 여기에 있다.

이상의 부분은 모두 사주상의 탁기(濁氣)를 구성하는 성질로서 대단히 중요하게 취급하여야 될 것이며 만약 사주팔자가 위의 부분에 적용되고 있을 경우 모두 사주격국이 좋지 않는 것은 두말할 여지가 없는데 고서(古書)나 원서에 기록하고 있기를 **"사주상의 탁기(濁氣)를 가려내는 것은 대단히 어렵고 난이한 부분으로서 청탁(清濁)의 판별을 하는 학자는 곧 역학의 대가(大家)"**이라 할 만큼 그 비중을 높게 잡고 있는 이유도 여기에 있는 것이다.

따라서 초심의 학자들에게는 자칫 잘못하면 사주상의 탁기의 구별을 완벽하게 하지 못함에 따라 판단의 오류를 불러들일 수가 있는 사항이 되니 일부 역학의 대가(大家)들도 왕왕 소홀히 취급하여 사주상 간명의 판단에 오류를 범하고 있으니 사주격국을 집중적으로 정신을 모아 판별하여야 된다.

*. 위 사주팔자를 탁기(濁氣)에 준하여 판단,!

지금까지 방금 기술한 사주상의 탁기를 판별하는 부분에 부합시켜 위 사주격국을 자세히 판단하여 보면 일부학자들이 주장한데로 비록 상충과 상극하는 성질에 대해 합을 구성하여 막았다고 하나 근본적인 오행의 유통됨이 없을 것 같으면 아무리 합이 된다손치더라도 사주탁기는 존재하기 마련이다.

무슨 말인지 좀 더 자세하게 기술하여 보면 위 사주팔자를 놓고 비교분석 할때 비록 용신의 기운으로 사주월상 庚金 인수가 자리를 잡고 있다고 하나 년간 丁火 편재가 火剋金하며 그리고 일지 丑土 편관과 년지 및 월지를 모두 丑-戌-未 삼형이 되고 있는 것을 아무리 시지 子水가 子-丑합으로 막고 있다해도 근본적인 오행상 유통이 막힘이 되고 있으니 사주천간 상극의 작용과 지지삼형의 작용을 피할 수가 없는 논리에 귀착한다는 말이다.

이것은 곧 한편으로 생각할 때 용신의 기운인 월상 庚金 인수가 사주지지에 왕성한 관성 土氣를 土生金하여 힘을 받아서 기운이 대단히 왕성할 수도 있겠지만 丑-戌-未 삼형은 같은 土氣끼리 충돌이 일어나는 현상 때문에 그 소용돌이로 인한 전쟁터로 말미암아 제대로 그 힘을 흡수할 수 없는 이치와 같은 성질이라고 비유하면 쉽게 이해가 갈 것이다.

따라서 근본적인 오행이 유통될 수 있는 성질이 되지 않을 것 같으면 丑-戌-未 삼형이나 사주천간에 용신 庚金 인수를 년간 丁火 편재가 火剋金하는 것은 절대로 완화 및 화해시킬 수 없는 이치라는 것을 알 수가 있겠으며 그렇다면 학자들이 의문을 표시한 상극의 의미와 삼형의 의미는 단순적으로 합으로 해극한다는 논리는 무리가 따른다는 것으로 귀착하는 이유가 여기에 있다하여도 과언이 아닐 것이다.

여기서 한가지 욕심을 부린다면 이와 같은 용신 庚金 인수가 있는데 만약 년간에 丁火 편재가 투출되지 않고 壬, 癸 水氣가 용신 庚金 인수를 보호하고 있을 것 같으면 그나마 사주지지에 丑-戌-未 삼형이 있다해도 일간이 더욱 더 기운을 얻으면서 용신이 강력하게 되는 것이 되니 다행스런일이 될 것이지만 이렇게 용신 庚金 인수를 파극하면서 되지도 않는 丑-戌-未 삼형까지 년간 丁火 편재가 火生土로 생조를 하고 있으니 극루교가(剋漏交加)의 현상 마저 발생하고 있으므로 대단히 좋지 못하는 것을 알 수가 있다.

＊. 격국(格局)에 대한 판별,!

다시 위의 사주를 판별하여 볼 때 일간 癸水가 신약하여 월상에 투출되어 있는 인수 庚金을 중요한 용신의 기운으로 선택하고 있는데 그러나 년간에 丁火 편재가 투출되어 용신 庚金 인수를 火剋金하여 파극하니 일간에 대한 중요한 의지처인 인수 庚金이 힘을 못쓰고 있다.

하지만 천만다행으로 사주팔자의 시상에 壬水 겁재가 투출되어 년간에 투출되어 있는 丁火 편재를 水剋火하여 용신 庚金 인수를 보호하고 있으니 사주가 그나마 다행으로 용신이 안정됨을 엿보이고 있음을 알 수가 있겠다.

만약 이와 같은 庚金 인수를 보호할 수 있는 시상 壬水 겁재가 이렇게 시상 천간에 투출되어 있지 않고 사주의 시지 子水 비견이나 일지나 丑土의 지장간에 암장된 癸水를 사용하고자 하면 그 힘은 천간에 대해서는 대단히 미미하게 작용하므로 완벽하게 년간 편재 丁火로부터 용신인 庚金 인수를 구조하지 못할 것이다.

따라서 용신의 기운을 보호할 수 있는 시상 壬水 겁재는 역시 시지 子水 비견과 일지 丑중에 뿌리를 두고 시상에 투출되어 있는 것이 완벽하게 용신인 庚金 인수를 보호가 되어 그 역할을 다하는 것이 되니 대단히 길함이 되는 것은 두말할 필요도 없다.

하지만 일간 癸水가 신약한 사주년, 월, 일지에 丑-戌-未 삼형을 가지고 있는 중에 년간에 丁火 편재와 일간 癸水를 丁-癸 상충이 되고 있으니 이것은 곧 생식불식(生息不息)에 막힘이 많은 것이 되고 아울러 오행이 유통됨이 막힘에 따라 격국이 대단히 좋지 않음을 피할 수가 없게 되었다.

*. 본 장 단명(短命)의 팔자에 적용하여 판단,!

위의 사주 주인공인 진 모군는 이미 22세 丁未대운에서 약관의 나이로 위암과 급성신장염등의 합병증으로 유명을 달리하였던 아까운 젊은이로서 지금도 고인(故人)을 생각하는 가족들은 눈시울을 뜨겁게 적시곤 하였다.

따라서 본 장 단명(短命)에 준한 판단을 하여 볼 때 사주원국이 용신의 기운으로 대변하는 월상 庚金 인수가 년간 丁火 편재의 기운에 의하여 火剋金하니 용신의 기운이 쇠약하여 있고 다시 사주월지 戌土 정관을 중심으로 하여 丑-戌-未 삼형이 되고 있는 것은 다시 운로인 세운이나 대운에서 이러한 丑, 戌, 未운로를 맞이하게 될 때 그 흉함은 하늘을 찌르고도 남음이 있으므로 벌써 사주팔자는 무언중에 단명(短命)의 운명이라는 것을 암시하고 있다.

*. 여기서 다시 일부학자들의 의문,!

여기서 다시 일부학자들 중에서 전자의 사주에 대한 탁기(濁氣)를 구성하는 절차는 세밀히 설명하여 이해를 하였지만 지금 위 사주팔자가 수명이 단명(短命)하는 성질은 조금 의구심을 가지며 재차 질문을 하고 있다.

그것은 **"지금 위 사주원국이 비록 용신의 기운이 년간 丁火 편재에 의해서 火剋金하여 상극하니 용신이 쇠약함을 알 수가 있고 또한 丑-戌-未 삼형이 작용하는 것도 참고하는데 그렇지만 이렇게 일간 癸水가 사주시주 壬子의 기운에 득세(得勢)한 중에 월상 庚金이 자리를 잡고 일간을 생조하고 있는 것을 볼 수가 있다"**.

"그렇다면 그나마 다행으로 일간의 힘이 중화(中和)의 기점에 육박하는 성질이 되니 일간이 기운을 가지는 것은 그만큼 기신(忌神)의 운에 대처해나갈 수 있는 능력이 부여되어 극단적인 단명(短命)까지는 몰고 가지 않을 수도 있지 않겠느냐",라며 반문을 하고 있다.

*. 일부학자들의 의문에 대한 본 저자판단,!

이와 같은 일부학자들이 의문을 재차하는 부분에 대해서 사주격국의 간명이 오로지 일간의 강약만 따져보고 결정하는 것은 추명의 오류를 낳을 수가 있음을 감히 염려하는 바이며 이는 곧 진실로 사주간명을 제대로 할 수 없는 것이 되니 학자는 절대로 판단을 단순하게 처리하여서는 아니된다.

그렇다면 지금부터 본 저자가 조목조목 그와 같은 부분에 대하여 좀 더 사실적으로 접근해서 기술하겠는데 본 사주격국을 살펴볼 경우 이렇게 일간 癸水가 비록 사주시주 壬子 및 월상 庚金 인수가 생조를 하고 있으니 일면 단편적으로 볼 때 일간의 기운이 중화(中和)의 기점에 육박하는 성질이 되고 있으므로 극단적인 흉함은 나타나지 않겠다고 생각할 수가 있을 것이다.

하지만 사주지지인 월지 戌土 정관을 중심으로 하여 신약정관격(身弱正官格)을 구성하고 있는 중에 년지 未土 편관과 일지 丑土 편관이 같이 丑-戌-未 삼형으로 사주원국이 극도로 전극(戰剋)이 형성되어 전쟁터를 방불케하니 어느하나라도 일간이 소용돌이를 피할 수가 없게되었다.

이것은 단편적으로 판단하여 볼 때 보통 사주원국에 상충의 작용이 있는 것은 그나마 두 개의 오행이 충돌이 발생하므로 그 영향력은 다소 약할 것임은 기정사실이겠으나 이렇게 세가지 기운이 충돌하는 즉, 삼형이 발발할 때는 더욱 더 그 세력이 강력하게 발생하는데 그것도 土氣의 충돌은 더욱 더 그 성질이 강하다.

또한 이와 같은 현상은 설상가상으로 용신의 기운이 비록 시상에 투출되어 있는 壬水 겁재에 의해서 구조는 되고 있으나 월상에 투출되어 있는 庚金 인수가 지지에 정관 및 편관 土氣가 전부 차지하고 있으니 하나의 인수 庚金 기운만으로 많은 관성의 기운을 감당하려는 것이 되어 이것은 전편 命理秘典 上권에 모자멸자(母子滅子)의 법칙에 적용이 되어 오히려 인수 庚金이 배가 터져 죽을 지경이다.

상황이 이럴진데 일간 癸水가 신약하여 관성의 기운이 태과하여 있는 중에 사주원국의 지지에 丑-戌-未 삼형이 성립되어 신약한 사주에 삼형의 작용은 호랑이가 날개를 달아 주인을 무는 형상이 되고 있다해도 과언이 아니다.

설상가상으로 월주가 庚戌 괴강이며 일주가 癸丑이 되는 것은 백호대살로서 괴강과 백호대살끼리 丑-戌-未 삼형으로 가격하고 있으니 벌써 첫눈에 사주 원국은 비명횡사의 운명이 되고 있음을 무언중에 암시를 하는 것이 어쩌면 당연할지도 모른다.

결국 위 사주의 격국이 대단히 생화불식에 막힘이 많고 일간이 신약한 중에 삼형과 백호 및 괴강이 중중하였는데 그나마 대운의 흐름이 용신이나 희신으로 일간 癸水를 구조하는 金, 水운로로 치달리고 있었으면 한가지 희망을 걸수도 있었을 것이지만 대운마저 초중년 22세부터 동남 木, 火운으로 치달리고 있으니 어느하나 의지할 곳이 없음을 알 수가 있다.

*. 격국에 대한 대운흐름,!

위 사주 주인공인 진 모군는 초년 22세 丁未대운에서 위암과 급성신장염등의 합병증으로 요사(夭死)한 아까운 젊은이로서 본 장 수명의 단명(短命)팔자에 언급하는 것이 되어 대단히 애석하기 짝이 없다.

하지만 사주추명학의 새로운 전환기를 모색하고 추명의 정도(正道)에 입각하여 학자들을 위해 본 사주원국을 세상에 유포하게 된 것은 고인(故人)의 뜻이라 생각하고 아울러 좀 더 흉운이 들이닥치는 세상 모든 사람들에게 역(易)의 방편을 적용하여 그 흉함을 길로 전환시키는데 그 목적이 있다고 감히 자인하면서 진 모군의 대운을 추적하기로 하겠다.

초년 2세는 己酉대운이다.

따라서 대운천간 己土는 일간 癸水에 대한 편관이 되어 기신(忌神)이 되고 있는 중에 일간 癸水를 癸-己 상충까지 하게 되므로 신약한 일간에게는 그 소용돌이가 대단히 강력하게 발생됨을 알 수가 있다.

하지만 천만다행으로 대운지지 酉金이 일간 癸水에 대한 편인의
운로로서 신약한 일간을 생조하는 정히 용신의 기운이 되고 있는 중
에 절묘하게 사주일지 丑土 편관과 酉-丑合金하니 재차 용신인 金
氣가 나오게 되면서 대운천간 己土의 기운까지 土生金으로 흡수하
게 되어 그 흉함을 모면할 수가 있다.

실제로 이 때 사주 주인공인 진 모군는 대운천간이 지배되는 2세
부터 6세동안에는 잔병치레로 약간의 고통과 번민이 있었으나 그
후 점차 건강도 좋아지고 또한 유치원생활로 즐거운 생활이 계속되
었다며 진 모군의 모친이 회고를 하고 있는 것을 보고 있을 때 대운
지지가 지배되는 동안은 용신의 기운이었음을 알 수가 있겠다.

다시 12세는 戊申대운이다.

고로 대운천간 戊土는 신약한 일간 癸水에 대한 정관이 되어 기
신(忌神)이 되고 있는 중에 설상가상으로 일간 癸水와 戊-癸合火로
재성 火氣로 변화되어 있는 것은 진 모군에게 건강상 좋지 않았고
또한 신체가 늘 쇠약하게 되어 매우 고민에 휩싸이게 되었으나 대운
지지 申金이 대운천간 戊土의 기운을 다소 土生金으로 흡수하고 있
으니 극단적인 흉함은 없었을 것이다.

실제로 진 모군는 이 때 대운천간 戊土가 지배되는 시기는 학업
에 전념하는 시기인데 어쩐히 학업성적도 하위권을 맴돌았고 급기
야는 편모인 모친에게 꾸지람등으로 나날을 보냈으니 아마도 대운

지지 申金이 영향력을 행사한다하여도 완벽하게 할 수가 없었음을 알 수가 있겠다.

그러나 대운지지 申金이 지배되는 동안 申金이 일간 癸水에 대한 인수의 운로로서 정히 용신의 기운이 되고 있는데 이것을 육친통변법에 준하면 인수가 용신이 되니 학업, 문학, 예술, 발명등의 특허를 낼 정도로 놀라운 지혜와 영감이 떠오르게 되므로 정말 승승장구하는 운로임을 알 수 있다.

실제로 이 때 대운지지 申金이 지배되는 17세부터 주위 친구들이 놀랄정도로 진 모군은 학업성적이 나날이 발전하여고 급기야는 서울 모 처 일류대학에 우등으로 합격을 하여 주위 사람들과 친구들에게 부러움을 사기도 하였던 것이다.

하지만 앞으로 닥쳐오는 22세 丁未대운은 진 모군이 죽음의 그림자가 다가오는 줄도 모르고 사주 주인공은 아마도 학업에만 전념하였을 것이다.

따라서 대운천간 丁火가 일간 癸水에 대한 편재의 기운이 되어 대단히 불리하게 되는데 설상가상으로 사주일간 癸水를 이미 사주년간에 丁火 편재가 丁-癸 상충이 되고 있는 것을 또다시 중첩하여 대운천간이 丁-癸 상충으로 파극하니 그 흉함이 하늘을 찌르고도 남음이 있다하겠다.

실제로 이 때 사주 주인공인 진 모군이 24세에 즈음하여 갑짜기 배가 아파 종합병원에 진찰을 하여본 결과 위암이라는 돌이킬 수 없는 절대적인 질병을 진단받았으며 이것이 점차 진전되어 가망이 없음을 본 사주 주인공의 대운과 회고를 통하여 알게 되었다.

이렇게 진 모군의 대운이 유년에 잠깐 申, 酉 서방 金局으로 치달렸으나 22세 丁未대운이후로는 용신 인수 庚金을 더욱 더 상극하는 기신(忌神)의 운로인 남방 巳-午-未 火局으로 치달리니 무척이나 수명이 단명팔자라는 것을 알 수가 있는 것을 감안할 때 더욱 더 무슨 말을 할 수가 없게 되어 있다.

결국 22세 丁未대운이 되고 보니 대운천간 丁火가 일간 癸水에 대한 편재의 기운으로서 사주원국의 월상에 庚金 인수를 이미 년간에 丁火 편재의 기운이 火剋金하여 있는 것을 시상에 투출되어 있는 壬水 겁재가 구조하지 못하는 성질까지 대운천간 丁火가 중첩으로 들어옴에 따라 다시 일간 癸水와 丁-癸 상충하니 대단히 생명이 위험하다.

상황이 이럴진데 대운지지 未土가 일간 癸水의 편관의 운로로서 이미 사주팔자의 지지에 정관 및 편관이 전부차지하여 있어 관살혼잡(官殺混雜)이 된중에 丑-戌-未 삼형까지 되고 있는데 다시 대운지지에서 중첩하여 丑-戌-未 삼형이 성립되니 신약한 일간에게 많은 호랑이가 물고 들어오게 되어 이것은 완전히 가망이 없는 것이 되므로 정말 애석하기 그지없다.

제6장

흉사(凶死)할 팔자

제6장

흉사(凶死)할 팔자

1. 흉사(凶死)할 팔자

사람의 죽음은 하늘이 내린 운명으로 그 필연성이 절대적이라 할 것이다.

하지만 전 장에 언급한 인간의 수명(壽命)에 대한 단명(短命)팔자 중에도 일부 언급하였지만 인간의 오복(五福)중에서 오래 살고 싶어 하는 장수(長壽)의 바램은 누구나 가지고 있는 욕망이라는 것은 아무도 부인할 수가 없다.

그러나 이러한 수명(壽命)에 대해 장수(長壽)하는 운명은 언감생심 꿈도 꾸지 못하고 팔자의 필연성에 부합하여 단명(短命)으로 유도되어 자기 삶을 제대로 살아보지도 못하고 애석한 명(命)을 다하는 것은 어느누구나 생각하여 보아도 참으로 슬프고 안타깝기 그지가 없는 것이다.

그런데 이런 단명(短命)의 운명을 제쳐두고 급속적으로 비운(悲運)을 당하는 흉사(凶死)의 팔자는 단명(短命)의 팔자보다 더욱 더 좋지 않는 것이니 극단적인 이런 흉사(凶死)는 인간이라면 누구나 피해야할 글자라는 것은 두말할 여지가 없다.

본 장에 기술하는 흉사(凶死)의 팔자는 단명(短命)의 운명을 뛰어 넘어 그 종류별로 분류하여 볼 때 객사(客死), 소사(燒死), 익사(溺死), 급사(急死)등을 논하고 있는데 모두다 하나같이 죽음을 하는 과정이 극단적인 흉을 동반하는 것이 되고 있다.

이상과 같이 본 장에 언급하는 흉사(凶死)는 인간이 생명이 끝나는 것은 모두다 매일반적이겠으나 극단적인 흉한 죽음은 절대로 피하고 싶은 것은 인지상정(人之常情)일 것인데 그렇다면 어떡해서 흉사(凶死)의 운명이 되고 있는지를 분명히 세세하게 파악하여야 만이 궁극적인 흉함을 다소나마 미연에 방지할 수가 있을 것이므로 사주추명학적인 그 실체가 완벽하게 간명이 되어야 할 것이다.

(1). 흉사(凶死)의 사주,!

● 사주팔자에 양인(羊刃)이 3개이상 있고 대운이 용신을 상극하는 기신(忌神)으로 중첩받고 있을 때,!

※참고로 양인이 사주에 많은 것은 그만큼 사주가 강렬, 황폭을 나
타내는데 대운이 용신이나 양인을 급속적으로 형, 충하면 생명이
위험하다,!

●사주팔자에 역마살(驛馬殺)과 양인(羊刃)있는데 대운이
역마살(驛馬殺)이 되고 일주를 상충하면 객사한다,!

※참고로 이 때 상충으로 동반하는 오행이 金氣이면 교통사고 및 폭
력에 의한 칼 등의 자상으로,! 水氣이면 물이나 급류에 휘말려 객
사한다,!

●사주팔자에 편관이 태왕하여 있거나 편관을 중첩 상충 및
삼형을 하고 있는데 식상이 편관을 제살(制殺)하지 못한
사주,!

●편관, 도화, 목욕, 양인등이 모여 있는 사주는 여자와 성
관계로 인하여 횡사한다.!

●일간이 신약하고 월지에 관성을 상충이나 삼형이 된 사
주,!

※참고로 일간이 신약하면 관성은 기신(忌神)이 되는데 이미 사주에
관성이 상충이나 삼형으로 파극되어 있는 것을 중첩하여 대운이
나 세운에서 관성을 형, 충하면 생명이 위험하다.!

●사주에 상관과 양인이 동주(同柱)하거나 상관과 양인이

무리를 이루고 있는 사주,!

● 사주에 괴강살(魁罡殺)이 많은 것을 대운이나 세운에서
괴강(魁罡)을 형, 충할 때,!

● 사주에 형, 충이 중중(重重)하고 대운이나 세운이 일간과
일지를 동시에 상충이나 삼형할 때,!

※참고로 형, 충이 중중(重重)하다는 것은 많은 것을 나타내고 사주
에 형, 충이 많은 것은 그만큼 사주가 탁기(濁氣)를 구성하기 때문
에 흉사의 운명이 된다,!

● **외격(外格)의 종격(從格)은 종격(從格)을 구성하는 왕신
(旺神)의 오행을 상충 및 삼형할 때,!**

※참고로 종격(從格)의 성질을 구성하는 동일오행을 가정하여 곡직
격(曲直格)은 木氣가 왕신(旺神)이 되는데 木氣를 대운이나 세운
에서 관성 金氣나 재성 土氣로 파극하는 것을 말한다.!

● **일간이 중화(中和)의 기점을 훨씬 넘은 신왕사주는 신왕
하게 만드는 오행을 대운에서 급충할 때,!**

※참고로 중화(中和)의 기점은 약 40%가 되는데 40%를 훨씬 넘게
되면 왕신(旺神)의 성질이 되니 만약 대운에서 상충이나 삼형으로
왕신(旺神)을 상극하면 흉사한다,!

●일간이 신약정도가 심하고 인성이 쇠약한데 사주에 재성
 이 태왕하여 인성을 파극할 때,!

※참고로 일간이 신약함이 심화되면 그만큼 기신(忌神)운로에서 대
 처하는 기운이 약화되니 불리하며 만약 쇠약한 인성에 의지하는
 일간이라면 재성이 3개이상 되어 인성을 파극할 때 흉사운명이
 되는데 언제 위험한가,? 다시 운로인 대운이나 세운에서 중첩 인
 성을 파극하는 재성운에 생명이 위험하다.!

(예1). 고서(古書)에 나오는 간부와 간음(姦淫)하다 비명
살해(悲鳴殺害)된 한 중국여인의 사주,!

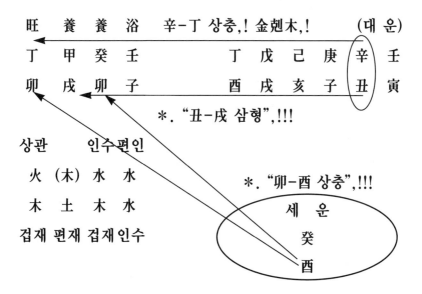

●대운천간 辛金이 일간 甲木에 대한 정관으로 여자사주에
 남자의 기운을 업고 들어오는데 다시 시상에 투출되어 있

는 丁火 상관을 辛-丁 상충으로 파극하고 있으니 상관을
파극하면 신체상 수술 및 칼로 인한 좌상을 의미한다.

● 그런와중에 대운지지 丑土가 사주일지 戌土 편재를 丑-
戌 삼형으로 가격하고 있으니 사주일지는 자신의 몸이므
로 벌써 무언중에 사주가 흉사(凶死)의 운명임을 암시하
고 있다.

● 더구나 세운이 癸酉운이 되자 세운천간 癸水가 인수로서
신왕한 일간을 더욱 더 신왕하게 만들고 다시 세운지지
酉金이 정관으로서 남자의 기운이 대운과 중첩되는데 왕
신(旺神)인 되고 있는 월지 卯木 양인을 卯-酉 상충을 하
고 있으니 양인이 반발을 하여 간부와 간통하다 이 세상
과 이별을 하게 된다."!

*. 일간의 왕쇠(旺衰),!

甲일간 卯월 양인월에 출생하여 득령(得令)하였으며 사주원국 월
지 卯木 겁재를 중심으로 해서 역시 시지 卯木 양인에 득세(得勢)한
중에 년지 子水 인수와 다시 십이운성 제왕지와 건록지에 각각 뿌리
둔 壬, 癸水 편인 인수가 투출되어 일간 甲木을 생조하고 있으니 대
단히 신왕하다.

이렇게 일간 甲木이 대단히 신왕하면 일간 甲木이 외격(外格)의
종격(從格)이나 가종격(假從格)으로 돌아가지 않는 이상 마땅히 일

간 甲木의 기운을 억제할 수 있는 오행이 필요할 것이다.

따라서 사주팔자를 살펴보니 신왕한 일간 甲木의 기운을 시상 丁火 상관이 투출되어 일간 甲木과 근접하여 배부른 일간의 기운을 누출시키고 있으므로 결코 외격(外格)의 종격(從格)이나 가종격(假從格)으로 돌아가지 못한다.

그렇다면 내격(內格)의 억부법이나 조후법상 용신이 선정되는 것을 알 수가 있겠는데 비록 일간 甲木이 양인 卯木과 인성 水氣에 의하여 신왕이 극심하지만 시상에 투출되어 있는 丁火 상관이 일간의 기운을 빼면서 일지 戊土 편재가 조토이므로 상관 丁火가 자연스럽게 일지 戊土 편재를 火生土를 하고 있게 되어 식상생재격(食傷生財格)이 될 수가 있다.

하지만 무엇보다도 이렇게 일간 甲木이 신왕함이 태과한 중에 비록 사주시상 상관 丁火와 일지 편재 戊土가 자리를 잡고 있다해도 양인 卯木이 일지 戊土 편재를 木剋土하여 대단히 상극하고 있는 것은 일간 甲木에 대한 길신을 파극을 하고 있으므로 대단히 좋지 않을 것은 기정사실이다.

그런데 다행스럽게 일지 戊土 편재가 자리를 잡고 양인의 성질이 되고 있는 월지 卯木과 시지 卯木을 같이 卯-戌合火로 합을 이루고 있으니 양자간 모두 오행의 상극으로 인한 충돌을 방지하고 있음을 눈여겨 보아야 할 것이다.

*. 격국(格局)과 용신,!

위 사주팔자에 대한 격국(格局)을 판단하여 보면 우선 일간 甲木이 신왕한 중에 사주월지 卯木 겁재인 양인이 자리를 잡고 있으니 신왕월지양인격(身旺月支羊刃格)을 성격(成格)한다.

고로 용신은 겁중용관격(劫重用官格)으로 사실상 사주에 겁재인 卯木 양인이 월지와 시지에 자리를 잡아 강력하여 일간 甲木이 신왕이 되고 있으니 겁재 卯木을 억제할 수 있는 관성 金氣를 일면 용신으로 선택하여야 될 성질이 마땅 할 것이다.

하지만 사주년지 子水 인수가 자리를 잡고 있는 중에 그 십이운성 제왕지와 건록지에 각각 앉아 투출되어 있는 년간 壬水와 월상 癸水 편인, 인수가 자리를 잡고 일간 甲木과 근접하여 있으니 원칙적으로 관성은 인성에게 힘을 빼았겨 제대로 용신으로 그역할을 할 수가 없게 되어 있다.

따라서 가상관격(假傷官格)으로 시상 丁火 상관을 용신하고 아울러 재성 土氣는 길신으로 삼는데 이렇게 용신과 길신의 기운을 선정하고 사주팔자를 살펴보니 때 마침 사주일지 戌土 편재가 자리를 잡고 월지 卯木과 시지 卯木 양인을 동시에 卯-戌合火하여 식상 火氣로 변화되어 상관 丁火가 뿌리를 튼튼히 하는 것이 되므로 대단히 길하게 작용한다 할 것이다.

*. 일부학자들의 의견,!

여기서 일부학자들 중에서 한가지 의문을 가지고 질문을 하고 있는데 그것은 "운정선생은 위 사주팔자에 대한 용신을 가상관격(假傷官格)으로서 식상 火氣를 용신으로 선택하고 아울러 재성 土氣를 길신으로 삼는다고 하였다,"!

"하지만 그렇게 복잡하게 판단할 필요없이 그냥 식상생재격(食傷生財格)으로 재성 土氣를 용신하고 재성 土氣를 생조하는 식상 火氣는 희신으로 삼으면 자연스럽게 무리없이 될 것인데 구태여 왜, 식상 火氣를 용신을 삼으면서 재성 土氣는 길신으로 선택하여야 되는지를 구체적으로 설명하여 달라", 하며 의문을 표시하고 있다.

*. 일부학자들의 의견에 대한 본 저자판단,!

이와 같은 일부학자들의 의문에 대하여 본 저자는 학자들이 생각하는 견해는 지극히 타당하다고 생각되나 그러나 그것은 사주에 대한 용신의 기운이 복록의 차이를 놓고 거론하는 것으로 사주상 용신의 기운을 오행의 원리에 입각하여 좀 더 자세하게 파악해 볼 필요가 있는 것을 강조하고 싶다.

따라서 이상의 부분은 전편 命理秘典 下권과 命理大要 上권에 일부 실제인물의 사주팔자를 간명하는 자리에서 약간씩 언급을 하였다고 보는데 지금 위의 사주팔자도 용신에 대한 복록의 차이에 적용해서 식상 火氣를 가장 주된 용신으로 선정하여야 하는 것으로 판단하여야 된다.

*. 본 저자가 약 23년 동안 경험상 얻은 비법(秘法)

그렇다면 사주일간에 대한 용신의 선정함을 좀 더 구체적으로 언급할 필요가 있겠는데 이와 같은 성질은 사주추명학상 고난도의 이해력과 경험이 뒷받침되어 있어야만이 완벽한 간명을 할 수 있고 단편적으로 판단하면 대단한 오류를 불러들일 수가 있음은 자명한 일이다.

따라서 이와 같은 주된 용신의 선정함을 놓고 본 저자는 약 23년 동안 실제인물의 사주를 간명하는 자리에서 경험상 터득한 비법(秘法)이 될 것인데 아마도 학자들은 그동안 고서(古書)나 원서에 인용한 부분을 접하다가 지금 본 저자가 설명한 학술적인 부분을 인용한다면 하나의 추명의 기틀이 되는 것을 자인하는 바이며 아울러 학자는 지금의 본 저자가 경험상 이룩한 비법(秘法)을 터득하여 사주추명학상 십분 활용, 간명상 보탬이 된다면 더 이상 바램이 없겠다.

따라서 지금부터 기술하는 내용은 대단히 중요한 부분이 되므로 정신을 집중하여 본 저자의 설명을 들어야 될 것인데 보통 일간이 신왕할 경우 원칙적으로 식상, 재성, 관성등 삼자가 다 용신으로 선택되는 것은 이미 추명을 연구한 학자들이라면 누구보다도 더 잘 알고 있는 사실이다.

그런데 이상 용신의 선정함이 사주격국의 사정에 따라서 어쩔때는 삼자가 다 길한 성질이 되고 어떤 경우는 두가지나 한가지밖에 용신이 선정되지 못하는 사주팔자가 있겠는데 모든 사주팔자를 놓고 설명하자면 그 유형별로 약 4가지로 정리,구별하여 결정하여야 될 것이다.

첫째로,! 우선 용신의 기운이 사주팔자에 들어 있는 중에 얼마나 왕, 쇠의 법칙에 준해서 그 힘이 왕성함과 쇠약함이 되고 있는지를 파악하여 보아야 되는데 이것은 곧 용신의 기운이 사주지지에 뿌리를 두는지, 그렇지 않으면 무근(無根)이 되는지, 또한 지지에 합을 하는 즉, 육합, 방합, 삼합하여 용신을 생조하는지, 등을 세밀히 분석하여 용신에 대한 왕, 쇠를 결정하여야 된다.

따라서 만약 왕성의 조건에 일치하는 격국이 되고 있을 때 일간이 신왕하여 용신의 기운이 식상, 재성, 관성 삼자중에 어느것이 가장 지지에 뿌리를 두고 왕성한지 등을 검토한 뒤 삼자중에 하나의 기운을 주된 용신으로 선정함을 논할 필요가 있다.

다음 둘째로,! 용신의 기운이 다수가 있을 때 어느것이 가장 힘이 왕성하고 쇠약한지를 구별하여야 될 것인데, 무슨 말인지 좀 더 자세하게 언급하자면 가령 일간이 신왕한 중에 식상, 재성, 관성이 사주에 모두 들어 있어 삼자가 다 길신으로 작용하나 그 중에 재성의 기운이 가장 길하게 되고 있을 경우 재성이 가장 주된 용신이 될 것이다.

그러나 이 재성의 기운이 사주에 3개 이상으로 많아 있다면 용신끼리 서로간 쟁탈이 벌어지게 되니 곧 그 기운이 밥그릇 싸움으로 인하여 복록이 모아지지 않게 되는데 이 때는 차길로 관성이나 식상 중에 주된용신을 선정하는 한 일례로서 가장 복록이 많이 들어오는 복록의 기운을 주된 용신이 자리매김을 할 것이다.

다음 셋째로,! 가장 길한 오행이 용신의 격국(格局)에 판단하여 만약 비중용관격(比重用官格)이라면 일간의 기운이 비겁에 의하여 신왕이 되고 있으므로 이 때 가장 길한 용신의 기운은 비겁을 바로 억제하는 관성으로 용신의 주된 기운이 될 것이다.

하지만 만약 관성의 기운이 사주지지에 뿌리를 두지 못하고 있어 허약하거나 그렇지 않으면 인성이 일간과 근접하여 마땅히 관성이 인성에 흡수되어 그 힘이 빼앗기고 있을 때 이 경우 관성은 주된 용신이 되지 못하고 그 대타로 재성을 주된 용신으로 선택되는 한 일례가 그것이다.

결국 이와 같은 현상을 좀 더 자세하게 기술하자면 곧 일간을 신왕하게 만들고 있는 오행의 요인을 발견하여 용신의 격국(格局)을 통해서 주된 용신을 선정하는 하나의 결과를 말하는 것이며 비록 전자에 언급하였듯이 사주에 비겁이 많더라도 인성 또한 왕성하여 있을 경우 곧 관성은 용신이 되지 못하고 재성을 주된 용신을 삼는 것처럼 사주내 주된 용신이 있다해도 용신이 제대로 그 역할을 수행할 수가 있를 면밀히 파악하는 부분을 강조하는 대목이다.

마지막 넷째로,! 용신의 기운은 일간과 유정(有情)하여 있어야 좋은데 이것은 일간과 근접하여 용신의 기운이 직, 간접적으로 일간을 단련시키는 것이 최묘(最妙)를 나타내는 현상을 감안할때 만약 용신의 기운이 있더라도 일간과 원격

(遠隔)하는 즉, 가상하여 사주년간이나 사주년지등에 있다면 용신으로 제대로 일간에 대한 영향력을 발휘할 수가 없게 되어 복록이 낮아진다.

이것은 좀 더 구체적으로 언급할 경우 우리일상생활에 비추어 설명하자면 사람이 짐을 어깨에 짊어지고 갈때 가까이 있는 거리라면 지치지 않으니 많은 짐을 신속히 이동시킬수가 있겠지만 만약 멀리 있는 곳으로 이동하려면 그만큼 힘이들므로 지치기 마련이며 또한 시간도 많이 걸리는 것을 감안할 때 대체로 이해하기가 쉬운 대목인 것이다.

그렇다면 사주일간에 대한 용신의 기운이 일간과 근접하지 않고 원격(遠隔)하여 있을 경우 그만큼 일간에 대한 용신의 기운이 멀어지게 되니 복록이 작아지는 단적인 요인으로 볼 수가 있다.

결국 이상의 부분에 접목시켜 볼 때 신왕한 일간에 용신으로 작용하는 식상, 재성, 관성 중에 재성이 가장 주된 용신이 되고 있는데 만약 재성이 사주년간이나 년지 등에 존재하여 있을 경우 일간과 무정(無情)하니 이 때는 재성을 주된 용신으로 사용하지 못하고 식상이나 관성 중 일간과 가까이 있는 기운을 주된 용신으로 삼는 한 일례라 생각하면 이해가 쉽게 될 것이다.

이상의 4가지 조건을 잠깐 언급하였으나 그러나 이 경우 이외에도 용신의 기운이 형, 충, 파, 해로 파극이 되어 있던지, 또한 용신의 기운이 합을 하여 타오행으로 돌아가는 기반(羈絆)이 되어 용신으로 제대로 그 역할을 수행할 수가 없을 때 대타로 다른 기운을 용신으로 선정하는 등, 대체로 용신의 성질에 대하여 전장 命理秘典 下권인 간명비법 상 조건에 일치하는 부분을 부합시킬 필요가 있겠다.

지금까지 기술한 부분은 대단히 중요한 성질로 본 저자가 약 23년동안 경험상 비추어 볼 때 하나도 틀림이 없었던 비법(秘法)이며 그렇다면 유독 하나의 사주원국에 대하여 용신의 기운을 판별하기 어려운 사항이 되고 있을 경우 이상의 부분을 접목시켜 하나하나 차근차근 따져들어간다면 사주일간에 대한 주된 용신을 선정하는 것은 그다지 어려운 일이 아니라는 것을 알 수가 있다.

따라서 지금의 학자들이 의문을 표시한 용신의 선별에 대하여 방금 설명한 부분을 일치시켜보면 완전히 부합하고 있음을 알 수가 있을 것인데 위 사주팔자에 대한 재성 戊土를 가장 주된 용신으로 선정하지 않고 시상에 투출되어 있는 상관 丁火를 주된 용신으로 선정하는 것은 무엇보다도 일간 甲木과 서로 유정(有情)한 거리인 시상에 있음을 가장 염두에 두고 있다.

더하여 일간 甲木이 왕성한 양인 卯木과 년간 및 월상에 투출되어 있는 壬, 癸水 편인, 인수가 일간을 생조하고 있는 중에 자연스럽게 수기(秀氣)유행시키는 상관 丁火가 일간의 기운을 설기(泄氣)시키는 것은 아주좋게 판단하여야 될 것이다.

결국 그렇다면 이상의 모든 부분에 접목시켜 판단하여 볼 경우 용신의 기운은 왕성함이 요구되고 있으니 사주일지 戊土 편재와 월지 및 시지 卯木 양인이 卯-戌合火로 정히 용신인 火氣로 전부 채워지고 이것은 곧 시상 상관 丁火는 중심세력을 업고 있는 것이 되어 단편적으로 보아도 용신의 기운은 아주 강령함을 보이고 있으므로 상관 丁火가 가장 주된 용신으로 선정되는 이유가 여기에 있다하여도 과언이 아닐 것이다.

*. 본 장 흉사(凶死)의 운명에 준한 판단,!

위 사주주인공은 고서(古書)에 적여있는 흉사(凶死)의 팔자에 나오는 한 중국여인으로서 辛丑대운이 지배되는 癸酉년에 간부와 간음(姦淫)을 하다가 칼로 살해되었다는 인물로 기록되고 있다.

따라서 위 사주주인공에 대한 본 장 흉사(凶死)의 운명에 비추어 사주간명을 하여 보면 우선 첫눈에 띄는 것이 일간 甲木이 사주팔자에 양인 卯木과 인성 水氣에 의하여 오행이 편중(偏重)으로 치우쳐져 있는 중에 일주 甲戌을 주동하여 월지와 시지 卯木 양인이 도화살(桃花殺)에 중첩하고 있으니 단편적으로 보아도 음란성(淫亂性)이 극에 치달아 있음을 알 수가 있다.

*. 命理秘典 上권인 子-卯 형에 인용하여,!

더하여 사주년지 子水 인수가 월지 및 시지 卯木 양인이 함께 중첩하여 子-卯 형이 되고 있으니 전편 命理秘典 上권인 子-卯형의 부분에 기록하고 있기를 "子-卯의 형은 무례지형(無禮之刑)이라고도 하며 예의가 없고 타인에게 불쾌감을 주는데 이 형과 십이운성에 사, 절이 있으면 마음이 독하며 육친을 해하는 흉조가 있고 특히 여자는 남편으로부터 형을 받으며 모자간도 화목치못하다,"!

"또한 남 녀 다같이 사주원국에 도화살(桃花殺)이 있고 이 형이 있으면 주색 잡기에 능하며 타인에게 불쾌감을 주며 술과 노래를 즐기는 특기를 가지고 있다,"라며 대단히 자세하게 기술하고 있다.

이상의 命理秘典 上권인 子-卯형 편에 기술하고 있듯이 위 사주팔자를 그 부분에 부합시켜 간명하여 볼 때 완전히 일치하는 현상이 되고 있겠는데 더하여 사주팔자에 水氣가 왕성하니 이것 역시 음란성을 나타내고 있으며 또한 시주에 육친의 상관과 양인이 동주(同柱)하고 있는 것은 완전히 음란작부(淫亂酌婦)임을 사주원국이 암시를 하고 있다.

그렇다면 위 사주주인공인 중국여인은 본 장 흉사(凶死)의 팔자에 적용하여 볼 때 "사주에 양인이 여러개 있을 때", 또한 "상관과 양인이 동주(同柱)하고 있으며", "도화살(桃花殺)이 중첩하고", "다시 양인이 있는 중에 년주가 십이운성 목욕"에 있으니 완전히 일치를 하고 있는데 더욱 더 사주에 水氣가 왕성하니 이는 색정(色情)으로 인하여 비명횡사의 팔자를 벗어날 수가 없다.

*. 고서(古書)에서 위 사주팔자에 대한 판단,!

고서(古書)에 위 사주팔자의 주인공인 중국여인을 기술하고 있기

를 "사주팔자에 용신과 희신인 戌土와 丁火가 水氣와 木氣에
의하여 파극되었다".!

"더하여 시주에 상관과 양인이 동주(同柱)하고 월지와 시지
에 도화(桃花)가 있어 辛亥대운 중 癸酉년에 간통하다가 살해
되었다",!라며 짧막하게 언급을 하고 있다.

*. 고서(古書)의 일부분에 대한 본 저자 배척,!

하지만 본 저자는 고서(古書)가 말한 내용중 시주에 상관과 양인
이 동주(同柱)하고 월지와 시지에 도화(桃花)가 있는 부분에 적용하
여 간부와 간음을 하다가 색정으로 인한 비명횡사하는 운명은 부합
하는 점이 되겠으나 대운과 용신이 파극 운운(云云)하는 부분에는
완전히 배척을 하고 있다.

이러한 부분은 초심의 학자들에게는 대단한 혼란을 불러올 수가
있는 소지를 다분히 안고 있겠으며 아무리 위대한 고서(古書)를 집
필한 저자라 할지라도 막연히 구렁이 담넘어가는 식으로 추명의 해
석를 짜집기식으로 맞추는 것은 역학(易學)의 발전과 미래후학들의
앞날과 정도(正道)의 차원에서 절대로 용납할 수가 없음이다.

그렇다면 본 저자는 고서(古書)의 오류부분에 대하여 그 실체를
조목조목 따져 그 실체를 추명의 원리에 입각하여 자세하게 파헤쳐
보기로 한다.

첫째로,! 우선 고서(古書)에 기술하고 있기를 **"사주에 용신과 희신인 戊土와 丁火가 水, 木氣에 의하여 파극되었다",** 라는 부분을 면밀히 관찰하여 볼 때 먼저 사주일지 길신의 역할을 하고 있는 戊土 편재가 왕성한 월지 및 시지 양인 卯木에 의하여 파극되었다고 말하는 부분은 戊土 편재와 월지 및 시지 양인 卯木을 卯-戌合火로 정히 용신의 기운인 식상 火氣로 둔갑시키고 있음을 볼 수가 있다.

이는 곧 戊土 편재가 양인 卯木에 의하여 파극을 당해 무용지물이 되는 것이 아니고 오히려 양인과 합을하니 양인이 편재 戊土를 木剋土로 상극하지 못하는 성질로 보아야 하는 것이 타당하며 더구나 이렇게 합을 하여 나오는 기운이 용신인 식상 火氣로 둔갑한 것은 그만큼 용신의 기운을 왕성하게 만드는 현상임을 두말할 이유도 없다.

다음 두 번째로,! 용신의 기운으로 대변되고 있는 시상 丁火 상관이 사주에 왕성한 水氣에 의하여 파극되고 있다는 고서(古書)의 주장에 대하여,비록 사주년간과 월상에 壬, 癸 편인, 인수가 투출되어 시상에 丁火 상관을 水剋火하여 파극한다고 하나 일간 甲木이 水氣와 용신 丁火 상관사이를 가로막고 있으니 완벽한 상극을 할 수가 없다는 논리에 귀착된다.

더구나 상황이 이럴진데 사주월지와 일지, 및 시지 양인 卯木이 모두 卯-戌合火로 둔갑하여 식상 火氣로 변화되고 있는 중에 시상에 투출되어 있는 丁火 상관이 火氣의 기운을 대표하는 성질이 되어 한나라의 중심을 나타내는 성질이 되고 있으므로 감히 인성 水氣가 용신 丁火 상관을 파극한다는 점은 말도되지 않는 어불성설이다.

이와 같은 현상을 놓고 우리 일상생활에 비추어 설명하자면 몸집이 크고 힘이 센 천하장사가 있는데 쇠약한 남자가 주먹으로 배를 치고 있을 경우 천하장사는 가렵다고 말할 수가 있을 것이며 더욱이나 일간 甲木이 가로막고 있는 성질을 비유하자면 천하장사의 몸에는 갑옷을 입고 있으므로 주먹의 영향력은 아주 미약하게 되니 오히려 때리는 남자의 주먹이 도로 아프게 되는 것을 생각한다면 쉽게 이해가 될 것이다.

이상의 부분을 전부 사주추명학상의 원리에 부합시켜 간명하여 볼 때 고서(古書)가 기술하고 있는 지금의 설명은 막연히 추명의 원리에 대한 것은 완전히 접어두고 저자 자기기분데로 짜맞추식의 해설을 하고 있는 점이 적나라하게 들어나고 있다.

더구나 이상의 부분도 그렇지만 더욱 더 개탄(慨嘆)스러운 것은 위 사주대운이 辛亥대운이라고 기술하고 있는데 여자사주에 년간에 壬水가 되어 양녀(陽女)가 되므로 월주 癸卯를 주동해서 대운을 역행(逆行)하자면 辛亥가 아니고 辛丑이 되는 점을 알 수가 있을 것이다.

결국 이와 같이 말도 되지 않고 추명의 원리에 부합할 수 없는 성질이 하나 둘이 아닌 엉터리 소설이며 또한 초심의 학자들도 다 알고 있는 대운 역시 잘못되어 있음을 감히 지적하는 바이니 지금 본 命理大要를 집필하는 본 저자와 대한민국 정도(正道)를 걸어가는 역학자들 전부를 우습게 알고 조롱하는 처사가 분명하므로 생각하면 생각할수록 울화가 치밀고 분통이 터지는 일이 아닐 수가 없음에 따라 마땅히 고서(古書)를 집필한 저자는 지탄을 면치 못할 것이다.

*. 본 장 흉사(凶死)에 대한 대운과 세운에 대한 판단,!

그렇다면 본 저자가 위 사주팔자에 대한 흉사(凶死)의 운명에 관하여 좀 더 구체적으로 대운과 세운을 접목시켜 판단할 이유가 생기게 되니 추명의 원리를 알고자 하는 학자들을 위하여 사실적인 측면에 입각해서 간명하여 보기로 한다.

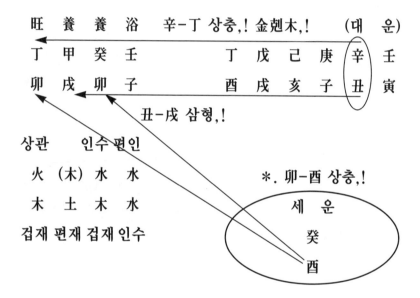

우선 일간 甲木이 신왕한 중에 사주월지와 시지 卯木 겁재가 양인이 되고 있으니 양인이 두 개씩 들어 있는 중에 卯木 자체가 도화살(桃花殺)이 되어 있고 또한 子-卯 형과 육친의 상관, 겁재가 동주하므로 벌써 음란성이 극에 도달하는 사주주인공이라는 것을 알 수가 있다.

그렇다면 전장에 설명한 색정으로 인한 흉사(凶死)의 운명이 되는 것은 기정 사실인데 고서(古書)에는 辛亥대운이 지배되는 癸酉년이라고 하지만 사실은 본 저자가 대운을 판단하여 보니 辛丑대운이 되고 있으므로 辛丑대운이 지배되는 癸酉년운에 간부와 간음을 하다가 살해되었다고 보는 것이 타당하니 그 부분을 집중적으로 판단하여야 될 것이다.

따라서 대운이 辛丑대운중 대운천간 辛金이 정관으로서 여자사주에서는 남자의 기운이 되고 다시 대운지지 丑土는 일간 甲木에 대한 정재의 운이 되어 길신으로 작용하니 일면 길하게 되고 있겠으나 사주일지 戌土 편재를 丑-戌 삼형으로 가격하고 있음을 알 수가 있겠다.

이것은 사주에 대한 육친통변법에 준하여 판단하여 볼 때 사주일지는 배우자의 궁도 표시하고 또한 자신의 몸을 나타내고 있으므로 벌써 대운이 辛丑년이 접어들면 사주원국이 신체상 극도의 흉의가 남자로부터 들이닥친다는 것을 무언중에 암시를 하고 있다.

상황이 이럴진데 辛丑대운이 지배하는 세운 癸酉년이 되고 보니 세운천간 癸水가 신왕한 일간 甲木에 대한 인수의 운로로서 水生木으로 신왕한 일간을 더욱 더 신왕하게 만들고 있으면서 일간에 대한 가장 소중한 용신의 기운이 투출되어 있는 시상 丁火 상관을 丁-癸 상충으로 파극시키고 있으니 파극된 용신이 제대로 그 역할을 할 수가 없게 되었다.

더구나 이와 같은 현상은 여기에 끝나지 않고 세운지지 酉金이 일간 甲木에 대한 역시 정관이 되어 여자사주에는 이것 역시 남자의 기운이 되고 있는데 설상가상으로 대운지지 丑土와 酉-丑合金하니 합을 하여 나오는 金氣는 관성이 되므로 여자사주에 남자의 기운인 관성이 중첩하여 나타나고 있는 중에 합을 하여 나오는 金氣로 사주 월지와 시지 卯木 양인을 金剋木해서 용신의 의지처를 모두 파극하여 없애버리니 그 흉의가 극단으로 치달리고 있다.

보통 사주팔자에 양인이 들어 있는 것을 운로인 대운이나 세운에서 삼형이나 상충등으로 파극할 때 양인이 발동하면 그 흉의는 하늘을 찌르고도 남음이 있으니 극단적인 십중구사의 운명을 치달리는 현상도 이와 같은 맥락에 전부 일치하는 것을 알아야 한다.

결국 위 사주주인공인 중국여인은 대운지지 丑土와 세운지지 酉金이 합을 하여 金氣로 양인을 金剋木하는 현상도 발생하겠지만 그보다 세운지지 酉金이 사왕지지(子, 午, 卯, 酉)로서 역시 사왕지지인 卯木 양인을 卯-酉 상충으로 양인의 성질을 뿌리채 뽑아버리고 말았으니 그 흉의는 죽음을 불사하고도 남음이 있다하겠다.

※참고로 본 장 흉사(凶死)의 운명에 적용되는 사주팔자는 전장에 언급하였던 단명(短命)의 팔자와 일면 흡사하는 면이 있는 것 같으나 사주팔자를 자세히 간명하여 볼 때 양인이나 편관 등으로 강렬한 기운을 가지면서 극단적인 비명횡사함을 동반하는 성질이 되어 단명(短命)의 운명과는 많은 차이를 보이고 있으니 사주팔자를 세밀히 파악하면 곧 그 실체를 알 수가 있겠다.

더하여 본 장 흉사(凶死)에 적용되어 사주가 설명되고 있는 본 사주주인공인 중국여인을 본 저자가 간명하여 볼 때 고서(古書)에서 언급하는 용신이나 격국을 설명하는 처사가 대단히 못마땅한 것은 사실이며 이와 같은 점은 추명의 원리를 연구하는 역학의 대가(大家)나 초심의 학자이던 불문하고 마땅히 지양되어야 하는 것은 사실이다.

(예2). 여자, 故 강 모씨(경남 산청) 1968년 음력 7월 19일 辰 시

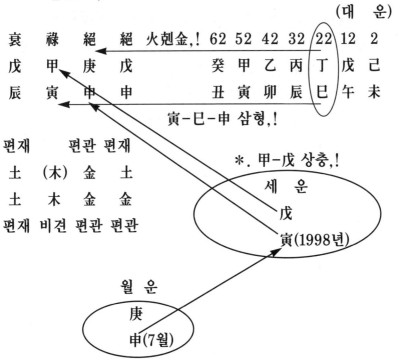

●대운천간 丁火가 신약한 일간 甲木에 대한 상관으로 일간의 기운을 더욱 더 빼고 사주월상에 투출되어 있는 왕신(旺神)의 성질이 되어 있는 庚金 편관을 火剋金하여 파극하니 庚金 편관이 발동을 하고 있다.!

더하여 대운지지 巳火가 일간에 대한 식신으로 사주월지 와 일지 모두 寅-巳-申 삼형으로 대접하니 완전히 그 흉의가 저승사자를 불러들이고 있다. 설상가상으로 1998 년 세운이 戊寅이 되어 세운천간 戊土가 일반 甲-戊 상충 하고 역시 또라시 세운지지 寅木이 대운과 함께 寅-巳-申 삼형을 중첩하니 곡(哭?)소리 낭자하다,!

더욱더 기가 찬 것은 월운이 음력7월에 사망하였는데 월 운까지도 庚申이 되어 편관을 중첩, 세운 및 대운 그리고 월운이 모두 寅-巳-申 삼형이 되는 것을 눈여겨 볼 필요 가 있으며 이때 강씨는 승용차를 몰다가 고속도로에서 중 앙선을 침범하여 대형트레일러와 부딪혀 일가족 4명이 그 자리에서 즉사하였다.!

*. 일간의 왕쇠(旺衰),!

甲일간 辛월에 출생하여 실령(失領)하였으며 사주원국 월지 申金 편관을 중심으로 년지 申金, 그리고 다시 십이운성 건록지에 않은 월상 庚金 편관이 투출되어 있는 중에 강력한 편재 土氣가 편관 庚 金을 생조하고 있으니 일간 甲木이 신약하다.

이렇게 일간 甲木이 신약하면 마땅히 일간 甲木을 생조하는 기운 이 있어야 일간이 힘을 받아 대길할 수가 있을 텐데 일간 甲木은 일 지 寅木 비견에만 득지(得地)한 중에 시지 辰土 편재의 지장간 중기 (中氣)에 癸水가 존재하여 있으므로 아쉽기는 하나 일간에 대한 의

지처가 있으니 그나마 다행이라 아닐 수가 없을 것이다.

그러나 한편으로 볼 때 일간 甲木이 사주내 왕성한 편관 金氣가 태왕하여 있는 중에 편재 土氣가 시주 戊辰과 년간 戊土가 투출되어 편관 金氣를 강력히 土生金으로 생조하고 있으니 편관 金氣가 더욱 더 강력하여 그 기운이 일간 甲木을 상극하므로 설상가상이라 할 수 있겠다.

더욱이나 일간 甲木이 신약하여 오르지 시지 辰土 편재의 지장간 중기(中氣)인 癸水와 일지 寅木 비견에 의지를 하고 있는데 이렇게 중요한 일지 寅木 비견을 년지와 월지 申金 편관이 寅-申 상충으로 동시에 파극하니 일간이 의지를 할 수 있는 기운이 쇠약하여져서 더욱 더 좋지 못하게 되어 있다.

따라서 이렇게 관성 金氣가 태왕하여 일간의 의지처인 寅木 비견을 파극하고 있을 때 그 대안으로서 사주에 식상 火氣가 존재하여 있을 경우 강력한 편관 金氣를 식상 火氣가 가로막아 일간 甲木과 일지 비견을 보호하면서 강력한 관성 金氣에 제살(制殺)의 법칙이 성립하여 있을 것 같으면 매우 좋을 것이다.

하지만 마땅히 사주에 식상 火氣가 비록 일지 寅木 비견의 지장간 중기(中氣)에 丙火 식신이 존재하지만 지장간에 암장된 기운은 그 세력이 약하고 미미하므로 적절히 관성 金氣를 억제할 수가 없으니 호랑이가 안아무인식으로 나돌아 다니는 형상이 되어 대단히 답답하게 되었다.

*. 격국(格局)과 용신,!

위 사주팔자에 대한 격국(格局)을 관찰하여 보면 일간 甲木이 왕성한 편관 金氣에 의해서 극루함이 심하여 신약한 중에 년지와 월지 편관 申金이 자리를 잡고 다시 월상에 庚金 편관이 십이운성 건록지에 각각 앉아 투출되어 있으므로 신약편관격(身弱偏官格)이 성격(成格)된다.

고로 용신은 살중용인격(殺重用印格)으로 신약한 일간 甲木의 기운을 생조하면서 아울러 왕성한 편관 金氣를 일간 甲木에게 살인상생(殺印相生) 및 관인상생(官印相生)으로 연결하는 인성 水氣를 용신하고 더하여 신약한 일간 甲木을 부조하는 비겁 木氣는 길신으로 삼는다.

이렇게 사주상의 용신과 길신을 선택하고 난 후 사주팔자를 자세히 관찰하여 보니 일간 甲木에 대한 용신인 인성 水氣가 사주내 정오행이 없고 단지 년, 월지 申金 편관의 지장간 중기(中氣)에 존재하는 壬水 편인과 사주시지 辰土 편재의 지장간 중기(中氣)에 존재하는 癸水 인수가 암장되어 있겠으나 비록 암장되어 있는 인성이 있다 하더라도 암장된 기운은 그 역할이 미미하기 짝이 없으므로 적절히 그 역할을 수행할 수가 없다.

따라서 사주원국의 일간 甲木에 대한 용신이 왕성하지 못함에 따라 대단히 불리하기 그지가 없는데 그렇다면 오르지 운로인 대운이나 세운에서 인성 水氣를 보아야하는 가신(假神)인 즉, 가용신(假用神)을 선택하는 성질이 되는 고로 사주상의 진신(眞神)의 역할을 할 수가 없으니 그 복록이 미미하다고 볼 수가 있겠다.

*. 일부학자들의 의문,!

여기서 일부학자들 중에서 용신의 성질에 대하여 한가지 의문을 가지면서 본 저자에게 질문을 하고 있는데 그것은 **"운정선생은 위 사주팔자에 대하여 용신이 편관인 金氣가 강력하니 신약한 일간 甲木을 생조하고 아울러 일간 甲木과 편관 金氣간을 살인상생(殺印相生) 및 관인상생(官印相生)도모하는 인성 水氣를 용신으로 삼는다고 하였는데 그 부분에는 저희 학자들 생각도 일치한다."**

"하지만 그 이외에도 운정선생이 집필한 命理秘典 上권에 기술하고 있는 육친인 편관편에 인용하여 볼 때 사주일간이 신강, 신약을 불문하고 관성이 태과할 때는 살중용식상격(殺重用食傷格)으로 강력한 편관 金氣를 제살(制殺)의 법칙을 실현하는 식상 火氣로 용신으로 쓸수가 있다며 설명하고 있다."

"그런데 지금에 와서 위 사주팔자를 간명하는 자리에서 선생은 어찌하여 식상 火氣의 부분에 대해 한마디도 언급을 하고 있지 않는지 자세하게 해답을 하여달라."라며 구체적으로 질문을 하고 있다.

*. 일부학자들의 의문에 대한 본 저자판단,!

이와 같은 일부학자들의 의문에 대하여 일면 타당성이 있으며 더하여 본 저자가 집필한 命理秘典 上권에 기술하고 있는 육친의 편관편의 용신법에 준해서 볼 때 **"사주일간이 신강, 신약을 불문하고 관성이 태과할 때는 원칙적인 살중용식상격(殺重用食傷格)으로서 식상이 용신이 된다"**,라며 자세히 언급하고 있다.

그러나 이와 같은 용신의 성질은 보통 사주팔자 격국에 따라 천차만별의 차이를 보이고 있으므로 용신의 기운이 얼마나 일간에 대하여 그 영향력을 십분발휘 할 수가 있는가, 그렇지 않으면 용신의 기운이 된다하여도 용신이 쇠약하거나 용신의 기운이 허약함으로 인해서 더 이상 용신이 일간에 대한 영향력을 발휘할 수가 없는 등의 사안을 면밀히 관찰하여 보고 용신을 선정하여야 되는 점을 강조하고 싶다.

따라서 위 사주팔자를 방금 본 저자가 설명한 부분에 부합시켜자세히 관찰하여 볼 때 사주내 이미 편관 金氣가 태왕하여 신약한 일간 甲木이 견디기가 어렵게 되는 것은 기정사실로 나타나고 있는데 그 중에 인성 水氣는 강력한 편관 金氣를 일간 甲木에게 살인상생(殺印相生) 및 관인상생(官印相生)하여 신약한 일간을 부조하면서 아울러 편관 金氣를 일간과 연결하니 대단히 좋은 용신임에는 틀림이 없다.

＊. 모든 사주팔자에 대한 식상제살(食傷制殺)의 원칙,!

하지만 학자들이 주장한 식상 火氣를 놓고 위 사주에 대해 그 특

성을 면밀히 관찰하여 볼 필요가 있겠는데 그것은 아무리 식상 火氣
가 강력한 편관 金氣를 제살(制殺)을 하여 길이 된다하여도 때에 따
라서는 무용지물이 되는 현상이 약 3가지로 나타나고 있다.

지금 설명하는 부분은 역시 대단히 중요한 사안으로 초심의 학자
들은 정신을 집중하여 본 저자의 설명에 귀를 귀울려야 될 것이니
절대 소홀히 취급하지 말고 이상의 부분에 적용되면 본 장 식상제살
(食傷制殺)의 법칙에 준하여 간명하면 절대로 실수가 없을 것이다.

**첫째로,! 사주일간이 너무 신약이 극심하면 식상제살(食
傷制殺)의 법칙에 준하여 강력한 관성을 제어하려는 본래취
지가 퇴색된다.!**

그 이유는 사주팔자의 일간이 신약이 극심할 경우 본래 식상의
기운은 일간의 기운을 흡수하여 받아들임으로 인해서 기운을 얻고
따라서 힘이 강한 식상으로 하여금 반대로 강력한 관성을 되받아치
는 현상을 유도하는 것이며 그에 따라 자연히 일간이 강력한 관성에
극루함에 해방될 수 있는 잇점을 부여받을 수가 있다.

그러나 일간의 기운이 신약함이 극심하여 일간 자기자신도 몸을 못
지탱하는 현상이 되고 있다면 역시 식상의 기운도 일간의 기운을
흡수받고 누출시키는 오행이 되므로 이미 관성의 극루함이 심화되고
있는데 식상의 기운까지 가중되는 처사는 더욱 더 일간이 신약함을
면치 못하는 형상이 되어 결국은 자멸하는 결과로 연결될 것이다.

따라서 사주팔자에 일간을 극루하는 관성이 태과할 때 식상으로

제살(制殺)의 법칙을 도모하려면 비록 일간이 신약하더라도 어느정도 기운을 유지할 수가 있어야만이 식상으로 하여금 힘을 주어 반대인 관성을 적절히 억제할 수 있는 여력을 갖출 수가 있을 것은 두말할 여지가 없다.

하지만 반대로 일간이 신약함이 극심할 경우 전자에 설명한 바와 같이 식상의 기운으로 하여금 더욱 더 일간의 기운이 누출됨이 심화되어 궁극적인 식상제살(食傷制殺)의 원칙을 도모하지 못하고 일간과 식상 모두 자멸로 빠지게 되니 아무리 일간이 신약해도 적절히 일간이 어느 정도 힘을 가져야 되는 이유가 여기에 있는 것이다.

다음 둘째로,!사주팔자에 식상을 용신으로 삼고자 할 경우 인성의 기운이 왕성하여 식상과 근접하여 있을 때는 식상이 인성의 기운에 의하여 먼저 파극되니 일간에 대한 강력한 관성으로부터 식상제살(食傷制殺)의 법칙을 실현할 수가 없게된다.!

무슨 말인지 좀 더 자세하게 언급하자면 사주원국에 관성이 태왕하여 신약한 일간이 강한 관성으로부터 극루함이 심화되고 있는데 이 때 절묘하게 식상이 사주에 자리를 잡아 식상으로 하여금 강한 관성을 되받아치는 식상제살(食傷制殺)의 법칙이 실현되고 있다.

그런데 일간을 생조하는 인성이 사주에 강해 있는 중에 인성과 식상이 근접하여 있거나 동주(同柱)하여 있는 경우는 식상이 일간의 힘을 받아 강력한 관성을 제살(制殺)하기 앞서 인성에 의하여 먼저 파극을 당해 무용지물이 되므로 강력한 관성을 제살(制殺)을 할 수가 없게 된다.

이는 곧 일간이 신강, 신약을 불문하고 관성이 태과할 때는 반드시 식상제살(食傷制殺)의 법칙에 적용되어야 하겠지만 의외로 일간을 생조하는 인성이 왕성하고 있을 때는 강력한 관성은 인성에게 약간의 생조를 하면서 이 때 관성은 오히려 인성에게 의지를 하게 된다.

따라서 그렇지 않아도 식상을 만나 관성은 고양이 앞에 쥐를 보듯 꼼짝달싹도 하지 못하고 있는데 이 때 절묘하게 관성의 힘을 받은 인성은 기세등등하여 사정없이 식상을 파극하니 파극당한 식상은 본래취지인 관성을 억제하지 못하는 성질이 되므로 기세등등한 관성은 재차 일간을 공격하게 되어 더욱 더 불리하게 된다.

결국 이상의 경우를 놓고 사주팔자에 관성이 태왕하여 일간이 극루함이 심한데 이 때 일간이 신약이던, 신강이던, 불문을 하고 인성의 기운이 왕성하여 식상과 근접하여 있을 경우 일간을 강한 관성으로부터 식상이 보호하려는 본래의 목적이 퇴색되므로 사주팔자에 인성이 식상을 파극하고 있을 때는 식상제살(食傷制殺)의 법칙이 되지 못하는 이유가 이 또한 포함되고 있는 것이다.

다음 셋째로,!사주팔자에 관성이 태왕하여 일간이 식상으로 용신을 선정 할 경우 사주원국에 식상의 기운을 빼면서 강한 관성을 생조하는 재성의 기운이 왕성하거나 강력하게 작용하지 않아야 본래의 목적을 달성할 수가 있다.

이 부분도 세별하여 좀 더 자세하게 기술하자면 우선 사주팔자에 대한 일간이 강력한 관성에 의하여 극루함이 심화되어 견디기가 힘들고 있는데 때마침 식상이 자리를 잡아 있던지 그렇지 않으면 운로인 대운이나 세운에서 식상의 기운을 볼 경우 곧 식상제살(食傷制殺)의 원칙에 입각하여 식상이 강력한 관성을 억제하니 대길함은 두말할 것도 없다.

그런데 사주팔자에 식상의 기운을 빼면서 강력한 관성을 생조하는 재성이 사주내 왕성하거나 많을 경우 식상은 오히려 강력한 관성을 제살(制殺)하기는 커녕 재성을 생조하면서 기운이 빠지게 되니 강력한 관성을 억제할 수가 없게 된다.

더하여 더욱 더 상황이 나빠지는 것은 식상의 기운을 흡수한 재성은 이러한 식상의 기운이 관성을 상극하지 못할 정도로 만들어 버리면서 힘이 왕성한 재성은 다시 강력한 관성을 생조하니 재성의 기운을 받은 관성은 다시 안하무인식이 되어 식상에게 당한 분풀이를 일간에게 맹공격을 하게 되므로 그에 대한 재화가 대단히 위험하게 되는 것은 자명한 일이다.

따라서 사주팔자에 이와 같은 **"재성의 기운이 관성과 근접하여 왕성하여 있거나"**,! 또한 **"식상이 사주에 존재하여 있다해도 재성이 관성을 가로막아 식상이 재성을 생조하는 식상생재(食傷生財)"**,! 다시 **"재성은 관성을 생조하는 재성생관(財星生官)으로 이어지는 명조가 되고 있을 경우"**,!

모두 일간의 기운이 신강, 신약을 불문하고 관성이 태왕해서 식상으로 제살(制殺)의 법칙을 실현하자는 본래의 취지는 완전히 상실

되는 이유가 이런부분에 적용된다하여도 과언이 아니다.

*. 위 사주원국에 대한 식상제살(食傷制殺)판단,!

이상의 3가지 현상을 모두 종합하여 판단하여 볼 경우 학자들이
의문을 표시한 본 사주팔자에 식상 火氣가 편관 金氣를 제살(制殺)
을 하지 못하는 이유를 놓고 위 마지막 세 번째 항목에 적용되는 것
을 알 수가 있을 것이다.

일면 한편으로 생각할 때 비록 사주팔자에 식상 火氣가 사주일지
寅木 비견의 지장간 중기(中氣)에 丙火 식신이 있다하지만 지장간에
암장된 기운은 그 역할이 미미하기 짝이 없고 또한 운로인 대운이나
세운에서 식상을 보면 길하게 될 수가 있을 성질도 역시 불투명하기
때문에 그에 대한 길함을 모색하기가 힘들게 되는 성질임을 알 수가
있겠다.

그것은 전자에 언급하였지만 이미 사주팔자에 편관 金氣가 태왕
한 중에 편재 土氣가 시지 辰土 편재와 다시 시지 편재에 뿌리를 두
면서 년간과 시상에 戊土 편재가 또다시 투출되어 그렇지 않아도 강
력한 庚金 편관을 생조하고 있어 이것은 학자들이 생각하는 것처럼
일간의 강약을 불문하고 강력한 편관 金氣를 제살(制殺)하는 식상
火氣를 용신으로 삼는 살중용식상격(殺重用食傷格)이 된다고 판단
하면 추명의 오류를 드러내는 단적의 요인이 될 것이다.

결국 위 사주에 대해서 식상 火氣의 기운이 운로인 대운이나 세운

에서 들어 온다손 치더라도 편재 土氣가 식상 火氣의 기운을 쭉 빨아들이면서 오히려 편관 金氣를 생조하니 식상제살(食傷制殺)의 법칙을 사용하고자 하는 본래취지를 무색하게 만드는 요인이 발생됨에 따라 본 저자는 식상 火氣가 위 사주팔자에 대하여 제대로 편관 金氣를 제살(制殺)을 할 수가 없다고 귀착하는 이유가 여기에 있다.

*. 격국에 대한 청탁(淸濁)판별,!

다시 위 사주팔자에 대한 청탁(淸濁)의 조건을 판별하여 보면 우선 일간 甲木이 신약한 중에 사주내 편관 金氣가 태왕하여 대단히 좋지 못하고 있는데 강력한 편관 金氣와 편재 土氣가 사주구성을 대부분을 차지하고 있으니 단편적으로 보아도 사주에 탁기(濁氣)를 구성하고 있음을 알 수가 있다.

더구나 사주천간에 일간 甲木과 월상에 투출되어 있는 강력한 庚金 편관과 甲-庚 상충으로 일간 甲木이 파극이 되고 있으며 또한 년간 戊土 및 시상에 투출되어 있는 戊土 편재가 각각 일간 甲木과 역시 甲-戊 상충으로 되어 있음에 따라 이것은 어느하나 일간이 의지할데가 없으니 고립무원이라 하겠다.

설상가상으로 이상의 사주천간에도 그럴진데 사주지지에 월지 및 년지 申金 편관과 일지 寅木 비견과 寅-申 상충이 되고 있는 것을 볼 수가 있겠는데 비록 시지 辰土 편재가 월지 및 년지 申金과 申-辰合으로 해극을 도모한다손치더라도 근본적인 오행의 유통이 막힘을 면할 수가 없으니 딱하기 그지없다.

결국 위 사주원국에 대한 격국의 청탁(淸濁)에 대한 판단은 대단히 탁기를 구성하는 것으로 결론이 나고 있는데 이렇게 오행상 유통됨이 막히면 생식불식(生息不息)에 근접하는 현상이 되지 못하고 더구나 상충의 작용이 이중, 삼중으로 되어 있으니 첫눈에 보아도 운로인 대운이나 세운에서 살운(殺運)이나 거듭 관성 金氣나 재성 土氣운을 맞이할 경우 그에 대한 숙명적인 불길함은 불을 보듯 뻔한일이 아닐 수가 없는 것이다.

*. 본 장 흉사(凶死)의 운명에 대한 판단,!

본 장 흉사(凶死)의 운명에 언급하는 본 사주팔자 주인공은 이미 1998년 戊寅년에 교통사고로 유명을 달리한 故 강 모씨인 여자인데 사고현장이 TV 뉴스에 보도되었던 인물로 정말 그때 일가족 참사를 보았던 세인들이라면 몸서리가 쳐지는 현장이었음을 아무도 부인하지 않았을 것이다.

따라서 본 장 흉사(凶死)의 운명에 언급하는 자체가 어쩌면 고인에 대한 예의는 아닐 것 같으나 이러한 운명을 세상의 역학자들이 완벽한 판단의 기준을 세우고 있을 경우 좀 더 흉함을 대처하고 더 나아가서는 평운으로 전환시킬 수 있는 사명감이 앞선다면 아마도 고인도 기꺼이 승낙할 것이라 믿어 의심치 않는다.

이상의 본 사주팔자가 흉사(凶死)의 운명에 적용되고 있는 것은 전 장에 언급하였듯이 사주원국에 천간은 일간 甲木과 월상 庚金 편관과 甲-庚 상충, 그리고 다시 일간과 시상 및 년간 戊土와 甲-戊

상충, 또한 사주지지에 寅-申 상충등이 전부 다 사주를 차지하다시피 상극이 되고 있으니 완전히 전쟁터를 방불케하고 있다.

이와 같은 부분을 적용시켜 볼 때 **"사주팔자에 형, 충이 많으면 흉사(凶死)의 운명"**이라며 분명히 적고 있으며 더하여 시주자체가 戊辰으로서 백호대살(白虎大殺)이 되고 있는 중에 오행인 木, 火, 土, 金, 水가 균등을 이루지 못하는 것은 완전히 생화불식(生化不息)에 상반되는 현상을 불러일으키므로 흉사(凶死)의 운명에 더욱 더 완전히 부합하고 있다.

*. 격국(格局)에 대한 대운의 흐름,!

위 사주 주인공인 故 강 모씨는 1998년 戊寅년 음력 7월에 교통사로로 비명횡사를 하였는데 이와 같은 사주격국이 상충이 중첩되어 있는 중에 오행이 근본적인 탁기를 구성함에 따라 그 운명에 대한 숙명적인 불길함이 불을 보듯 뻔한일이 아닐 수가 없을 것이다.

따라서 故 강 모씨가 戊寅년에 흉사의 참변을 당하는 현상을 놓고 학자들을 위해서 학술적인 근거와 추명학적으로 그 실체를 본 장 흉사(凶死)의 운명에 가늠하여 격국에 대한 대운의 흐름을 판별하여 보아야 그 간명여부가 판가름이 날 것이다.

초년 2세는 己未대운이다.

이 때에 대운천간 己土는 신약한 일간 甲木에 대한 정재로서 기신(忌神)이 되어 대단히 흉함을 동반할 수가 있겠는데 설상가상으로 사주일간 甲木과 대운천간 己土간에 甲-己合土로 일간이 함께 정재의 기운으로 둔갑하니 아주 나쁜 것이 된다.

더하여 대운지지 未土가 역시 신약한 일간 甲木에 대한 정재로서 이미 사주원국에 편관 金氣가 강력한 중에 운로에서 정재 土氣가 土生金으로 생조하고 있으니 더욱 더 편관 金氣가 기승을 부리게 되는 것은 두말 할 것도 없다.

그렇다면 이 때 사주주인공인 故 강 모씨는 유년시절이 되겠는데 실제로 편관 金氣가 강력하게 생조되는 것은 그만큼 신체상 질병이 떠날날이 없음을 알 수가 있었으니 벌써 유년부터 신체상 질병으로 인한 수술과 고통이 이루말 할 수가 없었던 것이라 故 강 모씨의 언니를 통하여 알 수가 있었다.

다시 12세는 戊午대운이다.

따라서 대운천간 戊土는 신약한 일간 甲木에 대한 편재의 운로이니 기신(忌神)을 업고 들어옴에 따라 흉을 동반하는 것은 기정사실인데 설상가상으로 대운천간 戊土가 사주일간 甲木을 甲-戊 상충이 되어 가격하고 있는 것은 더욱 더 흉함을 좌초하는 것이 된다.

더하여 대운지지 午火가 일간 甲木에 대한 상관이며 또한 사왕지지로서 사주일지 寅木 비견과 寅-午合火하여 식상 火氣로 거듭 변화되니 대단한 흉함이 돌출되겠지만 의외로 약간의 신체상 부상이나 조금의 고통이 발생하였을 뿐 무사히 지나갔다고 말하고 있다.

*. 대운의 흐름에 대한 한가지 의문,!

그렇다면 여기서 12세 戊午대운에 대하여 한가지 의문이 발생하고 있는데 그것은 위 사주팔자에 대한 일간 甲木이 신약하여 있는 중에 대운천간 戊土는 일간 甲木을 甲-戊 상충으로 파극하고 대운지지 午火는 역시 신약한 일간 甲木의 기운을 누출시키는 상관이 되므로 대운천간지지 모두 흉으로 판단하고 있다.

이와 같은 현상은 단편적으로 생각하여 보아도 대흉은 면하기 어려운 것을 알 수가 있겠으니 따라서 故 강 모씨가 벌써 이 대운인 12세 戊午대운에서 목숨을 담보내지는 그에 상응하는 대가를 충분히 지불하고도 남음이 있을 것은 미루어 짐작할 수가 있겠다.

그러나 그것에 대한 해답은 본 저자가 집필한 命理秘典 上권인 육친의 편관편에 기술하였듯이 비록 사주팔자에 일간 甲木이 신약함이 편관 金氣가 강력하여 더욱 더 신약을 부채질하고 있으므로 편관이 강력할 때는 일간의 신강, 신약을 불문하고 식상으로 제살(制殺)을 하여야 된다고 설명하였다.

따라서 위 사주팔자에는 편관 金氣를 생조하는 편재 土氣가 강력하게 작용하고 있으므로 전자에 언급하였듯이 식상 火氣가 편재 土氣를 火生土하여 생조하기 때문에 불리하게 연출되는 것은 기정사실이겠지만 여기서 한가지 중요한 부분이 발견되고 있겠는데 그것은 대운지지에 들어오는 午火가 사주일지 寅木과 寅-午合火를 구성하는 현상을 면밀히 관찰하여야 될 것이다.

*. 본 저자가 실제인물에 적용하여 얻어진 경험상 비법(秘法),!

이와 같이 대운에서 들어오는 오행이 사주원국에 있는 오행과 합을 하는 현상을 면밀히 관찰하여야 되는 성질을 놓고 보통 대운에서 들어오는 순수한 오행이 사주내 오행과 합을 하지 않고 사주원국에 미치는 영향력과 대운에서 들어오는 오행이 사주내 타오행과 합을 하여 나오는 기운에 대한 영향력이 각각 차이가 나고 있음을 볼 수가 있었다.

무슨 말인지 좀 더 자세하게 위 사주팔자를 인용하여 기술하자면 위 사주가 편관 金氣가 태왕하여 일간 甲木이 신약이 되고 있는 중에 설상가상으로 편재 土氣가 왕성하여 식상 火氣로 제살(制殺)의 법칙을 실현할 수가 없게 되어 있는 것을 만약 운로에서 순수한 식상 火氣가 사주에 합을 하지 않고 오게 될 경우는 재성 土氣를 생조하므로 인하여 편관 金氣를 마땅히 억제할 수가 없게 된다.

그러나 이렇게 대운지지 午火가 일간 甲木에 대한 비록 상관의 운이나 독립적으로 들어오는 것이 아니고 사주일지 寅木 비견과 寅-午合火하여 식상 火氣로 변화되어 다시 식상 火氣로 작용하는 것이라면 그 세력이 대단히 왕성함이 되므로 이 때 비록 재성 土氣에게 일부 그 기운은 빼앗기는 현상은 유발되더라도 일간 甲木을 괴롭히는 편관 金氣를 다소나마 제살(制殺)을 할 수 가 있음을 수많은 실제인물을 통하여 경험상 판단하였다.

이 부분을 좀 더 자세히 기술하자면 전편인 命理秘典 上권의 조후용신편에 언급하고 있듯이 보통사주팔자에 억부법이나 조후법에 용신이 일치하고 있지않을 경우 일간의 강약을 불문하고 제일로 조후법에 준하여 용신이 선정되는 것과 같다.

예를 들어 가정한다면 사주일간 戊土가 子월에 태어나 신왕이 되고 있는데 인성 火氣는 조후법을 충족하는 기운이므로 비록 일간 戊土를 火生土하여 신왕을 더욱 더 신왕하게 만드는 일면은 있겠으나 조후를 충족하는 성질이 되는 이상 복록이 들어오는 한 일례와도 같은 부분을 생각하면 쉽게 이해가 될 것이다.

이상의 부분은 대단히 중요한 성질로서 본 저자가 다년간 실제인물을 통하여 밝혀진 경험상 얻어진 비법(秘法)이며 보통 사주팔자에 유독 이와 같은 편관에 대하여서만 적용할 것이 아니고 거의 모든 육친에 적용되는 것을 확인하였으며 이런 부분을 완벽히 파악하여 추명의 원리에 간명상 보탬이 되었으면 더 이상 본 저자는 바램이 없겠다.

사주 주인공인 故 강 모씨는 이 때의 운로를 만약 단편적으로 판단할 경우 12세 대운인 戊午대운에서 죽음을 당하고도 남음이 있다고 간명하는 것이 되겠지만 이와 같은 대운의 성질을 곧 바로 파악하였을 때 지독한 흉함이 평운으로 전환될 수가 있다고 결론을 내리는 것이 되니 이 얼마나 하늘의 기운을 알아내는 역(易)의 실체를 놓고 수박겉핥기식으로 공부하는 것은 위험천만한 일이 아닐 수가 없는 것이다.

결국 이상의 부분을 접목시켜 간명할 경우 故 강 모씨는 12세 戊午대운이 대단한 흉을 동반하는 것이 되겠으나 대운지지 午火가 사주일지 寅木 비견과 寅-午合火하니 합을 하여 나오는 식상 火氣로 다소 편관 金氣를 제살(制殺)하므로 인해서 그 반대급부로 일간 甲木이 구제를 받았다는 것을 여실히 증명하고 있음을 알 수가 있는 것이다.

*. 비명흉사의 운명을 당한 대운과 세운 및 월운판단,!

다시 22세는 故 강 모씨가 죽음을 당하였던 丁巳대운이다.

지금부터 본 저자가 설명하는 부분은 대단히 고난도의 이해력이 요구되는 성질로서 학자들의 이해를 돕기위해 본 사주팔자의 명조를 대운과 세운 및 월운으로 기재하면서 기술하여야 되겠는데,!

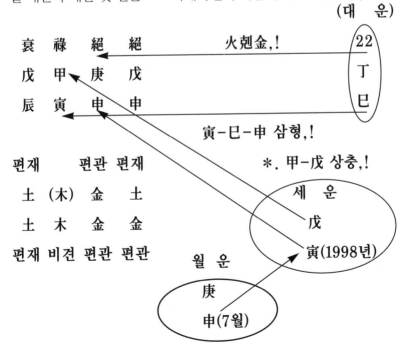

도표에서 보듯이 故 강 모씨의 사주명조를 대운과 세운, 그리고 월운까지 삽입하여 나타내고 있음을 알 수가 있는데 대운천간 丁火가 신약한 일간 甲木에 대한 상관의 운로여서 이미 전자에 설명한 상관 火氣가 독립적으로 들어오게 되니 제살(制殺)의 법칙을 하지 못하고 오히려 년간과 시상에 투출되어 있는 편재 土氣를 火生土하여 편재 土氣를 강력하게 생조를 하고 있다.

그렇다면 庚金 편관은 더욱 더 재성 土氣가 土生金으로 생조를 하고 있으니 그 힘이 강력하게 되는 것은 기정사실인데 문제는 다소 나마 대운천간 丁火가 직, 간접적으로 사주월상에 투출되어 있는 庚金 편관을 火剋金으로 상극하여 호랑이 수염은 건드리는 현상은 왕신(旺神) 金氣가 반발을 하는 요인으로 충분히 작용하고도 남는다.

설상가상으로 이상의 대운천간 丁火가 왕신(旺神) 庚金 편관을 건드리는 것도 무사할 수가 없음을 알 수가 있을진데 대운지지 巳火가 역시 일간 甲木에 대한 식신이 되면서 이것이 사주에 이미 월지, 년지 申金 편관이 일지 寅木 비견을 寅-申 상충이 되고 있는 중에 대운에서 완전히 寅-巳-申 삼형으로 대접하고 있으니 신약한 甲木은 정말 의지할 수가 없음을 극단적으로 보여주고 있다.

아마도 본 저자는 이상의 故 강 모씨가 1998년 戊寅년 음력 정월 달에 한번쯤 찾아와서 본인의 운명을 감정받았다면 정말 바지가랭이라도 부여잡고 제발 출행길을 조심하여야 된다며 조언을 할 수도 있었겠지만 그렇게 비명횡사의 운명으로 죽음을 당하는 필연인지는 몰라도 본 저자와 인연이 닿지 않음을 대단히 슬프게 생각하는 바이다.

그러나 그 흉함은 이미 한번 1998년 정월달에 운전이 미숙한 관계로 순간적인 접촉사고로 본인의 차가 폐차지경까지 도달하는 극심한 흉을 동반하였으나 故 강 모씨 본인은 신체상 약간 찰과상을 입었을 뿐 재물손재로 무사하게 넘어갔다고 그의 언니는 회고를 하고 있다.

앞으로 들이닥치는 대흉을 아마도 故 강 모씨는 까맣게 모르고 잊은 채 지나가다가 1998년 戊寅년 음력 7월이 되고 보니 음력 7월은 월건이 庚申으로서 대운지지 巳火가 이미 사주명조인 월지, 년지 申金 편관과 일지 寅木 비견을 합하여 寅-巳-申 삼형이 되고 있는 것은 이것만해도 흉사(凶死)의 운명은 충분하다.

그런데도 불구하고 세운지지 寅木이 중첩가세하고 다시 세운천간 戊土는 일간 甲木을 甲-戊 상충으로 파극하는 것만 해도 도저히 가망이 없는데 월운이 庚申이 되어 편관으로 완전히 대운, 세운, 월운이 일치하는 寅-巳-申 삼형이 되고 있으니 치명적인 운명을 예상치 않을수 없다.

결국 이 때에 사주 주인공인 故 강 모씨는 음력 7월 중순경 남편과 시어머니, 그리고 둘도 없는 하나의 딸을 동승한 채 경승용차를 몰고 가다 고속도로에서 중앙선을 순간적으로 침범하여 마주오던 대형트레일러를 들이받고 그 자리에서 일가족이 신체도 알아보지 못하게 비명즉사하는 비운(悲運)을 맞이하였으니 참으로 애석한 일이 아닐 수가 없다.

제7장

질 병(疾 病)

제7장

질 병(疾 病)

1. 오행으로 본 건강과 질병

사주간명을 할 때 오행판단에 비추어 사주 주인공의 질병과 건강을 판단하는 것은 간명상 하나의 부수적인 틀속에 자리를 잡아 필수 불가결하게 간명을 하여야 되는 것이 운명감정을 하는 역학자에게는 기본이라 하겠다.

그러나 본 장 오행으로 본 질병과 건강은 오행의 상생, 상극을 대조하여 용신의 기운을 판별한 뒤 일간이 얼마나 중화(中和)의 기점에서 안정을 도모하고 있는지를 중요시 보아야 되는데 이것은 대단히 어렵고 고난도의 숙달된 노력이 뒷받침되어야 한다.

　　인간은 태어나서 죽음을 맞이하는 순간까지 건강하고 질병이 없이 살아가는것을 최대의 행복과 기쁨을 가진다며 고대의 한 학자는 언급을 하고 있는데 이와 같은 맥락에 비추어 볼 때도 인간의 오복(五福)중에 건강이 하나를 차지하는 것도 이부분을 뒷받침하고 있다 해도 과언이 아니다.

　　따라서 질병과 건강은 사주추명학상 고서(古書)나 원서에도 일부 기술하고 있으며 본 저자가 일생최대의 심혈을 기울여 집필하고 있는 命理大要에 본 장 질병과 건강이 포함되는 이유도 그만큼 중요한 한 대목을 차지하기 때문이다.

　　아울러 본 장에 기술하는 오행으로 본 질병은 사주추명학의 오행상 서로간 상생, 상극 및 제화(制化)을 보면서 인간에 대한 질병을 미리 파악하여 사람이 살아나가는데 건강을 유지할 수 있는 근본적인 하나의 기틀을 마련할 수도 있음을 조심스럽게 미루어 짐작하는 바이다.

(1). 질병과 건강(疾病 健康)

*. 오행기운에 대한 분류

五行	五臟	五氣	五宮	五味	四季	五色	五性
木	간	風	眼	酸	봄	청	仁
火	심장	熱	舌	苦	여름	적	禮
土	위장	濕	身	甘	季末	황	信
金	폐	燥	鼻	辛	가을	백	義
水	신장	寒	耳	鹹	겨울	흑	智

도표에서 표시하고 있듯이 다섯가지 오행은 하늘에 있어서는 천기(天氣)이라 하여 다섯가지 기운이 되고 땅에 있어서는 땅의 기운이라 하여 지지를 대변하여 나타내고 있다.

여기서 질병에 관하여 인체(人體)에 있어서는 다섯가지 장기(臟器)로 구성되고 있는데 그것은 木은 간, 火는 심장, 土는 위장, 소장, 대장을 나타내고 또한 金은 폐, 마지막 水는 콩팥을 표시하고 있음을 알 수가 있다.

인간이 만물의 영장이라는 최고의 조건을 갖추고 있는 것은 이상의 오행을 모두 장기에 표시하고 있듯이 골고루 가지고 두뇌의 발달을 충족시키고 있으므로 타 동물의 지능보다 뛰어나는 현상이 되는 것은 두말할 필요가 없을 것이다.

　그렇다면 인간의 사주팔자는 오행이 木, 火, 土, 金, 水가 골고루 갖추고 있으며 더하여 이상의 오행이 조화(調和)를 이루게 되면 중화(中和)의 원칙에 부합되게 되므로 평생을 통하여 질병이 없고 무병, 장수하여 인생을 안과태평할 수가 있다.

　그런데 여기서 오행의 구성됨이 조화(調和)를 이룬다는 것은 오행상 서로 생조하며 상극하는 것을 의미하는 것이 아니다.

　그 부분을 자세하게 기술하면 사주에 형, 충, 파, 해 및 백호대살(白虎大殺)이나 괴강살(魁罡殺)등의 극단적인 살성(殺星)을 동반하지 않고 일간의 힘이 중화(中和)의 기점인 40%를 유지하는 중에 사주의 오행이 木生火, 火生土, 土生金, 金生水등으로 생화불식(生化不息) 및 생생불식(生生不息)을 이룬 것이니 이상의 조건을 구비하여 사주에 결점이 없는 것을 칭하는 것이다.

　소위 우리 역학자가 설명하는 일간의 강약을 대변할 때 신강사주는 무릇 일간의 기운을 극루하여야 사주가 안정되고 신약사주는 일간의 기운이 쇠약하니 일간의 기운을 생조 및 부조하는 것이 필요한데 그렇다면 이것 모두 오행의 조화(調和)를 이루기 위함이다.

　결국 본 장 질병과 건강 그리고 사주 주인공의 부귀공명을 누리는 것은 이상 조건을 구비하고 용신이 강령하여 대운흐름이 정히 용신이나 희신의 운으로 치달리고 있을 때 인간의 오복(五福)과 자신이 원하는 복록을 거머쥘 수가 있는 것은 두말할 필요가 없다.

(가). 무병건강(無病健康) 운명

무병건강(無病健康)팔자는 전자에도 언급하였듯이 인간의 오복 (五福)중에 하나로서 사람이라면 누구나 가지고 싶은 욕망의 한자리 를 차지하고 있다해도 과언이 아니다.

따라서 사주팔자에 대한 용신과 일간이 강건함이 요구되고 있는 데 그렇다면 선천성인 사주명조가 벌써 청기(淸氣)를 가지야 됨은 두말할 필요가 없고 아울러 전편인 命理秘典 下권인 간명비법상 중 화(中和) 및 청탁(淸濁)의 부분에 부합하여야 이상의 조건을 만족할 수가 있다.

앞서 도표에도 표시하고 있듯이 오행은 인체의 조직에 대해 각각 자기나름데로의 지배하는 기운이 있으며 그것은 곧 오장(五臟)까지 부합시켜 결부되고 있음을 나타내고 있다.

그렇다면 무병건강(無病健康)한 명조를 자세히 관찰하여 볼 때 오 행상 木, 火, 土, 金, 水의 균등이 이루어져 있는 격국이 되며 그것이 나아가서는 상생의 작용으로 연결되는 생식불식(生息不息)에 적용 되는 사주팔자라면 곧 오행상 조화(調和)가 아름답게 짜여있음을 볼 수가 있다.

이렇게 되면 사주 주인공은 질병이 없고 평생을 두고 건강하게 지낼 수가 있으며 더하여 부귀복록을 한손에 거머질 수 있는 대귀격 (大貴格)이 될 수가 있음이니 이는 한꺼번에 두 마리 토끼를 다 잡을 수가 있는 것이다.

　　이러한 오행상 조화(調和)는 한편으로 볼 때 오행상 상극과 상생
이 도모되어 생(生)하고 극(剋)하는 기운이 동시에 있어 평등을 유지
하는 성질을 두고 칭하는 것으로 일부학자들이 생각하기 쉬우나 그
것은 잘못된 단편적인 판단이며 궁극적인 오행이 모두 갖춰져 생화
불식(生化不息)으로 오행이 연결되는 것이 조화(調和)라는 본래의
실체이다.

　　결국 무병건강한자는 사주원국에 오행이 결함이 없어야 되고 오
행의 조화(調和)가 아름답게 연결되면서 용신과 대운이 함께 필수적
으로 사주에 대해 길신으로 치달리고 있어야 만이 건강과 무병, 그
리고 더 나아가서는 부귀복록과 수명장수도 바라볼 수 있는 점이 여
기에 있다해도 과언이 아니다.

＊. 무병건강(無病健康)한 사주,!

(예1). 고서(古書)에 나오는 무병건강(無病健康)한 사주 팔자,!

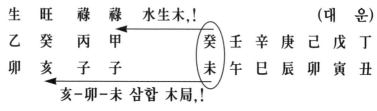

```
生   旺   祿   祿   水生木,!              (대  운)
乙   癸   丙   甲 ◀───────── 癸  壬 辛 庚 己 戊 丁
卯   亥   子   子            未  午 巳 辰 卯 寅 丑
        亥-卯-未 삼합 木局,!
식신       정재 상관
 木 (水)  火   木
 木   水   水   水
식신 겁재 비견 비견
```

●대운천간 癸水가 비록 일간 癸水를 생조하는 비견이 되어 불리하게 되지만 사주년간 甲木 상관과 시상에 투출되어 있는 乙木 식신이 水生木으로 흡수하고 다시 월상에 투출되어 있는 丙火 정재에게 木生火로 돌리고 있으니 흉함을 평운으로 전환시키는 것을 알 수가 있다.!

더하여 대운지지 未土가 조토로서 길한데 사주원국에 이미 일지 亥水 겁재와 시지 卯木 식신간에 亥-卯合木이 되고 있는 것을 대운지지 未土와 함께 亥-卯-未 삼합 木局이 되어 정히 식상생재(食傷生財)로 연결하는 희신의 기운이 되므로 말년이 건강과 무병함을 엿볼 수가 있다.!

*. 일간의 왕쇠(旺衰),!

癸일간 子월에 출생하여 득령(得領)하였으며 사주월지 子水 비견을 중심으로 일지 亥水 겁재에 다시 득지(得地)한 중에 년지 子水 비견이 일간 癸水을 강력하게 생조하고 있으니 신왕이다.

이렇게 일간 癸水의 기운이 신왕하면 마땅히 일간 癸水의 기운을 억제할 수 있는 육신이 있어야만이 대길할 것인데 다행히 사주팔자에 시주가 乙卯 식신이 자리를 잡아 시지와 시상에 같이 일간 癸水의 기운을 자연스럽게 수기(秀氣)유행을 시키고 있으므로 대단히 길하게 작용하고 있다.

더하여 이렇게 일간 癸水의 기운을 생조받은 식상 木氣는 사주월상에 투출되어 있는 丙火 정재를 년간 甲木 상관과 같이 木生火로 끊임없이 생조하고 있는 것은 비록 월지와 년지 子水 비견이 丙火 정재를 水剋火로 상극을 할 수가 있겠지만 년간과 시상에 존재한 甲, 乙木이 오히려 왕성한 水氣를 흡수하여 정재 丙火로 연결하고 있으므로 쉽사리 정재를 쟁탈하지 못하고 있으니 사주원국이 절묘하다.

만약 사주원국이 월상에 정재 丙火가 중요한 기운으로 자리를 잡고 있는데 이상의 년간 및 시상에 투출되어 있는 甲, 乙木인 식상이 없었더라면 이는 곧 완전히 정재 丙火가 동주(同柱)해 있는 왕성한 년지 및 월지 子水에 의하여 쟁탈을 당해 아무 쓸모없는 사주팔자로 전락될 수가 있겠으나 금상첨화로 식상 木氣가 사주천간에 투출되어 희신의 작용을 하고 있으니 더욱 더 사주가 최묘(最妙)하다는 것을 알 수가 있다.

＊. 격국(格局)과 용신,!

위 사주팔자에 대한 격국과 용신을 판별하여 보면 우선 일간 癸水가 사주내 왕성한 비겁 水氣에 의하여 신왕하여 있는 중에 사주월지 子水 비견이 십이운성 건록지에 앉아 있으므로 신왕월지건록격(身旺月支健祿格)이 성격(成格)된다.

더하여 용신으로 격국을 설정한다면 왕성한 비견이나 겁재 水氣를 억제하는 비중용관격(比重用官格)이 될 것이나 위 사주팔자는 계절이 子月에 출생하여 추운겨울에 일간 癸水가 꽁꽁 얼어 있으니 시급히 조후법상 재성 火氣를 용신으로 선택하는 비중용재격(比重用財格)이면서 일면 식상생재격(食傷生財格)을 구성하여 용신을 선정하는 것이 타당하다.

고로 용신으로 일간 癸水를 시급히 녹여주어야 하는 조후법상 재성 火氣를 용신하고 재성 火氣를 생조하는 식상 木氣는 희신으로 삼는데 관성 土氣도 사주팔자내 인성의 기운이 없기 때문에 비겁 水氣와 일간을 억제할 수가 있으니 관성은 길신으로 선택된다.

여기서 한편으로 관성 土氣는 전자에도 설명을 하였지만 비겁 水氣가 왕성하여 일간이 신왕하다면 관성을 주된 용신으로 선정할 수가 있으나 조후법상 子月에 출생해서 억부법보다 시급히 재성 火氣를 주된 용신으로 삼는 것을 알아야 할 것이다.

따라서 이상의 부분을 생각하여 볼 경우 관성 土氣도 습토인 辰, 丑, 土氣는 오히려 왕성한 水氣에 동조하는 현상이 되니 불리하며 그렇다면 조후법을 충족하면서 일간 癸水의 기운을 억제하는 未, 戌 土氣는 아주 대길하게 작용할 것이다.

이상의 판단에 비추어 위 사주팔자는 식상, 재성, 관성등의 삼자를 모두 다 길신으로 선택하는 아주 좋은 격국이 되고 있는데 사주 원국을 살펴보니 신왕한 일간 癸水의 기운을 자연스럽게 누출시키는 식신 乙卯가 시주에 자리를 잡고 일지 亥水 겁재를 亥-卯合木으로 둔갑시키고 있으므로 정히 일간 癸水와 또 한차례 유정(有情)한 결과를 불러 일으키고 있다.

더하여 이와같이 왕성한 식상 木氣는 월상에 투출되어 있는 丙火 정재를 생조하고 있으니 정히 일간 癸水와 유정(有情)하겠으며 아울러 사주에 용신과 희신이 자리를 함께하고 있는 것은 진신(眞神)성질과 억부법이나 조후법에 일치하는 용신이 되고 있으므로 복록이 깊다는 것을 알 수가 있다.

*. 일부학자들의 의문,!

여기서 일부학자들 중에서 위 사주팔자의 일지 亥水 겁재와 시지 卯木 식신간 亥-卯合木에 관하여 약간의 의문을 가지고 본 저자에게 질문을 하고 있는데 그것은 **"운정선생은 방금 위 사주격국에 대하여 일지 亥水 겁재와 시지간 亥-卯合木이 성립한다고 설명하고 있다".!**

"그렇다면 사주일지 亥水 겁재가 일간 癸水를 생조하는 기운을 잃어버리면서 식상 木氣로 변화되어 있으니 년지 및 월지 子水 비견의 두 개 기운만으로는 일간 癸水가 신왕할 수가 없으니 마땅히 신약으로 귀착할 수밖에 없을 것인데 어찌하여 亥-卯合木인 합의 기운을 보면서 재성 火氣를 용신으로 선택하는 신왕사주로 판단하는지를 좀 더 자세하게 설명하여달라",! 하며 구체적인 답변을 요구하고 있다.

*. 일부학자들의 의문에 대한 본 저자판단,!

이와 같은 일부학자들의 의문에 대하여 본 저자는 일면 타당성은 있겠으나 하지만 사주내 합을 하는 성질을 좀 더 구체적으로 알아야만이 지금 위 사주팔자가 합이 되더라도 일간이 신왕이 되고 있음을 판단할 수가 있을 것이다.

따라서 이상의 부분은 전편인 命理秘典 上권인 지지의 합편에 대단히 자세하게 기술하고 있는데 그 부분을 인용하여 설명한다면 **"사주천간에 지지에서 십이운성의 장생, 건록, 제왕지에 앉은 기운이 있을 경우 합을 하는 현상이 잘되지 않을려는 성질이 있다"**,!라며 구체적으로 언급하고 있다.

그렇다면 위 사주팔자를 방금 命理秘典 上권인 지지의 합편에 적용시켜 간명하여 볼 때 비록 사주일지 亥水 겁재와 시지 卯木 식신간에 亥-卯合木을 구성한다고 하나 사주일간 癸水가 바로 근접하여 있는 일지 亥水에 십이운성 제왕지에 앉아 있음을 엿볼 수가 있으니 완전히 부합하는 것을 알 수가 있다.

여기서 한가지 첨언해둘 설명이 있는데 그것은 전편인 命理秘典 上권인 지지의 합편에서 기술하고 있기를 **"사주천간에 일간을 제외한 일간의 동기인 비겁이나 겁재가 투출되어 있는 중에 지지에 장생, 건록, 제왕의 십이운성에 앉아 있을 경우 합을 잘하지 않을 성질이 있다"**고 명시하나 위 사주와 같이 비록 사주천간에 일간의 동기인 비겁이 투출되어 있지 않고 일간이 홀로 있어도 역시 같은 작용을 한다.

더구나 위 사주일간 癸水가 비록 일지 亥水 겁재에 뿌리를 두는 것만이 아니고 사주월지와 년지 子水 비견 역시 일간 癸水에 대한 십이운성 건록지에 앉아 있으니 완전히 모두 일간의 동기인 水氣로 자리를 잡고 있게 되어 그만큼 水氣의 기운을 하나의 집단체로 구성하는 현상이 되고 있음을 간파하여야 된다.

그렇다면 결론은 시지와 일지간 亥-卯合木을 구성할 수가 없을 취지로 귀착되겠으나 사주시지 卯木 식신이 사왕지지(子, 午, 卯, 酉)로서 강력하게 합을 하자고 끊임없이 구애(求愛)하는 현상이 발생되니 일지 亥水 겁재는 정에 이끌려 바람을 피우는 현상이 유발되므로 무언중에 식상 木氣를 생성시킨다고 보면 이해가 빠를 것이다.

만약 이상의 亥-卯合木의 기운이 시지 卯木 식신이 사주월지에 자리를 잡고 亥-卯合木을 구성하는 성질이 되고 있을 경우 이 때는 사주일간 癸水 혼자만으로는 지지에 아무리 장생, 건록, 제왕지에 뿌리를 두고 있어도 사왕지지인 卯木이 월령에 자리를 잡고 합을 하게 될 때 완벽한 亥-卯合木의 기운으로 둔갑한다고 판단하여야 된다.

*. 격국에 대한 청탁(淸濁),!

다시 위 사주원국에 대한 청탁(淸濁)의 판별을 관찰하여 보면 우선 일간 癸水가 사주내 왕성한 비겁 水氣에 의하여 신왕하고 있는 중에 용신이 되고 있는 월상 丙火 정재와 용신을 생조하는 식상 木氣가 왕성하니 대단히 좋은 것이 된다.

또한 사주천간에 탁기를 남길 수 있는 이렇다할 천간상충이 보이

지 않고 사주지지 역시 비록 년지와 월지 子水와 시지 卯木 식신간
에 子-卯 형이 있다고 하나 子-卯 형은 전편인 命理秘典 上권에 지
지의 성질편에 기술하고 있듯이 水生木의 조건을 갖추고 있기 때문
에 탁기를 남길 수 있는 삼형이나 상충이 되지 못한다.

더구나 사주일지 亥水 겁재와 시지 卯木간에 亥-卯合木이 성립
되어 있으니 비록 子-卯 형이 있다손 치더라도 합으로 인한 해극을
도모하고 있으니 상충이나 상극의 작용으로 인한 사주상의 탁기를
모두 해소하고 있다고 보아야 한다.

따라서 사주년지와 월지 子水 비견을 중심으로 하여 일간 癸水의
기운을 시주 乙卯 등 식신이 수기(秀氣)유행을 시키고 있는 중에 월
상에 丙火 정재가 용신이 되어 강령하므로 생식불식(生息不息)에 막
힘이 없으니 청기(淸氣)는 가질 수 있는 명조라 판단한다.

*. 사주팔자 본인에 대한 성격,!

다시 위 사주팔자 본인에 대하여 성격을 판단하여 보면 일간 癸
水가 사주내 왕성한 비견이나 겁재 水氣가 왕성하여 일간이 신왕하
고 있는 중에 특히 일지에 亥水 겁재가 존재하여 있는 것은 대단히
자존심, 고집이 강한 사람이라는 것을 미루어 짐작할 수가 있다.

그러나 왕성한 일간 癸水와 아울러 비견이나 겁재인 水氣를 시주
乙卯 식신이 자리를 잡아 그 힘을 누출시키고 있으니 일면 매사가 낙
천적인 성격이며 또한 풍류호색인 경향이 짙게 나타나고 있는데 그

렇다면 약간의 주색적으로 남아호걸의 기상이 돋보인다 할 것이다.

또한 사주월상에 정재 丙火가 일위(一位)에 존재하여 있으니 현모양처를 본인의 아내로 맞이할 것이고 더하여 월상 丙火가 용신의 기운이 되고 있으므로 명문집안의 처를 맞이하는 점을 사주원국은 암시하고 있으니 재물적인 치부와 부귀공명을 누리는 사주원국이라 판단한다.

*. 본 장 무병건강(無病健康)에 준한판단,!

위 사주팔자를 본 장 무병건강(無病健康)의 운명에 비추어 판단하여 보면 무엇보다 일간 癸水에 대한 용신의 기운인 월상 정재 丙火가 일위(一位)에 있는 중에 정재 丙火를 생조하는 희신의 기운이 년간과 시주 乙卯가 자리를 잡아 끊임없이 생조를 하고 있으니 신체상으로 따지면 튼튼한 것이 된다.

더하여 오행의 유통됨이 왕성한 水氣를 유행시키는 식상 木氣가 강하게 작용하고 있으니 일간의 기운을 자연스럽게 누출시키고 있으므로 탁기가 제거되어 무엇보다 길하게 되는 것을 알 수가 있는데 그렇다면 신체가 튼튼하고 건강함을 벌써 사주원국이 나타내고 있다해도 과언이 아니다.

*. 고서(古書)에 준한판단,!

고서(古書)에 위 사주팔자를 판단하기를 "일간 癸水가 신왕한
중에 식상 木氣가 일간의 기운을 수기(秀氣)유행시키고 용
신이 강령하니 평생을 두고 건강함을 나타내었으며 수명 또
한 구순이 넘도록 청년과 같은 신체를 유지하였다"라며 간단
하게 언급하고 있다.

(예2). 남자, 장 모씨(경남 합천) 1914년 음력 2월 15일 丑 시

(대 운)

養	病	浴	生 木生火,!	79	69	59	49	39	29	19	9
己	丙	丁	甲	乙	甲	癸	壬	辛	庚	己	戊
丑	申	卯	寅	亥	戌	酉	申	未	午	巳	辰

寅-戌合火,! 卯-戌合火,!

상관　　겁재 편인
土　(火)　火　木
土　金　木　木
상관 편재 인수 편인

● 대운천간 甲木이 신강한 일간 丙火에 대한 편인이 되어
일간 丙火를 더욱 더 신강하게 만들고 있으니 그 흉의가
하늘을 찌르고도 남음이 있다.!

더구나 대운지지 戌土가 비록 일간 丙火에게는 식신이 되
어 희신이 되겠으나 戌土자체가 조토로서 오히려 火氣에
동조하는 성질이 강하고 설상가상으로 사주원국 월지 卯

木 인수와 卯-戌合火, 년지 寅木 편인과 寅-戌合火하여
비겁 火氣로 일간 丙火를 더욱 더 불길을 지피우니 그 흉
의는 십중구사임을 알 수가 있다.!

그런데 사주원국이 木, 火, 土, 金氣가 생화불식(生化不
息)이 되어 그곳에 의지하는 성질이 되므로 비록 건강상
의 질병으로 인한 수술로서 소흉으로 스쳐지나가고 있는
것을 바라볼 때 이 얼마나 오행의 생화불식(生化不息)이
중요한 대목인가를 실감케하는 사주인물인가,...!!??

*. 일간의 왕쇠(旺衰),!

丙일간 卯월에 출생하여 득령(得領)하였으며 사주원국 월지 卯木
인수를 중심으로 년지 寅木 편인, 그리고 다시 월지와 년지에 십이
운성 제왕지와 건록지에 앉은 년간 甲木 편인이 투출되어 있는 중에
월상 丁火 겁재까지 있으므로 일간 丙火가 대단히 신강하다.

이렇게 일간 丙火가 신강함이 극도로 강할 경우 마땅히 일간 丙
火의 기운을 줄여주는 오행이 없을 것 같으면 억부법이나 조후법에
준하는 내격(內格)보다 일간의 기운을 따라가는 외격(外格)의 종격
(從格)이나 가종격(假從格)으로 돌아가기 쉬울 것이다.

따라서 사주원국을 자세히 관찰하여 보니 비록 일간 丙火가 중화
(中和)의 기점에서 신강함이 극도로 치달리고 있겠으나 사주시주가
己丑이 되어 상관의 기운이 일간 丙火를 자연스럽게 수기(秀氣)유행

을 하고 있음을 엿 볼 수가 있다.

더하여 상관 土氣가 일지에 존재하는 申金 편재에게 土生金으로 연결하고 있으니 결코 일간 丙火가 왕신(旺神)의 세력에 따르는 외격(外格)의 종격(從格)이나 가종격(假從格)으로 돌아가지 못하고 내격(內格)에 준해서 억부법이나 조후법상 용신이 선정되는 것을 알 수가 있다.

한편으로 볼 때 사주팔자가 일간 丙火의 기운을 생조하는 인성 木氣가 사주에 대부분을 차지하고 있어 일간의 기운이 태강(太强)함을 면할 수가 없겠으나 사주시지 丑土가 습토가 되어 조후법상 水氣를 보충시키면서 일간과 근접하여 있는 시상 己土 상관이 같이 투출되어 있으니 왕신(旺神) 木氣가 반발하지 않고 자연스럽게 물결이 흘러가듯 순조로움이 돋보이는 사주격국이라 할 것이다.

**. 격국(格局)과 용신,!

위 사주팔자에 대한 격국과 용신을 판별하여 보면 우선 일간 丙火가 사주내 왕성한 인수와 편인 木氣에 의해서 신강하여 있는 중에 사주월지에 인수 卯木이 자리잡고 년간 甲木 편인이 투출되어 있으니 단편적으로 보아도 인성 木氣가 강력하므로 신왕인수격(身旺印綬格)이 성격(成格)된다.

고로 용신은 인중용재격(印重用財格)으로서 일간 丙火가 왕성한 인성 木氣에 의하여 신강이 되고 있으니 인성 木氣를 바로 억제하는 재성 金氣를 용신하고 더하여 신강한 일간 丙火의 기운을 빼면서 용신인 재성 金氣를 생조하는 식상 土氣는 희신으로 삼는다.

하지만 이 중에도 식상 土氣는 운로인 대운이나 세운에서 들어오는 지지인 未, 戌 土氣는 왕성한 불의 기운에 동조하는 성질이 되어 오히려 일간 丙火의 기운을 누출시키는 것이 아니기 때문에 불리하게 작용하며 그렇다면 조후법상 水氣를 안고 들어오는 辰, 丑 土氣는 습토이니 더욱 더 길하게 작용한다고 보아야 될 것이다.

그런데 보통 사주일간이 신왕하여 식상, 재성, 관성등 삼자의 기운을 모두 길신으로 선택하는 것이 정석이 되겠으나 위 사주팔자는 인수 卯木이 사주월지에 자리를 잡고 있는 중에 다시 년지 寅木 편인 그리고 월지와 년지 인수, 편인의 십이운성 제왕지와 건록지에 앉은 년간 甲木 편인이 투출되어 있음을 볼 수가 있다.

이것은 곧 단편적으로 보아도 인성 木氣가 사주내 강력하게 작용하는 성질이 되므로 관성 水氣는 인성 木氣를 살인상생(殺印相生) 및 관인상생(官印相生)의 법칙을 실현하니 오히려 관성 水氣가 인성 木氣를 생조하고 다시 인성 木氣는 일간 丙火를 생조하는 현상이 되어 그 길함이 불투명하게 되어있다 해도 과언이 아니다.

보통 사주팔자에 일간이 신왕하면 비겁을 억제하는 관성을 주된 용신으로 선택할 수 있는 소지가 있겠으나 위 사주팔자처럼 인성의 기운이 강하게 작용하여 일간이 신강하게 되어 있다면 관성은 오히려 인성을 생조하면서 생조받은 인성은 다시 일간을 생조하는 현상이 발생되기 때문에 인성이 강력하게 작용하는 사주팔자는 관성이 무용지물이 되는 이유가 여기에 있음이다.

 이상의 위 사주팔자에 대한 용신과 희신을 선정하여 놓고 사주원
국을 살펴보니 일간 丙火의 기운을 자연스럽게 수기(秀氣)유행시키
는 상관 土氣가 사주시주 己丑이 천간지지 동주(同柱)의 성질이 되
어 대단히 길하게 작용하고 있음을 엿볼 수가 있겠다.

 아울러 용신이 되고 있는 사주일지 申金 편재가 일간 丙火와 서
로 유정(有情)하여 있는 중에 상관 土氣를 土生金으로 생조받아 그
세력을 마음껏 발휘하고 있으니 정히 진신(眞神)이라 복록이 깊은
것이 되어 절묘한 배합을 이루고 있음을 알 수가 있다.

*. 격국에 대한 청탁(淸濁),!

 다시 위 사주원국에 대한 청탁(淸濁)부분을 판별하여 보면 우선
일간 丙火가 신강함이 편인, 인수가 많아서 태과하니 단편적으로 보
면 오행이 편중(偏重)이 되어 치우쳐져 있으므로 사주오행상 생식불
식(生息不息)에 막힘이 많은 사주인 것처럼 보이기 쉽다.

 하지만 비록 일간 丙火가 많은 인성 木氣에 의하여 신강함이 중
화(中和)의 기점에 멀어지는 현상은 발생되어 있어도 절묘하게 시주
己丑 상관이 천간지지 동주(同柱)의 기운이 되고 있음에 따라 왕성
한 일간 丙火의 기운을 상극하지 않고 자연스럽게 누출시키는 점이
정말 절묘하다고 보겠다.

또한 사주팔자에 천간에 이렇다 할 천간상충이 없으니 오행별로 상극이 발생되지 않고 더하여 사주지지에 년지 寅木 편인과 일지 申金 편재간에 비록 寅-申 상충이 성립되어 있겠으나 사주월지 卯木 인수가 가로막아 직, 간접적으로 상충의 작용을 완화시키고 있으니 올바른 상충이 발생되지 않는다고 판단하는 것이 타당하다.

그런데 무엇보다도 사주팔자를 자세히 관찰하여 보니 년주 甲寅 편인과 월지 인수 卯木이 월상에 투출되어 있는 丁火 겁재와 일간 丙火를 木生火로 생조하고 있는 것을 다시 일간 丙火와 월상 丁火 겁재는 시주에 있는 己丑 상관에게 火生土로 연결하고 있다.

그리고는 다시 상관 己丑 土氣는 사주일지 申金 편재에게 土生金 으로 연결하여 오행상호간 모두 사주를 한바퀴 돌아주게 되니 이것 은 곧 생식불식(生息不息) 및 생화불식(生化不息)이 되는 명조인 것 을 발견하게 된다.

따라서 위 사주팔자가 대단한 청기(淸氣)를 가지는 사주인 것을 알 수가 있겠는데 비록 지지에 寅-申 상충이 있다해도 사주상 이렇 게 오행이 물이 흘러가듯 연결이 되고 있을 경우 주류무체(周流無滯)라 하여 오행간 서로 막힘이 없는 성질이 되고 있다.

그렇다면 아무리 상충이나 삼형이 있다해도 오행상 연결로 인하여 상충이나 삼형이 작용이 성립될 수 없는 장점이 발생하고 아울러 생화불식(生化不息)에 의지하는 현상이 되니 비록 운로인 대운이나 세운에서 살운(殺運)이 온다해도 그 흉함이 평운으로 전환될 수가 있다.

*. 본인에 대한 운명과 성격,!

위 사주 주인공에 대한 본인의 운명과 성격을 판단하여 보면 일간 丙火가 사주월지 卯木 인수에 의하여 신강한 중에 사주팔자내 인성 木氣가 강력하니 그 성격이 대단히 자비롭고 불쌍한 사람을 보고는 돕지 않고는 못베기는 인정어린 성격임을 알 수가 있다.

하지만 사주년주에 甲寅 편인과 월상에 겁재 丁火 그리고 시주 상관이 모두 나란히 존재하여 있는 중에 일간 丙火가 신강하니 이렇게 4흉성(겁재, 상관, 편관, 편인)이 모여 있는 것은 일면 성질이 나면 물불을 가리지 않고 흉폭한 일면은 있겠다고 볼 수가 있으나 다행히 사주팔자가 주류무체(周流無滯)하여 생화불식(生化不息)으로 연결하고 있으니 모두 해극된다고 보아야 하겠다.

또한 다시 사주일간 丙火를 주동하여 일지 申金 편재가 문창성(文昌星)이 되고 암록(暗綠)이 되어 문학적, 예술적, 뛰어난 소질을 가지는 것을 알 수가 있고 만약 어려운 일이 발생되고 있을 경우 주위에서 도움을 주는 사람이 생기는 현상이 되므로 인간덕이 많겠으며 더하여 월지에 인수 卯木이 있게되어 학자라는 것을 판단할 수가 있다.

실제로 사주 주인공인 장 모씨는 마산시 모 처 고등학교 교장선생직을 지냈던 인물로 지금도 그 때 시절을 기억하는 제자들이 많음을 본 저자는 보고 있는데 더하여 일지 申金 편재가 사주년지 甲寅을 주동하여 역마살(驛馬殺)이 되고 있으니 초년과 중년에 자주 원행(遠行)을 하였음을 알 수가 있겠다.

*. 본 장 무병건강(無病健康)에 준한판단,!

이상의 본 사주팔자를 놓고 격국과 용신 및 사주 주인공의 단편적인 운명까지 모두 파악하여 보았는데 본 장 무병건강(無病健康)에 장 모씨가 해당되고 있는 것은 무엇보다도 지금까지 살아오는 과정이 건강함을 지키고 더하여 수명까지 고령인 80세를 넘어 지금 命理大要를 집필하는 1998년 戊寅년 시기에도 거의 90수를 바라보고 있다.

따라서 본 장 건강함을 가지는 부분에도 수명은 필수적으로 부합하고 있음을 여실히 증명하고 있겠는데 위 사주원국이 무엇보다도 일간 丙火에 대한 용신의 기운으로 자리매김하는 일지 申金 편재가 일간 丙火에 근접하여 서로 유정(有情)한 중에 상관 己丑인 土氣가 끊임없이 편재 申金을 생조하고 있음을 대단히 좋게 보아야 한다.

이것은 곧 사주일간 丙火에 대한 용신과 희신이 사주천간지지 모두 천복지재(天覆地載)가 되어 있는 중에 용신이 왕성하니 사주 주인공이 건강장수를 하는 것은 무엇보다도 격국이 절묘함을 뒷받침하고 있다해도 과언이 아니다.

더하여 이상의 용신과 희신의 기운이 왕성함도 장점으로 치고 있는데 더구나 금상첨화로 사주팔자가 오행으로 연결되는 생식불식(生息不息)이 이루어져 주류무체(周流無滯)하니 이것은 어느 무엇과도 바꿀수가 없는 절묘한 배합을 구성하고 있으므로 대부귀와 건강과 수명까지 거머질 수 있는 사주가 된 것을 본 저자를 비롯하여 아무도 부인할 수가 없다.

또한 사주 주인공인 장 모씨 대운의 흐름을 관찰하여 볼 때 초년부터 중반까지 일간 丙火를 생조하는 남방 巳-午-未 火局이 되어 치달렸으므로 일간 丙火를 더욱 더 신강하게 만들고 있으니 일반적인 내격(內格)의 운명 소유자 같으면 대단한 불의의 사고 및 고통과 번민을 당하였을 것이다.

하지만 위 사주팔자가 오행으로 연결되는 생화불식(生化不息)에 의지하고 더구나 대운천간이 金, 水로 치달리고 있기 때문에 기신(忌神)인 대운지지를 개두(蓋頭)의 법칙에 준하여 상쇄시키고 있었으므로 그 흉의를 모면하면서 오늘날까지 신체상 건강하게 수명을 누리고 있었던 점도 알아야 하겠다.

＊. 격국(格局)에 대한 대운흐름,!

이상의 사주 주인공인 장 모씨는 본 장 무병건강(無病健康)의 팔자에 부합시켜 사주원국을 모두 간명하여 보았는데 이러한 성질 하나하나가 어느하나라도 나무랄데가 없는 사주격국을 갖추고 있음을 알 수가 있고 더하여 본인 또한 이상의 법칙에 부합하고 있으니 세상사람들의 욕망으로 자리를 잡는 인생 오복(五福)을 성취하는 것이 되어 그 복록이 대단하다고 볼 수가 있겠다.

따라서 사주 주인공인 장 모씨의 살아왔던 과거와 현재 및 미래를 파악하여 보는 대운의 흐름을 관찰하여야 좀 더 사실적인 측면으로 추명의 원리에 부합시킬 수가 있을 것이다.

초년 9세는 戊辰대운이다.

이 때 대운천간 戊土는 일간 丙火에 대한 식신의 운로로서 신왕한 일간의 기운을 자연스럽게 누출시키는 수기(秀氣)유행을 하므로 일간 丙火가 기운을 덜 수가 있기 때문에 대단히 길하게 되는 것을 알 수가 있겠다.

더하여 대운지지 辰土가 오행별 성질로 볼 때 습토로서 역시 식신의 운로인데다가 다시 사주원국 일지 申金 편재와 申-辰合水로 관성 水氣로 변화되어 일부 인성 木氣를 생조하는 현상이 되어 불길하지만 申-辰合水는 반합(半合)인 점을 감안한다면 완벽한 관성 水氣로 돌아가지 못하고 잔여기운이 남아있게 되므로 그다지 흉함이 돌출되지 않고 소길이 된다.

실제로 이 때 戊辰대운에서 사주 주인공인 장 모씨는 부모님의 비호속에 별탈이 없이 성장하였음을 알 수가 있었고 더하여 그당시 나라의 시국이 어려운 일제치하에서도 학업성취도 꾸준히 하였다고 본인은 회고를 하고 있다.

다시 19세는 己巳대운이다.

따라서 대운천간 己土는 사주일간 丙火에 대한 상관의 운로로서 용신을 생조하는 희신의 성질이며 왕성한 일간의 기운을 누출시키는 것이 되어 길하게 작용하는데 금상첨화로 사주년간에 투출되어 있는 甲木 편인과 甲-己合土하여 식상 土氣로 변화되어 일간에 대한 기신(忌神)이 되고 있는 甲木 편인을 희신의 성질로 둔갑시키는 것이 되므로 더욱 더 길하다고 볼 수가 있다.

하지만 대운지지 巳火는 신강한 일간 丙火에 대한 비견으로 일간 丙火의 기운을 더욱 더 실어주는 현상이 되어 아주 불리하게 작용할 수가 있겠으며 더구나 사주일지 申金 편재와 년지 寅木 편인과 동시에 寅-巳-申 삼형이 성립되니 그 흉함이 하늘을 찌르고도 남음이 있다할 것이다.

그런데 이상의 대흉함이 본 사주팔자에 미치는 영향력이 미미하다는 것을 곧 알 수가 있는데 그것은 사주원국의 오행이 균등을 갖추고 있는 중에 비록 대운지지 巳火가 기신(忌神)을 업고 사주년지 寅木 및 일지 申金과 寅-巳-申 삼형한다고 하나 오행이 생화불식(生化不息)에 의존하고 주류무체(周流無滯)가 되고 있으니 그 흉은 빙산의 일각이라 할 것이다.

더구나 이상의 부분에 적용되는 보통 일반적인 내격(內格)의 억부법이나 조후법의 성질에 준한 사주팔자 같으면 寅-巳-申 삼형이나 丑-戌-未 삼형이 대운에서 기신(忌神)을 업고 들어오는 성질이 될 때 그 흉함은 상상을 초월한 아주 강렬한 것으로 격국이 좋지 못할 때는 십중구사의 운명이 되는 것도 감안한다면 대체로 이해하기 쉬운 한 단면이라고 볼 수가 있다.

＊. 일부학자들의 의견,!

여기서 일부학자들 중에서 한가지 의문을 가지고 본 저자에게 질문을 하고 있는데 그것은 "운정선생은 위 사주팔자에 대한 대운지지 巳火는 기신(忌神)을 업고 들어오는 성질이 寅-巳-申 삼형을 동반하여 흉함이 극도로 되겠으나 오행이 균등을 가지고 생화불식(生化不息)에 의존하여 주류무체(周流無滯)가 되고 있으니 그 흉함이 빙산의 일각에 지나지 않는 것이다"라며 설명하고 있다.

"그러나 대운지지 巳火가 비록 일간 丙火에 대한 비견으로서 흉신을 업고 들어와서 寅-巳-申 삼형을 하는 것이 물론 사주원국이 주류무체(周流無滯)로 이어지는 오행의 생화불식(生化不息)에 의존하는 것도 무시할 수도 없는 점은 저희 학자들도 공감을 표시한다".

"하지만 이와 같은 성질보다 사주일지 申金 편재와 대운지지 巳火간에 巳-申合水, 그리고 사주시지 丑土 상관과 巳-丑合金하니 정히 金氣로 변화되어 용신 金氣로 둔갑하고 있는 것 때문에 흉함을 면할 수가 있지 않겠느냐",라며 반문을 하고 있다.

*. 일부학자들의 의견에 대한 본 저자판단,!

이와 같은 일부학자들의 의견에 대하여 본 저자는 일부 타당성이 있다고 볼 수가 있겠으나 하지만 학자들과 약간의 견해를 달리하고 있으며 그것은 대운지지에 들어오는 성질이 사주원국에 합을 성립하는 과정에 대한 특성을 면밀히 검토하여 볼 필요가 있겠다.

따라서 위 사주팔자 일간 丙火에 대한 대운지지 巳火는 비견으로 서 이미 신강한 일간을 더욱 더 신강하게 만들고 있음을 알 수가 있 는데 하지만 학자들이 언급한 사주일지 申金 편재와 巳-申合水, 그 리고 사주시지 丑土 상관과 巳-丑合金이 되어 정히 용신으로 변화 되는 부분은 완벽하게 합의 기운으로 돌아가지 못한다.

무슨 말인지 좀 더 구체적으로 3가지 이유를 들어 기술하기로 하 겠는데 그 첫째로 **"대운지지에서 들어오는 오행이 사주원국에 타 오행과 합을 성립하는 과정은 정(靜)한 가운데 이루어지 는 합의 성질이 가장 무리가 없는 현상이 된다".!**

자세하게 설명하자면 대운지지 巳火가 사주원국의 일지 申金과 丑土 상관간에 합을 성립하는 과정이 사주원국이나 세운등의 오행 이 방해를 주지않고 고요하면서 안정되어 있어 주어야 무리가 없이 완벽한 합을 하는 성질이 되는데 만약 상충이나 삼형등으로 합을 하 는 양쪽 어느 오행이던 하나의 기운을 상극하고 있을 때는 완벽한 합을 할 수가 없다는 논리이다.

그렇다면 위 사주팔자에 대한 일지 申金 편재와 巳-申合水, 그리 고 사주시지 丑土 상관과 巳-丑合金으로 변화되는 합의 기운이 사 주년지 寅木 편인과 일지 申金 편재가 동시에 대운지지 巳火와 모두 寅-巳-申 삼형이 성립되어 전쟁터를 방불케 하는 현상은 그 소용돌 이로 인하여 합을 할 수가 없게 된다.

이와 같은 현상은 우리 일상생활에 비추어 언급하자면 남, 녀의 사랑이 깊어 잠자리를 하여 합방을 하려고 하는데 주위의 방해꾼들이 싸움을 하여 문을 차면서 고함을 치고 있을 경우 불안하여 올바른 합방이 성립되지 않는 현상을 생각한다면 이해하기 쉬운 한 단면인 것이다.

결국 대운에서 들어오는 하나의 기운이 사주팔자의 어느 오행하고 합을 성립하는 과정을 두고 안정되면서 고요한 가운데 무리가 없이 합의 기운이 탄생되는 것은 우리일상생활에 비추어 생각한다면 완전히 일치하는 현상이 되고 아울러 모든 합을 하는 성질도 이상의 맥락에 비추어 간명을 하고 있을 경우 절대로 판단의 착오가 없음을 본 저자는 확신한다.

다음 두 번째로 **"대운에서 들어오는 기운이 사주내 타오행과 합을 하고자 할 때 쌍방의 오행이 각각 있을 경우는 어느 것이 가장 좋은 조건인지를 가리게 되는데 그 세력이나 조건이 백중세를 나타내면 합을 하더라도 합하는 세력이 쇠약하게 된다".!**

무슨 말인지 좀 더 구체적으로 언급하자면 위 사주팔자를 예를 들어 볼 때 우선 사주일지 申金 편재도 巳-申합이 되고 사주시지 丑土 상관도 巳-丑합이 되고 있는데 이것은 모두 투합(鬪合)의 성질로서 대운지지 巳火 아가씨하나를 놓고 사주내 두 남자가 하나의 사랑을 차지하기 위하여 서로 다투게 된다.

따라서 이와 같은 성질은 합을 하고자 하는 기운의 세력이 모두 비등한 성질이 되고 있는데 그렇게 될 경우 합을 하여 나오는 오행이 하나의 동일기운으로 돌아가고 있다면 비록 투합(鬪合)하는 성질이라도 완벽한 하나의 오행으로 볼 수가 있다.

하지만 위 사주팔자를 보듯이 이렇게 하나는 巳-申合水가 되는 水氣로 변화되고 또 하나는 巳-丑合金이 되어 金氣로 변화하여 있으니 동일적인 오행이 하나의 기운으로 모여지지 않고 각각 합을 하는 기운이 틀리게 되므로 이것은 곧 양자의 세력이 모두 백중세로 돌아가게 되니 합을 결합하는 성질이 미미하게 된다는 것이다.

마지막 셋째로 **"전자의 첫 번째와 유사하나 대운에서 들어오는 오행이 사주원국에 합을 하는 기운이 있다고 가정할 때 사주원국내 강력한 상충이나 삼형으로 파극할 경우 합을 방해한다고 하였지만 이러한 성질이 세운에서 전극(戰剋)을 일으켜 대운을 삼형이나 상충으로 파극하고 있을 경우에는 합의 결합이 잘되지 않으며 비록 합을 하더라도 그 기운이 미약하게 된다".!**

무슨 말인지 좀 더 자세하게 구체적으로 언급하자면 대운천간이나 지지에서 들어오는 오행이 사주천간이나 지지에 합이 성립되는 오행이 있다고 가정할 때 사주원국에 합을 방해하는 상충이나 삼형이 강력하게 작용하면 합을 하는 기운이 방해를 당하기 때문에 합의 결합이 잘되지 않으며 비록 합을 이루고 있다하여도 그 기운이 미약하게 된다는 요지이다.

이것은 사주원국에서 대운이나 세운에서도 다같이 작용하는 합의 성질이 사주내 강력한 오행이 자리를 잡아 삼형이나 상충으로 합을 하는 사주내 오행이나 그렇지 않으면 대운이나 세운오행을 가격하고 있을 경우 합을 방해하는 현상이 두드러지게 나타나는 이유가 되는 까닭이다.

문제는 이상의 합을 방해하는 기운이 얼마만큼 강력하게 대운 및 세운이나 사주내 오행을 방해하고 있는 차이의 비중을 두어야 하겠는데 전편인 命理秘典 上권에 기술되어 있는 사주강약도표에 준하고 있듯이 사주월지가 가장 힘이 강력할 것이고 그 다음이 일지이며 더하여 시지순으로 차등하여 결정하고 있다.

그 중에 사주월지가 사주내 타오행이나 대운 및 세운을 상충이나 삼형등으로 상극하게 될 때 대운과 사주내 오행이나 혹은 세운과 사주내 오행이 합을 이루고 있더라도 방해하는 작용이 매우 강력하게 발생하므로 비록 합을 하더라도 그 세력이 미약하게 된다.

또한 대운에서 사주원국과 합을 이루고 있을 경우 이것 역시 또 다른 운로인 세운에서 삼형이나 상충등으로 대운이나 사주원국에 합을 이루고 있는 양자의 오행 어느것이던 가격하게 될 때 합의 성질을 방해받기 때문에 합의 기운이 깨어져버리게 되는 현상이 나타나게 된다.

더하여 이러한 현상은 대운이 사주원국과 합을 하는 현상에도 적용되겠지만 만약 세운과 사주원국과 합을 하고 있을 경우 대운이 세운이나 사주내 합을 이루고 있는 양자의 오행 어느것이라도 상충이나 삼형으로 가격할 경우 이것 역시 합의 성질을 방해받기 때문에 합의 기운이 이뤄지지 못하게 되는 점을 면밀히 파악할 필요가 있다.

이상의 합을 결합하는 부분에 대하여 약 3가지 현상을 두고 나타나는 점을 대체로 자세하게 설명하여 보았는데 지금까지 설명한 것은 대단히 중요한 부분으로서 본 저자가 오랜시간과 세월을 두고 하나의 경험에서 얻은 비법(秘法)이며 무릇 모든 역학자는 이상의 부분을 실제 간명상 하나의 참고로 활용 할 경우 대단히 많은 도움을 얻을 수가 있음을 확신한다.

따라서 본 저자가 기술한 내용을 위 사주팔자에도 부합시켜 간명하여 볼 경우 완전히 일치하는 현상을 학자들은 발견하였을 것이며 대운에서 들어오는 巳火가 巳-申합이나 巳-丑합이 투합(鬪合)이 되어 합을 쟁탈하는 상황도 그럴진데 그 보다 더욱 더 중요한 것은 巳-申합이나 巳-丑합을 이룩하려는 과정이 寅-巳-申 삼형의 소용돌이로 인하여 제대로 합을 결합할 수가 없음을 눈여겨 보아야 된다.

결국 위 사주팔자를 놓고 비록 대운지지 巳火와 사주원국의 일지 申金 편재와 사주년지 寅木 편인이 함께 寅-巳-申 삼형을 하여 그 흉함이 대단하였는 것을 사주내 오행이 서로 균등을 가지고 생화불식(生化不息) 및 주류무체(周流無滯)하여 그 흉을 줄였다고 본 저자가 설명하고 있다.

하지만 그와 같은 부분에도 비록 무용지물이 되고 있는 현상은 될지언정 巳-丑합이나 巳-申합의 성질이 되고 있음에 따라 자연히 삼형의 작용을 합으로 많이 완화시키는 현상도 일면 배제할 수가 없으니 지합의 영향력도 완전히 무시할 수가 없다고 판단하는 것이 정석이다.

실제로 사주 주인공인 장 모씨는 이 때 19세 대운인 己巳운에 일제 치하에 항거해서 시위 군중등의 데모를 하여 옥중에 투옥되었으나 우연히 친일자(親日者)의 도움으로 별탈이 없이 풀려나왔으며 그 길로 만주에 가서 독립운동에 가담하는 등 분주다사함이 있었다며 회고를 하고 있는 점을 볼 때 비록 寅-巳-申 삼형이 대단히 흉을 동반하였으나 이상의 부분에 적용되어 평운으로 전환되었음을 알 수가 있다.

다시 29세는 庚午대운이다.

따라서 대운천간 庚金은 사주일간 丙火에 대한 편재로서 정히 용신의 기운이 되어 길하게 되겠지만 사주일간 丙火와 丙-庚 상충, 그리고 년간에 투출되어 있는 甲木 편인과 甲-庚 상충이 되어 있으니 각각 상충의 작용으로 인한 약간의 소용돌이를 모면할 수가 없다.

설상가상으로 대운지지 午火가 일간 丙火에 대한 겁재이며 기신(忌神)의 기운을 업고 들어와서 사주년지 寅木 편인과 寅-午合火하니 태양과 같은 불길이 되어 일간 丙火를 생조하고 있으므로 그 흉의가 극도로 치달리고 있음을 말해주고 있다.

실제로 이 때 사주 주인공인 장 모씨는 여자문제로 대단한 곤욕을 치루었으며 이것은 대운천간 庚金이 육친통변법으로 볼 때 남자 사주에서 편재의 기운이 되니 육친의 성질은 여자이기 때문에 아마도 그와 같은 봉변을 당하였다는 것을 미루어 짐작할 수가 있겠다.

그러나 그 흉의가 소수에 그친다는 것을 알 수가 있겠는데 그것

403 · 제7장 질병(疾病)

또한 위 사주팔자가 오행이 연결되는 생화불식(生化不息)에 의존하고 있는 중에 대운천간 庚金이 비록 일간과 년간을 丙-庚 상충, 甲-庚 상충을 도모하지만 대운지지 午火와 대운천간 庚金간 역시 火剋金하여 서로간 개두(蓋頭)의 법칙에 따라 상극이 발생하므로 서로간 흉의가 줄여지고 있음을 판단하여야 될 것이다.

보통 이와 같은 현상이 되고 있을 경우 일반적인 내격(內格)의 억부법이나 조후법에 준하는 사주팔자라고 가정한다면 격국이 순수하지 못하고 있을 경우 午火가 지배되는 시점에서는 십중구사의 운명이 될 수도 있겠으나 본 사주팔자는 전자도 언급하였듯이 오행이 주류무체(周流無滯)로 연결되어 비록 흉의가 들어온다손 치더라도 그 흉의를 오행별로 서로간 상쇄시켜 소흉내지는 평길도 전환되는 성질을 면밀히 판단할 수가 있다.

다시 39세는 辛未대운이다.

따라서 대운천간 辛金이 일간 丙火에 대한 정재의 운로여서 정히 용신의 기운이 되겠으나 일간 丙火와 丙-辛合水로 변화되는 것은 관성 水氣가 인성 木氣를 생조하여 그다지 길함이 적겠지만 천만다행으로 사주월상에 투출되어 있는 丁火 겁재가 辛-丁 상충으로 완벽한 합을 할 수가 없겠금 합을 방해하고 있으니 아주 좋게 되었다.

하지만 대운지지 未土는 비록 일간 丙火에 대한 상관이 되어 길할 수 있는 조건이 되겠다고 생각할 수가 있겠으나 未土가 오행별 성질로 보면 조토이며 더구나 사주원국 월지 卯木 인수와 卯-未合木으로 둔갑하여 인성 木氣로 신왕한 일간 丙火를 생조하는 성질이 되니 길과 흉이 교차되는 현상이 나타난다고 판단한다.

실제로 사주 주인공인 장 모씨는 이 때 대운에서 금전으로 인한 손재를 당하여 그 마음적인 고통이 대단히 심했다고 회고를 하고 있는데 이것은 대운지지 未土가 조토의 성질로서 사주월지 卯木 인수와 합을 하여 다시 재차 인성 木氣로 일간 丙火를 생조하는 현상은 육친통변법상 인성 木氣가 기신(忌神)이 되기 때문에 반대상극오행인 재성 金氣를 파극하는 것이 되니 완전히 금전으로 인한 손재를 당하는 것으로 간명한다.

다시 49세는 壬申대운이다.

따라서 대운천간 壬水는 일간 丙火에 대한 편관의 운로여서 이미 사주일간 丙火가 많은 인성 木氣에 의하여 신강이 되고 있으니 편관 壬水는 원칙적으로 일간을 생조하는 인성 木氣에게 기운을 빼앗겨 제대로 길신으로 역할을 할 수가 없는데 다시 일간 丙火를 丙-壬 상충으로 일간을 상극하고 있으니 약간의 흉의가 돌출된다고 보아야 한다.

하지만 대운지지 申金이 일간 丙火에 대한 편재의 운로이니 이상의 대운천간 壬水 편관의 흉함을 상쇄시키면서 정히 용신의 역할을 다하고 있는 것이 되어 불행중 다행이 아니라할 수가 없겠으나 사주원국 년지 寅木 편인을 寅-申 상충으로 파극하고 있으므로 기신(忌神)이 제거가 되니 대운지지가 지배되는 순간에는 더욱 더 길함이 되고 있다.

실제로 이 때 사주 주인공인 장 모씨는 대운천간 壬水가 지배되는 51세에는 박 정희 정권시절인데 경북 모 처 고등학교 교장을 지내고 있을 무렵 우연히 시국에 대한 좋지 않는 논평을 하였다는 이유로 좌천을 당해 시골 벽지 모 처 초등학교 교장으로 내몰려 직업적인 위기를 당하였다는 것을 회고하고 있는 것을 볼 때 대운천간 壬水가 일간 丙火를 丙-壬 상충을 하는 것이 완전히 부합하고 있음을 말해주고 있다.

하지만 그 흉의가 역시 작은 것을 판단할 수가 있겠는데 그것은 대운지지 申金의 영향력을 무시할 수가 없겠으며 또한 무엇보다도 사주팔자가 생화불식(生化不息)으로 청기(淸氣)를 가지고 있는 성질에 비추어 볼 때 만약 타 내격(內格)의 사주명조일 것 같으면 목숨도 내놓아야 하는 정도의 흉의가 강력하게 들이닥치는 것은 면할 수가 없을 것이지만 다행이라 아니할 수가 없다.

다시 59세는 癸酉대운이다.

따라서 대운천간 癸水가 사주일간 丙火에 대한 정관의 운로여서 역시 년간 甲木과 사주내 인성 木氣에 흡수되니 그다지 길하다고 볼 수가 없겠는데 다시 사주원국 월상에 투출되어 있는 丁火 겁재를 丁-癸 상충이 되고 있으므로 육친통변법상 형제간이나 친구로 인하여 불미스러운 일이 발생하는 것을 사주원국은 암시를 하고 있다.

더하여 대운지지 酉金이 일간 丙火에 대한 정재로서 정히 용신의 기운이 되어 대길하고 있겠으나 사주월지에 강력하게 작용하고 있는 사왕지지인 卯木 인수를 卯-酉 상충 하고 있으니 완전히 문서상 크나큰 손재를 당할 수 밖에 없는 것을 알 수가 있다.

*. 여기서 일부학자들의 의문,!

여기서 일부학자들 중에서 한가지 의문을 가지고 본 저자에게 질문을 하고 있는데 그것은 "운정선생은 방금 설명한 59세 癸酉 대운에서 대운지지 酉金이 정히 사주일간 丙火에 대한 정재로서 용신의 기운이 되고 있는데 비록 사주 월지 卯木 인수를 卯-酉 상충을 한다해도 용신의 기운이 흉신을 제거하는 입장이 되어 더욱 더 길함이 들어온다고 판단할 수가 있지 않겠느냐,?

"그렇다면 우리 학자들이 생각하는 견해는 모두 대길하다고 판단하는 것으로 의견을 모았는데 어찌하여 운정선생은 흉함이 돌출된다고 설명하는 것인지를 구체적으로 기술하여 달라",!라며 자세한 답변을 요구하고 있다.

*. 일부학자들의 의문에 대한 본 저자판단,!

이와 같은 일부학자들의 의문에 대하여 본 저자는 학자들의 견해도 일부 타당한 부분이 있겠으나 그러나 보통 사주명조에 용신의 기운과 흉신의 기운이 상대방을 억제 및 제거하는 현상은 저울로 비중을 두어 판단하는 것이 타당하다.

좀 더 구체적으로 언급하자면 학자들의 설명대로 보통 사주팔자에 대한 흉신을 제거하는 과정에서 비록 **"운로인 대운이나 세운에서 용신의 기운이 들어 온다고 가정해도 순수하게 용신의 기운이 자연스럽게 들어오는 과정"**하고 위 사주팔자 처럼 **"기신(忌申)을 제거하면서 들어오는 경우"** 및 **"용신이나 희신의 기운이 사주팔자의 타오행하고 합을 하여 용신이나 기신(忌神)으로 변화"**되는 등의 복잡한 양상을 가지고 들어오는 현상이 있을수가 있다.

*. 본 저자가 약 23여년 동안 실제 경험에서 얻은 비법(秘法),!

여기서 보통 사주팔자의 일간에 대한 용신의 기운이 운로인 대운이나 세운에서 들어온다고 가정할 때 일부학자들은 모두 길함이 들어온다고 판단하는 것이 정석인데 그러나 그 경우에도 용신이나 희신의 기운이 기신(忌神)을 제거하면서 들어온다고 볼 경우 사주내 기신(忌神)이나 흉신의 역할을 하는 오행이 강력하게 존재하지 않아야 된다.

지금부터 설명하는 부분은 대단히 중요한 성질로서 본 저자가 약 23년동안 실제 경험상 얻어진 비법(秘法)이니 학자들은 본 저자가 기술한 부분이 대단히 고난도의 부분이므로 정신을 집중하여 본 저자의 설명에 귀를 귀울려야 될 것이다.

따라서 무슨 말인지 좀 더 자세하게 기술하자면 운로인 대운이나 세운에서 용신이나 희신의 기운이 들어오게 될 때 흉신이나 기신(忌

神)을 제거하는 성질을 놓고 사주팔자내 흉신 및 기신(忌神)이 힘이 약한 성질이 되고 있을 경우는 완벽하게 흉신을 제거하는 것이 되어 대단히 길하게 될 수가 있다.

그런데 흉신으로 자리를 잡고 있는 오행이 사주에 지지인 육합, 삼합, 방합하여 왕신(旺神)의 세력을 유지하고 있을 경우라던지, 아니면 사주월지등에 강력한 기운이 형성되어 있는 성질이 되고 있는 현상은 곧 왕신(旺神)의 세력을 의미한다.

그렇다면 아무리 운로에서 용신이나 희신의 기운이 들어와서 흉신을 제거시킬 목적으로 맞받아칠 경우 이상의 흉신이 제거가 되면 길하게 되겠지만 오히려 흉신이 강력한 집단체를 구성하여 함께 용신의 기운과 대적하므로 그로 인한 전극(戰剋)이 발생되어 곧 사주팔자는 전쟁터에 휘말리게 된다.

따라서 사주팔자에 대한 용신이나 희신의 기운이 운로인 대운이나 세운에서 순수하게 들어오는 성질이 아니고 이상과 같이 사주내 흉신이나 기신(忌神)을 제거시키면서 들어오는 과정은 용신이나 희신의 기운보다 흉신의 기운이 쇠약하여 있어야 만이 용신이나 희신이 무리없이 흉신을 제거하게 되므로 그 길함이 배가되는 것이다.

이상의 맥락에 비추어 위 사주팔자를 간명하여 볼 때 비록 운로인 대운에서 용신의 기운이 들어온다손 치더라도 용신의 기운이 순수하게 들어오는 경우가 아니고 사주월지 卯木 인수가 사왕지지로서 역시 대운지지 酉金도 사왕지지가 되니 강력한 왕신(旺神)의 성질을 卯-酉 상충 작용이 발생되어 왕신(旺神)이 반발하게 되는 현상이 나타나게 된다.

그렇다면 아무리 대운지지 酉金이 사주일간 丙火에 대한 용신의 기운이 되더라도 왕신(旺神)을 건드리는 처사는 길함은커녕 오히려 왕성한 기운을 발동시키는 현상으로 이어져 끝내는 사주내 전쟁터로 말미암아 그 소용돌이는 매우 강력하게 발생한다는 것을 상기시켜 둘 필요가 있다.

결국 이상의 부분은 본 저자가 고서(古書)나 원서에 아무리 뒤져 보아도 이런 경우를 놓고 명쾌한 답변을 하지 않았으니 이상의 부분을 실제인물을 통하여 사실적인 검증을 거치는 과정히 너무나 힘들었고 급기야는 본 저자가 승도의 길을 자처하여 삭발을 하고 강원도 삼척까지 머나먼 길을 걸어가서 실제인물을 찾아 검증과 세월의 흐름을 면밀히 관측하여 오늘날의 이상의 경험상 비법(秘法)을 성취하였던 것이다.

따라서 지금 본 저자가 설명한 부분은 하나같이 피와 땀으로 이루어진 결실임을 세상 역학자들은 알아주기를 바라며 더하여 이러한 비법(秘法)을 나 하나만의 소유로 가지지말고 지금에 본 서를 읽고 있는 학자도 命理大要를 터득하는 시기엔 반드시 역학의 대가(大家)가 되어 있을 것이므로 마땅히 후학자들에게 되물려줄 수 있는 사명감을 가져주었으면 본 저자는 더 이상 바램이 없겠다.

＊. 다시 일부학자들의 의문,!

여기서 재차 일부학자들 중에서 또 다른 의문을 가지면서 본 저자에게 질문을 하고 있는데 그것은 **"지금 선생이 설명한 부분에 대하여 모두 이해할 수 있는 점도 있겠으나 그러나 한가지 또 의문이 생기고 있다"**,!

"그 부분을 자세하게 언급하면 사주팔자내 흉신이나 기신 (忌神)이 어떡해 자리를 잡고 있을 경우 왕신(旺神)의 성질 이 되고, 또한 쇠약한 것은 얼마나 쇠약해야 쇠약한 기운으 로 대변되는지를 놓고 학자들마다 조금씩 견해가 틀리는 양 상을 보이고 있는데 이 부분을 좀 더 명쾌히 설명하여달 라",! 라며 자세한 답변을 요구하고 있다.

*. 다시 일부학자들의 의문에 대한 본 저자판단,!

이와 같은 일부학자들의 재차 질문에 대하여 본 저자는 방금 위 사주원국을 설명한 과정에서 흉신이나 기신(忌神)이 쇠약하여 있어 야 만이 운로인 대운이나 세운에서 비록 용신이나 희신의 성질이 들 어올 때 완벽한 흉신을 제거시킬 수가 있음에 따라 대길하다는 논리 를 놓고 학자들이 의문을 가지지 않는가, 하고 생각한다.

하지만 이러한 용신이나 희신 및 흉신, 기신(忌神)을 불문하고 오 행의 왕성 및 쇠약판단법에 부합시켜 간명한다면 별 무리 없이 완전 히 왕(旺),쇠(衰)를 구별할 수가 있을텐데 이와 같은 왕쇠(旺衰)판단 법은 이미 본 저자가 命理大要 上권에서 자세하게 기술한 바가 있 다.

*. 命理大要 上권인 오행의 왕성(旺盛)판단법에 인용하여,!

사주팔자에 대한 격국(格局)의 구성을 기술하는 과정에서 그 부분 부분에 오행이 왕성(旺盛)하거나 육친이 왕성 운운(云云)이라는 구절이 나오고 있는데 이러한 말에 대하여 도대체 얼마나 강한 것을 나타내는 것인가 하고 학자들이 의문을 표시하고 있다. 따라서 왕성하다는 것은 아래의 몇 가지의 기준에 부합하여 그 왕성함을 판단한다.

*. 오행이나 육신의 왕성(旺盛)판단법,!

(가).사주원국에 바라는 오행이나 육신이 "월지"에 자리잡고 있을때,!

(나).비록 월지에 있지 않더라도 "일지"나 "시지"에 있어 사주의 타 주에 바라는 오행을 생조하는 기운이 "2-3개" 있을 때,!

(다).월지 및 일지를 제외한 타 주에 바라는 오행이 3개정도 있어도 왕성한데 이 때에는 "사주천간"에 "3개정도" 있는 기운이라면 반드시 지지의 "지장간"에 뿌리를 두어야 한다,!

(라).이상과 같은 기운이 십이운성의 "장생","건록","제왕지"에 있는지를 살피는데 지지를 대조하여 "사주천간"

에 바라는 육신이나 오행이 있어도 무방하다,!

(마).가, 나, 의 경우 바라는 오행이 모두 "형", "충", "파", "해"가 되지 않아야 될 것이며 더하여 "4흉성"과 "4길성"이 상극되지 않을 것,!

● 4길성 = "식신", "재성", "정관", "인수",!

● 4흉성 = "상관", "겁재", "편관", "편인",!

따라서 식신과 편인, 정재와 겁재, 편재와 비견, 정관과 상관, 인수와 정재등은 사주원국에서 만남을 대단히 기피하는데 그 중에서 인수와 정재는 길성에 해당하나 상극이기 때문에 서로 만나던지 동주하면 재화가 발생한다.

좀 더 자세하게 예를 들면 정관이 왕성하다는 것은 사주원국의 **"월지"**에 존재 하여있거나 타주에 **"정관"**이 **"2개정도"**있는 것을 **"재성"**(편재나 정재)이 정관과 근접(서로 有情) 하여 정관을 **"생조"**를 하고 있다면 정관의 기운이 대단히 강력하게되므로 이 때에는 정관이 왕성하다고 말하는 것이다.

＊. 오행이나 육신의 쇠약(衰弱)판단법,!

(가).바라는 오행이나 육신이 "형", "충", "파", "해"로 파극을 "이중", "삼중"으로 당하고 있을 때,!

(나).바라는 오행이나 육신이 월지, 일지, 시지에 있지 않고 "년주"에 있던지 또한 "사주천간"에 투출되어 있는 것을 생조하는 기운이 없고 "형","충, "파", "해"로 "파극"을 당하고 있을 때,!

(다).바라는 오행이 비록 천간에 있어도 지지의 지장간에 "통근"(通根)하는 기운이 미약하거나 아예 없을 때,!

(라).반대의 육신(4흉성과 4길성)이 "동주"하던지 "근접"하여 상호간 "파극"을 당하고 있을 때,!

(마).바라는 육신이나 오행이 월지, 일지, 시지에 있지 않으며 생조하는 오행이 없고 십이운성의 쇠약한 기운인 "衰", "病", "死", "絕", "絕"에 해당하여 있는 것,!

※ 이상의 왕성(旺盛)의 판단과 쇠약(衰弱)의 판단의 기준을 구분하여 주었는데 이와 같은 것은 모든 오행과 육신에 적용하여여 될 것이다.

실제로 본 저자는 약 30여년동안 위의 법칙에 준하여 바라는 육신이나 오행 왕쇠(旺衰)의 판단을 파악하기 위해 실존의 인물의 용신과 기신(忌神)의 성질을 위의 판단에 준하여 감정 및 운로의 흐름을 조사하여 본 결과 한번도 틀림이 없었는데 위의 법칙을 숙지하는 학자는 저자의 감정에 대한 비법(秘法)이므로 절대로 소홀히 취급하여서는 아니된다.

이상 전편인 命理大要 上권에 기술하고 있듯이 오행의 왕쇠(旺衰)를 대단히 자세하게 언급하고 있는 것을 볼 수가 있다.

따라서 위 사주 주인공인 장 모씨의 사주상 오행을 왕쇠(旺衰)의 원칙에 적용하여 판단하여 본다면 우선 사주월지 인수 卯木이 년지 寅木 편인과 다시 십이운성 제왕지와 건록지에 각각 앉은 년간 甲木 편인이 투출되어 있으므로 비록 합을 해서 나오는 木局이 아닐 따름 이지 완전히 木氣가 한나라를 이루고 있다해도 과언이 아니다.

그렇다면 사주월지 卯木 인수를 운로인 대운에서 巳火가 들어와 卯-酉 상충을 하는 것은 왕신(旺神) 木氣가 반발을 하는 이유가 충 분히 되고도 남음이 있으므로 완전히 부합하고 있음을 알 수가 있겠 는데 이러한 기운을 강약을 따져본다면 전자에 언급하고 있듯이 제 일로 월지이고 다음이 일지, 시지 순으로 차등을 두어야 함은 두말 할 것도 없다.

결국 쇠약한 흉신의 기운을 운로인 대운이나 세운에서 용신이나 희신의 기운으로서 제거하고자 할 때는 년지 및 시지나 사주천간등 에 존재하는 기신(忌神)을 제거시킬 때는 대길함을 맞이할 수가 있 을 것이다.

하지만 사주내 합을 하는 즉, 육합, 삼합, 방합 및 월지나 일지등 에 강력한 세력을 가지고 있는 기신(忌神)이나 흉신이 존재한다고 해서 운로에서 용신이나 희신의 기운이 상충이나 삼형을 할 때는 무조건 길보다 흉함이 뒷따른다고 판단하는 이유가 아무리 용신의 기운이라도 왕성한 흉신을 건드려 그로 인한 반발심으로 사주내 전쟁 터를 불러일으키는 요인이 단적으로 작용하는 이유가 여기에 있는 것이다.

다시 69세는 사주 주인공인 장 모씨가 일생중에 가장 어려웠던 甲戌대운이다.

그것은 대운천간 甲木이 신강한 사주일간 丙火에 대한 편인으로서 신강한 일간을 더욱 더 신강하게 만들고 있는 중에 다시 대운지지 戌土가 비록 일간 丙火를 자연스럽게 누출시키는 식신의 운이 되어 단편적으로 판단하면 길함이 될 수가 있다고 착오를 하기 쉽다.

그러나 대운지지 戌土가 오행상 성질로 간파한다면 조토이니 완전히 불의 기운에 동조하는 현상이 발생되고 설상가상으로 사주월지 卯木 인수와 卯-戌合火, 사주년지 寅木와 寅-戌合火하여 완전히 일간을 생조하는 비겁 火氣로 둔갑하는 것은 일간 丙火가 배가불러 있는데 더욱 더 음식을 먹임으로 인하여 배가 터져 죽는 형상을 생각한다면 이해하기 쉬울 것이다.

더하여 대운지지 戌土는 이상과 같이 합을 하여 일간 丙火를 생조하는 비겁 火氣로 더욱 더 일간을 괴롭게 만들고 있는 중에 사주 시지 丑土 상관을 丑-戌 삼형으로 두들기고 있으니 이것은 육친통변법으로 판단하여 볼 때 상관을 삼형이나 상충을 하고 있을 때는 신체상 교통사고 및 수술을 나타내고 아울러 시지는 자식궁을 의미하고 있으므로 자식에게까지 그 영향력이 미친다는 것을 사주원국이 무언 중에 암시를 하고 있다.

실제로 사주 주인공인 장 모씨는 이 때 친구 잔치집에 다녀오다
가 교통사고로 수술을 받았는데 그 흉함이 오행상 생화불식(生化不
息)에 의지하여 그나마 억제되어 있다는 것을 암시할 수가 있으니
병원에서 약 2시간 정도 복부와 가슴에 수술을 받았던 것이다.

그런데 또 다시 본 甲戌대운이 지배되는 시점에 시집간 딸이 서
울에서 급성대장염으로 발병하여 그 병이 암으로 진전되는 과정을
모면하면서 역시 수술을 받았다고 하니 이 얼마나 사주추명학은 하
늘의 기운을 꿰뚫어 내는 무서운 학문인가,!

만약 위 사주팔자가 오행이 균등을 가지지 않는 중에 생화불식(生
化不息) 및 생생불식(生生不息)으로 오행이 주류무체(周流無滯)가
되지 않았다면 아마도 보통 내격(內格)의 억부법이나 조후법에 준한
사주운명의 소유자라 가정할 경우 이 때 69세 甲戌대운에서 유명
(遺命)을 달리하였음도 기정사실이 될 것인데 정말 천운(天運)을 가
지는 명조라 칭찬을 하고 싶다.

*. 여기서 일부학자들의 의문,!

여기서 일부학자들 중에는 방금 본 저자가 설명한 부분에 대하여
한가지 의문을 가지고 질문을 하고 있는데 그것은 **"사주원국의 시
지 丑土 상관과 대운지지 戌土 식신간 丑-戌 삼형을 하여 사
주주인공인 장 모씨가 교통사고로 수술을 하였다는 부분은 공**

감을 하고 또 학술적으로 이해를 하고 있다".

"그런데 사주 주인공인 장 모씨를 제쳐두고 딸자식까지 흉함을 판단하였다는 부분은 좀 이해하기가 어려운 성질이 되고 있는데 이상의 부분을 좀 더 구체적으로 설명을 하여달라",! 라며 자세한 답변을 요구하고 있다.

*. 일부학자들의 의문에 대한 본 저자판단,!

이와 같은 일부학자들의 의문에 대하여 본 저자는 지극히 타당한 질문이라고 볼 수가 있는데 만약 단편적으로 사주추명을 하였으면 이상의 부분을 발견할 수가 없음이고 더하여 추명의 완벽한 판단을 하지 못한 채 그냥 무심코 넘어가버릴 수도 있었을 것이다.

하지만 사주추명학적으로 후대의 학자들이나 지금의 학자들을 위하여 완벽한 하나의 추명의 기틀을 마련하는 차원에서 좀 더 사실적인 측면에 부합시켜 간명하는 것이 도리라고 보며 따라서 집중적으로 파고 들어가야 할 것 같은 생각이 본 저자는 문득 들고 있다.

그렇다면 그 부분에 대하여 추명의 원리에 부합시켜 간명하기로 하는데 비록 사주 주인공의 장 모씨는 사주본인이기 때문에 그러한 흉함을 당한다는 것은 기정사실이라 치더라도 어찌해서 대운지지 戌土가 사주원국 시지 丑土를 丑-戌 삼형을 하는 것을 놓고 자식인 딸까지 왜, 대장염으로 수술을 하였는가는 약간의 의문을 남는 것으로 보인다.

이상의 부분은 대단히 추명학적으로 고난도의 이해력을 요구하는 현상이니 대운지지 戊土와 사주시지 丑土 상관을 丑-戌 삼형으로 가격하는 과정을 지장간 변화를 도표로 보고 아주 심도있게 사주 추명학적으로 간명하자면,

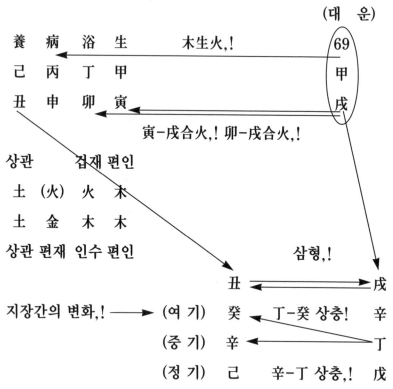

사주원국 도표에서 나타나고 있듯이 우선 69세 甲戌대운중 대운지지 戊土가 지배되는 시점에서 중점적으로 간명하여 볼 때 대운지지 戊土가 사주시지 丑土 상관을 丑-戌 삼형으로 가격하는 부분을 도표로 끄집어내어 지장간 변화를 자세하게 보여주고 있다.

따라서 사주시지 丑土의 지장간 여기(餘氣)에 癸水는 정관을 나타

내고 있으므로 육친별로 남자사주에는 딸을 의미하고 있는데 대운지지 戌土의 지장간 중기(中氣)에 존재하는 丁火가 丑중의 지장간 중기(中氣) 辛金과 辛-丁 상충,! 그리고 여기(餘氣)에 있는 癸水 정관을 丁-癸 상충,!으로 파극하고 있으니 지장간의 변화를 면밀히 검토하여 볼 경우 확실하게 드러나고 있음을 알수가 있다.

지금 설명하는 부분은 본 저자가 약 30년 동안 피나는 노력과 경험을 토대로 실제인물에 준해 오랜세월을 운로를 검증하여 이루어진 비법(秘法)으로서 대단히 중요하고 추명학적인 고난도의 부분을 해설하는 과정이 될 것인데 무릇 모든 역학자는 지금 본 장에 기술하고 있는 성질을 정신을 집중하여 그 미묘한 원리를 백분 이해하여 터득을 할 수 있는 경지에 도달하여야 될 것은 두말할 이유도 없다.

이상의 부분을 대운지지와 사주시지를 丑-戌 삼형하는 과정을 도표로 보고 있을 때 학자들의 의문이 완전히 해소되었음을 알 수가 있을 것이며 비록 사주당사자인 장 모씨를 제쳐두고라도 이렇게 대운에서 들어오는 기운이 사주시지를 충격할 때에 해당하는 육친의 성정이 재화가 들이닥친다는 것을 사주원국이 무언중에 암시를 하고 있으므로 이런 부분을 절대로 학자는 소홀히 취급하지 말고 사주팔자의 어느 오행이 충격을 하는 정도에 따라서 간명을 착오없이 하여주기를 바란다.

다시 79세는 乙亥대운이다.

따라서 대운천간 乙木이 사주일간 丙火에 대한 편인의 운로여서 신강한 일간을 더욱 더 신강하게 만들고 있으니 불운이 되고 더하여 대운지지 亥水가 일간 丙火에 대한 편관으로서 이미 인성 木氣가 강력하게 작용하고 있으니 그 길함을 기대할 수가 없다.

더구나 사주월지 卯木 인수와 대운지지 亥水간에 亥-卯合木, 그리고 사주년지 寅木 편인과 寅-亥合木하여 완전히 인성 木氣로 둔갑하여 이 또한 신강한 일간 丙火를 더욱 더 신강하게 만들고 있으니 일반적으로 생각할 때 내격(內格)의 억부법이나 조후법에 준하는 평범한 사주운명의 소유자 같으면 벌써 생사의 귀로를 넘나들었다 해도 과언이 아닐것이다.

하지만 이상하게 본 사주운명소유자인 장 모씨는 지나왔던 세월을 되새겨 볼때 그다지 극단적인 흉함을 돌출하지 않았고 더하여 1998년 戊寅년이 지나가고 있는 시기는 90여수를 바라보고 있는 지금의 시점까지 건강장수를 누리고 있으니 이 얼마나 사주원국에서 오행의 균등을 가지고 생화불식(生化不息)에 의존하는 성질이 중요한 것인가를 새삼 느끼게 하는 대목이다.

결국 위 사주 주인공인 장 모씨는 기나긴 일생을 살아오는 동안 잔병치례 한번 겪지 않는 인물로 현재 90여세수를 다가오더라도 일생을 건강하게 보낼 수 있는 점을 미루어 짐작할 수가 있으며 지금도 아침 일찍 조깅과 팔굽혀펴기를 20-30번 정도하는 것을 본 저자가 실제로 보고 있으니 본 장에 건강무병(健康無病)에 부합하는 실제인물인 장 모씨를 선택하는 것은 간명상 하나의 척도가 되고 있다 해도 과언이 아니다.

(나). 질병(疾病)

인간에게 질병(疾病)은 비록 불의의 사고를 제쳐두고라도 그 종류가 수백에서 수천가지등으로 분포되어 있겠으며 더하여 이름모를 각가지 질병이 우리 인간을 괴롭히고 있다해도 과언이 아니다.

따라서 이와 같은 질병이 유독 전염병과 같은 세균(細菌)에 감염되어 똑같은 사람이라도 인체의 저항력이 떨어짐에 따라 어떤사람은 죽음을 당하고 어떤 사람은 회복을 하는 것은 우주과학이 달나라에 가는 최첨단 시대에 우리가 살고 있어도 과학적으로 증명이 되지 않음이 아마도 오행의 틀속에 지배되는 하나의 연유가 될 것은 우리 역자(易者)들이 누구보다도 더 잘알고 있음이다.

더하여 이상의 인간에 대한 신체상 질병(疾病)은 오행의 부조화(不調和)에 의하여 발생되는 것이 기정사실이며 그것은 사주팔자에 오행이 편중(偏重)으로 치우쳐저 태왕(太旺)하거나, 이와반대로 사주팔자 오행이 너무 태약(太弱)할 경우 질병에 걸리기 쉽게 된다.

그렇다면 오행에 배속되어 있는 신체상 장기(臟器)를 자세하게 파악하고 아울러 그 실체를 좀 더 사실적으로 근접하기 위하여 장기를 나타내는 오행천간을 도표로서 표시하면,!

＊. 오행천간으로 본 인체장기

● 甲, 乙 = 간장(肝臟), 담(膽), 신경계질환, 정신계, 머리,
● 丙, 丁 = 심장(心臟), 소장(小腸), 눈, 시력,
● 戊, 己 = 위장(胃臟), 비장(脾臟), 복부(腹部), 피부(皮膚)
● 庚, 辛 = 폐(肺), 대장(大腸), 근골(筋骨), 사지(四肢),

●壬, 癸 = 신장(腎臟), 방광(膀胱), 혈액(血液),

이상의 도표에서 나타나고 있듯이 인체의 장기를 오행으로 표시하는 것을 보면 각각의 분야별로 대체로 세밀하게 조직적으로 짜여 있음을 알 수가 있다.

따라서 사주팔자에 어느 오행이 너무 많아 사주상에 기신(忌神)으로 자리를 잡고있던지, 그렇지 않으면 너무 쇠약하거나 미미하다던지, 더하여 이미 쇠약한 오행이 사주내에서 삼형이나 상충으로 파극되어 질병이 발생되는 현상을 놓고 몇가지 종류별로 분류 나열하기로 한다.

⑴.사주팔자에 木氣가 너무 태과하던지, 그렇지 않으면 너무 모자라거나 비록 있다해도 미약한 木氣를 타 오행이 형, 충으로 파극하고 있을 경우 간장,슬개(담),등에 질병이 나타나게 된다.!

※참고로 이 경우 이상의 부분이 이미 사주원국에 적용되어 있는데 질병이 발생하는 시기는 다시 운로인 대운이나 세운에서 중첩하여 이상의 木氣를 만나 더욱 더 木氣를 태왕하게 만들게 될 때 질병이 발생하고 만약 사주에 木氣가 미약하거나 파극되어 쇠약할 경우는 다시 중첩하여 木氣를 파극하는 金氣 및 삼형이나 상충으로 이어지는 대운, 세운에 질병이 발생하게 된다.

※참고로 이 때는 사주상에 木氣가 태과하여 발생되는 질병은 木氣를 상극하는 金氣나 혹은 왕성한 木氣를 누출시키는 火氣의 약재

나 탕재가 필요할 것이며 만약 木氣가 쇠약하다던지 그렇지 않으면 木氣를 삼형이나 상충등으로 파극당한 것이 될 경우는 木氣를 생조하는 水氣나 木氣의 약재나 탕재를 투여하면 좋을 것이다.

(2).사주팔자에 火氣가 너무 태과하던지, 그렇지 않으면 너무 모자라거나 비록 있다해도 미약한 火氣를 왕성한 水氣로서 水剋火하거나 타 오행이 삼형이나 상충으로 파극하여 있을 경우 심장(心臟), 소장(小腸), 눈에 대한 질병이 발생하게 된다.!

※참고로 이 경우 이상의 부분이 이미 사주원국에 적용되어 있는데 질병이 발생하는 시기는 다시 운로인 대운이나 세운에서 중첩하여 이상의 火氣를 만나 더욱 더 火氣를 태왕하게 만들게 될 때 질병이 발생하고 만약 사주에 火氣가 미약하거나 파극되어 쇠약할 경우는 다시 중첩하여 火氣를 파극하는 水氣 및 삼형이나 상충으로 이어지는 대운, 세운에 질병이 발생하게 된다.

※참고로 이상의 부분에 적용되고 있을 때 사주상에 火氣가 너무 태과하여 발생하는 질병은 火氣를 상극하는 水氣나 혹은 왕성한 火氣를 누출시키는 土氣 의 약재나 탕재가 필요할 것이다.

만약 木氣가 쇠약하다던지 그렇지 않으면 火氣를 삼형이나 상충 등으로 파극당한 것이 될 경우는 火氣를 생조하는 木氣나 火氣의 약재나 탕재를 투여하면 좋을 것이다.

(3).사주팔자에 庚, 辛 일간이 신약이 극심하거나 더하여 용

신이 金이 쇠약하고 사주내 왕성한 火氣가 火剋金하여
金을 파극시키고 있을 경우 폐병 및 대장, 근골(筋骨)질
환이 발생하는데 특히 폐병이 많이 발생한다.!

※참고로 이 경우 이상의 부분이 이미 사주원국에 적용되어 있는데
질병이 발생하는 시기는 다시 운로인 대운이나 세운에서 중첩하
여 이상의 火氣를 만나 더욱 더 金氣를 상극하게 만들게 될 때 질
병이 발생하고 만약 사주에 金氣가 미약하거나 파극되어 쇠약할
경우는 다시 중첩하여 金氣를 충돌하는 木氣 및 삼형이나 상충으
로 이어지는 대운, 세운에 질병이 발생하게 된다.

※참고로 사주팔자에 이상의 庚, 辛 일간이 이미 사주내 火氣가 왕
성하여 용신인 金氣를 파극하여 있는데 운로인 대운이나 세운에
서 다시 金氣를 상극하는 화운(火運)을 만날 때 이상의 질병이 발
생되고 있음을 본 저자는 많이 보고 있다.

따라서 이상의 질병이 나타나고 있을 때 사주상에 火氣가 왕성하
여 용신인 金氣를 파극시키는 현상이 되어 질병이 발생하면 간접
적으로 火氣를 상극하는 水氣나, 용신인 金氣를 부조하는 金, 또
한 金氣를 土生金하여 생조하는 土氣의 약재나 탕재를 투여하면
이외로 효과를 볼 수가 있을 것이다.

(4).사주팔자 戊, 己 일간에 신약이 극심하거나 용신을 土로
선택되고 있을 경우 용신인 土氣가 이미 사주내 木氣에
의하여 파극되어 쇠약하고 있을 때 위장병(胃腸病), 피
부병(皮膚病)이 발생한다.!

※ 참고로 사주팔자에 이상의 戊, 己 일간이 이미 사주내 木氣가 왕
성하여 용신인 土氣를 파극하여 있는데 운로인 대운이나 세운에
서 다시 土氣를 상극하는 木運을 만날 때 이상의 질병이 발생되
고 있음을 본 저자는 많이 보고있다.

따라서 이상의 질병이 나타나고 있을 때 사주상에 木氣가 왕성하
여 용신인 土氣를 파극시키는 현상이 되어 질병이 발생하면 간접
적으로 木氣를 상극하는 金氣나, 용신인 土氣를 부조하는 土, 또
한 土氣를 火生土하여 생조하는 火氣의 약재나 탕재를 투여하면
의외로 효과를 볼 수가 있을 것이다.

(5).사주팔자내 왕성한 오행 상호간 金氣와 木氣간 서로 金
  剋木하여 전극(戰剋)이 발생하면 골절상(骨折傷)이나 신
  경통이 발병한다.!

※ 참고로 이 경우 이상의 부분이 이미 사주원국에 적용되어 있는데
질병이 발생하는 시기는 다시 운로인 대운이나 세운에서 중첩해
서 木氣를 만나 더욱 더 金氣를 상극하여 파극될 때 이상의 질병
이 발생한다.

단, 이 때 金, 木 양자중에서 양대 세력이 엇비슷하여 한치라도
양보하는 현상이 보이지 않을 경우 다시 운로인 세운이나 대운에
서 木氣나 金氣를 어느것이라도 보게 되면 전극(戰剋)으로 인한
전쟁이 발생하기 때문에 이상의 질병이 발병한다.

또한 만약 사주에 이상의 金氣나 木氣가 서로간 왕신(旺神)의 성

질이 되어있는 것을 사주에서 삼형이나 상충으로 파극하고 있는 중에 다시 운로에서 삼형이나 상충으로 이어지는 대운, 세운에도 질병이 발생하게 된다.

※ 참고로 이상의 부분에 적용되고 있을 때 이는 곧 金氣와 木氣를 화해 연결시키는 통관법(通關法)이 적용되는 현상이 되므로 사주 상에 金氣와 木氣를 연결시키는 水氣가 가장 좋을 것이다.

또한 전편인 命理秘典 上권인 통관용신법에 준하여 金, 木이 상 극할 때 木의 기운은 火氣로 누출시키면서 그 힘을 빼고 다시 그 힘은 받은 火氣는 金을 火剋金하여 金氣를 억제할 수 있는 火氣 도 통관법(通關法)에 적용할 수가 있으므로 火氣도 좋을 것이다.

따라서 질병을 치료하는 절차에서 오행상 통관법(通關法)에 적용 될 수 있는 水氣나 火氣의 약재나 탕재를 환자를 치료하는데 투 여하면 좋을 것이며 만약 침술(鍼術)를 구사할 때도 이상의 경락 을 짚어 시술하면 의외로 좋은 효과를 볼 수가 있다.

(6).사주팔자내 왕성한 오행 상호간 水氣와 火氣간 서로 水 剋火하여 전극(戰剋)이 발생하면 눈에 질병이 발생하거 나 시력이 나빠진다.!

※ 참고로 이 경우 이상의 부분이 이미 사주원국에 적용되어 있는 데 질병이 발생하는 시기는 다시 운로인 대운이나 세운에서 중첩 해서 이상의 水氣를 만나 더욱 더 火氣를 상극하여 파극될 때 질 병이 발생한다.

단, 이 때 水, 火 양자중에서 양대 세력이 엇비슷하여 한치라도 양보하는 현상이 보이지 않을 경우 다시 운로인 세운이나 대운에서 水氣나 火氣를 어느 것이라도 보게 되면 전극(戰剋)으로 인하여 전쟁이 발생하기 때문에 이상의 질병이 발병한다.

또한 만약 사주에 이상의 水氣나 火氣가 서로간 왕신(旺神)의 성질이 되어 있는 것을 사주에서 삼형이나 상충으로 파극하고 있는 중에 다시 운로에서 삼형이나 상충으로 이어지는 대운, 세운에도 질병이 발생하게 된다.

※ 참고로 이상의 부분에 적용되고 있을 때 이는 곧 水氣와 火氣를 화해 연결시키는 통관법(通關法)이 적용되는 현상이 되므로 사주 상에 水氣와 火氣를 연결시키는 木氣가 가장 좋을 것이다.
또한 전편인 命理秘典 上권인 통관용신법에 준하여 水, 火가 상극할 때 火의 기운은 土氣로 누출시키면서 그 힘을 빼고 다시 그 힘은 받은 土氣는 水를 土剋水하여 水氣를 억제할 수 있는 土氣도 통관법(通關法)에 적용할 수가 있으므로 土氣도 좋을 것이다.

따라서 질병을 치료하는 절차에서 오행상 통관법(通關法)에 적용될 수 있는 木氣나 土氣의 약재나 탕재를 환자를 치료하는데 투여하면 좋을 것이며 만약 침술(鍼術)를 구사할 때도 이상의 경락을 짚어 시술하면 의외로 좋은 효과를 볼 수가 있다.

(7). 사주팔자에 일간이 신약한 중에 일간에 대한 건록(健祿)이 형, 충, 파, 해가 되면 손이나 다리 및 하복부에 냉증(冷症)이 발생한다,!

※ 참고로 이 경우 사주팔자에 일간이 신약한 것은 곧 비견이나 겁 재 및 편인, 인수를 용신으로 선택되는 격국(格局)이 되는데 일간 에 대하여 건록(健祿)은 곧 비견이 십이운성의 건록지(健祿地)에 앉은 것을 의미하고 있다.(단,! 이때 일간이 丙, 戊일간에 대한 건 록은 巳火가 되니 참고 바람)

따라서 신약한 일간을 생조하는 중요한 건록을 형, 충, 파, 해로 상극하는 것은 그 만큼 신약한 일간에게 용신의 기운이 쇠약해지 는 것을 나타내므로 수족(手足)이나 하복부에 냉증(冷症)이 발병 한다.

※ 참고로 이 경우 이상의 부분이 이미 사주원국에 적용되어 있는데 질병이 발생하는 시기는 다시 운로인 대운이나 세운에서 중첩하 여 이상의 건록을 오행상 상극되는 기운을 만나 더욱 더 건록을 상극하게 만들게 될 때 질병이 발생한다.

더하여 사주에 신약한 일간에 대한 중요한 건록이 이미 사주내 형, 충, 파, 해로 파극되어 쇠약할 경우는 다시 중첩하여 건록을 충돌하는 형, 충, 파, 해로 이어지는 대운, 세운에 질병이 발생하 게 된다.

따라서 이상의 질병이 나타나고 있을 때 사주상에 기신(忌神)이 왕성하여 용신인 건록을 파극시키는 현상이 되어 질병이 발생하 면 간접적으로 기신(忌神)을 상극하고 아울러 건록과 같은 기운 이나 건록을 생조하는 오행의 성질인 약재나 탕재를 투여하면 의 외로 효과를 볼 수가 있을 것이다.

더하여 이와 같은 수족이나 하복부의 냉증(冷症)이 발생되고 있을 때 침술(鍼術)로서 시침을 할 때는 신체상 한습(寒濕)한 기운이 들어와서 발생되는 이유가 되니 족삼리(足三里), 삼음교(三陰交), 음릉천(陰陵泉), 중완(中脘), 단전(丹田)등과 같은 혈(穴)에 시침을 하고 뜸을 뜨면 의외로 좋은 효과를 볼 수가 있다.

※ 참고로 고서(古書)나 원서에 기록하고 있기를 막연히 일간의 강약도 밝히지 않은채 무조건 건록(健祿)이 극해(剋害)되면 냉증(冷症)이 생긴다고 기술하고 있는데 그것은 학술적인 차원에서 볼 때 분명히 오류인 것을 본 저자는 밝힌다.

그 이유로 사주팔자에 대한 일간이 신왕이나 신강이 되어 있을 경우 건록(健祿)은 일간을 생조하는 기운이 되므로 이 때는 건록은 일간에 대하여 기신(忌神)으로 자리를 잡고 있는 것이 된다.

따라서 흉신(凶神)이나 기신(忌神)은 마땅히 제거시키는 것이 사주상에 길하게 될 것인데 그렇다면 건록을 상극하는 것은 형, 충, 파, 해 및 상대적인 용신이나 희신 및 한신(閑神)등이 건록을 억제하는 것은 기정사실이 될 것이다.

그렇다면 결론적으로 일간이 신약하여 일간에 대한 건록을 중요한 용신이나 희신의 기운으로 삼고 있을 경우 이상의 건록을 상극하는 형, 충, 파, 해로 건록을 가격하는 것은 이상의 부분에 적용시켜 판단하여볼 때 질병이 발생된다는 요지는 성립될 수가 있다.

하지만 사주팔자의 일간에 대한 기신(忌神)으로 자리를 잡고 있는 건록(健祿)을 상극하여 질병이 발생된다는 설(說)은 말도 되지 않는 어불성설이며 오히려 기신(忌神)이 제거 되기 때문에 질병 은커녕 때에 따라서는 대길할 수 있는 장점도 있으므로 본 저자 는 고서(古書)나 원서의 막연한 불투명한 처사를 비판을 하고 있 는 점이 여기에 있다해도 과언이 아니다.

(8). **사주팔자 일간이 庚, 辛 일간으로 사주내 식상 水氣가 많을 때는 사주원국이 과하게 습하기 때문에 폐질환(肺疾患)이나 해소병이 발생한다.!**

또한 이상의 부분에 적용되어 있는데 다시 사주내 丙, 丁 火氣가 들어 있어 식상 水氣와 水剋火 상극되면 역시 폐질환(肺疾患)이 발병한다.!

이 부분은 사주팔자에 일간이 庚, 辛 일간으로 사주내 식상 水氣 가 많은 것은 그만큼 사주원국이 과습하게 되니 일간이 金氣를 대단히 극심하게 누출시키는 것은 해소병을 발병시키는 하나의 요인으로 작용한다.

더하여 역시 庚, 辛일간이 식상 水氣가 많아 사주팔자가 과습의 요인이 되고 있는데 왕성한 식상 水氣를 상극하는 丙, 丁 火氣가 군데군데 섞여 있을 경우 식상 水氣와 관성 火氣간 水剋火 상극 이 발생하므로 역시 폐질환(肺疾患)이 발생한다.

※ 참고로 이 경우 이상의 부분이 이미 사주원국에 적용되어 있는데 질병이 발생하는 시기는 다시 운로인 대운이나 세운에서 중첩하

여 이상의 식상 水氣를 거듭 만날 때 질병이 발생하고 있다.

더하여 이미 사주원국이 식상 水氣와 관성 火氣가 서로 모여 水
剋火로 전극(戰剋)이 발생되고 있는데 다시 운로인 세운이나 대
운에서 식상 水氣나 관성 火氣 중에 어느기운을 만나더라도 양자
의 상극으로 인한 전극(戰剋)이 발생되는 이유가 되어 질병이 나
타난다고 보아야 된다.

따라서 이상의 질병이 나타나고 있을 때 사주상에 기신(忌神)이
식상 水氣라고 가정할 경우 용신을 상극시키는 현상이 되어 질병
이 발생하면 간접적으로 기신(忌神)을 상극하고 아울러 용신을
생조 및 부조하는 오행의 성질인 약재나 탕재를 투여하면 의외로
효과를 볼 수가 있을 것이다.

더하여 이와 같은 폐질환(肺疾患)이나 해소병및 천식증상이 발생
되고 있을 때 침술(鍼術)로서 시침을 할 때는 신체상 한습(寒濕)
한 기운이 들어와서 발생되는 이유가 되니 폐를 담당하는 폐유
(肺俞), 천돌(天突), 간유(肝俞), 중완(中脘), 단전(丹田)등의 혈
(穴)에 시침을 하고 뜸을 뜨면 의외로 좋은 효과를 볼 수가 있다.

(9).사주팔자가 조토인 未, 戌 土氣로 구성되어 과하게 건조 하거나 또한 土氣가 습토인 辰, 丑 土氣로 차지하여 과 하게 습하면 피부병(皮膚病)이 발생한다.!

이 부분은 사주팔자가 일간의 강약을 불문하고 조토(燥土)인 未,
戌 土氣로 구성되어 있을 경우 이것이 외격(外格)의 종격(從格)이

나 가종격(假從格)으로 돌아가지 않는 이상 마땅히 조후법을 충족시킬 수 있는 金, 水의 기운이 필요할 것은 두말할 여지가 없다.

그런데 사주가 내격(內格)에 기준하여 구성되어 있는 중에 조토(燥土)인 未, 戌 土氣로 구성되어 있을 때 조후를 충족시킬 수 있는 金, 水의 기운이 미약하고 있을 경우는 조후법을 충족시키지 못하고 있으므로 피부질환(皮膚疾患)이 발생하게 된다.

또한 이상의 경우와 반대로 사주팔자내 土氣로 구성되고 있는 것이 습토(濕土)인 辰, 丑 土氣로 대부분을 차지하고 있는데 그렇다고 외격(外格)의 종격(從格)이나 가종격(假從格)이 되지 못하고 억부법이나 조후법의 원칙에 적용되고 있는 내격(內格)을 구성하는 성질이 되고 있을 경우 역시 조후법상 火氣나 木氣를 충족하지 않는 이상 피부병(皮膚病)이 발병하게 된다.

※ 참고로 이 경우 이상의 부분이 이미 사주원국에 적용되어 있는데 질병이 발생하는 시기는 다시 운로인 대운이나 세운에서 중첩하여 이상의 조토(燥土)인 未, 戌 土氣를 거듭 만날 때 더욱 더 사주팔자가 과조하게 되므로 질병이 발생한다.

또한 이와 같은 未, 戌, 土氣가 사주내 대부분을 구성하고 있는데 이미 사주에서 왕성한 土氣를 형, 충을 하고 있는 중에 다시 운로인 세운이나 대운에서 중첩하여 土氣를 형, 충을 할 경우 왕신(旺神)이 반발을 하게 되므로 이때는 위장병(胃腸病)과 피부병(皮膚病)을 같이 동반하여 발생하기도 한다.

따라서 이상의 질병이 나타나고 있을 때 사주상에 未, 戌 土氣인 조토(燥土)로서 이루어져 과조(過燥)할 경우 적당히 조후법을 충족할 수 있는 金氣나 水氣의 약재나 탕재를 가미하여야 될 것이고 만약 습토(濕土)인 辰, 丑 土氣가 대부분을 차지하여 과습이 되고 있을 때는 적당히 조후법을 충족할 수 있는 木, 火의 기운을 가진 약재나 탕재를 투여하여야 될 것이다.

더하여 이와 같은 피부질환(皮膚疾患)이나 위장병(胃腸病)등이 발생되고 있을 때 침술(針術)로서 시침을 할 때는 조후법을 충족시킬 수 없는 기운이 들어와서 발생되는 이유가 되니 위장이나 비장(脾臟)을 담당하는 족삼리(足三里), 혈해(血海), 양릉천(陽陵泉), 중완(中脘), 단전(丹田)등의 혈(穴)에 시침을 하고 뜸을 뜨면 의외로 좋은 효과를 볼 수가 있다.

※ 이상으로 질병(疾病)에 발병한 오행상 성질에 대하여 대단히 구체적으로 언급하였다고 보는데 여기서 일부 역학자들 중에는 한의학을 공부하여 한의원을 경영하는 역학자도 종종 본 저자는 많이 보고 있다.

따라서 사주상의 오행법에 입각하여 본 저자가 약간의 한의학에 대한 지식을 가미하여 조금씩 기술하였으나 아마도 실제 한의원을 하는 역학자는 본 저자가 기술한 성질에 대하여 완벽하게 이해를 하였으리라 믿어 의심치 않는다.

일부 역학자들 중에는 역학의 학문에만 거론하기도 벅찬감이 있는데 한의술(韓醫術)까지 첨부하여 더욱 더 범위를 광범하게 한

다는 반박이 있으나 음양 오행상 지배되는 성질은 역(易)의 근본
이 되므로 이것 역시 그 테두리안에 벗어날 수가 없음이니 근본
적인 오행을 배척하고는 질병이나 건강을 유지할 수가 없음이 여
기에 있다해도 과언이 아니다.

결국 단편적으로 약간씩 한의학부분을 언급을 하였지만 인간신
체도 오행이고 천지만물도 오행으로 짜여져 있으니 오행을 독파
한다면 곧 질병도 치유할 수 있는 도력(道力)을 가질 수가 있음으
로 일부 복잡하다해도 절대로 소홀히 취급하지 않기 바란다.

(예1). 고서(古書)의 질병(疾病)부분에 기록되어 있는 사 주팔자,!

편인　　비견 상관
火　(土)　土　金
火　土　土　土
인수 비견 비견 접재

● 고서(古書)에는 癸巳대운에서 대운천간 癸水가 사주 일간
　과 월상에 투출되어 있는 戊土 비견간 戊-癸合火하였고
　다시 대운지지 巳火가 더욱 더 일간 戊土를 건조하게 만

들기 때문에 사망하였다고 적고 있다.! 그러나 이와 같은 고서(古書)가 기술하고 있는 부분은 조금은 의문이 많이 가고 있는데 그것은 대운천간 癸水가 일간 戊土 및 월상 戊土와 戊-癸合火하는 것은 종격(從格)의 대세에 부합하고 아울러 대운지지 巳火도 종격(從格)에 부합하고 있는 것이다.

그렇다면 아마도 본 저자가 생각할 때는 다음 대운이 壬辰대운으로서 완전히 왕신(旺神)을 반발하는 것을 알 수가 있는데 이것은 지금대운인 癸巳대운이 지배하는 시점의 말기라면 다음대운이 영향력을 행사하는 것이 되므로 그렇게 될 수가 있겠지만 막연히 癸巳대운에서 죽음을 당하였다는 것을 놓고 완전히 의심이 가는 부분이다.!

*. 일간의 왕쇠(旺衰),!

戊일간 戌월에 출생하여 득령(得令)하였으며 사주원국 월지 戌土 비견을 중심으로 일지 戌土에 득지(得地) 및 시지 巳火 인수에 득세(得勢)하면서 지지에 전부 일간을 생조하는 비겁과 인수 그리고 다시 사주년간의 辛金을 제외한 오행이 일간을 생조하므로 신왕이 태과하다.

이렇게 일간 戊土가 신왕함이 태과하면 이것이 외격(外格)의 종격(從格)이나 가종격(假從格)으로 돌아가지 않는 이상 마땅히 일간 戊土를 억제할 수 있는 오행이 필요할 것이다.

사주원국을 자세히 관찰하여 보니 일간 戊土를 억제할 수 있는 오행이 사주년간 辛金 상관만 있을 뿐 그외 전부 일간을 생조하는 인성 火氣와 비겁 土氣가 차지하여 있으므로 내격(內格)의 억부법이나 조후법의 격국이 될 수가 없다.

따라서 위 사주원국은 왕신(旺神)의 세력을 따르는 외격(外格)의 종격(從格)이나 가종격(假從格)이 되는 성질이며 마땅히 일간 戊土를 생조하는 기운이나 자연스럽게 누출시키는 오행이 용신이 되는 것을 알 수가 있다.

*. 격국(格局)과 용신,!

위 사주팔자에 대한 격국(格局)을 판별하여 보면 우선 일간 戊土가 사주내 많은 비겁 土氣와 인수 火氣에 의하여 신왕이 태과하니 외격(外格)의 종격(從格)을 구성하게 되어 왕신(旺神)인 비겁 土氣를 따르는 종왕격(從旺格)이 성격(成格)한다.

고로 용신은 왕신(旺神)인 종왕격(從旺格)이 성립하므로 왕성한 土氣를 생조하는 인성 火氣와 비겁 土, 그리고 왕성한 비겁 土氣를 자연스럽게 누출시키는 식상 金氣를 다같이 용신으로 선정하는 것이 마땅하며 이 중에 가장 길하게 작용하는 것은 왕성한 비겁 土氣를 수기(秀氣)유행시키는 식상 金氣가 제일 좋다.

이렇게 용신의 기운을 선정하여 놓고 사주원국을 자세히 관찰하여 보니 정히 용신의 기운을 대변하고 있는 인성 火氣와 비겁 土 그리고 왕성한 비겁 土氣를 자연스럽게 누출시키는 상관 辛金이 사주 년간에 투출되어 있으므로 아주 길하다고 볼 수가 있을 것이다.

하지만 용신의 기운이 사주년간에 존재하는 것은 그만큼 일간 戊 土와 원격(遠隔)하여 있으므로 무정(無情)한 결과로 인해 제대로 용 신이 일간에 영향력을 행사하는 것이 미약하다는 결론에 귀착할 수 가 있어 조금은 아쉽다고 하겠다.

∗. 일부학자들의 의문,!

여기서 일부학자들 중에는 방금 위 사주팔자에 대한 격국(格局)과 용신을 선정하여 보았는데 격국(格局)에 대해서 약간의 의문을 가지 고 본 저자에게 질문을 하고 있다.

그것은 **"命理大要의 저자 운정선생은 위 사주팔자에 대하여 외격(外格)의 종격(從格)인 종왕격(從旺格)이 성격(成格)된다 고 기술하고 있지만 그것 이외에도 본 사주팔자가 戊일간에 戌월에 출생하여 사주에 土氣를 따르고 있으면 가색격(稼穡 格)도 성격(成格)될 수가 있지 않겠느냐",!**라며 반문을 하고 있 다.

∗. 일부학자들의 의문에 대한 본 저자판단,!

이와 같은 일부학자들의 의문에 대하여 본 저자는 일부학자들이 외격(外格)의 종격(從格)인 종왕격(從旺格)과 가색격(稼穡格)의 성격

438

(成格)부분이 조금 판단의 착오가 있지 않았나 보는데 따라서 그와 같은 외격(外格)의 종왕격(從旺格)과 가색격(稼穡格)에 대하여 본 저자가 편찬한 命理秘典 下권인 종격(從格)편에 대단히 자세하게 기술하고 있다.

*. 命理秘典 下권인 종격(從格)인 종왕격(從旺格)과 가색격(稼穡格)에 인용하여,!

그렇다면 일부학자들이 판단의 착오를 거듭하는 종왕격(從旺格)과 가색격(稼穡格)의 구분을 확실하게 하기 위하여 命理秘典 下권인 종격(從格)의 부분에 기술되어 있는 종왕격(從旺格)과 가색격(稼穡格)을 자세하게 인용하여 살펴보면,!

"일간을 중심으로 하여 사주원국의 전체가 일간의 동기인 비견, 겁재로 이루어진 것을 말하는데 종왕격(從旺格)의 용신법은 일간의 동기인 비견 및 겁재가 주도하기 때문에 용신은 그 대세에 따르는 인성 및 비겁과 식상이다".

"그러나 이 3가지 기운중에 가장 길이 되는 오행은 사주구성전체가 예를 들면 木일주에 비겁으로 이루어져 있다면 가장 길한 것은 강한 비겁을 누출시키는 식상 火가 대길하고 다음은 인성 및 비겁인 水, 木이다".

"또한 완전한 종왕격(從旺格)이 성립이 안되고 가종왕격(假從旺格)인 경우 식상 火는 차길이 될 것이고 그렇다면 일간을

생조하는 인성 및 비겁이 대길이 될 것이다",!라며 기술하고 있
다.

더하여 이번에는 가색격(稼穡格)의 구성요건을 자세하게 기술하
여 보면,! "사주내 戊, 己일간이 사주지지에 辰, 戌, 丑, 未가 있
고 다시 사주원국에 土氣를 상극하는 관성 木이 없을 경우 성
격(成格)한다".

"하지만 가색격(稼穡格)은 戊, 己일간에 사주지지에 辰, 戌,
丑, 未중에서 조토인 未, 戌 土氣만 구성되어 있던지 그렇지
않으면 습토인 辰, 丑 土氣만 구성되어 있을 경우 달리 종왕격
(從旺格)의 원칙에 부합시키는 것이 타당할 것이다".

"이것은 가색격(稼穡格)이라는 격국이 각각의 습기인 辰, 丑
土氣와 온기(溫氣)인 未, 戌, 土氣를 균등하게 가지고 있어야
만이 조후법을 충족할 수 있는 장점을 가지게 되므로 만약 습
토나 조토로서 구성하고 있을 경우 달리 격국을 판단하여야
된다,라며 대단히 자세하게 기술하고 있다".

따라서 이상의 종왕격(從旺格)과 가색격(稼穡格)의 구성요건을 충
분히 판단하였음을 알 수가 있겠는데 비록 위 사주원국이 일간이 戊
土일간으로서 지지에 戌土나 未土를 가지고 있다하여도 이것은 전
부 조토의 성질이 되니 습토인 辰, 丑 土氣가 빠짐에 따라 완전히 가
색격(稼穡格)이 성격(成格)되지 못하고 그냥 土氣를 따르는 종왕격
(從旺格)임을 알 수가 있는 것이다.

*. 사주격국(格局)에 대한 청탁(淸濁)판별,!

다시 위 사주팔자에 대한 격국에 대한 청탁(淸濁)의 유무를 판별하여 보면 우선 일간 戊土가 사주내 왕성한 비겁 土氣와 인성 火氣에 의하여 종왕격(從旺格)을 구성하고 있는 중에 왕신(旺神)인 종왕격(從旺格)을 주도하는 비겁 土氣를 거슬리는 재성 水氣와 관성 木氣가 없으므로 격국은 순수하다고 보겠다.

일면 사주팔자가 년간 辛金 상관과 시상에 투출되어 있는 丁火 편인간에 辛-丁 상충이 있겠으나 년간과 시간은 너무 원격(遠隔)하여 제대로의 상충의 작용을 할 수가 없고 다시 사주월지 및 일지 戊土 비견과 년지 未土 戊-未 삼형과 파살(破殺)이 눈에 거슬리는 현상이 되겠으나 같은 조토로서 종격(從格)의 성질에 따라가므로 이상의 부분은 별 문제가 되지 않는다.

하지만 위 사주팔자는 만약 내격(內格)의 억부법이나 조후법에 준하여 사주 구성이 되고 있을 경우 완전한 오행이 편중(偏重)으로 치달리고 있으니 궁극적인 사주상의 탁기를 모면할 수가 없을 것이다.

결국 이렇게 종격(從格)인 土氣를 따르는 종왕격(從旺格)이 성격(成格)된다면 오히려 戊-未 형이나 파살(破殺)은 동일주의적 원칙에 입각하여 같은 土氣로서 하나의 집단체가 되니 그것으로 인한 사주상의 탁기는 존재하지 않는다고 보는 것이 정석이다.

*. 본 장 질병(疾病)에 준한 판단,!

위 사주 주인공은 고서(古書)에 나오는 질병(疾病)의 부분에 부합하여 죽음을 당한 사주운명의 소유자로서 사주원국에 土氣가 과하게 건조하거나 습하게 될 경우 피부병이 생긴다는 부분에 적용되어 있음을 알 수가 있다.

그런데 여기서 한가지 고서(古書)에 기록하고 있는 성질에 대하여 약간의 불투명한 부분을 발견할 수가 있는데 그것은 우선 위 사주팔자가 만약 내격(內格)의 억부법이나 조후법에 준하여 土氣가 과하게 건조하거나 습할 경우 이상의 부분에 일치하는 성질이 될 수가 있을 것이다.

하지만 위 사주격국은 오히려 왕성한 土氣가 사주내 대부분을 차지하고 있는 중에 마땅히 왕신(旺神)土氣를 억제할 수 있는 오행이 없어 외격(外格)의 종격(從格)이나 가종격(假從格)으로 돌아가고 있으니 내격(內格)에 준하여 이상의 부분을 적용시키게 될 경우 추명의 오류를 발생시키는 하나의 요인이 된다.

＊. 고서(古書)가 본 사주팔자에 대한 해석,!

그렇다면 고서(古書)에 본 사주원국을 기술하여 있는 부분을 언급하여야 될 필요가 있겠는데 그 부분을 자세하게 기술하면 **"이 사주는 조토(燥土)로만 되어 있어 과조(過燥)한데다가, 시주에 丁, 巳火가 있어 더욱 심하게 되었다".**

"고로 초년에 폐가 나빠 가래가 그치지 아니하였으나, 申,

酉金이 있어 큰 해는 없었다".

"乙未, 甲午대운에는 木이 火를 생조하여 사주가 더욱 건조
되어 심한 피부병에 걸려 고생하던 끝에 癸巳운에 癸가 사주
중의 戊와 간합하여 火로 화하고 巳火가 이를 더욱 부채질하
여 죽고 말았다".

"폐와 신장이 나빠진게 원인이었다",!라며 짧막하게 언급하고
있다.

*. 본 저자가 본 고서(古書)의 해석에 대한 완전한 배척,!

이상과 같은 맥락에서 언급한 고서(古書)의 기술을 본 저자는 고
서(古書)가 본 이유하고는 대단히 상반된 견해를 가지고 있는데 그
부분을 약 3가지로 반론을 제기하기로 한다.

우선 그 첫째로,!고서(古書)에는 위 사주팔자가 막연히 土氣가 건
조하여 질병(疾病)이 들어 피부병이 발병하여 끝내는 죽음을 당하였
다고 말하고 있는 데 고서(古書)가 기술하고 있는 내용을 아마도 내
격(內格)의 억부법이나 조후법에 준하여 본 사주팔자를 간명하였다
는 착각을 할 수가 있다.

그것은 보통 사주격국이 내격(內格)에 기준한 억부법이나 조후법
상 하나의 기운이 자리를 잡고 마땅히 억제하는 기운이 있을 때 취
용하는 것으로 그렇다면 본 사주팔자가 대단히 조토로서 구성되어
있는 중에 시주가 丁巳로서 완전히 불길을 지피우고 있으니 과조로

인하여 본 장에 부합하는 성질이 될 수도 있다.

하지만 본 사주원국이 외격(外格)의 종격(從格)이나 가종격(假從格)으로 귀착하는 명조가 되고 있을 경우 오히려 사주원국이 왕신(旺神),土氣를 상극하는 재성 水氣는 왕신발(旺神發)을 불러일으킬 수 있는 소지를 다분히 안고 있는 성질로서 오히려 본 사주원국은 재성 水氣가 없음에 따라 격국이 순수하기까지 하고 있다.

그렇다면 이상의 부분을 생각하여 볼 경우 내격(內格)에 적용하는 사주원국이라면 만약 사주가 너무 과조하기 때문에 고서(古書)의 부분에 적용할 수가 있겠으나 외격(外格)의 종격(從格)인 종왕격(從旺格)이 되는 사주라면 사주상에 재성 水氣를 가지고 있을 경우 오히려 격국자체가 탁기를 구성하는 요인으로 작용하는 것을 모면할 수가 없다.

따라서 이상의 성질을 생각할 때 고서(古書)가 언급한 부분에 대하여 완전한 판단의 착오라는 것을 뒷받침하고 있겠으며 이것은 오히려 반대로 종격(從格)의 격국에서는 습기가 없는 것이 격국이 순수하다고 보아야 하는 것이 정석이다.

다음 두 번째로,! 본 사주원국이 고서(古書)에는 용신이나 희신의 성질을 분명하게 밝혀놓지 않은 채 막연히 사주격국을 풀이하였다는 지적을 면할 수가없다.

그 부분을 언급하자면 **"이 사주가 조토(燥土)로만 되어 과조(過燥)한데다가, 시주에 丁, 巳火가 있어 더욱 심하게 되었다"**,

라는 해석이 뒷받침하고 있음을 볼 수가 있겠다.

그렇다면 위 사주팔자가 재성 水氣가 사주에 자리를 잡고 있을 경우 이상의 질병이 발병하지 않았다라는 것을 부합시키고 있으니 완전히 내격(內格)의 억부법이나 조후법상 재성 水氣를 용신으로 선정하는 부분을 직,간접적으로 시인하는 결과를 불러일으키고 있다 할 것이다.

따라서 이와 같은 부분은 대단히 위험천만한 발상이며 완전히 말도 되지 않는 어불성설임을 알 수가 있겠는데 본 사주원국을 자세히 관찰하여 보면 사주지지에 巳火, 戌土, 未土로 구성되어 전부 火, 土이며 더하여 사주천간에 년간 辛金을 제외한 전부가 戊土, 丁火로 이루어져 있으니 이는 곧 단편적으로 보아도 일간 戊土를 억제할 수 있는 기운이 없음에 따라 외격(外格)의 종왕격(從旺格)이 성격(成格)되는 점을 분명히 알 수가 있다.

그렇다면 이렇게 왕신(旺神) 土氣가 자리를 잡고 있을 때는 재성 水氣는 土剋水하여 왕신(旺神) 土氣가 반발을 하는 것은 기정사실이 될 것이고 아울러 이렇게 될 경우 더욱 더 왕신을 상극하는 처사로 말미암아 사주 주인공은 십중구사의 운명을 면할 수가 없을 것인데 어찌하여 고서(古書)의 저자는 재성 水氣를 필요로 하는 것인지 도저히 납득할 수가 없는 것이다.

여기서 한가지 구실을 불러일으킬 수 있는 요건이 없겠지만 구태여 꺼집어낸다면 사주시지 巳火 인수의 지장간 중기(中氣)에 庚金 식신이 존재하여 있는 중에 다시 그 속에 통근(通根)하여 사주년간에 투출되어 있는 辛金 상관이 일간 戊土의 기운을 자연스럽게 土生金으로 누출시키고 있음을 발견할 수가 있다.

따라서 이와 같은 현상은 곧 일간 戊土의 성질을 억제할 수 있는 요건이 되니 내격(內格)의 억부법이나 조후법에 준하여 재성 水氣를 필요할 수도 있지 않겠느냐,라며 억지로 만들어 낼 수도 있을 것이다.

하지만 그것도 역시 말도되지 않는 미국소가 웃을 일이라는 것을 알 수가 있겠는데 외격(外格)의 종왕격(從旺格)이 土氣로서 성격(成格)되는 사주라면 비겁 土氣의 기운이 주도되어 왕신(旺神)의 성질이 되는 것은 기정사실이다.

이렇게 될 경우 비겁인 왕성한 기운을 자연스럽게 누출시키는 식상 金氣는 오히려 가장 대길하는 주된 용신의 성질이 되는 것은 사주추명학을 하는 초심의 학자들도 모두 다 아는 격국에 대한 판단이다.

따라서 위 사주팔자는 식상 金氣는 가장 주된 용신의 성질이 되고 있는 것은 기정사실이며 더구나 사주팔자에 식상 金氣가 년간 辛金 상관만 존재하여 있을 뿐 사주지지에 이렇다할 정오행이 없으니 이렇게 미미한 식상 金氣로 인하여 일간 戊土를 억제할 수 있다고 보아서 내격(內格)의 억부법이나 조후법상 부합시키는 고서(古書)의 논리는 그 논거가 확실히 미흡하다 할 것이다.

다음 세 번째로,! 위 사주팔자에 대한 대운 흐름에 대한 성질을 고서(古書)를 집필한 저자의 기분데로 짜맞추기씩이 되었다는 것을 지적할 수가 있다.

그 부분에 대하여 "고로 초년에는 폐가 나빠 가래가 그치지 아니하였으나, 申, 酉金이 있어 큰 해는 없었다",

"乙未, 甲午대운에는 木이 火를 생조하여 사주가 더욱 건조되어 심한 피부병에 걸려 고생하던 끝에, 癸巳운에 癸가 사주 중에 戊와 간합하여 火로 화하고 巳火가 이를 더욱 부채질하여 죽고 말았다",라며 언급하고 있다.

그렇다면 초년에 폐가 나빠 고생하였으나 申, 酉金이 지배되는 시점에는 큰 해가 없었다는 것을 놓고 위 사주팔자에 대한 용신과 희신의 기운으로 金, 水를 취용하였다는 것을 여실히 증명하고 있는데 이것은 사주추명학상 오류가 자명한 것을 알 수가 있다.

이 부분을 좀 더 자세하게 언급하여 보자면 우선 위 사주팔자에 대한 격국이 왕신(旺神) 土氣를 따르는 종왕격(從旺格)이 성격(成格)되고 있는데 그 중에서 土氣가 왕성하니 비겁 土氣를 자연스럽게 누출시키는 식상 金氣가 가장 주된 용신으로 선정되는 것을 볼 수가 있다.

따라서 당연히 申, 酉金의 운로에서는 용신의 운로이니 무사하다는 것은 추명을 거론하는 삼척동자도 다 아는 사실이 될 것인데 이와 같은 부분을 두고 고서(古書)의 저자는 내격(內格)의 억부법이나 조후법상 金, 水를 용신으로 취용하게 된 동기를 착각하고 있다.

본 사주원국에 대한 식상 金氣는 비겁 土氣를 따르는 종왕격(從旺格)에서는 정히 용신의 성질로서 길하게 되는 것은 사실이나 왕신(旺神) 土氣를 상극하는 재성 水氣는 쇠자왕신발(衰者旺神發)하여 왕신이 발동되는 처사를 생각하지도 않고 무조건 사주원국이 과조(過燥)하니 재성 水氣를 보아야 한다는 논리는 참으로 어리석기 짝이 없다.

그렇다면 본 저자가 판단할 때 이상의 부분을 접목시켜 질병이 발병하였다는 논리를 놓고 고서(古書)의 부분에 억지로라도 부합시켜 볼 경우 대운이 지배하는 동안 세운이 기신(忌神)이 되어 대운과 세운간 전극(戰剋)이 벌어지면서 사주 운명소유자가 질병을 얻었다는 판단을 한번쯤 생각할 수가 있겠다.

또한 癸巳대운에서 죽음을 맞이하였다는 성질도 본 저자가 생각할 때는 대단히 길운이 되겠지만 癸巳대운이 끝나는 시점에서는 다음 대운인 壬辰대운이 지배되는 시기임을 미루어 짐작할 수가 있다.

이는 곧 壬辰대운천간 壬水는 사주일간과 월간 戊土를 壬-戊 상충하고 다시 대운지지 辰土는 사주월지 및 일지 비견 戊土를 辰-戌 상충으로 가격하는 성질이 나타나고 있으니 이렇게 될 경우 대운천간지지 모두 사주명조를 상충으로 파극하는 현상이 됨에 따라 癸巳대운에서 壬辰대운으로 넘어가는 9수에 절명할 수 있는 요건은 충분히 가지고 있다고 볼 것이다.

이유야 어찌 되었던간에 고서(古書)의 저자는 申, 酉金이 지배하는 시기에는 무사하였고 乙未, 甲午대운에는 木이 火를 생조하여 사주가 더욱 건조되어 심한 피부병에 걸려 고생하던 끝에 癸巳운에 사망하였다는 설(說)은 사주 주인공이나 본 사주원국을 해석하였던 고서(古書)의 저자나 모두 무덤속에 있는 인물로 그 실체를 증명할 수가 없다.

그렇게 될 경우 사주 주인공이 죽음을 당하였다는 세운의 흐름이 나타나고 있을 경우에는 확실히 癸巳대운이 지배되는 어느 세운에 절명을 하였는지를 증명할 수가 있겠으나 막연히 癸巳대운에서 죽음을 당하였다는 논리는 허공에 뜬구름 잡는 식이니 추명을 연구하는 학자들에게 판단의 혼란만 가중되는 것을 감히 지적한다.

결국 이상의 3가지 반론을 가지고 고서(古書)가 해석하였다는 본 사주팔자는 완전히 오류가 확실히 나타나고 있음을 알 수가 있을 것이며 그렇지 않아도 사주추명학을 독학으로 공부하는 역학자들이 이상의 본 사주팔자를 해석한 부분을 보고 이 얼마나 판단의 갈등을 겪을 것을 생각한다면 마땅히 고서(古書)를 집필한 저자는 지탄을 면치 못할 것이다.

(예2).남자, 김 모군(경기도 안양) 1979년 음력 6월 16일 戌 시

乙-辛상충!　　　　　　　　　(대　운)

養	墓	帶	帶	己-乙상충!	61	51	41	31	21	11	1
庚	丁	辛	己			甲	乙	丙	丁	戊	己	庚
戌	丑	未	未			子	丑	寅	卯	辰	巳	午

丑-未 상충,! 丑-戌-未 삼형,!

정재　　편재 식신

金 (火) 金 土

土 土 土 土

상관 식신 식신 식신

●대운천간 乙木이 외격(外格)의 식상 土氣를 따르는 종아
격(從兒格)을 구성하고 있는 왕신(旺神)土氣를 木剋土로
가격하는 중에 사주월상 辛金 편재를 乙-辛 상충, 그리고
사주년간에 종아격(從兒格)을 대표하는 己土 식신을 己-
乙 상충으로 파극하고 있으니 생명이 위험하다,!

더구나 대운지지 丑土가 비록 식상 土氣를 따르고 있겠지
만 왕성한 土氣의 충돌로 이어지는 丑-戌-未 삼형으로
대접하고 있는 것은 십중구사의 운명으로 치달리고 있는
데 설상가상으로 뒤 따라 들어오는 다음 61세가 甲子대운
으로서 완전히 직, 간접적으로 그 영향력을 행사하게 되
니 위험하다,!

*. 일간의 왕쇠(旺衰),!

丁일간 未월에 출생하여 실령하였으며 사주원국 월지 未土 식신을 중심으로 사주지지 전부 식신, 상관 土氣로 구성되어 있는 중에 사주천간 역시 일간 丁火를 제외하고는 전부 재성 金氣와 식신 土氣로 이루어져 있으니 일간 丁火가 어느하나라도 의지할 데가 없다.

따라서 이렇게 일간 丁火를 생조하는 기운이 없을 것 같으면 마땅히 일간이 왕신(旺神)의 성질을 따르는 외격(外格)의 종격(從格)이나 가종격(假從格)으로 돌아가기 쉬울 것은 자명한 일이 되었다.

한편으로 볼 때 위 사주원국이 비록 일간의 기운이 왕신(旺神)의 성질을 따르기 쉬울 것 같으나 일간 丁火의 기운을 생조하는 인성 木氣와 비겁 火氣가 사주팔자 시지 戌土 상관 지장간 중기(中氣)에 丁火가 있고 또한 사주월지 및 년지 未土 지장간 여기(餘氣)와 중기(中氣)에 丁火와 乙木이 존재하여 있으니 일간 丁火가 그 속에 통근(通根)을 할 수가 있음을 엿볼 수가 있다.

하지만 그것도 사주일지 丑土 식신이 자리를 잡고 양쪽 시지 戌土 상관을 戌-未 삼형하고 다시 년지와 월지 未土 식신을 丑-未 상충으로 가격하고 있으니 지장간에 암장된 인성 木氣와 비겁 火氣가 모두 파괴되어 일간이 뿌리를 두는 현상이 무용지물이 되고 있음을 발견하게 된다.

이와 같은 현상을 좀 더 자세하게 지장간에 여기(餘氣), 중기(中氣), 정기(正氣)의 변화를 도표로서 표시한다면,!

삼형,!　　상충,!　　상충,!

시지　　일지　　월지　　년지

戌 ⟷ 丑 ⟷ 未　　未

지장간 변화!

(여 기)　辛　　癸 ⟷ 丁　　丁

(중 기)　丁 ⟷ 辛 ⟷ 乙　　乙

(정 기)　戊　　己　　己　　己

　이상의 도표에서 보면 시지 戌土의 지장간 중기(中氣)에 존재하는 일간의 동기인 비견 丁火를 일지 丑土 지장간 중기(中氣)에 자리잡은 辛金이 각각 辛-丁 상충으로 완전히 파극하니 일간 丁火가 뿌리를 두지 못하는 형상이 발생되고 있음을 알 수가 있다.

　또한 사주년지 및 월지 未土 식신의 지장간 여기(餘氣)에 丁火가 있으나 이것 역시 일지 丑土 지장간 여기(餘氣)에 癸水가 각각 丁-癸 상충으로 파극하고 다시 未土의 지장간 중기(中氣)에 乙木이 있으나 그것도 일지 丑土 지장간 중기(中氣)인 辛金이 乙-辛 상충이 되어 모두 파극시키고 있으니 일간 丁火가 어느하나라도 의지를 할 수가 없게 되었다.

　고로 위 사주원국 일간 丁火는 음(乙, 丁, 己, 辛 癸)이 되니 외격(外格)의 종격(從格)이나 가종격(假從格)의 성질로서 곧 왕성한 식상 土氣를 따르는 외격(外格)의 용신법이 적용되는 전형적인 종격(從

格)의 사주팔자로 귀착한다.

*. 격국(格局)과 용신,!

위 사주팔자에 대한 격국(格局)과 용신을 판별하여 보면 우선 일
간 丁火가 사주내 왕성한 식상 土氣에 의하여 왕신(旺神)의 성질에
따르고 있으니 외격(外格)의 종아격(從兒格)을 성격(成格)한다.

고로 용신은 왕성한 식상 土氣가 주동하여 土氣를 생조하는 비겁
火, 그리고 왕신(旺神)인 土氣 및 강력한 土氣를 자연스럽게 누출시
키는 재성 金氣를 함께 용신으로 선택하여야 마땅할 것이다.

이렇게 용신과 길신을 선택하여 놓고 사주원국을 자세히 관찰하
여 보니 사주 팔자내 지지전부 왕신(旺神)의 성질로 구성되는 식상
土氣가 자리를 잡고 다시 사주년간 己土 식신이 투출되어 완전히 한
나라의 土氣를 대표하고 있는 중에 왕신(旺神)인 土氣를 거슬리는
관성 水氣와 인성 木氣가 없으니 왕신(旺神)이 반발하지 않으니 다
행스럽다고 볼 수가 있다.

*. 일부학자들의 의문,!

여기서 일부학자들 중에서 한가지 의문을 가지고 질문을 하고 있
는데 그것은 **"본 사주팔자에 대한 용신법이 식상 土氣를 따르
는 종아격(從兒格)을 성격(成格)하는데는 저희 학자들도 공감**

을 표시하고 있다".!

"하지만 운정선생은 본 사주팔자에 대한 종아격(從兒格)의 용신법에서 식상 土氣와 재성 金氣는 용신의 성질이 되는 것은 인정하지만 비겁 火氣는 오히려 종격(從格)의 대세에 거슬리는 작용을 할 수 있는 소지로 일간이 불과분의 성질에 따르는 것을 일간에게 기운을 생조해서 일간이 종격(從格)의 대세에 반발을 할 수 있는 현상이 유발되어 불리하지 않겠느냐",! 라며 구체적으로 반문을 하고 있다.

*. 일부학자들의 의문에 대한 본 저자판단,!

이와 같은 일부학자들의 의문에 대하여 본 저자는 학자들에게 이미 본 命理大要 中권인 단명의 팔자에 준하여 사주 주인공의 사주를 해설하는 과정에서 대단히 자세하게 언급하고 있는데 하지만 전자의 단명팔자에 준한 사주원국하고 지금 본 장에 언급하는 사주팔자하고는 조금 그 양상이 다르게 나타나고 있음을 알 수가 있다.

따라서 학자들이 의문을 표시하는 과정이 비록 이미 전자인 단명팔자에 준하여 자세하게 기술하였지만 추명의 원리를 확실하게 답변을 구하는 학자들의 심정을 십분 수용하여 재차 모자라는 부분을 보충하면서 정리하기로 한다.

따라서 왜, 본 사주팔자가 왕신(旺神)의 성질로 자리매김하는 식상 土氣를 구성하는 종아격(從兒格)에 일간 丁火의 기운을 생조하는 비겁 火氣는 흉이 되지 않고 길하게 되는가를 놓고 지금부터 본 저자가 기술하는 것은 사주추명학적으로 대단히 난이하고 어렵기 때문에 고난도의 이해력을 요구하니 학자들은 정신을 집중하여 본 저자의 설명에 귀를 귀울려야 될 것이다.

위 사주팔자에 대한 제일먼저 왕신(旺神)의 성질인 식상 土氣를 따르는 종아격(從兒格)의 용신법에 대한 체계적인 분석을 약 3가지 성질로 해석하여야 되는데 그 첫째로 가상하여 위 사주팔자를 예를 들면 **사주원국내 비겁 "火氣"가 없어야 한다.**

만약 사주내에 비겁 火氣가 존재하여 있다면 이는 비록 강력한 식상 土氣를 생조하여 왕신(旺神)인 식상 土氣는 반발을 하지 않더라도 일간 丁火가 비겁에 의하여 기운을 얻음에 따라 의지하는 현상이 되고 있으므로 결코 외격(外格)인 종아격(從兒格)을 따라가지 않고 내격(內格)의 억부법이나 조후법의 용신이 선정되는 문제가 발생된다.

그렇다면 제일먼저 식상의 기운을 따라가는 종아격(從兒格)이 성격(成格)되려면 우선 사주원국에 강한 식상의 기운을 생조한다손 치더라도 일간과 더불어 비겁이 강하게 작용하지 않아야 완벽한 종격(從格)인 종아격(從兒格)이 성립될 수 있는 조건이 대체로 이런 부분에 적용되고 있음을 간파하여야 될 것이다.

하지만 반대로 일간의 동기인 비겁이 다수가 있을 경우 일간이 그곳에 의지하는 현상이 발생되기 때문에 비록 식상을 생조한다해도 이 때는 종격(從格)으로 귀착되지 않고 억부법이나 조후법의 원리에 부합되는 성질은 사주격국이 순수하지 못할 뿐더러 아무리 식상의 기운을 따라간다고 가정해도 종격(從格)을 거슬리기는 매일반이 되는 것은 기정사실이기 때문이다.

여기서 일부학자들 중에는 본 사주팔자가 비겁 火氣 및 인성 木氣가 사주월지 및 년지 未土의 지장간에 乙木과 丁火,그리고 시지 戌土 지장간 중기(中氣)에 丁火가 있으니 비겁이나 인성의 기운은 미미하겠지만 그래도 존재하는 것이 되지 않느냐,라며 반문을 할 지 모른다.

그러나 이와 같은 것은 본 사주팔자에 대한 천간이나 지지에 정 오행을 말하는 것이며 더하여 이미 전자에 언급하였지만 丑-戌-未 삼형으로 인한 지장간의 암장된 오행끼리 전부 일간의 동기인 비겁 火氣와 인성 木氣가 파극이 되어 무용지물이 되어 있기 때문에 본 사주팔자에 대해선 비겁 火氣나 인성 木氣가 존재하지 않는 격국이 되고 있다.

다음 둘째로 **사주원국에 비겁이 존재하여 있다해도 일간의 의지처인 비겁이 일간과 "원격"(遠隔)해 있어 주어야 일간이 비겁의 생조를 받지 못하면서 종격(從格)의 기운에 따라가기 쉬울텐데 그렇지 않으면 식상의 기운이 무리를 이루어 일간을 둘러 쌓아 비겁의 생조를 받지 못하게 가로막고 있어야한다.**

만약 이 경우에도 비겁이 사주지지에 뿌리를 두면서 일간과 근접하여 있을 경우 아무리 강력한 식상의 기운을 거슬리지 않고 생조를 한다고해도 일간은 다소 식상의 기운에 의하여 비록 힘은 누출되겠지만 비겁이라는 의지처가 있게되니 이는 곧 완벽한 종격(從格)인 종아격(從兒格)으로 돌아가지 못하고 억부법의 원리에 부합할 수도 있음이다.

이와 같은 현상을 좀 더 세별하여 기술하자면 보통 일간을 극루(尅漏)하여 불과분의 관계에 따라가는 종격(從格)에서는 절대적으로 대단히 중요하게 취급하여야 되는 이유로 만약 종아격(從兒格)을 생조하는 비겁이 다수 있을 경우 일간이 비겁이나 인성의 기운에 기운을 얻고 있다고 가정할 때 이는 곧 절대적인 왕신(旺神)인 식상을 항명(抗命)하는 결과가 됨에 따라 이 때는 사주팔자가 내격(內格)의 억부법이나 조후법의 용신이 된다는 취지이다.

마지막 셋째로 **사주팔자내 비겁이 존재하여 있다해도 사주지지에 뿌리를 두는 것이 미약하고 다시 비겁을 타 주 재성이 "상충"등으로 파극하여 비겁의 기운을 극도로 쇠약하게 되면 이 때는 일간을 생조하는 능력을 완전히 상실하기 때문에 이는 강력한 식상의 기운을 따라가는 종아격(從兒格)이 성립된다고 볼 수가 있는 것이다.**

따라서 이상의 부분을 바꾸어서 언급한다면 일간에 대한 비겁이 재성의 기운에 의하여 상충으로 파극되지 않고 비록 지지에 뿌리를 두는 현상이 미약하다해도 식상의 기운은 비겁이나 일간을 상극하는 기운이 아니기 때문에 조금이라도 일간을 생조하는 비겁이 살아남게 되면 종격(從格)으로 돌아갈 수가 없음이 되기 때문이다.

이와 같이 세 가지 원칙에 적용하여 비록 비겁이 사주에 있다해도 이상과 같이 위의 법칙에 준하여 부합하게 될 때 비겁의 기운이 무용지물일 수 밖에 없는 것이므로 이 경우 운로인 세운이나 대운에서 비겁의 기운이 들어와도 일간이 의지를 할 수가 없는 것이 되어 그에 대한 길 흉이 불리하게 연출되지 않고 오히려 길하게 되는 점이 이상과 같은 법칙에 준하여 보면 될 것이다.

그러나 만약 후자의 두 번째 경우에 비겁이 존재하여 있을 때 식상의 기운이 무리를 지워 아무리 일간과 원격(遠隔)하여 일간이 비겁에 의하여 의지하지 못한다손 치더라도 비겁이 사주지지내 조금의 지장간등에 의지하는 인성에 뿌리를 두고 있는 현상이 생긴다면 이 때는 일간과 비겁이 동시에 그곳에 통근(通根)하는 성질이 발생되는 것은 기정사실일 수밖에 없다.

만약 그렇게 될 경우 비록 지금은 식상의 기운이 대단히 강력하여 불과분에 따라 어쩔수 없이 식상의 기운에 따르는 가종아격(假從兒格)이 되고 있을지라도 다시 운로인 대운이나 세운에서 재차 비겁이나 인성을 만나게 된다면 강력한 식상의 기운을 거슬리게 되는 즉, 일간이 기운을 얻음에 따라 종격(從格)을 따르려는 성질이 되지 않음으로 인하여 왕신(旺神)인 식상이 반발을 하게 되니 이외의 결과로 아주 불리하게 연출되어 재화가 속출한다.

*. 종아격(從兒格)에 대한 비겁의 길, 흉 판단,!

따라서 학자들이 의문을 가지는 종아격(從兒格)에 대한 비겁의 기운을 놓고 운로인 세운이나 대운에서 비겁이 일간에게 미치는 영향

력이 길이 되느냐, 아니면 흉이 되느냐,는 사주원국에 존재하는 비
겁의 기운이 전혀 없거나 아니면 파극이 되어 무용지물이 되는 경우
에는 종아격(從兒格)에 대한 격국이 아주 순수하게 되니 운로에서
들어오는 비겁의 기운은 대단히 길하게 작용한다고 판단하는 것이
정석이다.

그러나 만약 사주원국의 사주지지에 지장간이라도 인성이나 비
겁이 들어 있어 비겁이 의지하고 있는 중에 반대인 식상의 기운이
대단히 왕성한 불과분의 성질인 식상을 따르는 가종아격(假從兒格)
이 되고 있을 경우 다시 운로인 세운이나 대운에서 비겁이나 인성의
기운을 만나게 될 때 일간이 기운을 얻어지면서 종아격(從兒格)을
주도하는 식상의 기운에 정면으로 위배되는 현상이 발생되니 왕신
(旺神)인 종격(從格)이 반발이 되어 그 흉의가 극도로 발생하므로 이
때는 아무리 식상의 기운을 생조하더라도 흉이라고 판단한다.

이상의 맥락에 비추어 위 사주팔자에 대한 것을 부합시켜 간명하
여 볼 때 완전히 일치하는 현상이 되고 있음을 알 수가 있겠는데 아
무리 식상의 기운을 따르는 비겁이 들어온다고 가정해도 이미 사주
팔자에는 일간을 생조할 수 있는 인성 木氣나 비겁 火氣가 존재하지
않고 있음을 발견하게 된다.

그렇다면 이와 같은 현상은 다시 운로인 대운이나 세운에서 비겁
火氣가 들어온다해도 왕성한 식상 土氣를 먼저 생조하는 현상이 발
생되므로 전자의 단명팔자에 준하는 사주격국하고 본 장에 언급하
는 위 사주팔자하고는 동질성이 될 수가 없는 이유가 여기에 있다해
도 과언이 아니다.

하지만 한가지 명심하여 둘 일이 있는데 그것은 본 장에 언급하는 비겁 火氣는 이미 사주팔자에 존재하지 않아 있으니 운로인 대운이나 세운에서 비겁 火氣를 보면 먼저 식상 土氣를 土生金으로 생조하기 때문에 길하다고 하였으나 이것을 혼돈하여 인성 木氣를 보아도 길하다고 판단하여서는 절대로 아니된다.

그 이유는 절대적 왕신(旺神)인 식상 土氣는 대왕으로 군림하고 있는데 대왕을 생조하는 비겁 火氣는 이미 전자에 설명하였지만 사주상에 비겁 火氣가 없으므로 식상 土氣를 土生金으로 생조하는 현상은 길하다고 기술하였다.

그러나 이와 반대로 인성 木氣는 일간 丁火를 생조하는 동시에 식상 土氣를 木剋土하여 왕신(旺神)인 대왕을 파극하여 그로 인한 왕신(旺神)이 반발을 하니 쇠자왕신발(衰者旺神發) 및 왕신충왕(旺神沖旺)하여 십중구사의 운명을 면하기 어려운 상황에 부딪칠 수도 있음이다.

결국 이상과 같은 현상을 놓고 왕신(旺神)인 식상의 기운을 따르는 종아격(從兒格)에서는 비겁이 식상을 생조하여 길하나 그 이외에 인성과 관성은 식상을 완전히 파극을 도모하여 왕신(旺神)이 반발을 하니 절대로 인성과 관성은 흉물로서 둔갑하는 절대적인 이유가 여기에 있음을 유념하여야 된다.

*. 격국에 대한 청탁(淸濁),!

다시 위 사주팔자에 대한 청탁(淸濁)유무를 판별하여 보면 우선 단편적으로 볼 경우 일간 丁火가 외격(外格)의 왕신(旺神)인 식상 土氣를 따르는 종아격(從兒格)을 구성하고 있는 중에 식상 土氣를 거슬리는 관성 水氣와 인성 木氣가 존재하지 않기 때문에 격국이 순수하여 청기(淸氣)를 가지는 사주명조라 생각하기 쉽다.

하지만 본 사주원국을 자세히 관찰하여 보면 일간 丁火를 비롯하여 사주천간의 월상에 투출되어 있는 辛金 편재와 일간 丁火간에 辛-丁 상충이 되어 있고 또한 사주지지에 월지 및 년지 未土 식신을 중심으로 하여 일지 丑土와 시지 戌土 모두 丑-戌-未 삼형을 동반하여 있으니 완전히 삼형으로 인한 탁기는 모면할 수가 없게 되었다.

더하여 이와 같은 현상은 일간 丁火가 왕신(旺神)의 성질을 따르는 종아격(從兒格)을 구성하는 성질로 말미암아 운로인 대운이나 세운에서 필수적으로 용신인 土氣를 따르는 火, 土, 金으로 치달리고 있어야 만이 그나마 흉함을 모면하면서 수명을 누릴 수가 있을 것이다.

그러나 만약 운로인 대운이나 세운에서 조금이라도 인성 木氣와 관성 水氣를 만나게 된다면 그 흉함은 왕신(旺神)인 식상 土氣가 발동함으로 인하여 대단히 강력하게 재화가 발생되는 것을 면할 수가 없게 될 것이다.

*. 세운과 월운을 대조하여 신수를 볼 때,!

그렇다면 보통 사주팔자를 감정할 때 이상과 같은 사주운명의 소유자가 나타났다고 가정한다면 세운을 주동하여 월운에 대한 신수를 감정할 경우 대운의 성질이 일단 사주상의 용신이나 희신의 기운인가, 그렇지않으면 일간에 대한 기신(忌神)의 운로인가를 먼저 살피는 것이 타당하다.

그리고 나서는 세운과 대운을 종합하여 검토한 뒤 월운을 살펴야 되는데 명심할 것은 월운은 1달을 지배하는 군주가 되므로 비록 대운이 좋다고 해도 월운이 나쁠시는 분주다사함을 면할 수가 없다.

따라서 위 사주팔자를 월운을 감정할 때 정월달과 2월달은 寅, 卯월이 되므로 왕신(旺神)土氣를 木剋土하여 좋지 않겠으나 다행히 사주시지 戌土 상관과 寅-戌合火, 卯-戌合火로 왕신(旺神)인 식상 土氣를 火生土하여 약간 기복이 있겠지만 별 탈이 없게 된다.

그렇다면 음력 6월은 未월이며 9월은 戌월이 되니 이미 사주상에 丑-戌-未삼형이 되고 있는 중에 다시 중첩하여 월운에서 丑-戌-未삼형으로 가격하는 것은 비록 대운이나 세운이 용신이나 희신의 운이라도 잔상경복이 나타나는 것은 면할 수가 없으니 신수를 볼 때도 이와 같이 판단하여야 될 것이다.

하지만 여기서 한가지 중요한 부분이 있겠는데 월운도 역시 천간이 존재하여 있으므로 월운천간지지 모두 흉함이 되는가 그렇지 않으면 월운 천간과 지지간에 서로 전극(戰剋)을 형성하여 길이나 흉을 줄여주고 있는가, 또한 세운와 월운간 합을 하여 나오는 오행이 사주상에 용신이나 기신(忌神)이 되는가도 면밀히 판단하여야 됨은 두말 할 것도 없다.

이와 같은 부분은 본 서 命理大要 中권에서 약간 언급하고 넘어 가지만 다음 편인 命理大要 下권에서 운로를 풀이하는 과정에 더욱 더 상세하게 기술하고 있으니 월운에 대한 신수법은 命理大要 下권 에 집중적으로 판단하기로 한다.

*. 위 사주원국을 본 장 질병(疾病)에 부합시켜 판단,!

다시 위 사주팔자를 본 장 질병(疾病)에 부합시켜 판단하여 보면 우선 일간 丁火가 신약이 극심해서 외격(外格)의 종아격(從兒格)을 구성하고 있는 중에 사주지지내 일지 丑土 식신과 월지 및 년지 未 土, 그리고 시지 戌土 상관이 모두 丑-戌-未 삼형을 동반하여 사주 원국이 전쟁터를 방불케 하고도 남음이 있다.

이것은 곧 사주상 土氣가 상충이나 삼형으로 발동하여 서로간 가 격하게 될 경우 위장병이나 피부병등이 발생하는 이치와도 일맥 상 통하고 있는데 실제로 사주 주인공인 김 모군은 지금 1998년 戊寅 년에 본 저자가 대학진학차 본인의 어머니하고 입시문제로 신수를 감정하였던 고등학교 3학년 재학중인 학생이라 하겠다.

그런데 신체조건이 너무 깡마르고 뼈만 앙상하게 남은 정말 단편 적으로 보아도 병중에 있다는 것을 감지할 수가 있었는데 실제로 유 년때부터 위장병으로 잔병이 떠나지 않았으며 지금까지 계속 위장 병으로 고생하고 있다며 본인의 어머니가 언급을 하고 있다.

따라서 본 저자가 간명하였던 부분에 완전히 일치를 하고 있음을 알 수가 있었는데 대운의 흐름을 살펴볼 경우 초년은 그나마 남방 巳-午-未 火局으로 치달리고 있으니 왕신(旺神)인 식상을 따르는 종아격(從兒格)의 土氣를 火生土하여 그나마 근근히 살아갈 수가 있다고 판단한다.

하지만 앞으로 다가오는 대운이 31세 丁卯대운부터 정히 왕신 土氣를 木剋土로 상극하는 동방 寅-卯-辰 木局으로 치달리고 있으니 그 흉함이 불을 보듯 뻔한일이 아닐 수가 없는데 그렇다면 수명 또한 단명으로 연결될 수가 있음을 미루어 짐작할 수가 있겠다.

*. 사주 주인공의 성격과 육친의 운명,!

다시 위 사주 주인공인 김 모군에 대한 성격과 육친의 운명을 관찰하여 보면 우선 일간 丁火가 왕신(旺神)인 식상 土氣를 따르는 종아격(從兒格)을 성격(成格)하고 있으니 매사를 순리를 따르는 인격자임이 분명하고 더하여 왕신(旺神)의 土氣를 자연스럽게 누출시키는 재성 金氣가 사주월상과 시상에 辛, 庚金이 투출되어 있으므로 정직하고 온화하다.

일면 사주팔자에 丑-戌-未 삼형이 존재하여 있으니 무은지형(無恩之刑)이라하여 사람됨이 교활해서 친인(親人)을 배반을 잘하고 성질이 냉혹하다는 비판을 들을 수가 있지 않겠느냐,라고 반문을 하는 학자도 적지 않는 것 같다.

그러나 이렇게 사주원국의 지지에 丑-戌-未 삼형이 존재하는 오행이 있다손치더라도 왕신(旺神)인 식상 土氣를 따르는 외격(外格)의 종아격(從兒格)을 구성하고 있을 경우 이상의 丑-戌-未 삼형에 대한 성격의 흉폭성을 모두 견제하여 무사하다고 판단하는 것이 정석이다.

하지만 이렇게 사주 주인공의 김 모군의 성격은 식상 土氣를 따르기 때문에 대단히 좋은 것은 사실이나 부모님의 은덕은 그다지 좋지 않겠으며 아울러 일주가 丁丑으로서 백호대살(白虎大殺)이 되고 있는 중에 십이운성의 묘지까지 해당하고 있으니 처궁과 본인의 건강이 대단히 좋지 않는 것은 기정사실이 된다.

*. 격국(格局)에 대한 대운흐름,!

지금까지 사주 주인공인 김 모군의 사주팔자에 대한 용신과 격국, 그리고 성격 및 육친의 운명을 사주추명학에 비추어 간명을 하여 보았는데 본 장 질병(疾病)에 준하여 본인의 사주를 만 천하에 알리게 된 것은 어쩌면 김 모군에 대한 개인적인 프라이버시를 침해하였지 않았나 염려할 수도 있을 것이다.

그렇지만 세상의 모든 역학자들에게 본인과 같은 운명이 실제 감정상 대두되었을 때 흉함을 길로 전환시킬 수 있는 희망을 안길 수가 있기 때문에 저자의 질문에 상세하고 허심탄회한 답변을 해주고 또한 이 글의 취지에 동감을 해준 김군에게 감사를 드린다.

따라서 김 모군이 지금까지 살아오는 과정과 앞으로 다가오는 미래의 운명을 같이 선천성인 사주명조와 후천성인 대운의 흐름을 복수적으로 대조하여 간명하여 보기로 하겠다.

유년 1세부터 10세까지는 庚午대운이다.

그렇다면 정히 길운이 되고 있는데 이것은 곧 대운천간 庚金이 식상 土氣를 따르는 종아격(從兒格)을 자연스럽게 누출시키는 정재의 운이 되어 왕신(旺神)인 土氣가 수기(秀氣)유행하는 것이 되므로 아주 좋은 것이 된다.

더하여 대운지지 午火가 일간 丁火에 대한 비록 비견이 되어 불리할 것 같지만 이미 사주원국에 비겁 火氣가 없어 왕성한 식상 土氣를 완전히 생조하는 것이 되어 길신이 되고 있는데 다시 대운지지 午火가 사주월지 및 년지 未土 식신과 午-未합하고 다시 시지 戌土와 午-戌合火하니 丑-戌-未 삼형을 합으로 완화시키면서 용신의 성질로 둔갑하니 대단히 길하게 작용하고 있음을 알 수가 있다.

하지만 일면 대운천간 庚金과 대운지지 午火간 천간지지가 火剋金이 되어 개두(蓋頭)의 법칙이 성립하여 일면 서로간의 오행끼리 길함이 약간 줄여질 수 있는 조건이 되고 있음을 발견할 수가 있겠는데 그것은 별문제가 되지 않음으로 판단하여야 될 것이다.

따라서 이 때 사주 주인공인 김 모군은 유년 부모님의 비호속에 호강호식하여 안과태평한 세월을 보냈다고 판단할 수가 있겠으나 어쩐지 유년부터 건강이 좋지 않아 늘 질병을 안고 살아가야 하는 운명이라며 그의 모친이 언급 하고 있다.

다시 11세부터 20세까지는 현재운을 지배하고 있는 己巳대운이다.

본 己巳대운 역시 대운천간 己土는 왕성한 식상 土氣를 생조하는 식신운이 되어 종아격(從兒格)의 법칙에 부합하고 다시 대운지지 巳火가 일간 丁火에 대한 겁재운이 되어 역시 식상 土氣를 생조하는 것이 되어 정히 길신으로 작용하는 것을 알 수가 있겠는데 다시 사주일지 丑土 식신과 대운지지간 巳-丑合金하여 재성 金氣로 둔갑하니 정히 용신의 기운이 된다.

그런데 1995년 乙亥년에 우연히 학교수업을 받다가 배가 갑짜기 복통을 일으켜 병원 응급실에 실려가서 진찰을 받아본 결과 급성복막염과 만성 위궤양이 진전되어 수술을 받아야하는 위급한 상황에 부닥치게 되었던 것이다.

*. 여기서 일부학자들의 의문,!

여기서 일부학자들 중에서 운로의 흐름을 판단하여 본 결과 한가지 의문을 가지고 본 저자에게 질문을 하고 있는데 그것은 **"위 사주팔자의 용신이 식상 土氣를 따르는 외격(外格)의 종아격(從兒格)을 구성하고 있음을 저희 학자들도 알 수가 있다".!**

"따라서 대운의 흐름을 살펴볼 때 대운까지도 금상첨화로

왕신(旺神)인 식상 土氣를 따르는 용신과 길신의 운으로 승승
장구하고 있는데 어찌하여 이러한 흉함이 들이닥치는지를 간
명상 도무지 이해할 수가 없게 되므로 이 부분을 집중적으로
설명을 하여달라",! 라며 구체적인 설명을 학자들이 요구하고 있
다.

*. 일부학자들의 의문에 대한 본 저자판단,!

이렇게 일부학자들이 의문을 가지지면서 본 저자에게 반문을 하
는 것은 지극히 당연한 결과이며 이는 곧 사주추명학적으로 원인규
명이 반드시 필수불가결하게 정립하여야 된다는 생각에는 본 저자
도 변함이 없다.

그렇다면 좀 더 사실적인 측면에 부합시켜 확실한 간명을 하여야
될 것이고 이러한 부분은 단순히 대운이 己巳대운이 되어 정히 대운
천간지지 모두 사주원국에 대한 용신과 길신의 기운이 되고 있는데
왜, 어찌하여 이러한 비운(悲運)이 들이닥치는 것인지 도무지 이해
를 할 수가 없다는 일부학자들의 반문을 토대로 이상의 성질에 대하
여 본 저자는 대운과 세운의 흐름을 복수적으로 대조할 수 있는 도
표를 보면서 기술하기로 한다.

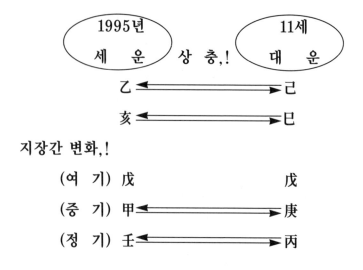

지장간 변화,!

(여 기)	戊	戊
(중 기)	甲◀━━━━━━━━▶	庚
(정 기)	壬◀━━━━━━━━▶	丙

이상의 도표에서 나타나고 있듯이 11세 대운이 己巳대운이 지배되는 시점에 1995년 乙亥년이 일치되어 대운과 세운이 마주보고 있음을 엿볼 수가 있다.

그런데 대운천간 己土가 비록 사주일간 丁火에 대한 종아격(從兒格)을 따르고 있는 식신운이 되어 대길하고 있는데 세운천간 乙木이 편인이 되어 완전히 일간 丁火를 생조하면서 왕신(旺神)인 식상 土氣를 木剋土하여 파극시키고 있음을 엿볼 수가 있겠다.

따라서 이는 곧 종아격(從兒格)인 왕신(旺神)의 식상 土氣의 대세에 정면으로 위배되는 현상이 발생되고 있으니 완전히 쇠자왕신발(衰者旺神發) 및 왕신충왕(旺神沖旺)하여 그 흉의가 극도로 치달리고 있음을 나타내고 있다.

더구나 상황은 여기에 끝나는 것이 아니고 대운지지 巳火도 역시 일간 丁火에 대한 종아격(從兒格)을 생조하는 겁재의 운로로서 대길한 것을 알 수가 있겠지만 세운지지 亥水가 일간 丁火에 대한 정관 水氣가 되어 완전히 왕성한 식상 土氣를 土剋水하니 왕신(旺神)을 반발시키면서 대운지지 巳火를 세운지지 亥水가 巳-亥 상충을 도모하므로 이는 곧 극단적인 운명을 암시하는 것을 알 수가 있다.

이상의 부분은 命理秘典 下권인 간명비법상 대운과 세운이 상충이나 삼형 및 상극하는 법칙을 두고 전극(戰剋)의 법칙에 적용되어 그에 대한 재화는 완전히 불을 보듯 뻔한 일이 아닐 수가 없는데 그렇다면 일간 丁火는 완전히 공중에 떠있는 결과라고 볼 수가 있으므로 학자들이 의문을 표시하는 부분에 완전히 부합하고 있음을 보여주고 있다.

*. 命理秘典 下권인 간명비법상 대운과 세운이 충돌하는 전극 (戰剋)의 법칙에 인용하여,!

따라서 대운과 세운이 충돌을 일으키는 전극(戰剋)의 법칙을 命理秘典 下권인 간명비법상에서 인용하여 좀 더 구체적으로 언급할 필요가 있으므로 그 부분을 자세하게 인용하여 보면,!

후천성의 운인 대운과 세운간의 천간끼리 또는 지지끼리 상극이 된다든지 아니면 대운 천간지지와 세운 천간지지 모두 서로간 충돌하는 성질을 전극(戰剋)이라고 칭한다.

고서(古書)나 원서의 일부에 전극(戰剋)의 부분을 대운과 세운의 지지를 포함하지 않고 대운천간과 세운천간이 충돌이 일어나는 성질만 전극(電剋)이라고 판단하고 있다.

하지만 본 저자는 대운지지 및 세운지지 역시 상충과 상극으로 일어나는 성질이 대운천간과 세운천간이 충돌하는 성질과 일치하므로 모두 같이 포함시켜 판단하는 것이 타당하다고 생각한다.

그러나 이 중에서 대운천간과 세운천간이 충돌하고 양자간의 지지가 합을 구성하고 있다면 합과 상충이 교차되는 성질이 되므로 약간 중화(中和)의 성질을 도모할 수가 있을 것이다.

만약 이와 반대로 대운천간과 세운천간이 합이 되고 대운지지 및 세운지지가 충돌이 되는 것은 역시 천간의 힘보다 지지의 힘이 약 3배정도 강력하게 작용하는 것이므로 그 흉의로 부터 완전하게 벗어날 수가 없다.

따라서 이것은 대단히 중요한 성질로서 만약 대운이 용신이나 희신의 운으로 되고 있을 경우 세운에서 기신(忌神)을 맞이하여 대운을 상극하게 될 때 곧 전극(戰剋)이 형성되므로 길흉이 교차가 된다고 판단할 수가 있다.

이와 같은 성질은 비록 대운에서 용신의 운로를 받고 있는 성질이 되고 있을 때 이렇게 대운과 세운간에 충돌이 일어나 양자간의 세력다툼이 되고 있다면 사주의 운명 소유자는 극도로 희비가 교차되는 것을 엿 볼 수가 있는데 이럴 경우 사주원국에서 대운과 세운을 화해 및 연결시킬 수 있는 오행의 중재가 시급히 필요하다.

그렇지 않고 마땅히 이것을 중화시킬 수 있는 오행이 없다면 사주 주인공은 비록 대운이 용신이나 희신의 운로로 치달리고 있어도 세운이 지배하는 동안은 기신(忌神)의 역할이 오히려 강해질 수도 있는데 그것은 세운이 비록 대운보다 힘은 약하다고 치더라도 세운 역시 일년의 군주이므로 그 힘은 무시 할 수가 없다.

※참고로 지금 설명한 전극(戰剋)의 법칙은 대운과 세운이 상충이나 상극으로 인하여 충돌하니 대운이나 세운 어느 한 부분이 용신이나 희신의 성질이 되고 있는 것을 방해하여 사주운명의 소유자가 길함을 차단하는 성질이 되고 있을 것이다.

따라서 이와 같이 사주원국에서 대운과 세운의 상극을 화해 및 연결시킬 수 있는 오행의 중재가 꼭 필요하겠지만 마땅히 이것을 중재할 수 있는 오행이 없을 경우는 극도로 혼란스러움을 면할 수가 없다.

이와 같은 부분을 간파하고 본 저자가 실제 인물을 적용하여 운로를 추적 파악함에 비추어보면 비록 사주원국에 대운이나 세운이 충돌하는 것을 중재 하는 오행이 없을 경우 다시 월운에서 이것을 연결 화해시킬 수 있는 기운이 들어올 때 대운과 세운의 전극(戰剋)이 해소되어 길함이 들어오는 것을 알 수가 있었다.

이상과 같이 후천성인 대운과 세운간에 전극(戰剋)이 발생되고 있을 경우 그에 대한 흉의는 잘못하면 극단적으로 치달릴 수가 있겠는데 더구나 사주팔자에 용신이 외격(外格)의 종격(從格)이나 가종격(假從格)의 운명 소유자는 한층 더 그 강도가 심화되어 발생한다.

이것은 곧 보통 억부법이나 조후법에 적용되는 내격(內格)의 운명 소유자는 그래도 오행의 균등을 가지고 있는 중에 木, 火, 土, 金, 水 가 골고루 작용하여 흉의를 오행 서로간 상쇄시키는 이점을 가질 수 가 있겠다.

그러나 오행이 편중(偏重)으로 치달리는 외격(外格)의 종격(從格) 이나 가종격(假從格)의 운명 소유자는 오행이 극단적으로 치우쳐져 하나의 집단체인 왕신(旺神)의 성질이 되고 있으므로 이것을 조금이 라도 건드릴 경우 그 흉함이 내격(內格)의 억부법이나 조후법의 운 명 소유자보다 비교가 되지 않을 만큼 그 흉의가 대단히 강력하게 발생한다.

이와 같은 현상을 우리일상생활에 비추어 설명한다면 호랑이가 낮잠을 자고 있는 것을 하찮게 쪽집게로 장난삼아 호랑이 수염을 하 나 뽑아버렸다고 가정할 때 아마도 호랑이는 봄날에 같이 구경가자 고 끝까지 저승길로 재촉하는 일례라면 이해가 쉽게 갈 것이다.

결국 이 때 사주 주인공인 김 모군은 지난 1995년 乙亥년에 급성 복막염과 위궤양으로 8시간에 걸쳐 대수술을 받았던 것인데 그래도 이것은 십중구사의 운명을 줄여 그나마 흉함이 빙산의 일각이라는 것을 생각한다면 조금이라도 대운의 영향력이 다소나마 작용하였음 을 알 수가 있다.

다시 앞으로 다가오는 21세는 戊辰대운이다.

그동안 사주 주인공인 김 모군은 건강상 대단히 고통을 받았음에

도 불구하고 그나마 다행히 건강을 유지하여 지금까지 살아오고 있는 것은 대운의 흐름이 정히 용신이나 길신으로 치달리고 있었으니 그와 같은 부분이 가능하였던 점을 상기하여 볼 필요가 있겠다.

따라서 21세 戊辰대운도 대운천간 戊土가 역시 일간 丁火에 대한 상관이 되어 정히 식상 土氣를 따르는 종아격(從兒格)의 대세에 부합하고 다시 대운지지 辰土도 역시 상관이니 대길하게 되나 일면 사주시지 戌土 상관을 辰-戌 상충으로 파극하고 있는 점은 아마도 대운지지 辰土가 지배되는 27세부터 한차례 수술이 더 있을 것을 사주원국이 무언중에 암시를 하고 있다.

언제 수술이 발생되는가,는 다시 돌아오는 세운이 丑, 未, 辰이 되고 월운 역시 丑, 未, 辰이 되는 시기는 완전히 일치를 하게 되므로 그때에 또 한번 土氣끼리 충돌이 일어나는 즉, 丑-戌-未 삼형이 발생되어 대장이나 위장, 소장에 관한 수술이 발생된다는 것까지 예상할 수가 있는 것이다.

그러나 이 경우 역시 대운천간 戊土가 왕신(旺神)인 식상 土氣를 따르고 있고 또한 세운 역시 천간이 존재하여 있으므로 만약 세운천간까지 용신의 기운을 받쳐주고 있다면 극단적인 목숨에 지장을 주지 않을 정도라는 것도 미루어 예측, 간명하는 것이 타당하다.

다시 앞으로 다가오는 31세는 丁卯대운으로서 이 때부터 사주 주인공인 김 모씨는 대운의 흐름이 완전히 왕신(旺神)인 종아격(從兒格)의 대세인 식상 土氣를 木剋土 상극하는 동방 寅-卯-辰 木局으로 치달리고 있으니 본인의 수명이 그리 많지 않다는 것을 알 수가 있을 것이다.

그것은 이렇게 한집단의 왕성한 식상 土氣를 구성하여 완전한 한 나라를 이루고 있다면 하찮은 세운이나 월운이라도 왕신(旺神)인 土氣를 土剋水나 木剋土로 가격하고 있을 경우 그 흉함이 하늘을 찌르고도 남음이 있을 것인데 하물며 대운이 첩첩으로 동방 木局으로 치달리고 있으니 그에 대한 재화는 십중구사의 운명이 된다는 것을 미루어 짐작할 수가 있다.

결국 이상과 같은 맥락에 비추어 볼 경우 사주 주인공인 김 모군의 사주간명을 하는 도중에 그의 모친과 함께 김 모군을 물끄러미 쳐다보고 말았는데 본디 그 신체가 쇠약하여 가냘프기 그지 없으니 앞으로 다가오는 숙명적인 고통과 번민을 생각한다면 본 저자는 이렇다 할 말한마디 못한채 참으로 마음이 착잡하기 이루말할 수가 없었다.

제8장
사망시기(死亡時期)

제8장

사망시기(死亡時期)

1. 운(運)에 대한 사망시기

전자에 기술하였는 인간의 수명에 대한 단명팔자(短命八字) 및 흉사(凶死)등을 언급하였지만 사주격국에 대한 숙명적인 죽음을 놓고 언제, 어느시점에서 사망하는지는 대운과 세운의 흐름을 중점적으로 대조 파악하여 결론을 내리고 있음을 이미 언급하였다.

그러나 그것이외에도 통상적인 내격(內格)의 억부법과 조후법의 용신에 적용하는 사주팔자와 외격(外格)의 종격(從格)이나 가종격(假從格)에 적용하는 격국(格局)을 통틀어 본 장에 언급하는 사망시기에 모두 일치하여 간명하는 것이 타당한데 본 장에서는 이상의 부분을 모두 중점으로 판단하여 보기로 한다.

따라서 사주추명학상에 비추어 인간의 사망시기는 우선 사주 주
인공의 사주팔자의 격국(格局)을 파악하여 그 분류별로 등급을 정한
뒤 다시 후천성인 대운과 세운을 종합적으로 비교 판단하여 결론을
내리는 것이 타당하다.

여기서 사주팔자의 격국(格局)에 대한 분류별로 등급을 정한다는
부분에 대하여 좀 더 자세하게 언급하자면 전편인 命理秘典 下권에
준한 간명비법상 청탁(淸濁)의 유무과 중화(中和) 및 정신기(精神氣)
등의 법칙에 부합하는 조건이 되고 있을 경우 상급의 격국(格局)으로
판단하며 만약 그렇지 못하면 하격(下格)으로 판단하라는 취지이다.

그리고 난 후 후천성인 대운과 세운을 사주상의 용신과 상극하는
여부를 검토한 뒤 이 때 사주격국이 좋지 못하고 용신이 미약한 중에
대운이나 세운이 용신을 파극하면 반드시 생명에 위험이 다가온다.

결국 사람의 사망시기는 선천성인 사주명조의 용신과 후천성인
대운과 세운이 용신을 얼마나 강력하게 파극하느냐에 따라 결정하
는데 중점은 대운은 10년을 지배하는 운이고 세운은 1년을 지배하
는 군주가 되어 세운이 사망시기를 직접적으로 관장하고 있으니 세
운을 우선한다.

(가). 사주팔자가 일간의 동기인 비겁의 기운으로 대부분 이
루어져 있을 경우 식상이 왕성하지 않는한 내격(內格)
의 억부법이나 조후법 및 외격(外格)의 종격(從格)을 불
문하고 대운이나 세운에서 "정재"나 "편재"의 기운을
만날 경우 십중구사(十中九死)이니 생명이 위험하다.!

※. 이상의 부분을 좀 더 자세하게 기술하자면 우선 일간의 기운이 사주내 비견이나 겁재가 많아 신왕(身旺)하다면 마땅히 일간의 동기인 비견이나 겁재의 힘을 억제할 수 있는 관성, 식상, 재성 등이 필요로 하게 된다.

그런데 사주내 비겁의 기운이 많아 상대적인 비겁의 기운을 억제할 수 있는 관성이나 재성의 기운이 미약하기 때문에 이 때는 비겁의 기운이 왕신(旺神)의 성질이 되고 있으므로 이러한 비겁의 기운을 자연스럽게 누출시켜야 될 것인데 식상이 사주내 없거나 미미할 경우 완전히 관성의 기운이나 재성의 기운이 비겁과 충돌이 발생되는 것은 기정사실이다.

이상의 부분은 보통 내격(內格)에 기준한 억부법이나 조후법의 용신법도 그대로 적용할 수가 있겠지만 이와 같은 현상이 외격(外格)의 종격(從格)이나 가종격(假從格)이 되고 있을 때는 더욱 더 식상의 기운이 자리를 잡고 있어야 왕성한 비겁의 기운을 자연스럽게 누출시킬 수가 있으니 필수적으로 식상의 기운이 필요하다.

하지만 이렇게 중요한 식상의 기운이 미미하거나 아예 사주에 없을 경우는 이상의 종격(從格)의 성질을 가진 사주팔자는 운로인 대운이나 세운에서 왕성한 비겁의 기운에 충돌하는 재성의 기운을 맞이할 경우 전자에 언급한 내격(內格)의 억부법이나 조후법의 사주팔자의 흉의와 비교가 되지 않을 많큼 그 재화는 강력하게 발생되는 것은 피할 수가 없다.

결국 본 장에 언급하는 사주일간의 동기인 비겁이 주도되어 왕신

(旺神)의 성질이 되고 있다면 반드시 사주내 식상의 기운이 어느정도 왕성하게 자리를 잡고 있어야 운로인 재성의 기운을 만날 때 식상이 비겁과 재성을 서로 연결시키는 역할을 할 수가 있겠으나 사주내 식상이 미미하거나 아예 없을 경우 비겁과 재성의 충돌로 인한 그 흉의가 십중구사(十中九死)의 운명으로 치달리게 된다는 취지이니 본 장에 언급하는 사망시기에 부합한다.

가. 항에 준한 실제인물의 사주팔자,!

(예1). 남자 故 장 모씨(경기 남양주)1958년 음력 5월 25일 亥 시

(대 운)

胎	墓	帶	養	癸-己상충!	69	59	49	39	29	19	9
乙	己	己	戊			丙	乙	甲	癸	壬	辛	庚
亥	丑	未	戌			寅	丑	子	亥	戌	酉	申

亥-未合木,! 木剋土,!

편관		비견	겁재
木	(土)	土	土
水	土	土	土
정재	비견	비견	겁재

● 대운천간 癸水가 일간 己土에 대한 편재의 기운으로서 일면 길한 기운이 되겠으나 사주내 왕성한 비겁 土氣를 자

연스럽게 누출시키는 식상 金氣가 없으니 완전히 土剋水하여 상극하므로 왕신(旺神)인 土氣가 반발을 하고 있다.!

그런 와중에 대운천간 癸水가 일간과 월상에 투출되어 있는 己土 비견을 癸-己 상충으로 파극하고 다시 년간에 투출되어 있는 戊土 겁재와 戊-癸合火로 신왕한 일간을 더욱 더 신왕하게 만들고 있으니 그에 대한 재화는 하늘을 찌르고도 남음이 있다하겠다.!

상황이 이럴진데 대운지지 亥水가 역시 정재의 기운으로서 사주월지 未土 비견과 亥-未合木으로 둔갑하여 몽둥이로 일간 己土를 木剋土하여 충돌하니 아주 위급한 상황이 도래하고 있다.

*. 일간의 왕쇠(旺衰),!

己일간 未월에 출생하여 득령(得令)하였으며 다시 사주원국 월지 未土 비견을 중심으로 해서 일지 丑土에 득지(得地)한 중에 년지 戊土 겁재와 사주지지 비겁 土氣의 세력에 뿌리를 두고 년간 戊土 및 월상 己土가 투출되어 일간을 생조하고 있으니 대단히 신왕하다.

이렇게 일간 己土가 사주내 많은 비겁 土氣에 의하여 신왕이 태왕하고 있을경우 마땅히 일간을 억제할 수 있는 기운이 있어야 만이 일간이 왕신(旺神)인 土氣를 따르는 외격(外格)의 종격(從格)인 종왕격(從旺格)으로 돌아가지 못 할 것이 자명한 일이 되었다.

따라서 사주팔자를 자세히 관찰하여 보니 사주시지에 亥水 정재 가 자리를 잡고 다시 시상에 乙木 편관이 투출되어 신왕한 일간 己 土를 억제하고 있으므로 결코 외격(外格)의 종격(從格)이나 가종격 (假從格)인 왕신(旺神)의 土氣를 따르지 못하고 내격(內格)의 억부법 이나 조후법의 용신이 선정되는 것을 알 수가 있겠다.

하지만 사주원국이 이렇게 오행이 일간의 동기인 비겁 土氣로 사 주를 대부분을 차지하고 있을 경우 곧 오행이 편중(偏重)으로 치우 쳐지게 되어 왕신(旺神)의 성질을 불러일으킬 수 있는 소지를 다분 히 안고 있는 것은 피할 수가 없다.

그렇다면 상대적으로 왕성한 土氣를 억제할 수 있는 재성 水氣와 편관 木氣가 미약하니 양자간을 의사소통을 시킬 수 있는 식상 金氣 가 없음에 따라 직, 간접적으로 편관 乙木과 정재 亥水가 상극을 당 하여 그 힘이 무력하고 있음을 엿볼 수가 있으니 이것은 정말로 대 단히 좋지 못한 것이 된다.

*. 격국(格局)과 용신,!

위 사주팔자에 대한 격국과 용신을 판별하여 보면 우선 일간 己 土가 사주월지 未土 비견을 중심으로 하여 대부분을 왕성한 土氣로 구성되어 있으니 단편적으로 관찰하면 왕성한 土氣를 따르는 가색 격(稼穡格)이나 종왕격(從旺格)을 생각하기 쉽게 되는 사주라 착각 하기 쉽다.

하지만 일간 己土의 기운을 사주시지에 亥水 정재가 자리를 잡고 다시 시상에 乙木 편관이 투출되어 있으니 완전히 왕성한 土氣를 土剋水 및 木剋土로 상극함에 따라 결코 왕성한 土氣를 따르는 종격(從格)이나 가종격(假從格)으로 돌아갈 수가 없다.

따라서 위 사주팔자는 내격(內格)의 억부법이나 조후법에 적용하여 격국을 선정하는 것이 마땅하며 그렇다면 사주월지에 비견 未土가 자리를 잡고 있어 일면 건록격(健祿格)이 될 수가 있지만 원칙적으로 사주일간이 "戊", "己"일간은 월지에 "辰", "戌", "丑", "未"가 될 경우 모두 십이운성 건록지(健祿地)에 앉을 수가 없으니 건록격(健祿格)이 성격(成格)되지 못한다.

그렇다면 위 사주팔자는 부득히 용신으로 격국을 선정할 수밖에 없는데 원칙적으로 비겁 土氣가 왕성하니 비중용관격(比重用官格)으로서 강력한 흙더미를 헤치우는 관성 木氣를 용신하는 것이 타당하나 이것 역시 왕신(旺神)인 土氣가 木剋土로 상극되기 이전에 너무 土氣가 많는 것은 편관 木氣로서 상모(相侮)의 법칙에 준하여 역부족이 되는 것을 알 수가 있다.

고로 부득히 위 사주는 가상관격(假傷官格)으로서 왕성한 비겁 土氣를 자연스럽게 누출시키는 식상 金氣를 용신으로 삼는 것이 타당한데 이것은 이미 사주원국에 왕성한 土氣가 사주시지 亥水 정재를 土剋水하여 상극하는 것은 편관 乙木을 水生木으로 생조하지 못하게 막고 있으니 식상 金氣가 제일로 왕성한 土氣와 정재 亥水간을 연결시키는 현상을 도모할 수 있는 장점이 되므로 이것이 아주 바람직한 것이 된다.

　이렇게 사주상의 용신을 선정하고 사주팔자를 자세히 관찰하여 보니 사주내 용신의 기운으로 대변하고 있을 식상 金氣가 일지 丑중의 지장간 중기에 辛金 식신이 있고 다시 사주년지 戌土의 지장간 여기(餘氣)에 辛金이 역시 있겠지만 지장간에 존재하는 기운은 그 역할이 미미하기 짝이 없으니 제대로 용신의 기운으로 쓰지 못하는 것은 기정사실이 되겠다.

　하물며 비록 지장간에 존재하는 辛金 식신이 사주월지 未土 비견과 일지 丑土 비견 및 그리고 년지 戌土가 전부 丑-戌-未 삼형으로 가격하고 있는 것은 지장간의 변화를 살펴보면 완전히 파극되어 모두 무용지물이 되고 있음을 파악할 수가 있다.

　그렇다면 결국 위 사주팔자는 오로지 운로인 대운이나 세운에서 용신의 기운인 식상 金氣를 바라볼 수밖에 없겠는데 이것은 사주내 진신(眞神)의 성질이 되지 않고 운로에서 보아야하는 가신(假神)을 용신으로 삼는 격국에 해당되는 것은 사주 주인공은 일생을 인사불성으로 보내야하는 숙명적인 불운이 불을 보듯 뻔한 일이 아닐 수가 없는 것이니 대단히 안타깝기 짝이 없다.

*. 격국(格局)에 대한 청탁판별,!

　다시 위 사주팔자에 대한 격국의 청탁(淸濁)유무를 판별하여 보면 우선 일간 己土가 신왕한 중에 사주내 대부분이 일간의 동기인 비견이나 겁재로 둘러쌓여 있는 가운데 일부나마 일간을 억제할 수 있는 편관과 정재가 시주에 있으니 본 사주원국이 왕성한 土氣를 따르는 외격(外格)의 종격(從格)이나 가종격(假從格)으로 돌아갈 수가 없음을 엿볼 수가 있다.

만약 본 사주원국이 사주시주에 乙亥시가 되지 않고 완전한 일간 己土를 생조하는 인성 火氣나 비겁 土氣로 구성되어 있다면 오히려 완전한 가색격(稼穡格)이나 종왕격(從旺格)으로 돌아갈 수가 있기 때문에 그렇게 될 경우 반대로 대단한 청기(淸氣)를 가지면서 대귀격(大貴格)이 성격(成格)될 수도 있을 것이다.

하지만 본 사주팔자는 시주가 일간을 억제하는 기운이 존재함에 따라 곧 내격(內格)에 기준하여 억부법이나 조후법의 원리상 오행이 비겁 土氣로 편중(偏重)이 되고 있음을 간파할 수가 있겠는데 그렇다면 오행의 연결을 도모할 수가 없으니 생식불식에 대단한 탁기를 모면할 수가 없다고 보는 것이 타당하다.

이와 같은 성질은 더구나 사주지지에 월지 未土 비견을 중심으로 하여 일지 丑土 비견과 다시 년지 戌土 겁재가 모두 합쳐 서로간 丑-戌-未 삼형을 성립하고 있으니 더욱 더 사주상 청탁의 유무에 상반되는 현상인데 설상가상으로 사주일간과 월상에 투출되어 있는 己土 비견과 시상에 투출되어 있는 편관 乙木이 己-乙 상충까지 되고 있는 것은 아주 좋지 못하게 되었다.

그런데 무엇보다도 이상의 사주팔자가 지지에 丑-戌-未 삼형이나 사주천간에 己-乙 상충을 제쳐두고라도 일간 己土가 신왕함이 중화(中和)의 기점인 40%를 훨씬 육박하여 그 힘이 대단히 태왕하여 있으니 이는 곧 왕신(旺神)의 성질이 존재하는 것을 의미하므로 운로인 대운이나 세운에서 이상의 비겁 土氣를 조금만 상극하는 관성 木氣나 재성 水氣를 만나게 될 때 그에 대한 재화는 극단으로 치달리기 쉬우니 십중구사의 운명을 모면하기 어렵게 되는 것은 기정사실이 된다.

*. 본인의 성격,!

위 사주팔자 주인공은 故 장 모씨로 남자사주인데 이미 39세 癸亥대운에서 고인이 되었던 인물로 지금에 와서 고인에 대한 성격을 판단하는 것 자체가 별의미가 없겠지만 이와 같은 사주격국을 가지고 오는 사람을 위하여 운명을 감정하는 차원에서 사실적으로 간명하여 봄이 타당할 것이다.

따라서 사주 주인공인 故 장 모씨는 일간 己土가 왕성한 비겁 土氣를 가지고 있는 중에 오행이 편중(偏重)되어 있으므로 생식불식에 막힘이 많은 사주를 피할 수가 없으며 아울러 비겁 土氣가 많은 것은 믿음이 강하겠고 더하여 자존심, 고집이 대단히 강대하다는 것을 알 수가 있다.

이것은 곧 사람들과 불협화음이 많은 것을 피할 수가 없고 그러다보니 타인과 불화쟁론을 유발하여 세인들에게 모함과 시비를 자초하여 심성이 고독하기 쉬운 하나의 단적 요인으로 작용하는 것을 모면할 수가 없으니 대단히 주의를 하지 않으면 안될 것이다.

더구나 사주월지 未土 비견을 중심으로 하여 년지 戌土와 일지

丑土 비견이 모두 동시에 丑-戌-未 삼형을 가지고 있으므로 이는 곧 친인(親人)을 배반을 잘하고 때에 따라 수단과 방법을 가리지 않고 이익을 추구하는 스타일이 농후하므로 더욱 더 부합하고 있는데 한편으로는 일지 丑土는 남자사주에는 처궁을 나타내고 있으니 처궁이 삼형으로 상극하는 것은 재혼팔자를 의미한다.

또한 일간 己土를 주동하여 사주일지 丑土가 비인살(飛刃殺)이 되고 있으니 매사를 투기와 모험을 좋아하다 한탕주의적인 근성을 버리지 못하여 곧 실패와 좌절을 연속하는 일면을 엿볼 수가 있겠으며 비록 한가지를 시작한다하여도 실적을 내지 못하므로 매사를 용두사미(龍頭蛇尾)로 처리하기 쉽다고 보겠다.

이상과 같은 맥락에 비추어 볼 경우 사주 주인공인 故 장 모씨는 비록 살아생전에도 이와 같은 특성을 완전히 무시할 수가 없는 성격이라는 것을 판단할 수가 있겠으며 실제로 본 저자가 같은 동네 사람들에게 수소문을 하여본 결과 대체로 본 저자의 간명하였는 결과에 부합하였다는 것을 확인하였다.

*. 본 장 가,항에 준하여 본 사주팔자 판단,!

본 장 가,항에 준하여 판단하여 볼 경우 "사주팔자가 일간의 동기인 비겁의 기운으로 대부분 이루어져 있을 경우 식상이 왕성하지 않는한 내격(內格)의 억부법이나 조후법 및 외격(外格)의 종격(從格)을 불문하고 대운이나 세운에서 "정재"나 "편재"의 기운을 만날 경우 십중구사(十中九死)이니 생명이 위험하다".!라며 기술하고 있다.

따라서 위 사주팔자를 본 장 가,항에 적용시켜 간명하여 볼 경우 완전히 일치를 하고 있겠는데 그 부분을 자세하게 판단하자면 우선 일간 己土가 신왕함이 중화(中和)의 기점을 훨씬 넘어가는 신왕이 태왕으로 치달리고 있으니 단편적으로 보아도 강력한 왕신(旺神)의 성질을 모면할 수가 없게되었다.

이는 곧 오행의 편중(偏重)으로 치우쳐 지는 결과로 조금만 운로 인 대운이나 세운에서 왕성한 土氣를 자극하는 성질이 되고 있을 때 가차없이 돌발적인 반발로 말미암아 그 흉의는 대단히 강력하게 발 생되는 것은 자명한 일이 될 수밖에 없다.

그렇다면 사주원국에 이상의 왕신(旺神)의 성질을 유지하고 있는 비겁 土氣를 자연스럽게 누출시키는 식상 金氣가 필수적으로 존재 해서 왕성하다면 본 장에 언급하는 이상의 흉함을 완전하게 탈피할 수가 있을 수가 있을 것이다.

하지만 가장 필요한 용신의 성질로 자리매김하고 있는 식상 金氣 가 사주내 어디라도 존재하고 있지 않음에 따라 운로인 대운이나 세 운에서 왕성한 土氣를 상극하는 재성 水氣를 보았을 때 왕신(旺神) 인 土氣의 상극으로 인한 십중구사의 운명을 피할 수가 없게 되는 것을 알 수가 있다.

결국 이상의 결론을 놓고 본 저자는 본 사주팔자가 운로인 대운 이나 세운에서 왕성한 비겁 土氣를 상극하는 관성 木氣나 재성 水氣

는 비록 용신 및 희신의 성질이 된다손 치더라도 이렇게 오행이 편중(偏重)으로 치우쳐져 있는 중에 마땅히 식상 金氣가 존재하여 있지 않음으로 인하여 양자를 연결시키면서 일간의 기운을 누출시키지 못하고 있으므로 왕신(旺神)이 돌발적인 사태로 대단히 심각하게 발생하는 이유가 여기에 있다해도 과언이 아니다.

*. 격국(格局)에 대한 대운흐름,!

다시 위 사주 주인공인 故 장 모씨는 지금까지 본인의 사주팔자를 간명하여 본 결과 격국이 청탁의 부분에서 대단한 탁기를 가지고 있는 중에 사주내 오행이 편중(偏重)되어 이를 마땅히 순화 연결시킬 수 있는 용신의 기운인 식상 金氣까지 없으므로 그에 대한 숙명적인 불길함을 모면할 수가 없는 것을 알 수가 있었다.

따라서 사주 주인공인 故 장 모씨는 이미 39세 癸亥대운에서 유명을 달리하였던 사람이므로 고인의 사주팔자를 놓고 간명 운운(云云)하는 것 자체가 별의미가 없겠으나 후대의 역학발전과 사주추명학의 원리를 간파하는 부분을 본 장에서 다루는 것이니 결코 이와 같은 부분을 무시하고 넘어갈 수가 없는 것이다.

그렇다면 사주 주인공인 故 장 모씨의 선천적인 사주명조와 후천성인 대운의 흐름을 면밀히 관찰하여야 되겠는데 대운을 살펴볼 경우 초년 9세부터 29세까지는 서방 申-酉-戌 金局으로 치달리고 있었으니 정히 용신의 기운을 초년에 받아 길하였음을 판단할 수가 있다.

그런데 중년부터 북방 亥-子-丑 水局으로서 완전히 왕신(旺神)인 土氣를 상극하는 재성 水운을 첩첩으로 받고 있으니 그에대한 숙명적인 불길함을 모면할 수가 없는데 이와 같은 사주 주인공의 초년 대운부터 좀 더 자세하게 기술하여 보기로 한다.

이 때 초년 9세는 庚申대운이다.

따라서 대운천간 庚金은 사주일간 己土에 대한 상관의 운로로서 이미 사주내 용신인 식상 金氣가 미미하고 있는 것을 완전히 후천성인 대운이 들어오게 되어 용신의 기운으로 자리매김을 하고 있으니 대단히 길하고 있음을 말해주고 있다.

더하여 대운천간 庚金이 사주시상에 투출되어 있는 乙木 편관과 乙-庚合金으로 또 한번 용신의 金氣로 둔갑하여 그세력을 왕성하게 만들고 있으니 더욱 더 대길함을 기대할 수가 있겠는데 금상첨화로 대운지지가 申金이 또 다시 중첩하고 있음을 엿볼 수가 있다.

이와 같은 현상은 대운천간지지를 모두 정히 용신인 상관 金氣로 맞이하고 있는 것은 대운천간이나 대운지지 한쪽의 기운이 들어오는 것 하고 이렇게 천간지지가 동시에 동일오행이 들어오는 것 하고는 비교가 될 수가 없는 대길한 성질이므로 이것은 곧 대단히 승승 장구하는 운명이라고 판단한다.

실제로 사주 주인공인 故 장 모씨는 이 때가 유년시절이 되고 있었으니 부모님의 비호속에 호의호식으로 별 어려움이 없는 가운데 나날히 성장하였으며 아울러 부모님의 사업도 대단히 발전의 일로에 있었다는 것을 알 수 있었다.

다시 19세는 辛酉대운이다.

이 때에도 대운천간 辛金이 사주일간 己土에 대한 식신의 운로로서 정히 신왕한 일간 己土의 기운을 자연스럽게 누출시키는 것이 되어 용신의 기운으로 자리매김을 하고 있는데 일면 사주시상에 투출되어 있는 乙木 편관을 乙-辛 상충으로 파극하고 있으니 길신을 상극하는 것이 되어 약간의 흉함을 염려할 수도 있다.

하지만 비록 시상의 乙木 편관을 상극은 하더라도 대운천간 辛金이 신왕한 일간 己土에 대한 정히 용신의 기운이 되고 있기 때문에 반대급부의 길함을 얻을 수 있는 장점이 먼저 앞서게 되므로 대길한 것은 기정사실이 된다.

더하여 대운지지 酉金이 사주일간 己土에 대한 역시 식신의 운로로서 정히 용신의 기운이 되는데 사주일지 丑土 비견과 酉-丑合金으로 또다시 합을 이루면서 식상 金氣로 둔갑하고 있으니 용신의 세력이 대단히 왕성하여져서 더욱 더 대길하게 되는 것을 알 수가 있다.

여기서 학자들을 위하여 본 저자가 한가지 첨언하여둘 필요가 있겠는데 방금 설명한 사주시상의 乙木 편관을 상극하나 대운천간 辛金이 용신의 기운이 되기 때문에 길하다고 명시하고 있는 부분에 대하여 약간의 의문을 가지고 질문을 하는 학자가 있었다.

따라서 이상의 부분을 좀 더 구체적으로 설명하여 보면 비록 사주시상에 투출되어 있는 乙木 편관을 대운천간 辛金 식신이 乙-辛 상충으로 파극하나 본인 당사자인 故 정 모씨가 길함을 득할 수 있는 조건에 대해서는 시상에 투출되어 있는 기운은 정작 본인이 아니기 때문이다.

무슨 말인지 더 자세하게 언급하자면 상극을 당하는 기운이 일주 己丑이 아닌 乙亥시가 되기 때문이며 이것은 사주상의 본인에 대한 일주를 피하여 상극이 발생하는 것이기 때문에 본인에게는 해당사항이 없는 것으로 결론이 나는 것이고 그러나 만약 이와 같은 현상은 해당되는 육친은 피해를 당하게 되므로 육친의 설명에는 흉을 당한다고 판단하는 것이 타당하다.

좀 더 구체적으로 기술한다면 가령 시상에 투출되어 있는 乙木 편관이 남자 사주에는 육친별로는 아들자식을 의미하고 있으니 이렇게 대운천간 辛金이 乙木 편관을 乙-辛 상충으로 파극하고 있을 경우 아들자식이 흉함을 당한다는 것으로 판단하라는 취지로서 이상의 부분을 접하게 될 때 학자들은 판단의 기준을 신중히 하여야 될 것이며 더욱 더 시주는 자식궁을 나타내고 있기 때문에 더욱 더 적중률이 높게 되는 것이다.

실제로 이 때의 19세 辛酉대운에서 사주 주인공인 故 장 모씨는 학업성적도 우수하여 대학진학에 성공을 하였고 아울러 그 성적 또한 상위권에 있었으니 대단히 승승장구하였던 운로였음을 본인의 형을 통하여 알 수가 있었다.

다시 29세는 壬戌대운이다.

이 때부터 사주 주인공인 故 장 모씨는 인생운명에 참담한 불운을 맞이하고 있음을 알 수가 있겠는데 그것은 대운천간 壬水는 완전한 기신(忌神)의 성질이 되고 있는 것을 대운천간 壬水가 왕신(旺神)의 성질을 가지고 있는 비겁 土氣를 土剋水하여 가격하니 왕성한 비겁 土氣가 반발을 하게 되므로 그 흉함이 하늘을 찌르고도 남음이 있다하겠다.

더구나 사주팔자에 용신의 기운이 되고 있는 식상 金氣가 없음에 따라 완전하게 비겁 土氣와 재성 水氣간을 土生金, 金生水로 연결시키지 못하고 있는 것은 곧 양자간에 전극(戰剋)이 발생되는 것은 기정사실이며 더욱 더 불리하게 사주년간에 투출되어 있는 戊土 겁재를 壬-戊 상충까지 하게 되어 설상가상이다.

만약 사주원국에 식상 金氣가 왕성하게 되어 있을 경우 오히려 재성 水氣는 정히 용신의 성질이 되는 것은 기정사실이고 더하여 본 장에 언급하고 있는 사망시기에 재성 水氣의 기운에 죽음을 당하지 않고 오히려 승승장구하는 운명이 될 수도 있을 것이다.

하지만 이렇게 비겁과 재성간을 연결시키는 식상 金氣가 사주팔자내 어디에도 없음에 따라 비록 재성 水氣가 신왕한 일간 己土에게는 용신 내지는 길신의 기운이 된다손 치더라도 왕신(旺神)인 비겁 土氣가 반발하는 처사는 죽음을 불사하고도 남음이 있는 이유가 여기에 있는 것이다.

상황이 이럴진데 대운지지 戌土가 신왕한 일간 己土에 대한 겁재로서 신왕한 일간을 더욱 더 신왕하게 만들면서 이미 사주원국내 월지와 년지 및 일지간 丑-戌-未 삼형이 존재하고 있는 것을 중첩하여 대운에서 丑-戌-未 삼형을 성립하여 더욱 더 삼형의 기운을 강력하게 만들고 있으니 그 흉함은 불을 보듯 뻔한일이 아닐 수가 없다.

실제로 이 때 사주 주인공인 故 정 모씨는 그동안 이유없이 위궤양과 기관지염으로 고생 고생하다가 급기야는 대운지지 戌土가 지배되는 35세에 우연히 소변에서 피가 섞여나와 종합병원에서 진찰을 받아본 결과 신장암이라는 사형선고를 받고 청천하늘에 날벼락이 떨어진 것처럼 망연자실하였다.

하지만 이와 같은 신장암이라는 사형선고를 받고 있는 와중에 본인의 사주팔자와 대운의 흐름을 간파하여 볼 경우 故 정 모씨의 지병이 완치가 되는 것은 아주 희박하고 있음을 엿볼 수가 있겠는데 그것은 다음에 들어오는 대운 39세 癸亥대운이 직, 간접적으로 완전한 기신(忌神)의 역할로 지금 대운인 29세 壬戌대운에 영향력을 행사하고 있기 때문이다.

따라서 다음에 들어오는 39세 癸亥대운을 중점적으로 판단하여 사주추명학에 부합시켜 그 실체를 좀 더 근접하게 파악하여 볼 필요가 있겠는데 그렇다면 사주 주인공인 故 정 모씨의 사주명조와 대운 39세 癸亥대운을 접목시킨 사주 도표를 보면서 간명을 하여보기로 한다.

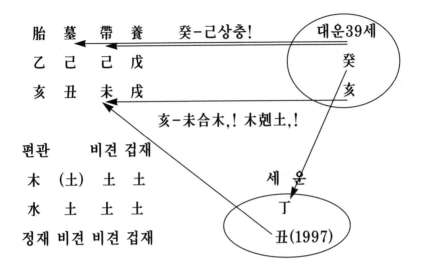

이상의 사주 주인공인 故 정 모씨의 사주명조와 후천성인 대운인 39세 癸亥대운이 접목되어 있는 중에 세운 1997년이 丁丑년으로서 사주팔자에 영향력을 미치는 과정을 상세히 도표로서 보여주고 있음을 알 수가 있다.

이 때 대운천간 癸水는 일간 己土에 대한 편재의 운로로서 이미 사주팔자가 왕신(旺神)인 土氣를 土剋水로 상극하는 것을 모면할 수가 없겠는데 설상가 상으로 지지의 왕신(旺神)인 土氣를 중심으로 나타나고 있는 사주일간과 월상에 투출되어 있는 己土 비견을 癸-己 상충으로 대접을 하고 있으니 더욱더 흉의가 하늘을 찌르고도 남음이 있다할 것이다.

상황이 이럴진데 대운지지 亥水가 역시 사주일간 己土에 대한 정재의 운로로서 완전히 대운천간지지 모두 재성 水氣가 왕신(旺神)인

土氣를 土剋水하여 왕신(旺神)이 반발을 하는 것은 기정사실이 되는데 설상가상으로 사주월지 未土 비견과 亥-未合木하여 완전한 몽둥이로 변화되어 또한번 관성 木氣로 일간 己土를 木剋土하여 두들기니 그 흉함은 더욱 더 비참하다.

*. 여기서 일부학자들의 의문,!

여기서 일부학자들 중에는 방금 본 저자가 설명한 과정에 대하여 한가지 의문을 가지고 질문을 하고 있는데 그것은 **"운정선생은 본 사주팔자에 대한 용신법이 오로지 식상 金氣를 취용하고 있는데 그러나 그것 이외에도 일간이 신왕하니 관성 木氣와 재성 水氣를 길신으로 선택될 수 있는 여지는 있지 않겠느냐",!**라며 반문을 하고 있다.

*. 일부학자들의 의문에 대한 본 저자판단,!

이와 같은 일부학자들의 의문에 대하여 본 저자는 일면 타당성이 있고 또한 한편으로 볼 경우 일간이 신왕하니 이상의 조건이 부합할 수 있는 성질을 배제할 수가 없겠으나 하지만 그와 같은 부분도 사주격국에 따라 천차만별의 차이를 보이고 있음을 유념하여야 된다.

그것은 보통 사주팔자의 일간이 신왕할 때는 원칙적으로 식상, 재성, 관성등의 삼자의 기운이 모두 용신의 성질이 될 수가 있는 것은 고서(古書)나 원서등에 이미 자세하게 기술하고 있음을 알 수가

있는데 하지만 그와 같은 부분도 사주격국에 따라 달리 적용하여야
되는 상대성을 안고 있다.

*. 본 저자가 약 30여년동안 실제인물을 통하여 얻어진 경험상 비법(秘法),!

무슨 말인지 좀 더 구체적으로 기술하자면 보통 사주팔자의 일간
의 기운이 신왕할 경우 일간의 기운을 보태주는 인성이나 비겁이 얼
마나 많거나 왕성하여 일간이 중화(中和)의 기점을 넘어가서 신왕으
로 치달리는 현상을 눈여겨 측정할 필요가 있다.

이것은 그 첫째로 일간이 사주내 인성이나 비겁이 얼마나 많아서
신왕의 도를 넘쳐흐르느냐,그렇지 않으면 그냥 평범하게 약간 신왕
하게 되느냐,에 따라 식상, 재성, 관성등의 삼자를 용신으로 선택할
수 있는 기로(岐路)에 서게 된다.

다음 둘째로 사주내 일간이 신왕함이 태왕한 것이 오행이 비겁으
로만 주도되던지, 그렇지 않으면 인성으로만 주도되던지, 하면 오행
이 편중(偏重)으로 치달리게 되어 있을 경우 식상, 재성, 관성등의
삼자를 용신으로 모두 쓰지 못하는 단점을 발휘하게 된다.

이상의 부분을 더욱 더 자세하게 언급하자면 만약 사주내 인성이
강력하여 일간이 신강이 되던지 할 때 관성은 인성에 기운을 빼았겨
살인상생(殺印相生) 및 관인상생(官印相生)의 역할을 도모하여 오히
려 신강한 일간을 더욱더 신강하게 만들기 때문에 이 때는 관성을

498

용신으로 삼을 수가 없는 것 등의 실례와 같다.

더하여 또한 한편으로는 만약 사주팔자내 비겁이 왕성하여 일간이 식상, 재성, 관성등의 삼자를 모두 길신으로 선택할 수 있는 소지를 가지고 있겠으나 일간의 기운이 비겁이 왕성하여 중화(中和)의 기점을 훨씬 육박하여 신왕이 되어 있고 아울러 사주내 식상의 기운이 없는 중에 강력한 비겁과 재성의 기운이 충돌이 되고 있다면 이때는 재성의 기운이 군비쟁재(群比爭財)의 법칙에 적용할 수 있기 때문에 재성을 결코 길신으로 선택할 수가 없다.

이와 같은 맥락에 비추어 이상의 부분을 적용하게 될 경우 이럴 때는 모두 통관법(通關法)상 재성과 비겁을 연결시킬 수 있는 식상만이 오로지 용신의 기운으로 대변할 수 밖에 없는 이치와 같은 것이다.

지금까지 설명한 성질은 대단히 중요한 부분으로서 본 저자가 약 30년동안 사주추명학에 비추어 고서(古書)나 원서에도 기록되어 있지 않고 있으므로 부득이 수많은 시간과 세월을 통해서 실제인물의 사주명조에 대한 운로를 역추적하여 그 특성을 면밀히 관찰한 끝에 얻은 경험상 비법(秘法)으로서 지금까지 이상의 부분에 적용되는 사주인물을 간명하여본 결과 한치라도 틀림이 없었다.

따라서 지금 命理大要 上, 中, 下권을 가지고 있는 후학자들은 마땅히 이상의 비법(秘法)을 깨우쳐서 실제간명상 십분활용한다면 추명의 원리에 한걸음 앞설 수가 있음을 본 저자는 감히 확신한다

*. 사주 주인공인 故 장 모씨의 최후,!

이상의 맥락에 비추어 본 사주팔자를 그대로 적용시켜 보면 완전히 부합하고 있음을 적나라하게 드러내고 있겠는데 비록 위 사주원국을 단편적으로 판단할 경우 관성 木氣나 재성 水氣가 신왕한 일간 己土에게는 용신 및 희신, 그리고 길신의 역할을 할 수 있는 점은 가지고 있을 수도 있다.

그렇지만 본 사주팔자를 면밀히 관찰하여 보면 사주내 왕신(旺神)인 土氣를 자연스럽게 누출시키는 식상 金氣가 없음에 따라 완전히 관성 木氣나 재성 水氣는 왕성한 土氣와 상극이 발생됨은 그로 인한 반발로 말미암아 그 흉함 이 극도로 치달리고 있음을 단적으로 보여주고 있다.

*. 故 장 모씨의 사주명조와 대운 및 세운간 작용,!

상황이 이럴진데 세운이 1997년 丁丑년이 되자 대운천간 癸水와 세운천간 丁火가 丁-癸 상충이 되어 서로간 천극(天剋)이 발생되면서 또다시 세운지지 丑土가 사주원국에 이미 丑-戌-未 삼형이 되고 있는 것을 중첩하여 丑-戌-未 삼형으로 더욱 더 가세하니 벌써 죽음이 당면되는 것은 피할 수가 없게 되었다.

실제로 사주 주인공인 故 장 모씨는 그동안 지병인 신장암으로 백방으로 종합병원에서 방사능 치료와 항암요법 및 민간요법을 모두 동원하여 치료에 헌신적으로 하였지만 결국 그 정성을 받아들이

지 못하고 1997년 丁丑년 음력 6월에 한많은 생을 마감하였던 것인데 장례식장에 어린 2딸과 미망인이 슬피우는 곡소리는 주위 사람의 눈시울을 적시우고도 충분한 남음이 있다할 것이다.

※참고로 故 장 모씨는 이상과 같은 맥락에 비추어 본 장에 언급하고 있는 사망시기가 39세 癸亥대운에 지배되는 세운 1997년 丁丑년에 사망하였다는 것을 알 수가 있겠으며 죽음을 당하는 월운까지 6월은 未월이 되고 있으니 완전한 월운까지도 丑-戌-未 삼형을 동반하는 점이 일치되는 것을 다시 한번 판단하여 볼 필요가 있는 것이다.

(나). 일간이 신약한 사주는 사주내 "비겁"이 용신이면 "관성(정관, 편관)"운로가 생명이 위험하고 만약 사주에 "인성"이 용신이면 "재성(편재, 정재)"대운, 세운에 생명이 위험하다.!

※참고로 이상의 부분을 좀 더 구체적으로 기술한다면 일간이 사주내 정관이나 편관이 많아 신약(身弱)하고 있다면 **"제살태과격(制殺太過格)"** 및 **"관살혼잡격(官殺混雜格)"**이 성격(成格)하니 이럴 경우 왕성한 관성의 기운을 **"살중용인격(殺重用印格)"**으로서 살인상생(殺印相生) 및 관인상생(官印相生)의 이치를 도모할 수 있는 인성이 필요하다.

그러나 사주팔자에 일간에게 연결할 수 있는 인성의 기운이 아예 없거나 비록 있더라도 미미하여 있다면 부득히 일간으로서는 인성

의 대타로 일간의 동기인 비견이나 겁재를 용신으로 삼을 수밖에 없
게 된다.

따라서 이럴때는 일간은 오로지 비겁에 의지하는 성질이 되면서
비겁이 주된 용신으로 자리매김을 하고 있는데 그렇다면 용신인 비
겁은 이미 사주내 왕성한 관성의 기운에 의하여 그 극루(剋漏)함이
대단히 심하게 탈진당하게 될 것이다.

그런데 문제는 일간의 기운이 사주일간강약도표에 준하여 약
40%로 육박하는 중화(中和)의 기점에 안정되어 있는 신약(身弱)일
것 같으면 그나마 왕성한 관성의 기운에 서로간 대적할 수 있는 힘
을 가지고 있기 때문에 운로인 대운이나 세운에서 재차 관성의 기운
을 만나더라도 그 흉의의 강도가 대단히 강력하게 발생되지 않는다.

하지만 이와 같은 일간의 기운이 중화(中和)의 기점에 훨씬 멀어
져가는 신약이 되고 더구나 사주내 강력한 관성의 기운이 일간이 의
지를 하고 있는 용신인 비겁을 완전히 파극하고 있는 중에 재차 또
다시 운로인 대운이나 세운에서 비겁을 상극하는 편관이나 정관운
을 만나게 될 때 신약한 일간은 더욱 더 극루교가(剋漏交加)이니 사
주 주인공은 강력한 관성의 재화에 견딜수가 없게 되어 십중구사의
운명으로 치달리게 되므로 생명이 위험하다.

또한 사주원국내 편재나 정재의 기운이 많아 일간이 신약하고 있
을 경우 마땅히 **"재중용비격(財重用比格)"** 및 **"재다신약격(財多
身弱格)"**이 성격(成格)되므로 이 때는 왕성한 재성을 억제하고 아울
러 신약한 일간을 부조하는 비겁이 용신이 될 것이다.

그렇지만 이 경우 사주팔자내 재성을 억제하고 일간을 부조하는 비겁이 아예 없거나 비록 있더라도 미미하여 있다면 부득히 신약한 일간은 인성에게 의존할 수 없게 되니 의외로 인성이 사실상 주된 용신으로 자리매김을 할 수밖에 없다.

따라서 이와 같은 현상이 되고 있을 시 또다시 운로인 대운이나 세운에서 일간의 중요한 용신의 기운인 인성을 파극하는 정재나 편재의 기운을 만나게 된다면 이미 사주내 용신인 인성을 강력한 재성이 상극하여 그 힘을 대단히 쇠약하게 만들고 있는 것을 중첩하여 인성의 기운을 파극시키게 되니 이는 곧 사주일간에 대한 용신이 파극당하는 것은 사주 주인공은 그 재화의 강도가 매우 강력하게 되므로 생명이 위험하게 된다.

결국 본 장 나,항에 기술하는 취지는 일간이 신약하고 있는 정도가 얼마나 중화(中和)의 기점에 멀어져가는 신약(身弱)이 되느냐,그렇지 않고 중화(中和)의 기점에 육박하는 신약이 되느냐,에 따라 그 저울의 비중을 달리하여야 될 것이며 더하여 사주내 비겁이나 인성 중에 주된 용신이 되고 있는데 운로에서 주된 용신을 파극하는 기운을 놓고 사망시기가 판가름나게 될 것이다.

●본 장 나,항에 준하여 사주일간이 사주내 인성이 없고 정관이나 편관이 많아 신약(身弱)이 극심하여 "비겁"을 주된 용신으로 삼는데 대운이나 세운에서 "관성"운을 만나 절명한 실제인물의 사주,!

(예1). 남자. 故 김 모씨(경남 하동) 1966년 음력 5월 13일 午 시

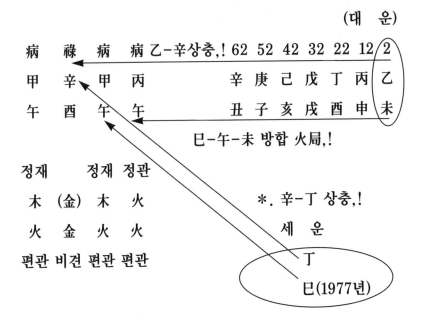

(대 운)

病 祿 病 病 乙-辛상충,! 62 52 42 32 22 12 2

甲 辛 甲 丙 　　 辛 庚 己 戊 丁 丙 乙

午 酉 午 午 　　 丑 子 亥 戌 酉 申 未

巳-午-未 방합 火局,!

정재　　정재 정관

木 (金) 木 火 　　*. 辛-丁 상충,!

火 金 火 火 　　세 운

편관 비견 편관 편관 　　丁

　　　　　　巳(1977년)

●대운천간 乙木이 신약한 일간 辛金에 대한 편재의 운로로서 이미 사주원국내 왕신(旺神)의 성질을 가지고 있는 관성 火氣를 木生火로 생조하니 호랑이에게 날개를 달아주어 그힘으로 다시 주인을 무는 형국이다.!

그런 와중에 대운천간 乙木이 사주일간 辛金을 乙-辛 상충으로 파극하고 있는 것은 신약한 일간이 감당할 수가 없게 되니 그 흉함이 하늘을 찌르고도 남음이 있다.!

더하여 대운지지 未土가 비록 신약한 일간 辛金을 생조하는 편인의 운로이나 未土가 오행별 성질로 볼 때 조토이니 완벽한 생금(生金)을 할 수가 없는 중에 일면 왕신(旺神)의 성질을 가진 관성 午火를 午-未합을 시켜 관성의 흉폭성을 견제하는 작용을 할 수가 있다고 볼 수가 있을 것이다.

하지만 未土는 조토가 됨에 따라 오히려 조후법상 더욱 더 건조하게 만들고 있으니 불리하게 연출되는데 설상가상으로 세운이 丁巳로 완전한 대운과 세운이 巳-午-未 방합 火局을 결성하면서 세운천간 丁火는 일간 辛金을 辛-丁 상충까지 하게되니 애석하게도 어쩔수가 없이 슬픈운명이 되고만다.

*. 일간의 왕쇠(旺衰),!

辛일간 午월에 출생하여 실령(失領)하였으며 사주원국 월지 午火 편관을 중심으로 해서 년지 및 시지 午火 편관이 자리를 잡고 있는 중에 그 세력을 대표하는 사주년간 丙火가 투출하고 다시 월간 및 시간에 甲木 정재가 강력한 관성 火氣를 木生火로 생조하고 있으니 일간 辛金이 극도로 신약을 면치못하고 있다.

이렇게 일간 辛金이 신약함이 극심할 경우 차라리 오히려 강력한 왕신(旺神)인 관성 火氣를 따라가는 외격(外格)의 종관살격(從官殺格)이나 가종관살격(假從官殺格)으로 성격(成格)된다면 그나마 다행이라 아니할 수가 없겠다.

따라서 사주원국을 자세히 관찰하여 보니 일간 辛金이 의지를 하고 있는 사주일지 酉金 비견이 자리를 잡고 십이운성 건록지에 일간 辛金이 앉아 있는 것은 그만큼 일간이 힘을 받을 수 있는 요건을 갖추고 있음에 따라 결코 일간이 외격(外格)의 종관살격(從官殺格)을 따르지 못하고 내격(內格)에 기준하여 억부법이나 조후법의 용신이 선정되는 것을 알 수가 있다.

하지만 근본적으로 일간 辛金이 신약함이 사주 일간강약도표에 준하여 그 힘을 판단하여 보면 비록 일지에 득지(得地)하니 그 힘이 20%가 되겠지만 이렇게 사주지지와 천간에 완전한 관성 火氣와 재성 木氣가 압도적으로 자리를 잡고 있는 것은 일간이 자연적으로 쇠약해 질 수밖에 없다.

더구나 아무리 일간 辛金이 일지 酉金 비견에 의지를 한다하여도 극루교가(剋漏交加)의 현상을 모면할 수가 없겠으며 이는 곧 오히려 왕성한 관성 火氣에 일간과 일지 酉金 비견이 동시에 火剋金으로 상극을 당하는 현상이 발생하고 있으니 설상가상이라 할 수가 있겠다.

이상의 부분을 놓고 본 사주팔자를 판단하여 볼 경우 완전한 관성 火氣가 재성 木氣의 생조를 받아 태왕하고 있으니 왕신(旺神)의 성질을 가지면서 사주 전체를 압도하고 있는 것을 알 수가 있고 그에 반하여 강력한 관성 火氣를 일간으로 연결하는 인성 水氣가 없으니 대단히 답답하게 되었다.

결국 위 사주팔자는 일간 辛金이 오로지 일지 酉金 하나의 비겁 金氣가 일간을 구조하고 있으니 오행상 편중(偏重)으로 치달리고 있어 다시 운로인 대운이나 세운에서 관성 火氣나 재성 木氣를 거듭 만나게 된다면 그 흉함은 목숨을 담보로 하여야 되는 절박한 시기가 될 것이다.

✻. 격국(格局)과 용신,!

위 사주팔자에 대한 격국(格局)과 용신을 판별하여 보면 일간 辛金이 사주내 관성 火氣가 많아 신약하고 있는 중에 월지에 午火 편관이 자리를 잡고 다시 년간에 丙火 정관이 투출되므로 **"신약편관격(身弱偏官格)"**이며 일명 **"제살태과격(制殺太過格)"**을 같이 성격(成格)한다.

또한 사주일간 辛金이 일지 酉金 비견에 십이운성의 건록지(健祿地)에 자리 잡아 있는 것은 원칙적인 **"전록격(專祿格)"**을 같이 구성하고 있음을 엿볼 수가 있겠는데 하지만 사주내 관성 火氣가 태왕하여 火剋金으로 상극하여 파극이 심화되니 전록격(專祿格)의 장점을 발휘하지 못한다고 판단한다.

고로 용신은 **"살중용인격(殺重用印格)"**이며 왕신(旺神)의 성질을 가지고 있는 관성 火氣를 살인상생(殺印相生) 및 관인상생(官印

相生)을 도모하는 인성 土氣와 또한 사주원국이 단편적으로 보아도 관성 火氣가 강력하여 대단히 과조하고 있으니 조후법을 충족할 수 있는 식상 水氣를 같이 용신하고 아울러 일간 辛金이 신약하고 있으므로 신약한 일간을 부조하는 비겁 金氣를 같이 길신으로 선택하는 것이 마땅하다.

하지만 사주상의 용신으로 대변하고 있는 인성 土氣나 식상 水氣는 사주내 정오행이 없는 중에 오로지 사주일지 酉金 비견이 혼자 남아 있는 것은 酉金 비견이 용신의 대타가 됨에 따라 이는 곧 진신(眞神)과 가신(假神)의 선택중에 가신(假神)을 취용하는 것이 되니 용신이 미약함에 따라 대단히 좋지 못하고 있음을 알 수가 있다.

*. 용신의 기운인 인성 土氣에 대한 분석,!

그러나 이와 같은 용신의 기운중에 한가지 중요한 것이 있는데 그것은 강력한 관성 火氣를 살인상생(殺印相生) 및 관인상생(官印相生)의 법칙을 도모하는 인성 土氣를 놓고 그 성질를 비교 분석하여 보면 조토의 성질을 가진 未, 戌, 土氣는 과조하기 때문에 오히려 조후법을 거슬리면서 신약한 일간 辛金을 완벽하게 생금(生金)을 하지 못한다.

이것은 곧 오행별 성질을 면밀히 관찰하여 보면 조토(燥土)의 기운은 불의 성질을 대변하는 것으로 이렇게 본 사주팔자에 이미 관성 火氣가 태왕하여 왕신(旺神)의 성질이 되고 있는 것을 조토(燥土)인 未, 戌, 土氣가 들어옴에 따라 더욱 더 사주팔자가 건조를 부추기게 되니 오히려 신약한 일간 辛金을 생조하는 것은 고사하고 관성 火氣의 기운을 동조하므로 이는 곧 극루교가 (剋漏交加)가 되기 때문이다.

그렇다면 조토인 未, 戌, 土氣가 과조한 성질을 가지는 것은 일간 辛金에게는 불리하게 연출되겠으며 하지만 조후법을 충족할 수 있는 辰, 丑, 土氣는 水氣의 성분이 있으므로 일간 辛金에게 水氣를 보충시키면서 완벽하게 金生水를 도모할 수가 있으니 가장 대길하게 작용하는 성질이 될 것이다.

이렇게 용신의 기운을 선택하여 놓고 사주원국을 자세히 관찰하여 보니 용신의 기운으로 대변하고 있는 인성 土氣가 사주내 정오행이 없고 비록 있다해도 사주지지의 편관 午火의 지장간 중기(中氣)에 己土가 암장되어 있겠으나 지장간에 암장된 기운은 그 세력이 미미하기 짝이 없으므로 제대로 그 역할을 수행할 수가 없다.

또한 사주내 이미 관성 火氣가 태왕하여 그 성질이 왕신(旺神)의 성질이 되고 있으니 시급히 조후법상 水氣로서 충족시켜야할 필요성이 절박하겠으나 마땅히 조후법을 충족할 수 있는 식상 水氣가 사주내 정오행과 더불어 지지의 지장간에서조차 보이지 않고 있으므로 이것은 더욱 더 생식불식(生息不息)에 막힘이 많아 사주 주인공의 불행한 숙명을 분명히 예고하고 있다.

＊. 본 저자가 약 30여년동안 실제인물에 비추어 경험을 통하여 얻은 비법(秘法),!

여기서 본 저자가 약 30년동안 실제인물을 통하여 경험상 얻은 비법(秘法)을 기술하는데 그것은 본 사주팔자에 대한 용신의 기운으로 대변하고 있는 식상 水氣는 조후법상 중요한 기운이라고 설명하였다.

그런데 이와 같은 식상 水氣가 사주팔자의 격국에 따라 천차만별의 차이가 나고 있음을 엿볼 수가 있겠는데 그것은 보통 사주원국이 내격(內格)의 억부법이나 조후법에 준하여 용신의 기운이 일간의 힘이 중화(中和)의 기점에 육박하는 성질이 되고 있을 때는 별문제가 발생되지 않는다.

무슨 말인지 좀 더 자세하게 언급하자면 사주일간의 기운이 사주일간강약도표에 준하여 중화(中和)의 기점은 40%라며 전편인 命理秘典 上권에 대단히 자세하게 기술하고 있다.

따라서 이와 같은 중화(中和)의 기점을 넘어가는 극심한 신약(身弱)이나 신왕(身旺)으로 치달리고 있을 경우 사주팔자가 신약일 때는 일간이 너무 기운이 쇠약하니 운로인 대운이나 세운에서 들어오는 기신(忌神)의 기운을 맞이 한다면 그 재화는 중화(中和)의 기점을 육박하는 사주명조하고는 비교가 되지 않을 만큼 그 흉의가 대단히 강력하게 발생한다.

또한 이상에 일간의 기운이 중화(中和)의 기점을 신왕(身旺)으로 훨씬 넘어가는 정도가 되고 있을 시는 이는 곧 왕신(旺神)의 기운으로 대변할 수가 있는데 이것 역시 운로인 대운이나 세운에서 왕성한 힘을 충격하는 기운을 맞이하였을 경우 희신(喜神), 기신(忌神)을 막론하고 왕신(旺神)이 반발하는 처사는 쇠자왕신발(衰者旺神發)으로 말미암아 그 흉의는 극단적일 때는 십중구사의 운명이 될 수도 있다.

이와 같은 성질을 놓고 본 사주팔자에 접목시켜 간명하여 보자면 우선 일간 辛金이 오로지 일지 酉金 비견에 의지하는 성질이 되고 있음을 판단할 수가 있겠으며 그에 반해서 상대적인 관성 火氣나 재성 木氣가 너무나 강력하여 이는 곧 왕신(旺神)의 성질로 둔갑하여 있음을 엿볼 수가 있을 것이다.

따라서 일간 辛金의 기운이 일지 酉金 비견에 득지(得地)하고 있는 것은 사주 일간강약도표에 준하여 판단하여 볼 경우 그 기운이 20%가 되어 단편적으로 생각한다면 어느정도 일간이 기운을 가지는 것이라고도 볼 수가 있을 수도 있다.

하지만 이렇게 사주지지에 관성 火氣가 강력하게 자리를 잡고 월지 및 년지, 그리고 시지 午火 편관이 동시 일지 酉金을 가운데 놓고 火剋金으로 상극하는 처사는 아무리 일지 酉金 비견이 20%의 기운을 가지는 현상이 된다해도 그 기운이 소모가 되어 대단히 쇠약해지기 마련이다.

그렇다면 이상의 부분을 종합하여 판단하여 볼 때 일간 辛金은 극심한 신약을 면치못하고 있음은 자명한 일이 될 것인데 이럴 두고 운로인 대운이나 세운에서 식상 水氣가 조후법을 충족시키는 현상을 생각해서 대길하다고 판단한다면 사주추명학상 크나큰 실수를 범하게 된다.

왜냐하면 이미 사주내 관성 火氣가 태왕하여 왕신(旺神)으로 자리를 잡고 있는 중에 관성 火氣를 억제하는 식상 水氣가 사주내 일점 (一點)이라도 없기때문에 운로인 세운이나 대운에서 들어오는 지지인 亥, 子水의 기운과 천간의 壬水는 대단히 불리하게 작용한다고 판단하여야 될 것이다.

무슨 말인지 더욱 더 자세하게 기술한다면 운로인 대운이나 세운에서 들어오는 亥, 子水는 지지에 동일기운으로 형성되어 있는 편관 午火를 水剋火로 상극하는데 그 중에서 子水는 子-午 상충을 동반하는 처사가 되어 더욱 더 흉함이 강력할 것이고 또한 천간에서 들어오는 壬水는 사주년간에 관성 火氣를 중심으로 자리를 잡고 있는 丙火 정관을 丙-壬 상충으로 파극하여 왕신(旺神)이 발동하는 처사는 곧 전쟁터로 말미암아 십중구사의 운명을 모면하기 어렵게 된다.

이와 같은 부분은 비록 식상 水氣가 본 사주팔자내 조후법을 충족시키는 중요한 용신의 기운으로 대변되겠으나 일간 辛金이 중화 (中和)의 기점에 미달하는 극심한 신약이 됨에 따라 재화를 견디는 기운이 대단히 미약할 수밖에 없는 이유가 여기에 있는 것이며 그렇다면 왕신(旺神)인 관성 火氣를 건드리지 않는 운로에서 들어오는 천간의 기운인 癸水만이 조후법을 충족할 수 있는 여건이 조성되므로 다른 식상 亥, 子, 壬水는 절대로 사용하지 못하는 이유가 여기에 있다해도 과언이 아니다.

이상의 부분은 사주추명학의 원조인 고서(古書)나 원서에 그와 같은 성질을 자세하게 언급하지 않는 것을 본 저자가 약 30년동안 이와 같은 성질에 적용되고 있는 실제 인물들을 모아서 그에 대한 과거, 현재, 미래의 운로를 역추적하여 추명학상 하나의 경험으로 얻어진 비법(秘法)으로 완벽하게 정리하였음을 이 자리를 통하여 밝혀둔다.

따라서 지금 본 저자가 기술하고 있는 것은 대단히 중요한 간명의 비법(秘法)이니 학자들은 이상의 부분에 적용되고 있는 실제인물이 당면되고 있을 때 모두 지금까지 정리하고 설명한 부분에 입각해서 간명하여 판단한다면 아마도 사주추명에 대한 무서운 적중률에 감탄을 아끼지 않음을 첨언한다.

*. 사주격국에 대한 청탁(淸濁)판별,!

다시 위 사주팔자에 대한 격국에 대한 청탁(淸濁)의 판별을 하여보면 우선 사주일간 辛金이 사주내 관성 火氣가 태왕한 중에 신약함이 극심으로 치달리고 있으니 이것은 곧 단편적으로 보아도 벌써 첫눈에 오행이 편중(偏重)으로 되어 있음을 엿볼 수가 있다.

더구나 일간 辛金은 오로지 사주일지 酉金 비견에 통근(通根)하고 있음을 그나마 다행으로 생각하여야 될 것인데 그것은 사주내 용신의 기운인 인성 土氣나 식상 水氣가 없음에 따라 비견 酉金이 용신의 대타로 그 역할을 수행하면서 자리를 잡고 있는 것이 된다.

하지만 강력한 관성 火氣가 왕신(旺神)의 성질이 되고 있는 중에 일지 酉金 비견을 火剋金으로 상극하고 있는 것은 그나마 다행으로 일간 신금이 의지하는 하나의 중요한 기운을 파극하여 무력하게 만들기 때문에 더욱 더 극루교가(剋漏交加)의 현상으로 대단히 좋지 못함을 알 수가 있다.

이 부분을 자세하게 언급하자면 사주월지 午火 편관을 중심으로 해서 년지 및 시지 午火가 동시에 사주일지 혼자 존재하고 있는 비견 酉金을 火剋金으로 상극하는 것은 사주일간 辛金이 그만큼 힘을 받지 못하는 것이 되어 이것을 우리 일상생활에 비추어 판단하자면 한사람을 가운데 놓고 세사람이 두둘겨 집단으로 몰매를 가격하는 격이니 완전히 酉金은 힘을 제대로 못쓰는 이치로서 정말 안스럽기 그지 없다.

결국 위 사주팔자는 하나의 일지 酉金에 일간 辛金이 의지하는 현상이 되고 있으며 그에 반하여 상대적인 상극하는 관성 火氣가 더욱 더 왕신(旺神)의 성질을 가지면서 태왕하고 있으니 완전히 사주상의 탁기를 모면할 수가 없겠고 따라서 사주 주인공은 이상의 탁기를 구성함에 따라 숙명적인 불길함이 불을 보듯 뻔한일이 아닐 수가 없다.

*. 본 장 사망시기인 나,항에 준한 판단,!

본 장 나,항에 준하여 기술하고 있기를 **"일간이 신약"**한 사주는 사주내 **"비겁"**이 용신이면 **"관성(정관,편관)"**운로가 생명이 위험하고 만약 사주에 **"인성"**이 용신이면 **"재성(편재, 정재)"** 대운, 세운에 생명이 위험하다.!라며 상세히 설명하고 있다.

따라서 본 사주팔자도 이상의 부분에 적용시켜 간명하자면 완전히 일치하는 현상을 엿볼 수가 있겠는데 이렇게 사주일간 辛金이 일지 酉金 비견에 오로지 의지를 하고 있는 중에 상대적인 관성 火氣는 완전히 왕신(旺神)의 성질로 자리매김을 하고 있으니 다시 운로인 대운이나 세운에서 관성 火氣나 관성 火氣를 생조하는 재성 木氣를 보게 된다면 더욱 더 극루교가(剋漏交加)가 되어 생명이 위험하다.

이것은 본 사주원국이 일간 辛金의 기운이 그만큼 안정을 도모할 수 있는 중화(中和)의 기점에 훨씬 멀어져가는 신약함이 되고 있는 이유도 하나가 되겠지만 그보다 더 큰 이유는 일간 辛金과 비견 酉金을 火剋金으로 상극하는 관성 火氣의 기운이 너무 태왕하다는 것을 단적으로 꼬집을 수가 있다.

결국 위 사주팔자는 본 장에 언급하는 사망시기에 완전히 일치하는 현상을 모면할 수가 없겠으며 그것은 선천성인 사주명조가 일간의 기운이 쇠약하고 관성 火氣의 기운이 태왕하여 있는데 대운의 흐름이 초년 2세때에 이미 乙未 대운이 되어 완전히 관성 火氣를 생조하는 재성 木과 세운이 관성 火氣를 더욱 더 부채질하니 숙명적인 흉사의 운명을 피할 수가 없음을 이미 사주원국은 무언중에 암시를 하고 있으므로 대단히 안타깝다.

*. 격국(格局)에 대한 사주 주인공의 성격,!

다시 위 사주 주인공은 남자사주로 故 김 모씨인데 초년 2세 乙未 대운이 지배되는 11세인 丁巳세운 1977년에 이미 교통사고로 흉사의 운명을 당한 사람이 되겠으며 따라서 본 장에 언급하는 운명적인 팔자에 대한 본인의 성격을 판단하는 것 자체가 별의미가 없을 수가 있다.

하지만 비록 본 사주 주인공은 일찍 작고(作故)하였지만 실제로 이와 같은 운명의 소유자가 당면되어 사주간명을 하여야 될 시기가 있으므로 사주추명학상 본인의 성격을 판단하여야 되는 학문적인 성질이 대두되고 있으니 추명의 원리에 입각하여 조심스레 해석을 해보기로 한다.

따라서 故 김 모씨의 성격을 판별하여 보면 우선 일간 辛金이 신약한 중에 사주내 편관 火氣가 강력하게 자리를 잡아 신약편관격(身弱偏官格) 및 제살태과격(制殺太過格)을 성격(成格)하고 있으므로 그 성격이 대단히 고집스럽고 성급하기 그지없다.

이것은 편관이라는 특성이 호랑이와 같아서 성급, 황폭, 쟁투를 나타내고 있기 때문에 벌써 단편적으로 판단해도 첫눈에 본인의 성격은 대단히 성급하고 자존심과 고집스러운 것을 의미하고 있는데 더하여 월지에 편관이 있는 것은 부모형제로부터 일찍 이별을 의미하고 있음을 알 수가 있다.

하지만 이와 반대로 편관의 특성은 흉폭한 일면도 나타나고 있지만 한편으로는 약자를 보살피며 어려운 사람이 당면될 경우 내몸과 같이 생각하는 자비스러운 성정도 나타나고 있는데 이것을 두고 편관은 일면 이중성을 내포하는 성질이라는 것을 알 수가 있겠으며 때로는 눈물과 잔정이 있다는 것으로 판단하는 것이 정석이다.

이상과 같은 맥락에 비추어 사주 주인공인 故 김 모씨는 이미 초년 교통사고로 죽음을 당하였지만 본인의 사주팔자를 통하여 성격과 육친의 운명을 판가름할 수가 있겠으며 더 나아가서는 부모님의 운명과 조부님의 운명도 간명할 수가 있음을 미루어 짐작할 수가 있을 것이다.

*. 격국(格局)에 대한 대운흐름,!

이상으로 본 사주 주인공인 故 김 모씨의 사주격국에 대한 용신과 청탁(淸濁)의 유무, 그리고 숙명적인 운명과 본인의 성격등을 모두 간명하여 보았는데 본 장에 언급하고 있는 사망시기에 애석하게도 본인이 적용되어 있음을 알 수가 있었다.

따라서 故 김 모씨에 대한 유년에 유년 흉사 운명을 놓고 대운의 흐름을 면밀히 파악하여 볼 필요가 있겠는데 그러나 여기서 본 저자는 한가지 중요한 부분을 발견할 수가 있었다.

그것은 본 사주 주인공인 故 김 모씨가 유년 2세 乙未대운만 잘넘겼다고 가정한다면 그 다음대운에 12세 丙申대운부터 정히 길신과 용신의 기운인 서방 申-酉-戌 金局과 북방 亥-子-丑 水局이 되어 치달리고 있으므로 극단적인 흉함을 모면하면서 지금 이순간까지 승승장구하였을 것이다.

하지만 참으로 안타깝게 초년 2세 乙未대운이 지배되면서 후천성인 또하나의 기운인 11세인 세운이 丁巳년에 일치되어 완전히 대운

과 세운이 관성 火氣를 충동질하였으니 완전히 왕신(旺神)의 기운을
중첩해서 맞이하여 극심한 신약(身弱)의 명조가 저승문턱을 넘어오
지 못하였으므로 애석한 일이 아닐 수가 없다.

그렇다면 지금부터 故 김 모씨의 죽음을 당한 것을 놓고 사주추
명학적으로 좀 더 사실적인 측면에 부합시켜 간명하여 볼 필요가 있
겠는데 따라서 故 김 모씨의 사주명조와 대운 및 11세 세운 丁巳년
을 같이 접목시킨 사주도표를 보면서 자세하게 기술하기로 한다.

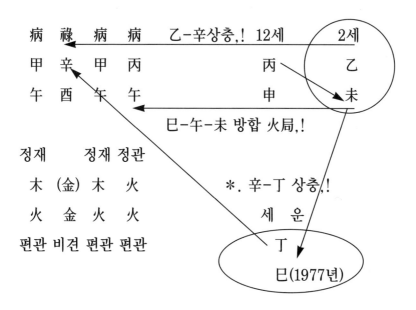

＊. 2세乙未대운중에 지지 未土말기에 다음 12세 丙申대운중 대
운천간 丙火가 직, 간접적으로 그 영향력을 행사하고 있음을 판단할
수가 있다.！

이상과 같이 사주명조 및 대운과 세운을 나타내고 있는 도표를

판별하여 볼 경우 초년 2세는 乙未대운으로 이 때 대운천간 乙木은 신약한 일간 辛金에 대한 편재의 운로가 되어 이미 사주에 관성 火氣가 태왕하여 왕신(旺神)의 성질이 되고 있는 것을 木生火로 더욱 더 불길을 지피우고 있으니 그 흉함이 하늘을 찌르고도 남음이 있다 할 것이다.

하지만 그나마 이렇게 대운천간 乙木이 막연히 관성 火氣를 생조만 한다면 그나마 흉함을 줄일 수가 있겠으나 대운천간 乙木이 사주 일간 辛金을 乙-辛상충으로 파극하면서 흉이 들어오게 되니 신약이 극심한 일간에게는 더욱 더 흉함을 견딜 수가 없게 되므로 숙명적인 불길함을 모면할 수가 없게 되었다.

더하여 대운지지 未土가 일면 신약한 일간 辛金에게는 편인의 운로가 되어 신약한 일간을 생조할 수가 있다고 볼 수가 있으니 그나마 다행이라 생각하겠지만 未土 편인이 오행별 성질로 볼 때 조토이므로 이미 사주원국에 관성 火氣가 태왕하여 조후법상 시급히 식상水氣를 필요로하는 것을 감안한다면 이는 길한 것이 아니다.

또한 한편으로 사주원국에 정관 및 편관 午火가 강력하여 그 흉폭성이 하늘을 찌르고도 남음이 있겠는데 대운지지 未土가 편관 午火를 午-未합을 해서 그 흉폭성을 일시 합으로 억제할 수가 있다고도 판단하겠지만 午-未합은 글자 그대로 합의 기운으로 인한 타오행이 변동되지 않기 때문에 조후법을 완전히 거슬린다고 판단하는 것이 정석이다.

여기서 한가지 걱정스러운 것은 상황이 이렇게 전진되고 있는 중에 만약 운로인 대운이나 세운 및 하나의 작은 월운까지 巳火가 들어온다고 가정한다면 완전히 巳-午-未 방합 火局이 결성되어 더욱 더 관성 火氣로 돌변하는 처사가 언제라도 나타날 수가 있기 때문에 이상의 午-未합은 대단히 근심스럽기 짝이 없는 것이다.

실제로 초년 2세부터 6세까지 대운천간 乙木이 지배되는 시점에서는 사주 주인공인 故 김 모씨는 질병으로 인한 잔병치례가 끊어지지 않았으며 급기야는 도로를 걸어다니다가 오토바이와 승용차에 치어 교통사고로 2번이나 병원에 입원하여 수술까지 받았던 것으로 파악되었던 것이니 이미 초년에 이러한 불길함을 간간히 사주명조는 나타내고 있었던 것이다.

그런데 7세부터는 대운지지 未土가 지배되는 순간인데 이것 역시 未土가 전자에 언급하였듯이 사주내 편관 午火를 午-未합으로 묶어주어 그나마 다행이라고 생각할 수가 있겠으나 조후법을 거슬리면서 사주를 더욱 더 건조하게 만들고 있으니 건강상 질병이 떠날날이 없었으며 급기야는 이 때 운로에서 폐렴으로 중환자실에 입원까지 하였다고 故 김 모씨의 큰아버지를 통하여 듣고 있다.

*. 사주 주인공인 故 김 모씨의 최후,!

하지만 어두운 운명의 검은 그림자가 시시각각 다가오는 줄 모르는채 세월이 흘러 11세가 되자 이 때 대운은 2세 乙未대운중 대운지지 未土의 마지막 9수에 적용되고 있을즈음 세운이 1977년인 丁巳년이 되자 이미 대운천간 乙木이 사주일간 辛金에 대한 편재의 기운으로서 왕신(旺神)인 관성 火氣를 木生火하여 더욱 더 불길을 지피 우고 있는 것을 알 수가 있다.

상황은 그것으로만 끝나는 것이 아니고 대운지지 未土가 조토로 서 이미 사주원국 편관 午火와 午-未합을 하고 있는 것을 언제라도 巳火가 들어오게 될 경우 전자에 언급하였듯이 巳-午-未 방합 火局 을 늘 염려하였는데 세운이 丁巳년이 되고 보니 세운지지 巳火가 들 어오게 됨에 따라 완전히 巳-午-未 방합 火局이 결성되고 있다.

따라서 사주 주인공인 故 김 모씨는 이미 죽음의 여신을 피할 수 없음을 판단할 수가 있겠는데 설상가상으로 세운천간 丁火가 신약 한 일간 辛金을 乙-辛 상충까지 성립하여 파극하고 있으므로 이것 은 정말 가망이 없으니 생명이 위험하다.

결국 사주 주인공인 故 김 모씨는 2세 乙未대운말기 9수인 11세 에 세운 1997년 丁巳년 음력 4월에 교통사고로 채 피기도 전인 어린 나이에 사망하였는데 월운을 살펴볼 경우 음력 4월은 巳월이 되고 있으므로 월운까지 巳-午-未 방합 火局이 결성되어 시계바늘처럼 꼭 맞아 떨어지고 있음을 알 수가 있었으니 정말 운명의 굴레에 한 어린생명을 바람같이 보내고 살아야하는 고인(故人)의 부모님을 바 라볼 때 덧없는 인생의 뒤안길이라 생각하는 사주팔자이다.

※참고로 지금까지 사주 주인공인 故 김 모씨의 사망시기를 모두 판 별하여 보았는데 전자에도 언급하였지만 대운과 세운 및 월운까 지 巳-午-未 방합 火局이 모두 결합되고 있음을 판단할 수 있었 으며 하지만 이미 대운지지 未土가 말기에 해당하고 있으니 다음

대운인 丙申대운중 대운천간 丙火가 역시 직, 간접적으로 그 영향
력을 행사하고 있었음을 완전히 부인할 수가 없다.

●본 장 나,항에 준하여 일간이 사주내 정재나 편재
가 많아 신약(身弱)하여 있는 중에 비겁이 미미함
에 따라 "인성"을 주된 용신으로 선택하고 있는데
대운이나 세운에서 인성을 "상충"과 왕신(旺神)인
재성을 생조하는 "식상"운에 절명한 실제인물의
사주,!

(예2). 남자, 故 양 모씨(전북 남원) 1949년 음력 3월 16
일 申 시

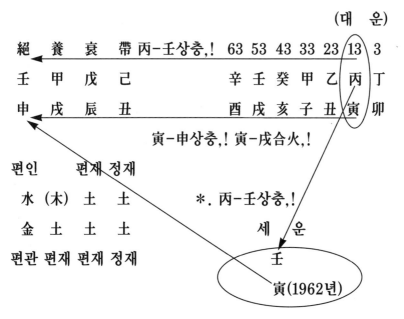

(대 운)

絶	養	衰	帶	丙-壬상충,!	63	53	43	33	23	13	3
壬	甲	戊	己		辛	壬	癸	甲	乙	丙	丁
申	戌	辰	丑		酉	戌	亥	子	丑	寅	卯

寅-申상충,! 寅-戌合火,!

편인　　편재 정재

水 (木) 土 土　　*. 丙-壬상충,!

金 土 土 土　　세 운

편관 편재 편재 정재　　壬

寅(1962년)

● 대운천간 丙火가 신약한 일간 甲木에 대한 식신의 운로로서 이미 사주내 왕성한 재성 火氣를 木生火로 생조하게 되어 신약한 일간 甲木이 의지를 하고 있는 중요한 용신인 시상 壬水 편인을 丙-壬 상충으로 파극하므로 그 흉의가 하늘을 찌르고도 남음이 있다.!

더하여 대운지지 寅木이 비록 신약한 일간 甲木에 대한 비견이되어 그나마 일간이 기운을 얻을 수가 있겠지만 용신의 기운이 되고 있는 시상 壬水 편인을 생조하는 사주시지 申金 편관을 寅-申 상충으로 또 파극하여 더 이상 壬水 편관을 생조하지 못하도록 하고 있음을 엿볼 수가 있다.!

상황이 이럴진데 13세 丙寅대운이 지배되는 시점에 세운이 1962년은 壬寅년이 되고 있으므로 세운천간 壬水가 대운천간 丙火를 丙-壬 상충으로 상극하는 것은 곧 전극(戰剋)의 법칙이 성립하면서 다시 세운지지寅木이 중첩하여 사주시지 申金 편관을 寅-申 상충으로 재차 파극하니 지켜 보자니 그저 안타까운 시간속에 앉아 있을 뿐이다.

*. 일간의 왕쇠(旺衰),!

甲일간 辰월에 출생하여 실령(失令)하였으며 사주원국 월지 辰土 편재를 중심으로 해서 지지에 전부 재성 土氣와 시지 申金 편관 및 그 세력에 뿌리를 두고 재성의 기운을 대표하고 있는 년간 己土 정재와 월상에 戊土 편재가 투출되어 일간 甲木을 대단히 강력하게 극루하고 있으니 일간 甲木이 극심한 신약이다.

이렇게 일간 甲木이 신약이 극심하다면 일간 甲木을 생조하는 인성 水氣나 비겁 木氣가 있어주어야 만이 일간이 의지하는 기운이 있게 되어 내격(內格)의 억부법이나 조후법상 용신을 선정할 수가 있을 텐데 만약 이대로 일간이 의지하는 기운이 없을 경우 외격(外格)의 종격(從格)이나 가종격(假 從格)으로 돌아가기 쉬울 것이다.

따라서 사주원국을 자세히 관찰하여 보니 일간 甲木을 생조하는 시상에 壬水 편인이 투출되어 있는데 그렇다면 사주천간에 투출되어 있는 기운은 반드시 지지에 생조하는 기운이 있거나 혹은 지지의 지장간에 뿌리를 두어야 그 역할을 담당할 수가 있겠다.

그런데 사주팔자의 시지에 申金 편관이 시상에 투출되어 있는 壬水 편인과 동주(同柱)의 기운이 되어 끊임없이 壬水 편인을 金生水로 생조하고 있는 중에 다시 일간 甲木과 편인 壬水가 사주년지의 丑중의 지장간 중기(中氣)인 癸水에 또 한번 뿌리를 두고 있음을 엿볼 수가 있다.

그렇다면 이는 곧 일간 甲木에게 시상에 투출되어 있는 壬水 편인이 완전히 버팀목이 되니 결코 일간 甲木이 외격(外格)의 종격(從格)이나 가종격(假從格)으로 돌아가지 못하고 내격(內格)의 억부법이나 조후법의 용신이 선정되는 것을 알 수가 있다.

*. 일부학자들의 의문,!

여기서 일부학자들 가운데 방금 본 저자가 설명한 부분중에서 한 가지 의문을 가지면서 질문을 하고 있는데 그것은 "**방금 운정선생은 본 사주팔자의 일간 甲木이 사주시상 壬水 편인과 함께 더불어 사주시지 申金 편관이 시상 편인 壬水를 金生水, 그리고 다시 년지 정재 丑중의 지장간 중기(中氣)인 癸水에 뿌리를 두고 있다며 설명하고 있다,**"!

"**하지만 그 이외에도 사주월지 辰土 편재가 오행별 습토로서 자리를 잡고 있으니 사주 일간강약도표에 준하여 보더라도 월지의 기운은 30%가 해당하여 그 세력이 대단히 강력한데 월지 辰土 편재의 기운은 왜, 언급하지 않느냐**",! 라며 반문을 하고 있다.

*. 일부학자들의 의문에 대한 본 저자판단,!

이와 같은 일부학자들이 의문을 표시하는 부분에 대하여 본 저자는 약간의 견해를 달리하고 있겠는데 그것은 학자들이 생각하는 본 사주팔자의 월지 辰土 편재의 기운이 습토로서 사주일간 甲木이 辰土의 지장간 여기(餘氣)에 乙木과 시상에 투출되어 있는 壬水 편인이 지장간 중기(中氣)에 癸水가 존재하여 있으므로 일면 그곳에 일간이 의지를 할 수가 있다고 볼 수가 있을 것이다.

그러나 이러한 월지 辰土 편재는 사주일지 戌土 편재간 서로 辰-

戌 상충으로 파극이 되어 각각의 지장간에 존재하는 기운이 모두 무용지물이 되고 있으니 일간 甲木이나 시상에 투출되어 있는 壬水 편인이 그 속에 통근(通根)을 할 수가 없게 된다.

무슨 말인지 좀 더 자세하게 이 부분을 도표로서 기술한다면

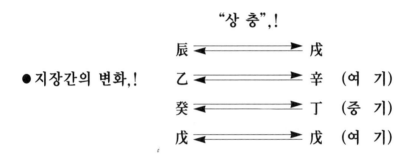

이상의 도표에서 보이고 있듯이 사주월지 戌土 편재와 일지 辰土 편재간 서로 辰-戌 상충이 성립되어 양쪽의 지장간 여기(餘氣)에 辛金과 乙木이 각각 乙-辛 상충으로 파극되고 다시 지장간 중기(中氣)에 丁火와 癸水가 각각 辛-丁 상충이 되어 모두 제대로 자기 본래의 그 기운으로서 역할을 할 수가 없음을 표시하고 있다.

따라서 이상의 부분을 접목시켜 판단할 때 본 사주팔자의 일간 甲木이나 시상에 투출되어 있는 壬水 편인이 사주월지의 辰土 편재의 지장간에 의지를 할 수 없는 이유가 여기에 있다해도 과언이 아닐 것이며 만약 이와 같은 현상을 무시하고 막연히 월지의 辰土가 오행별 습토라 하여 통근(通根)할 수가 있다고 볼 경우 완전히 사추추명학적으로 오류를 범하게 되는 것은 기정사실이다.

*. 여기서 다시 일부학자들의 의견,!

하지만 여기서 일부학자들 중에서 다시 위 부분에 대하여 의견을 제시하고 있는데 그것은 **"운정선생은 본 사주팔자에 대한 월지 辰土 편재와 사주일지 戌土 편재간에 辰-戌 상충이 되어 서로 간 각각 지장간의 여기(餘氣)와 중기(中氣)의 기운이 파극되므로 일간이나 시상에 투출되어 있는 壬水 편인이 의지를 할 수가 없다며 말하고 있다",!**

"하지만 운정선생이 집필한 命理秘典 上권인 지지상충편과 지지합편에 기술하고 있는 부분을 인용하여 본다면",! "사주내 지지에 상충이 성립되고 있을 경우 그것을 해극시키는 방법은 육합이나 삼합등이 존재하여 합을 구성하고 있을 때 상충이나 삼형이 곧 해극을 도모할 수가 있다,"!라며 구체적으로 언급하고 있다".

"그렇다면 결론적으로 본 사주원국의 사주월지 辰土 편재와 일지 戌土 편재간의 辰-戌 상충이 사주시지에 존재하는 申金 편관과 월지 辰土 편재간 申-辰 준삼합이 구성되고 있으니 이상의 상충의 부분을 모두 합으로 해극을 도모하고 있는 것은 완전히 상충의 작용이 퇴색되면서 아울러 일간 甲木이나 시상에 투출되어 있는 壬水 편인이 완전히 의지할 수 있는 현상이 되고 있지 않겠느냐",!라며 구체적인 반문을 하고 있다.

*. 다시 일부학자들의 의문에 대한 본 저자판단,!

이상의 일부학자들이 반문하는 것을 대하여 본 저자는 일면 타당성이 있다고 볼 수가 있겠으나 하지만 그와 같은 부분도 합과 상충의 변화를 유심히 관찰하여 보면 곧 본 저자와 견해를 같이 할 수가 있을 것이다.

따라서 우선 본 사주팔자의 월지 辰土 편재와 시지 申金 편관간의 申-辰합의 부분을 면밀히 검토하면 삼합의 기준이 완벽하게 결합하는 申-子-辰중에서 사왕지지(子, 午, 卯, 酉)인 子水가 빠진 반합(半合)의 성질이 되고 있겠으며 그렇다면 준삼합의 결합이 강력하게 결성되지 못하는 것으로 판단하여야 될 것이다.

이는 곧 비록 합이 결성된다손 치더라도 조금의 상극의 작용인 삼형이나 상충이 들이닥치게 되면 쉽게 분산되는 현상을 배제할 수가 없겠고 더구나 중 심세력을 나타내는 子水가 빠진 준삼합인 申-辰합은 더욱 더 그 결합이 쇠약해질 수밖에 없음을 알 수가 있다.

보통 이와 같은 현상을 두고 하나의 합이 결합되고 있을 경우 그 합이 육합의 성질인가,또한 삼합 및 방합의 성질인가, 그렇지 않으면 삼합중에 하나의 기운이 빠진 준삼합의 기운인가,를 면밀히 따져보고 그 기운을 측정하여야 될 것이다.

또한 그것도 같은 준삼합의 기운이라도 합을 주도하는 사왕지지(四王地支)의 중심세력이 있느냐,그렇지 않으면 빠진 상태의 준삼합이 되고 있을 경우, 중심세력이 있는 것보다 월등히 그 힘이 약해진다.

그렇다면 이상의 부분을 본 사주팔자에 대하여 엄밀히 적용시켜 판단하여 볼때 완전히 일치하는 현상이 되고 있겠는데 비록 사주월지 辰土 편재와 시지 申金 편관간 申-辰합이 구성된다손 치더라도 사왕지지(子, 午, 卯, 酉)가 빠진 상태인 준삼합이니 그 힘이 월등히 쇠약해질 수밖에 없음을 엿볼 수가 있겠다.

더구나 상황이 이럴진데 사주일지 戌土 편재가 월지와 시지를 가로막아 있으니 이는 곧 그렇지 않아도 반합(半合)인 申-辰합을 더욱 더 원격(遠隔)히 하는 처사는 제대로 합을 구성할 수가 없는 이유가 되고 있으며 설상가상으로 월지 辰土 편재와 일지 戌土 편재간 辰-戌 상충이 발생하고 있으니 이렇게 원격(遠隔)한 반합(半合)이 강력한 상충의 작용을 완화시킬 수 없어 역부족이 되는 것은 기정사실이다.

결국 이상의 학자들이 의문을 제기한 申-辰합으로 辰-戌 상충의 작용을 해극시킨다는 논리는 완전히 정면으로 대치되는 현상을 발견할 수가 있겠으며 동일적인 합의 기운이 사왕지지가 빠진 상태는 더욱 더 상충이나 삼형으로 가격할 경우 지지의 지장간의 성질까지 완전히 파극되는 이유가 여기에 있다해도 과언이 아니다.

*. 격국(格局)과 용신,!

위 사주팔자에 대한 격국(格局)과 용신을 판별하여 보면 일간 甲木이 사주내 재성 土氣가 많아 신약이 극심하고 있는 중에 월지에 辰土 편재가 자리를 잡고 다시 월상에 戊土 편재가 투출되어 있으니 원칙적인 **"신약편재격(身弱偏財格)"**이며 일명 **"재다신약격(財多身弱格)"**을 같이 성격(成格)한다.

고로 용신은 **"재중용비격(財重用比格)"**으로 왕성한 재성 土氣를 木剋土하여 억제하면서 아울러 신약한 일간 甲木을 부조하는 비겁 **"木氣"**를 용신하고 비겁 木氣를 생조하는 인성 **"水氣"**를 희신으로 삼는다.

*. 본 사주팔자의 용신에 대한 진가(眞假)판단,!

이렇게 용신과 희신의 기운을 선정하여 놓고 사주원국을 면밀히 관찰하여 보니 용신의 기운으로 대변되고 있는 비겁 木氣가 사주내 정오행이 없고 비록 있더라도 사주월지 辰土 편재의 지장간 여기(餘氣)에 乙木이 있으니 일면 용신이 될 수도 있을 것이다.

하지만 사주지지의 지장간에 암장된 기운은 그 세력이 미미하기 짝이 없으니 제대로 그 역할을 할 수가 없는데 설상가상으로 사주일지 戌土 편재와 월지 辰土간에 辰-戌 상충으로 완전히 파극하여 있으니 지장간에 자리잡은 기운조차 무용지물인 셈이 되었다.

따라서 본 사주팔자의 용신의 기운이 비겁 木氣가 사주내 없음에 따라 그 역할을 대신할 수 있는 인성 水氣를 용신대용으로 선택하고 있는데 그나마 사주시상에 투출되어 있는 壬水 편인이 사주년지 丑土의 지장간 여기(餘氣)와 중기(中氣)에 癸水와 辛金이 존재하면서 다시 시지 申金 편관이 끊임없이 金生水로 생조하고 있으니 편인 壬

水가 기운을 얻고 있다할 것이다.

그렇다면 위 사주팔자는 용신의 기운인 비겁 木氣가 없고 그 역할을 대신할 수 있는 시상에 투출되어 있는 壬水 편인이 용신의 역할을 하고 있음에 따라 본 장 진가(眞假)의 판단에 따라 진신(眞神)이 용신이 되지 못하고 가신(假神)이 용신으로 자리를 대신하고 있다고 볼 수가 있으니 이것은 곧 복록이 진신(眞神)이 자리를 잡은 것보다 낮은 것으로 판단하는 것이 정석이다.

*. 격국(格局)에 대한 청탁(淸濁)판별,!

다시 위 사주팔자에 대한 격국(格局)의 청탁(淸濁)판별을 살펴보면 우선 일간 甲木이 사주내 재성 土氣가 많아 신약이 극심하므로 재다신약격(財多身弱格) 및 신약편재격(身弱偏財格)을 성격(成格)하고 있음을 엿볼 수가 있었다.

그런데 이렇게 일간 甲木이 신약하더라도 사주 일간강약도표에 준하여 중화(中和)의 기점인 40%에 육박하는 성질이 된다면 그나마 일간 甲木이 기운을 가지고 있으니 이렇게 사주팔자내 재성 土氣가 왕성하더라도 능히 견제하면서 대적할 수 있게 되므로 어느정도 청탁(淸濁)의 부분인 청기(淸氣)에 부합할 수가 있을 것이다.

하지만 이렇게 일간 甲木의 기운이 중화(中和)의 기점에 멀어져가는 신약함이 되고 있을 경우 다시 운로인 대운이나 세운에서 일간을 극루하는 식상, 재성, 관성의 기운을 중첩하여 받고 있을 때 그 흉함이 극루교가(剋漏交加)가 되어 더욱 더 재화가 강력하게 발생한다.

따라서 본 사주팔자는 이미 사주내 재성 土氣가 왕성한 중에 재성 土氣가 왕신(旺神)의 성질을 가지고 있는 것은 그만큼 사주원국이 오행이 편중(偏重)으로 치우쳐져 있음을 의미하며 더하여 지지에 월지 辰土 편재와 일지 戌土 편재간 辰-戌 상충까지 되고 있으므로 더욱 더 생식불식(生息不息)에 막힘이 많은 것이 되었다.

더구나 설상가상으로 사주일지 戌土 편재를 기점하여 년지 丑土 정재가 丑-戌 삼형과 또한 월지 辰土 편재와 辰-丑 파살(破殺)을 동반하고 있는 중에 사주천간에 일간 甲木과 월상 戊土 편재간 甲-戊 상충, 그리고 월상 戊土 편재는 또다시 시상에 투출되어 있는 壬水 편인과 壬-戊 상충으로 파극하고 있으니 이것은 곧 용신의 기운이 무력하게 되는것이 되어 대단한 탁기(濁氣)를 구성하는 사주명조가 되고 있음을 피할 수가 없다.

이상의 청탁(淸濁)의 부분에 본 사주팔자를 접목시켜 판단하여 볼 때 완전히 사주상 대단한 탁기(濁氣)를 모면할 수가 없음을 엿볼 수가 있겠으며 따라서 자연히 사주 주인공의 숙명적인 운명에 대한 불길함이 걱정스럽기 그지없다.

*. 사주 주인공의 본인에 대한 성격,!

위 사주 주인공은 故 양 모씨로서 남자사주인데 이미 초년 13세 丙寅대운이 지배되는 1962년 壬寅세운에서 폐결핵 및 급성 폐렴과 함께 합병증이 진전되어 죽음을 당하였던 인물로 본인에 대한 성격을 논하는 것은 별의미가 없겠으나 사주추명학을 연구하는데는 실제 인물과 고인(故人)을 막론하고 간명을 하여야 되는 것은 필수적이다.

따라서 본 장에 언급하는 본인의 성격에 이상의 실제인물의 사주 명조가 당면 될 경우 본 장을 적용하여 간명한다면 대단한 적중률을 나타낼 것이니 결코 소홀히 취급할 수가 없음이 여기에 있다해도 과언이 아니다.

그렇다면 사주 주인공인 故 양 모씨는 격국(格局)이 신약편재격(身弱偏財格) 및 재다신약격(財多身弱格)을 구성하고 있으니 그 성격이 의로운 일에 몸을 아끼지 않고 희사, 보시를 잘하는 성격이 되겠으나 일간 甲木이 신약한 중에 재성 土氣가 많은 것은 그만큼 여자나 금전으로 인한 재화를 받기 쉽게되니 평생을 통하여 조심하여야 될 것이다.

더하여 사주월지 辰土 편재와 일지 戌土 편재간 辰-戌 상충이 되고 있으니 더구나 월지나 일지는 그 힘이 대단히 강력한 것이 되므로 이러한 辰-戌 상충은 항상 욕심과 고집으로 인한 손해를 볼 수 있는 경향이 다분히 나타나는 것이 된다.

그렇다면 모든 일에 대하여 매사를 신중히 검토하여 결정을 내리는 것이 타당하겠으며 또한 비록 대인관계에 고집스러운 일면 때문에 의견충돌로 인한 타인의 미움을 받기가 쉽게 되니 대체로 양보하는 자세로 살아가면 대길하게 될 것이다.

이상의 부분을 적용하여 간명하여 볼 때 사주 주인공인 故 양 모 씨는 만약 성장하여 어른이 되었다면 일지 戌土는 처궁을 나타내고 아울러 월지와 辰-戌 상충이 되고 있으므로 처궁이 바뀌는 재혼하는 팔자로 간명하여야 될 것인데 이미 사주내 여자의 기운인 재성 土氣가 많은 것은 더욱 더 이부분을 뒷받침하고 있다해도 과언이 아니다.

*. 본 장 나,항에 사망시기에 준한판단,!

다시 본 장 나,항에 준하여 기술하고 있기를 **"일간이 신약한 사주는 사주내 "비겁"이 용신이면 "관성(정관,편관)"운로가 생명이 위험하고 만약 사주에 "인성"이 용신이면 "재성(편재,정재)" 대운, 세운에 생명이 위험하다".!**라며 대단히 자세하게 설명하고 있다.

따라서 본 사주팔자는 후자인 사주에 인성이 용신이면 운로에서 재성인 대운, 세운에 생명이 위험하다는 부분에 적용되고 있는데 하지만 비록 대운이나 세운이 재성운이 아닌 왕신(旺神)의 성질을 가지고 있는 재성을 생조하는 식신이나 상관운로에서도 생명이 위험하게 된다.

이것은 한편으로 볼 때 이미 사주원국에 편재나 정재의 기운인 土氣가 왕성하여 완전히 왕신(旺神)의 기운이 되고 있는데 그에 반하여 일간 甲木의 기운은 상대적인 재성 土氣에 의하여 극심한 신약을 유지하고 있으니 더욱 더 극루교가(剋漏交加)의 법칙에 부합하여 그에 대한 재화는 십중구사의 운명으로 치달리게 된다.

이상의 부분은 사주 주인공인 故 양 모씨의 13세 丙寅대운에서 죽음을 맞이하였다는 것을 놓고 대운의 흐름을 추적하는 과정에서 더욱 더 상세하게 기술하겠으나 본 장 나,항에 적용하는 사망시기를 놓고 대운천간 丙火가 용신의 기운으로 자리를 잡고 있는 시상에 투출되어 있는 壬水 편인을 丙-壬 상충으로 파극하여 용신이 더 이상 신약한 일간 甲木을 생조할 수가 없게 되므로 이는 곧 죽음을 의미하게 되어 생명이 위험하다.

더구나 설상가상으로 사주시지에 申金 편관이 시상에 투출되어 있는 壬水 편인 용신을 金生水하여 생조하고 있는 것을 대운지지 寅木 비견이 寅-申 상충으로 파극하고 있으니 이래저래 용신이 제역할을 하지못하게 되는 것은 신약이 극심한 일간 甲木은 사망신고나 다름이 없는 것이니 정말 일찍히 불행한 죽음을 당하였다는 것을 미루어 짐작하고도 남음이 있다.

*. 격국(格局)에 대한 대운흐름,!

이상과 같이 사주 주인공인 故 양 모씨의 격국(格局)의 판별과 용신 및 청탁(淸濁)의 유무를 모두 판별하여 보았는데 일간 甲木이 신약함이 재성 土氣에 의하여 심하게 극루(剋漏)되므로 더욱 더 생식불식(生息不息)에 막힘이 많아 숙명적인 불길함을 모면할 수가 없음을 간명하였다.

따라서 사주 주인공인 故 양 모씨가 어떻게 이런 불행한 숙명적 죽음을 맞이 하였는가를 놓고 사주추명학에 비추어 세세하게 간명을 하여야 되는 필연성 때문에 본 장에 기술하고 있는 사망시기에 초년 일찍이 죽음을 당하게 되었던 운로인 대운과 세운을 추적, 검토하여 그 실체를 적나라하게 속속히 파헤쳐 보기로 한다.

이 때 초년 3세는 丁卯대운이다.

그렇다면 대운천간 丁火는 신약한 일간 甲木에 대한 정재의 운로로서 더욱 더 신약한 일간을 극루(剋漏)하는 것이 되어 대단히 불리하게 연출되겠으나 천만다행으로 사주시상에 투출되어 있는 壬水 편인과 丁-壬合木이 되어 벼랑끝에 직,간접적으로 일간을 구조하는 것이 되니 그 흉함을 간신히 모면할 수 가 있었다.

하지만 간간히 대운천간 丁火가 지배되는 순간에 또다른 하나의 세운이나 월운이 지나가고 있으므로 이상의 세운이나 월운이 丁-壬合木을 깨뜨리는 戊土 편재의 기운이 다가오면 합이 분산되기 때문에 의외로 대단히 곤욕스러운 불운이 될 수도 있음을 미루어 짐작할 수도 있다.

더하여 대운지지 卯木이 신약한 일간 甲木에 대한 겁재로서 일면 길할 수가 있겠으나 의외로 사주일지 戊土 편재와 卯-戊合火로 둔갑하여 강력한 재성 土氣를 火生土하는 식상 火氣로 전환되고 있으니 이것은 결코 길한 것이 아니다.

실제로 사주 주인공인 故 양 모씨는 그나마 대운천간 丁火가 지

배되는 순간에는 비록 유년 어린시절이지만 건강도 괜찮았고 부모
님의 가업도 별탈이 없이 승승장구하였다는 것을 본인의 친지를 통
하여 듣고 있는데 그러나 대운지지 卯木이 지배되는 시점에서는 건
강상 대단히 불리하여 잔병치레로 나날을 보냈다며 말하고 있었다.

*. 사주 주인공인 故 양 모씨의 최후,!

하지만 대운지지 卯木의 말기에는 사주 주인공인 故 양 모씨는 건
강이 대단히 악화일로에 접어들었음을 미루어 짐작할 수가 있겠으며
그것은 다음 대운인 丙寅운로가 완전히 기신(忌神)을 업고 들어오는
것이 되므로 생명이 일각여삼추에 달려있음을 알 수가 있겠다.

이와 같은 현상을 사주 주인공인 故 양 모씨의 사주명조와 대운
및 세운을 접목시킨 자세한 도표를 보면서 사주추명학에 비추어 좀
더 심도있게 파헤쳐보기로 한다.

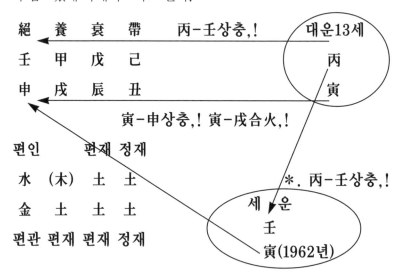

이상의 도표에서 자세하게 나타나고 있듯이 사주 주인공인 故 양 모씨의 사주팔자에 대한 대운이 13세 丙寅대운이 접목되고 있는 중에 다시 세운이 1962년은 壬寅세운이 되어 그 영향력을 행사하고 있음을 엿볼 수가 있겠다.

그런데 이 때 丙寅대운중 대운천간 丙火가 신약한 일간 甲木에 대한 식신의 운로로서 이미 사주원국에 재성 土氣가 대단히 왕성하여 왕신(旺神)의 성질이 되어 군림하고 있는 것을 더욱 더 대운천간 丙火 식신이 火生土로 재성 土氣를 생조하고 있으니 그 흉함이 하늘을 찌르고도 남음이 있다할 것이다.

더구나 이와 같은 것은 여기에만 끝나는 것이 아니고 대운천간 丙火가 사주시상에 투출되어 있는 壬水 편인은 신약한 일간 甲木이 의지하고 있는 중요한 용신의 기운으로 자리를 잡고 있는 것을 丙－壬 상충으로 완전히 용신을 파극하니 이는 곧 일간 甲木이 더 이상 버팀목이 될 수가 없게 되므로 나무 밑둥치가 내려앉는 것을 모면할 수가 없다.

그런데 중요한 것은 대운지지 寅木이 비록 일간 甲木에 대한 비견이 되어 그나마 일간이 버틸 수 있게 생조할 수 있는 현상이 되고 있겠으나 믿었던 寅木도 사주일지 戌土와 寅－戌合火로 둔갑하면서 완전히 식상 火氣로 둔갑하여 있으므로 이것 또한 대단한 흉을 동반하는 것을 피할 수가 없다.

하지만 이상의 부분을 달리 판단하여야 될 필요성이 있겠는데 그것은 사주시상에 투출되어 있는 壬水 편인이 사주시지 申金 편관으로부터 끊임없이 金生水로 생조를 받고 있는 중요한 역할을 담당하고 있는 것을 寅-申 상충으로 파극하여 완전히 대운천간이 丙-壬 상충 대운지지가 寅-申 상충을 하는 것은 신약한 일간 甲木에게는 더 이상 생명을 부지할 수가 없는 이유가 있다해도 과언이 아니다.

*. 일부학자들이 가지는 의견,!

여기서 일부학자들 중에는 이와 같은 현상을 두고 약간의 의문을 가지면서 본 저자에게 질문을 하고 있겠는데 그것은 **"본 사주팔자가 일면 寅-戌合火가 되는 것을 寅-申 상충을 하게 되어 寅-戌합을 방해하면서 寅木 비견이 신약한 일간 甲木을 도울 수가 있는 일면이 있기 때문에 그나마 극단적인 흉함은 모면할 수가 있지 않겠느냐"**,!라고 반문을 하고 있다.

*. 일부학자들의 의문에 대한 본 저자가 약 30여년동안 경험상 터득한 비법(秘法),!

그렇지만 이상의 학자들이 생각하는 견해는 일면 타당성이 있겠으나 그 부분에 대하여 본 저자는 완전히 상반된 견해를 가지고 있는데 이 부분을 좀 더 구체적으로 자세하게 언급하자면 문제는 寅-戌合火를 구성하는 것을 방해하고 있는 사주시지 申金 편관에게 먼저 寅-申 상충이 동반되는 것을 대단히 중요하게 보아야한다는 취지이다.

그것은 한편으로 달리 생각하자면 일간 甲木이 어느정도 중화(中和)의 기점에 육박하는 신약함이 되고 있을 경우 그나마 일간이 기운을 가지고 있기 때문에 비록 상충이나 삼형의 작용이 들이닥치게 된다하여도 극단적인 흉을 모면할 수 있는 여력이 있으므로 십중구사의 운명은 되지 않을 수도 있다.

그러나 본 사주팔자에 대한 일간 甲木의 기운은 이미 사주원국에 강력한 왕신(旺神)의 세력을 가지고 있는 재성 土氣에 의해서 극루(剋漏)함이 심화되어 중화(中和)의 기점에 멀어져가는 완전한 극심한 신약이 되고 있기 때문에 운로에서 들어오는 조금의 삼형이나 상충의 작용도 민감하게 반응을 나타내고 있는 현상은 곧 죽음으로 치달리게 되고도 남음이 있는 이유가 여기에 있다해도 과언이 아니다.

이상의 부분은 대단히 중요한 것으로 본 저자가 약 23년동안 경험상 실제인물을 통하여 운로를 추적하여 본 결과 하나의 추명의 결실로 정리한 것이며 지금까지 이와 같은 성질이 적용되어 있는 사주명조는 한번도 틀림이 없었으니 이상의 부분을 완벽하게 파악하여 사주추명학에 응용하여야 할 것이다.

따라서 사주 주인공인 故 양 모씨는 이상의 부분을 적용하여 간명하여 볼 때 13세 丙寅대운에서 죽음을 피할 수가 없음을 알 수가 있겠는데 설상가상으로 13세 丙寅대운이 지배되는 1962년은 세운이 壬寅세운이 되어 대운천간 丙火와 세운천간 壬水가 각각 丙-壬 상충이 되는 천극(天剋)이 발생되고 있음을 엿볼 수가 있다.

더구나 설상가상으로 세운지지 寅木이 똑같이 대운지지 寅木과 동시에 신약한 일간 甲木에 대한 중요한 용신의 기운으로 자리를 잡고 있는 시상에 壬水 편인을 생조하는 申金 편관을 다발적으로 寅-申 상충으로 가격하는 것은 저승문턱을 모면할 수가 없음을 나타내고 있다.

결국 사주 주인공인 故 양 모씨는 그동안 수많은 잔병치레로 근심어린 삶을 살아오다가 이 때의 1962년 壬寅세운 음력 4월에 폐결핵과 급성 폐렴등의 합병증으로 질병이 급속적으로 진전되어 채피기도 전에 어린나이에 죽음을 당하였던 것인데 본인의 삼촌은 그 때 그시절을 회고를 하면서 눈시울을 적시고 있으니 지금 이글을 쓰고 있는 저자도 서글픈 유년에 죽음을 당한 故 양 모씨의 삶은 참으로 안타깝기 그지없는 것이다.

※참고로 이상의 사주 주인공인 故 양 모씨는 지금까지 격국 및 용신 그리고 본장에 언급하는 사망시기를 사주추명학에 비추어 대단히 속속들이 파헤쳐보았는데 여기서 죽음을 맞이 하는 월운이 음력 4월에 해당되었던 것을 볼 때 이미 대운과 세운인 寅木이 사주시지 申金 편관을 寅-申 상충을 하고 있는 것을 음력 4월은 巳월이 되고 있으니 완전한 寅-巳-申 삼형을 맞이하여 하나의 삼형살(三刑殺)이 일치하고 있음을 엿볼 수가 있다.

(다).일간이 신왕하고 재성을 용신으로 선택하고 있을 경우 사주내 재성이 쇠약하다면 사주에 정재가 있으면 운로에서 "겁재운"! 편재가 있으면 "비견운"에 생명이 위험하다,!

※. 이상의 부분을 좀 더 구체적으로 기술하자면 사주팔자에 일간이
신왕할 경우 원칙적으로 식상, 재성, 관성등의 삼자를 모두 용신
으로 선택할 수가 있다.

그런데 사주내 이상의 기운중에 가장 주된 용신으로 선택하고 있
는 기운이 재성이라면 용신의 기운으로 대변되는 재성의 힘이 왕성
하여 주기를 바라고 있는데 만약 재성의 기운이 왕성하지 않고 쇠약
하다면 운로인 대운이나 세운에서 들어오는 재성을 쟁탈하는 비겁
을 만나게 될 경우 군비쟁재(群比爭財)의 법칙에 준하여 용신인 재
성이 파극되니 자연히 사주 주인공은 십중구사의 운명으로 치달리
게 된다.

따라서 이와 같은 현상은 보통 사주팔자에 일간이 신왕하여 용신
으로 선택되는 재성의 기운이 얼마나 강령하느냐의 차이에 따라 저
울질의 비중을 두어야 하며 이것이 사주에 같은 재성의 기운이라도
정재가 주된 용신이 되어 자리를 잡고 있다면 운로인 대운이나 세운
에서 4흉성인 겁재운을 만나게 될 때 완벽하게 정재가 파극을 당해
생명이 위험해진다.

또한 이상의 부분에서 만약 사주내 정재가 아닌 편재가 주된 용
신으로 되어 있다면 역시 운로인 대운이나 세운에서 편재를 더욱 더
쟁탈하는 비견운이 사망시기에 부합하니 생명이 위험하게 된다는
취지이다.

이와 같은 부분은 보통 사주팔자내 일간이 신왕하다면 식상, 재
성, 관성중에 어느 것이 가장 주된 용신이 되느냐,에 따라 판단의 차

등을 두어야 하며 또한 사주내 용신의 기운으로 대변되는 진신(眞神)이 자리를 잡고 있느냐, 그렇지 않으면 가신(假神)을 선택하느냐, 에 따라 운로인 기신(忌神)의 기운이 더욱 더 용신을 파극할 수 있는 성질을 논하고 있는 것이다.

더하여 일간의 기운이 중화(中和)의 기점에 얼마나 신왕으로 치달리고 있는 지도 판단하여야 되는 부분도 두말할 것도 없으며 이것은 곧 예를 들면 같은 일간이 신왕이라도 신왕의 정도가 50%인 것하고 80%것하고는 일간을 생조하는 비겁이 운로에 재차 들어오게 될 때 반대의 용신인 재성은 파극을 당하는 현상이 차이가 나고 있음이다.

결국 본 장 다,항에 언급하는 성질은 사주의 일간이 신왕하고 있는데 용신을 재성을 선택하고 있을 경우 주된 용신이 편재나 정재중에 얼마나 왕쇠(旺衰)의 기준에 합당한지를 관찰하여 보고 운로에서 들어오는 기신(忌神)의 흉을 면밀히 파악하여 사망시기를 결정 내려야하겠다.

＊. 본 장 다,항에 적용하여 일간이 신왕하고 재성을
용신으로 삼고 있는데 대운에서 비겁운을 만나 사망
하였는 실제인물의 사주팔자이다.!

(예1). 여자, 故 이 모씨(부산 초량)1940년 음력 12월 7
　　　일 午 시

甲-戊상충!　　　　　　(대　운)

胎	旺	旺	墓	甲-庚상충!	69	59	49	39	29	19	9
丙	壬	戊	庚			辛	壬	癸	甲	乙	丙	丁
午	子	子	辰			巳	午	未	申	酉	戌	亥

申-子-辰 삼합 水局,!

편재		편관	편인	"群比爭財",!!
火	(水)	土	金	
火	水	水	土	
정재	겁재	겁재	편관	

●대운천간 甲木이 신왕한 일간 壬水에 대한 식신이 되어
비록 길하게 되겠으나 사주년간에 庚金 편인과 甲-庚 상
충으로 동반하면서 다시 사주월상에 투출되어 있는 戊土
편관을 재차 甲-戊 상충으로 파극하니 상충의 소용돌이
로 인한 흉함이 하늘을 찌르고도 남음이 있다.!

상황이 이럴진데 대운지지 申金이 신왕한 일간 壬水에 대
한 편인의 운로로서 더욱 더 일간을 생조하여 불리하게 되

는중에 설상가상으로 사주월지 및 일지 子水 겁재 양인과 년지 辰土 편관과 모두 합세하여 申-子-辰 삼합 水局으로 물바다를 만들어 버리니 용신인 재성 火氣를 水剋火로 군비쟁재(群比爭財)가 되여 슬픈 이별의 운명이 되었다.

*. 일간의 왕쇠(旺衰),!

壬일간 子월에 출생하여 득령(得令)하였으며 사주원국 월지 子水 겁재인 양인을 중심으로 해서 일지 子水에 득지(得地)한 중에 년지 辰土 편관과 子-辰合水를 하고 다시 년간에 庚金 편인까지 일간 壬水를 생조하고 있으니 신왕이다.

이렇게 일간 壬水가 신왕하게 되면 마땅히 일간의 기운이 외격(外格)의 종격(從格)이나 가종격(假從格)으로 돌아가지 않는 이상 일간의 힘을 억제할 수 있는 오행이 필요할 것은 두말할 필요가 없다.

따라서 사주원국을 자세히 관찰하여 볼 경우 사주시지에 午火 정재가 자리를 잡고 다시 시상에 丙火 편재가 투출되면서 월상 戊土 편관이 왕성한 水氣를 억제하고 있으니 결코 일간 壬水가 외격(外格)의 종격(從格)이나 가종격(假從格)으로 돌아가지 못하고 내격(內格)의 억부법이나 조후법의 용신이 선택되는 것을 알 수가 있다.

한편으로 볼 때 사주일간이 계절이 子월에 출생하여 만물이 모두 꽁꽁 얼어 붙어 있으니 시급히 조후법상 재성 火氣를 보아서 얼은 물을 녹여주어야 할 필요가 있는데 천만다행으로 사주 시주에 丙午

재성 火氣가 자리를 잡고 조후법을 충족하고 있는 것은 대단히 길하게 작용한다 할 것이다.

하지만 무엇보다도 근본적으로 일간 壬水의 기운이 왕성한데 이것을 마땅히 재성 火氣간을 서로 연결시키는 식상 木氣가 비록 사주년지 辰土 편관의 지장간 여기(餘氣)에 존재하여 있겠으나 지장간에 암장된 기운은 세력이 미미하기 짝이 없으니 제대로 그 역할을 수행할 수가 없다.

상황이 이럴진데 더구나 사주월지 子水 겁재 양인과 사주년지 辰土 편관과 서로간 子-辰合水로 둔갑하여 있으니 올바른 식상 木氣가 없음에 따라 재성 火氣와 일간 壬水간을 소통 시키지 못하므로 이것은 정말 대단히 좋지 못한 것이 되었다.

또한 사주월지 및 일지 子水 겁재는 일간 壬水와 대조하면 양인이 되는 것을 알 수가 있겠으며 이와 같이 강력한 사주월지 子水는 다시 사주년지 辰土 편관과 子-辰合水까지 하게 되는 것은 완전한 水氣를 더욱 더 왕성하게 만들고 있으니 식상 木氣가 사주내 없음은 더욱 더 재성 火氣를 水剋火하여 양자 상호간 싸움이 끊어지지 않는다.

결국 위 사주팔자는 왕성한 비겁 水氣와 조후법을 충족하고 있는 일간에 대한 중요한 재성 火氣간 서로 水剋火하여 끊임없이 군비쟁재(群比爭財)의 법칙에 부합되고 있으니 대단한 전극(戰剋)으로 말미암아 그에 대한 숙명적인 불길함을 모면할 수가 없음을 미루어 짐작할 수가 있겠다.

*. 격국(格局)과 용신,!

위 사주팔자에 대한 격국(格局)과 용신을 판별하여 보면 일간 壬水가 신왕하고 있는 중에 사주월지 및 일지 子水 겁재가 양인이 되고 있으니 신왕월지양인격(身旺月支羊刃格)이 성격(成格)된다.

고로 용신은 겁중용관격(劫重用官格)으로서 왕성한 비견이나 겁재인 水氣를 억제하는 관성 土氣를 용신으로 삼아야 하겠으나 계절이 子월이 되어 모든 만물이 전부 꽁꽁 얼어붙어 있으니 시급히 조후법상 재성 火氣를 용신하고 재성 火氣를 생조하는 식상 木氣는 희신으로 삼는다.

그러나 관성 土氣도 신왕한 일간 壬水와 더불어 사주내 水氣인 겁재를 土剋水로 억제할 수 있으므로 관성 土氣도 길신으로 선택할 수가 있겠는데 하지만 그 중에 습토인 辰, 丑 土氣는 왕성한 水氣에 동조하면서 오히려 조후법을 거슬리게 만들고 있으니 불리하고 그렇다면 조토인 未, 戌 土氣는 조후법을 충족시키면서 강력한 일간의 기운을 억제할 수가 있으므로 조토는 대단히 길하게 작용한다.

이렇게 사주상의 용신과 희신 및 길신을 모두 선택하여 놓고 사주팔자를 자세히 관찰하여 볼 때 비록 사주의 용신으로 대변되는 재성 火氣가 시주에 丙午로 자리를 잡고 왕성하겠으나 상대적인 겁재 水氣를 재성 火氣에게 연결하는 희신의 성질을 가지고 있는 식상 木氣가 없으니 직, 간접적으로 용신의 기운을 비겁 水氣가 쟁탈을 하고 있으므로 이것은 대단히 좋지 못함을 알 수가 있다.

*. 격국(格局)에 대한 청탁(淸濁)판별,!

다시 위 사주원국에 대한 청탁(淸濁)의 판별을 자세히 관찰하여 보면 우선 일간 壬水가 사주월지 및 일지 子水 겁재인 양인이 자리를 잡고 다시 사주년지 辰土 편관과 子-辰合水를 하여 水氣가 대단히 왕성하여 있는 중에 강력한 水氣를 수기(秀氣)유행을 시키는 식상 木氣가 사주내 없으니 오행상 재성 火氣와 직, 간접적으로 상극을 하고 있음을 유념히 되새겨 볼 필요가 있겠다.

더하여 일간이 태어난 계절이 子월이 되어 조후법상 재성 火氣를 용신으로 삼고 있는데 비록 용신의 기운이 시주에 丙午로 자리를 잡고 있겠으나 방금 언급하였다시피 식상 木氣가 왕성한 비겁 水氣와 재성간을 연결시키지 못하고 있는데 설상가상으로 사주일지 및 월지 子水 겁재가 한덩어리가 되어 시지 午火 정재를 子-午 상충으로 완전히 집단적인 몽둥이로 재성 火氣를 강타를 하고 있으니 반대의 정재 午火는 파극을 당해 그 힘이 대단히 쇠약해지고 있음을 모면할 수가 없다.

설상가상으로 사주일간 壬水와 시상에 투출되어 있는 丙火 편재와 丙-壬 상충,그리고 비록 원격(遠隔)하지만 사주년간에 투출되어 있는 庚金 편인이 丙-庚 상충으로 재차 상극하고 있는 것은 사주천간지지 모두 상충으로 인한 탁기(濁氣)는 대단하다고 볼 수가 있다.

따라서 이상의 맥락에 비추어 볼 경우 본 사주원국은 하나의 식상인 즉, 木氣가 사주팔자에 없음에 따라 용신인 재성 火氣와 사주일간을 생조하는 비겁 水氣간 완전한 水剋火의 양극현상이 두드러지게 발생되어 군비쟁재(群比爭財)의 법칙에 부합하므로 다시 운로인 대운이나 세운에서 비겁 水氣를 거듭 만나게 될 때 숙명적인 불길함을 모면할 수가 없게 되니 사주팔자가 극도로 불안함을 금할 길이 없다.

*. 일부학자들의 질문,!

여기서 일부학자들 중에서 방금 본 저자가 설명한 부분에 대하여 한가지 의문을 가지면서 질문을 하고 있는데 그것은 **"운정선생은 본 사주팔자에 월지 및 일지 子水 겁재인 양인이 년지 辰土 편관과 子-辰合水를 성립한다며 기술하고 나서는 또다시 사주 시지 午火 정재와 子-午 상충이 되어 서로간 파극한다며 언급하고 있다,"!**

"그렇다면 운정선생이 편찬한 命理秘典 上권인 지지합편에 기술되어 있는 것을 보면 사주내 합을 하는 오행이 상충이나 삼형의 작용이 있게되면 합도 잘 성립될 수가 없으며 또한 상충의 작용도 합으로 인하여 해극을 도모할 수가 있다,"!라며 구체적으로 설명하고 있다.

"이상의 부분을 본 사주팔자에 적용시켜 판단하여 볼 경우 방금 운정선생이 설명한 부분이 약간 모순점이 나타나고 있음을 알 수가 있겠는데 사주월지 및 일지 子水 겁재인 양인이 년지 辰土 편관과 子-辰合水를 하기 이전에 먼저 시지 午火 정재가 子-午 상충으로 합을 방해하고 있으니 완전히 합과 상충

이 모두 성립되지 않는 점을 알 수가 있겠다,"!

"그런데도 불구하고 어찌하여 운정선생은 子–午 상충을 성립시키면서도 합 역시 취용하고 있는지, 이와 같은 부분을 구체적으로 설명하여달라,"라며 날카롭게 질문을 하고 있다.

*. 일부학자들의 질문에 대한 본 저자판단,!

이와 같은 일부학자들의 질문에 대하여 본 저자는 일면 타당성이 있다고 판단하겠지만 그러나 본 사주팔자에 대한 오행의 합, 충의 변화를 면밀히 관찰하여 보면 곧 저자와 같은 생각의 맥락을 할 수가 있을 것이다.

따라서 그 부분을 좀 더 집중적으로 두 가지 이유를 들어 기술한다면 그 첫째로, 우선 사주팔자의 월지 및 일지 子水 겁재인 양인 년지 辰土 편관과 子–辰合水를 한다는 성질을 판단하여 볼 경우 子水 겁재가 하나의 기운이 되고 있을 때는 마땅히 오행상 상극의 법칙에 준하여 시지 午火 정재가 子–午 상충으로 파극하고 있다면 제대로 합을 이루지 못하는 것으로 판단하는 것이 정석이다.

그런데 이같은 子水 겁재가 하나가 아닌 2개의 기운이 되고 있다면 상극할 수 있는 기운도 2개정도가 필요할 것인데 이와 같은 현상은 저울의 비중을 두게 될 경우 그 힘이 대등하게 상극을 하여야 된다는 논리이니 그렇다면 시지 午火 정재는 하나의 기운이고 반대의 子水 겁재는 2개가 되므로 이는 힘의 논리에서도 午火 정재가 월등히 낮은 것이 되고 있음을 엿볼 수가 있겠다.

다음 둘째로, 상황이 이럴진데 사주 일간강약도표에 준하여 사주 월지 子水의 기운은 30%이고 다시 일지 子水의 기운은 20%가 되니 사주시지 午火 정재는 오로지 홀로 15%의 기운으로서는 반대의 子 水 겁재의 기운을 감당하기가 역부족이 될 것은 두말할 필요가 없다.

또한 더 나아가서 사실상 子水 겁재는 일간 壬水에 대한 비견도 아닌 겁재가 되니 더욱 더 한단계 강력해지는 양인(羊刃)이 되고 있 으므로 이것은 곧 힘의 퍼센트의 강약을 앞서 대단히 그 힘이 타의 추종을 불허하는 기운이 되고 있음을 미루어 짐작할 수가 있다.

이상의 부분을 종합적으로 판단하여 볼 때 사주시지 午火 정재가 힘의 비중이 절대적인 쇠약함을 나타내고 있음을 알 수가 있고 하지 만 午火 역시 사왕 지지(子, 午, 卯, 酉)로서 일지 子水 겁재를 子-午 상충을 하는 것은 일지 子水 겁재는 년지 辰土 편관과는 子-辰합을 도모할 수가 없는 것으로 판단하여야 된다.

무슨 말인지 좀 더 자세하게 기술하자면 두 개의 子水 겁재를 하 나의 午火가 충돌을 하는 것이 근접하여 있는 子水인 일지를 충격하 는 것은 완벽하게 되니 일지 子水는 시지 午火의 상충의 작용으로 인하여 子-辰합을 할 수가 없고 그러나 월지 子水는 이미 일지 子水 가 午火를 가로막고 있는 중에 년지 辰土 편관과 근접하여 子-辰合 水를 구성하고 있으므로 월지 子水 겁재가 子-辰合水를 구성하는 절대적인 이유가 여기에 있다해도 과언이 아니다.

결국 이상의 판단에 비추어 본 사주팔자가 일지 子水 겁재는 합을 구성하지는 못하더라도 월지 子水는 년지 辰土와 합을 하는 것으로 귀착하며 그러나 아무리 午火 정재의 사이에 일지 子水가 가로막고 있다해도 역시 월지 子水 겁재 역시도 午火의 간접적인 영향력으로 인하여 조금일지라도 합이 방해받기는 마련이라고 판단하여야 될 것이다.

*. 사주 주인공에 대한 성격판단

위 사주팔자에 대한 주인공은 故 이 모씨로서 여자사주인데 이미 39세 甲申 대운에서 사망하였던 인물로 지금에 와서 고인(故人)에 대한 육친적인 성격을 운운(云云)한다는 자체가 별의미가 없겠으나 하지만 사주 추명학적으로 이상의 비슷한 사주팔자를 가진 실제인물이 당면되고 있을 경우 본인에 대한 성격을 판단하는 것은 필수불가결하게 채택되어야 한다.

또한 비록 사주 주인공인 故 이 모씨는 이세상 사람이 아니겠으나 이와 같은 비슷한 유형의 실제인물이 있을 것을 가상하여 본인에 대한 성격과 운명을 미루어 짐작하는 것도 하나의 사주간명상 필요하니 그 부분을 중점적으로 판단하여보기로 한다.

따라서 사주 주인공인 故 이 모씨의 사주팔자를 자세히 관찰하여 보면 우선 일간 壬水가 사주지지에 월지 및 일지 子水 겁재인 양인에 의하여 대단히 신왕하고 있는데 설상가상으로 년지 辰土 편관까지 합세하여 子-辰合水로 둔갑하고 있는 중에 년간에 庚金 편인이 재차 일간 壬水를 생조하고 있으니 단편적으로 판단해도 일간의 강약이 중화(中和)의 기점을 훨씬 넘어선 신왕이 되고 있음을 엿볼 수가 있다.

이는 곧 여자사주에서는 일지나 월지에 양인이 있다는 것은 고집스러운 성격이라는 것을 단적으로 보여주는 대목이며 따라서 일지에 양인이 자리잡고 기신(忌神)으로 행사하니 벌써부터 첫눈에 남자복이 없다는 것을 나타내므로 재혼팔자라 감정한다.

더하여 또 한편으로 사주원국내 남편을 표시하는 戊土 편관이 월상에 투출되어 있겠으며 다시 년지 辰土 편관, 그리고 사주시지 午火 정재의 지장간 중기(中氣)에 己土 정관이 있으니 여자사주에 남자가 모두 3개가 자리를 잡고 있는 것은 그만큼 남자가 많은 것이 되므로 완전히 이상의 부분에 부합하고 있다.

이와 같은 사주 주인공인 故 이 모씨에 대한 재혼팔자여부는 대운를 간명하면서 좀 더 구체적으로 기술하기로 하며 지금은 생략하겠다.

이상의 사주 주인공인 故 이 모씨의 성격에 대한 종합적인 판단을 하여 볼 때 지금까지 언급한 사항이외에도 사주내 子-午 상충이 있으니 항상 일신이 불안전한 생활을 하였음을 알 수가 있고 또한 일간 壬水를 주동하여 시지 午火가 비인살(飛刃殺)이 되고 있으니 투기와 모험을 좋아하다가 실패를 연속하였다는 것도 엿볼 수가 있겠다.

*. 본 장 다,항에 준한판단,!

본 장 다,항에 준하여 기술하고 있기를 **"일간이 신왕하고 재성을 용신으로 선택하고 있을 경우 사주내 재성이 쇠약하다면 사주에 정재가 있으면 운로에서 "겁재운"!편재가 있으면 "비견운"에 생명이 위험하다,!**라며 구체적으로 설명하고 있다.

따라서 본 사주팔자를 이상의 부분에 적용시켜 판단하여 볼 경우 완전히 일치를 하고 있음을 알 수가 있겠는데 이미 선천성인 사주팔자가 일간 壬水가 신왕함이 사주내 겁재인 子水 양인이 일지와 월지에 자리를 잡고 있는 중에 용신으로 선택되고 있는 재성 火氣를 식상 木氣가 없음에 따라 직, 간접으로 水剋火하여 군비쟁재(群比爭財)가 되고 있으니 완전히 부합하고 있다고 볼 수가 있다.

더구나 설상가상으로 사주일간 壬水를 주동하여 월상에 투출되어 있는 戊土 편관과 壬-戊 상충, 그리고 시상에 丙火 편재와 丙-壬 상충, 또한 비록 원격(遠隔)하지만 년간과 시상간 丙-庚 상충이 있는 중에 사주지지에도 일지 子水 겁재인 양인과 시지에 용신의 기운으로 자리를 잡고 있는 午火 정재간에 子-午 상충이 되고 있다.

그렇다면 이상의 부분을 판단하여 볼 때 완전히 사주전체가 상충으로 구성되어 어느 하나라도 생식불식(生息不息)을 연결할 수 있는 중재의 오행이 없으니 대단한 탁기를 남기는 것이 되어 숙명적인 불길함이 불을 보듯 뻔한 일이 아닐 수가 없다.

결국 본 사주 주인공은 이미 선천성인 사주팔자에 오행이 편중(偏

重)으로 치우쳐져 있는 중에 강력한 겁재 水氣와 용신인 재성 火氣 간 子-午 상충이 되어 군비쟁재(群比爭財)의 법칙에 부합되고 있으니 다시 운로인 대운이나 세운에서 중첩하여 비겁 水氣를 만나게 될 경우 그 흉의는 본 장 다,항에 적용되고 있기 때문에 십중구사의 운명으로 사망시기에 해당되는 것을 알 수가 있다.

*. 격국에 대한 대운의 흐름,!

지금까지 사주 주인공인 故 이 모씨의 선천성인 사주명조를 통하여 격국과 용신 및 청탁(淸濁)의 유무, 그리고 본인의 성격부분까지 모두 종합적으로 간명하여 보았는데 이미 대운 39세 甲申대운에서 사망하였던 불운의 운명소유자로서 이상의 맥락에 비추어 볼 경우 사주 주인공의 팔자가 격국의 청탁(淸濁)의 유무에 완전히 탁기를 남기고 있는 중에 본 장 다,항에 준하여 사망시기에 부합하고 있음을 엿볼 수가 있었다.

따라서 사주 주인공인 故 이 모씨가 과연 어떠한 삶은 살아왔는지, 그리고 어떻게 39세 甲申대운에서 어떠한 죽음을 맞이하였는지를 놓고 그 실체를 사주추명학에 비추어 적나라하게 파 헤쳐보기로 한다.

초년 9세는 丁亥대운이다.

이 때 대운천간 丁火는 사주일간 壬水에 대한 정재의 기운이니 정히 용신의 성질이 되어 대길운이라는 것을 알 수가 있겠으며 하지만

대운지지 亥水는 일간 壬水에 대한 비견이 되어 신왕한 일간을 더욱
더 신왕하게 만들게 되므로 대단한 불운이 예상될 수도 있겠다.

*. 본 저자가 약 30여년동안 경험상 얻은 비법(秘法),!

그런데 여기서 한가지 중요한 부분이 나타나고 있는데 그것은 방
금 설명한 대운지지 亥水가 사주일간 壬水에 대한 비견으로서 대단
한 흉의가 동반된다며 염려하였으나 대운천간 丁火와 대운지지 亥
水간의 지장간과 암합(暗合)을 이루는 현상이 나타나고 있음을 유념
히 보아야 할 것이다.

이와 같은 성질은 대단히 고난도의 이해력을 요구하는 부분으로
학자들은 정신을 집중하여 본 저자의 설명에 귀를 귀울려야 될 것인
데 대운천간 丁火와 대운지지 亥水의 각각 지장간의 변화를 나타내
는 도표를 보면서 좀 더 세밀하게 기술하자면,!

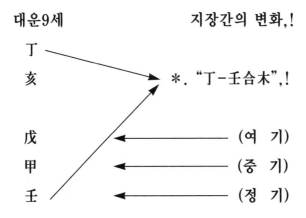

도표에서 나타나고 있듯이 대운천간 丁火가 대운지지 亥水의 지

장간 정기(正氣)에 존재하고 있는 壬水와 丁-壬 암합(暗合)을 구성하여 보이지 않게 식상 木氣가 생성되고 있음을 엿볼 수가 있겠다.

이와 같은 현상은 곧 대운지지 亥水가 비록 일간 壬水에 대한 비견 水氣로서 신왕한 일간을 더욱 더 신왕하게 만들게 되니 대단한 흉함이 돌출된다고 예상할 수가 있겠으나 의외로 이렇게 대운천간 丁火와 亥중의 지장간 정기(正氣)에 있는 壬水와 丁-壬 암합(暗合)을 성립하는 것은 암합리에 木氣를 사주내 충족시키는 결과가 되고 있으므로 대흉함이 발생되지 않는 이유가 여기에 있다해도 과언이 아니다.

그런데 한편으로는 이와 같은 암합의 성질이 그대로 작용하는 현상이 있겠으나 그러나 반대로 이렇게 암합(暗合)이 구성되더라도 본래의 목적을 생각할 수 있는 암합이 되지 않는 현상도 나타날 수가 있는데 그 부분을 약 3가지 예의 성질로 분류하여 그 실체를 설명할 수가 있겠다.

그 첫째로,!
우선 사주원국에 대운천간이나 대운지지 양쪽의 기운을 상충이나 삼형으로 가격하지 않아야 무리없이 정상적인 암합(暗合)의 기운이 생성될 수가 있다.

이것은 암합(暗合)의 기운은 통상적인 천간합이나 지지의 육합, 삼합, 방합의 기운과 달리 그 세력이 대단히 미약하게 활동하는 성질이 되고 있으므로 만약 사주팔자내 대운천간지지를 상충 및 삼형하는 오행이 있다고 가정할 경우 미미하게 작용할 수 있는 암합(暗

合)이 방해를 받아 제대로 합을 구성할 수가 없게 된다.

이와 같은 성질을 우리일상생활에 비추어 판단하여 볼 때 시멘트 공글을 시공하고자 한다면 처음에는 물과 자갈,그리고 시멘트를 각각의 분량으로 희석하여 하나의 집을 건축할 경우 가만히 정(靜)한 조건을 갖추어야 만이 무리없이 아주 단단한 벽돌이 굳어져 튼튼한 집이 건축될 것이다.

그런데 이렇게 양생하는 과정에 근접하여 굴삭기를 동원하여 주위의 땅을 울리면서 쿵쿵거린다면 양생하는 벽돌도 금이 가는 것은 말할 것도 없거니와 오히려 집이 튼튼히 되지 않아 곧 허물어지는 이치이라 생각한다면 쉽게 이해가 갈 것이다.

다음 둘째로,!
대운천간지지 양쪽 중에 사주내 들어 있는 어느 오행과 천간합이나 지지의 육합, 삼합, 방합(방합의 기운은 반드시 월지 사왕지지 (子, 午, 卯, 酉)가 자리를 잡고 3개의 기운이 일치하고 있을 때만 성립)을 구성하고 있다면 암합(暗合)은 성립할 수가 없다.

무슨 말인지 좀 더 구체적으로 언급하자면 대운천간지지 양쪽 오행중에서 어느 하나라도 사주원국에 천간에는 천간합이 된다던지 혹은 지지에 육합이나 삼합(삼합도 준삼합도 포함됨) 및 방합하는 기운이 대운천간지지에 오행과 합이 되고 있는 경우라면 암합(暗合) 의 기운은 정상적인 합의 기운보다 미약하게 작용하므로 정상적인 합에 밀려 제대로 암합(暗合)을 결성할 수가 없다는 취지이다.

　이와 같은 현상은 암합(暗合)의 기운은 안정된 가운데 방해를 받지 않고 더하여 사주내 정상적인 합의 성질이 존재하여 있다면 암합(暗合)보다 정상적인 천간합이나 육합, 삼합, 방합의 기운을 먼저 따라가게 되므로 상대적인 암합은 미약하기 때문에 정상적인 합을 따라가지 못하는 이유가 여기에 있다해도 과언이 아니다.

　다음 셋째로,!
　후천성인 운로는 대운말고 또 하나의 운로인 세운이 대운이 지배되는 시점에 작용하고 있는데 이와 같은 세운이 대운과 합을 하는 즉 화합(和合)의 법칙이나 대운과 세운이 충돌하는 전극(戰剋)의 법칙에 적용되지 않아야 무리 없이 대운천간 지지간에 암합(暗合)이 결성될 수가 있다.

　이 부분을 좀 더 구체적으로 기술하자면 후천성의 운에는 대운과 또 다른 하나의 세운이 나타나고 있는데 대운 천간지지간 암합(暗合)을 결합하고자 할 경우 세운이 대운을 상충이나 삼형으로 충격하는 전극(戰剋)의 법칙이 된다던지 혹은 세운이 대운과 합을 결합하는 즉, 천간합이나 지지의 육합, 삼합 및 준삼합이 결합된다면 암합의 성질은 미미하기 짝이 없었으므로 곧 뒷전에 밀려나게 된다.

　이와 같은 현상은 암합(暗合)이라는 합은 글자그대로 숨어서 합을 구성한다는 의미를 가지고 있으므로 그 세력도 대단히 미약하게 작용하는 성질임을 알 수가 있겠는데 전자의 첫째와 둘째의 항목에도 그대로 적용되겠지만 지금 세 번째 항목도 후천성인 세운이 암합을 방해하는 합이나 상극을 할 경우 암합(暗合)의 세력이 쇠약하기 때문에 여지없이 암합(暗合)을 결성할 수 없는 이유가 여기에 있다해도 과언이 아니다.

이상과 같은 맥락은 모두 대운 천간지지가 암합(暗合)을 성립할 수 없는 요건을 자세히 기술하였는데 따라서 사주 주인공인 故 이모씨가 초년 9세 丁亥 대운인 대운지지 亥水의 운로에서 그다지 흉함을 당하지 않는 이유가 모두 방금 본 저자가 상세하게 설명한 3가지 요건에 해당되지 않아 대운 천간지지가 순조롭게 암합(暗合)을 구성하여 암합리에 식상 木氣를 만들어 사주상의 길신의 영향력을 행사하였음을 본인의 모친을 통하여 알 수가 있었다.

결국 지금 방금 설명한 암합(暗合)의 성립여부에 대하여 기술한 것은 사주추명학의 비조인 고서(古書)나 원서에도 기록되어 있지 않는 부분을 본 저자가 약 30년동안 이상의 부분에 해당되고 있는 수많은 실제인물을 통하여 경험상 얻은 비법(秘法)으로서 학자들은 이와 같은 성질을 가진 실제인물이 나타나서 사주간명을 할 때 모두 이상의 법칙에 적용시켜 판단하면 정말 놀라운 적중률에 감탄을 아끼지 않음을 감히 첨언한다.

다시 19세는 丙戌대운이다.

이 때 대운천간 丙火는 사주일간 壬水에 대한 편재의 운로로서 일면 사주상의 조후용신이 되어 길한 일면이 있겠으나 사주일간을 丙-壬 상충으로 파극하고 다시 사주년간에 투출되어 있는 庚金 편인을 丙-庚 상충으로 파극하니 상충으로 인한 소용돌이는 모면할 수 없는 흉함이 돌출된다.

만약 이와 같은 현상이 사주원국에 이렇게 상충의 작용이 발생되더라도 편재 丙火와 일간 壬水간에 서로 연결할 수 있는 식상 木氣가 사주내 있다면 양자를 소통을 시키면서 군비쟁재(群比爭財)의 법칙이 되지 않을 것을 학자들은 미루어 짐작할 수가 있을 것이다.

그러나 애석하게도 사주팔자에 마땅히 양자를 화해 연결시키는 식상 木氣가 없음에 따라 더욱 더 편인 庚金과 일간 壬水간에 火剋金 및 水剋火의 충돌은 더욱 더 강력하게 발생하니 이는 곧 길함보다 충돌의 소용돌이에 사주 주인공이 휘말리게 되는 것을 피할 수가 없게 되는 것이다.

더구나 대운지지 戌土가 사주일간 壬水에 대한 편관으로서 일면 신왕한 일간 壬水의 기운을 다소 줄여주는 것이 되어 길한 일면이 있겠으나 사주년지 辰土 편관을 辰-戌 상충이 되는 것은 남편에 관하여 흉함이 돌출되고 아울러 사주년지를 충돌하는 것은 사회궁이니 이사, 이동, 좌천등으로 직업적인 변동을 암시하고 있는 것이다.

그렇다면 사주 주인공인 故 이 모씨는 이 때 19세 丙戌대운에서 전 장에 언급하였다시피 재혼팔자라고 기술하였는데 이 때 19세 丙戌대운에서 남편과 사별하고 다시 재취로 나아가는 것을 판단할 수가 있겠으며 비록 편재 丙火나 편관 戌土는 비록 사주상의 용신이나 길신이 되겠지만 사주내 식상 木氣가 없음에 따라 강력한 비겁 水氣와 또한 인성 金氣간 충돌로 인한 흉함이 나타난다고 보는 것이 정석이다.

더하여 이렇게 사주 주인공인 故 이 모씨에 대한 길흉의 판단에서도 좌지우지할 수 있는 영향력도 그대로 엿볼 수가 있겠으나 무엇보다도 육친의 운명인 본인에 대한 남편의 기운이 서로간 편관을 업고 들어오는 대운지지 戊土가 사주년지 辰土를 辰-戊상충으로 파극하고 있는 것은 그 흉함이 이 때 대운에서 얼마나 강력하게 작용하는 지를 미루어 짐작하고도 남음이 있다하겠다.

*. 본 저자가 약 30여년동안 경험상 얻은 비법(秘法),!

그런데 재혼의 판단을 놓고 여기서 중요한 현상이 발견되고 있는데 그것은 선천성인 사주명조에 이미 사주월상에 투출되어 있는 戊土 편관은 일간 壬水와 丙-壬 상충으로 파극되어 있고 그리고 년지 辰土 편관은 월지 子水 겁재인 양인과 子-辰合水로 역시 남편의 기운이 사라지고 있는 것을 알 수가 있겠다.

상황이 이럴진데 또한 시지 午火 정재 지장간 중기(中氣)에 己土 정관 더하여 일지 子水 겁재와 子-午 상충으로 파극되고 있으니 완전히 남편이 흉사의 운명으로 인한 이혼 내지는 삼혼을 거치는 팔자로 판단한다.

그렇다면 언제 어느 시점에 남편이 흉사를 당하고 또 본인 역시 재혼팔자가 되는 시점을 미루어 짐작하여야 될 것인데 이상의 부분은 대단히 사주추명학적으로 고난도의 집중력을 요구하므로 학자들은 정신을 집중하여 본 저자의 설명에 귀를 귀울려야 될 것이다.

따라서 사주 주인공인 故 이 모씨의 선천성이 사주명조와 대운의 흐름을 면밀히 관찰하여야 될 것이니 사실상 대운을 접목 시킨 도표를 보면서 좀 더 자세하게 기술하기로 한다.

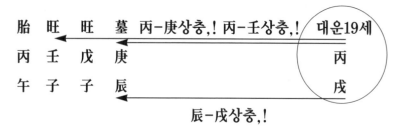

胎	旺	旺	墓	丙-庚상충,! 丙-壬상충,!	대운19세
丙	壬	戊	庚		丙
午	子	子	辰		戌

辰-戌상충,!

편재　　　편관 편인

火　(水)　土　金

火　水　水　土

정재 겁재 겁재 편관

　이상과 같이 사주 주인공인 故 이 모씨의 사주명조와 19세 대운인 丙戌대운을 사주팔자에 접목시킨 도표가 자세하게 나타나고 있음을 엿볼 수가 있는데 이때 대운천간 丙火가 신왕한 일간 壬水에 대한 편재의 기운이 되어 대단히 길운이 되겠으나 사주일간 壬水를 丙-壬 상충으로 파극하고 다시 사주년간에 투출되어 있는 庚金 편인을 丙-庚 상충으로 가격하는 것은 비록 길신이 되더라도 상충의 소용돌이가 대단히 강력하게 작용하고 있다고 판단하여야 된다.

　더구나 대운지지 戊土가 일간 壬水에 대한 편관으로서 남편의 기운을 나타내고 있는데 戊土와 상충하고 있는 년주가 庚辰으로서 이 되고 있는 중에 죽음의 기운을 나타내고 있는 십이운성 묘지에 해당하고 있기 때문에 벌써 무언중에 남편이 비명횡사 및 단명객사 죽음을 당한다는 남편의 육친을 암시를 통해 사주원국은 이미 암시를 하고 있다해도 과언이 아니다.

이와 같은 부분은 여기에서만 끝나는 것이 아니고 사주년지 辰土 편관을 월지 子水 양인과 子-辰合水로 변화되어 남편의 기운이 사라지고 있음을 알 수가 있고 이것은 설상가상으로 초년대운인 19세 丙戌대운지지가 사주년지 辰土 편관을 辰-戌 상충으로 파극하고 있으니 완전히 사주 주인공인 故 이 모씨의 남편이 횡액을 당하는 것을 피할 수가 없다는 것을 사주원국은 말해주고 있다.

따라서 이와 같은 성질은 본 저자가 약 30년동안 고서(古書)나 원서에 불투명한 부분을 실제인물로서 이상의 부분에 적용되는 사람들만 가려내어 다시 사실상 운의 흐름을 과거, 현재, 미래를 역추적하여 오늘날의 하나에 사주추명학상 기틀을 마련한 것으로 아마도 이와 같은부분에 적용되는 실제인물이 나타나면 본 저자가 기술한데로 간명할 경우 아주 대단한 적중률이 나타날 것임을 첨언한다.

다시 29세는 乙酉대운이다.

이 때 대운천간 乙木은 사주일간 壬水에 대한 상관으로서 일면 재성 火氣와 비겁 水氣 양자를 연결,화해시키는 역할이 되어 길하게 판단할 수 있으나 대운천간 乙木 상관이 합을 탐한 나머지 사주년간 庚金 편인과 乙-庚合金이 성립하여 기신(忌神)으로 변화, 기반(羈絆)이 되고 있으므로 이는 곧 결코 길한 것이 아니다.

더구나 대운지지 酉金이 일간 壬水에 대한 인수가 되어 신왕한 일간 壬水를 金生水로 더욱 더 생조하면서 설상가상으로 사주년지에 있는 辰土 편관과 辰-酉合金으로 변화되어 더욱 더 인성 金氣로 왕성하게 일간을 생조하고 있으니 이것 역시 대흉함을 초래하고 있겠다.

실제로 사주 주인공인 故 이 모씨는 이 때 29세 대운인 酉金이 지배되는 35세에 자궁내막염으로 끊임없는 하혈(下血)을 시작하여 그 병이 나날이 악화되었으나 간신히 천신만고 끝에 수술을 하여 생명을 부지할 수가 있었는데 그러나 다음에 다가오는 39세 甲申대운을 놓고 판단할 때 죽음의 여신이 점차 닥쳐오는 것을 어느 누구도 막을 길이 없다.

다시 39세는 사주 주인공인 故 이 모씨가 죽음을 당했던 甲申대운이다.

본 甲申대운은 사주 주인공인 故 이 모씨가 본 장 다,항에 해당하는 사망시기에 부합하고 있는데 그렇다면 故 이 모씨의 사주명조와 대운이 지배되는 甲申대운을 접목시킨 사주도표를 보면서 좀 더 사주추명학적으로 그 성질을 적나라하게 파 헤쳐보기로 한다.

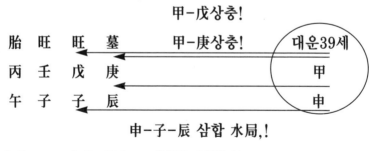

甲-戊상충!

胎	旺	旺	墓	甲-庚상충!	대운39세
丙	壬	戊	庚		甲
午	子	子	辰		申

申-子-辰 삼합 水局,!

편재		편관	편인	"群比爭財",!!
火	(水)	土	金	
火	水	水	土	
정재	겁재	겁재	편관	

이상의 도표에서 나타나고 있듯이 이 때 대운천간 甲木은 사주일 간 壬水에 대한 식신으로서 정히 희신의 기운이 되니 길하게 작용하고 있겠으며 더구나 사주명조에 식상 木氣가 없어 직, 간접적으로 재성 火氣와 비겁 水氣가 서로간 水剋火 쟁탈이 벌어져 군비쟁재(群比爭財)가 되고 있는 현상을 대운천간 甲木이 들어와서 이상의 싸움을 해극하고 있으므로 대단히 길운이 되는 것으로 판단한다.

하지만 아무리 사주상의 희신의 기운이 되더라도 이렇게 사주원국의 년간에 투출되어 있는 庚金 편인을 甲-庚 상충으로 파극하고 다시 월상에 투출되어 있는 戊土 편관을 甲-戊 상충으로 파극하고 있으니 이것은 궁극적인 일간 壬水와 재성 火氣간의 水剋火 상극을 완화시키기 이전에 먼저 상충의 소용돌이를 근본적으로 피할 수가 없게 된다.

그러나 비록 이렇게 상충의 작용을 동반한다손 치더라도 역시 희신의 기운은 일면 분주다사함은 있겠으나 길함 또한 가지는 것은 기정사실이라 판단하여야 되는데 문제는 다음에 언급하는 대운지지 申金이 대흉을 몰고 들어오니 완전히 문제가 심각하게 된다.

이것은 대운지지 申金이 신왕한 일간 壬水가 이미 사주내 왕성한 비겁 水氣와 편인 庚金에 의하여 대단히 왕성하여 있는 것을 더욱 더 金生水로 일간 壬水를 생조하면서 설상가상으로 사주원국 월지 및 일지 子水 겁재인 양인과 년지 辰土 편관과 이미 子-辰合水로 변화되고 있는 성질을 완전히 申-子-辰 삼합 水局으로 돌변하여 바다 물로서 사주원국을 전부 휩쓸고 마니 아무리 대운천간이 희신의 성질이 되더라도 이것을 水生木으로 받아들이기가 곧 역부족이다.

또한 이와 같은 성질은 본 사주팔자가 이미 사주내 강력한 비겁 水氣와 재성 火氣간을 연결시킬 수 있는 식상 木氣가 근본적으로 없음에 따라 더욱 더 군비쟁재(群比爭財)의 법칙에 완전히 부합하면서 본 장 다,항에 사망시기에 해당하게 되어 십중구사의 운명을 피할 수가 없다.

이 때 사주 주인공인 故 이 모씨는 그동안 지병인 자궁내막염으로 고생을 하다가 이것이 진전되어 자궁암과 신장암이 동시에 합병증으로 나타났고 급기야는 대운지지 申金이 지배되는 44세에 죽음을 당하였으니 참으로 애석한 일이 아니할 수가 없는 것이다.

결국 사주 주인공인 故 이 모씨는 여자사주로서 지금까지 격국의 변화와 대운을 간명하면서 본 저자가 느끼는 것은 故 이 모씨가 살아온 한평생이 좋은시절이 별로 없었으며 급기야는 한창 시절인 중년에 죽음을 당한 것이 그것도 불생한 횡사의 운명을 맞이한 것을 놓고 정말 슬프기 짝이 없는 故 이 모씨의 사주팔자이다.

※참고로 지금까지 사주 주인공인 故 이 모씨의 격국과 용신 및 청탁(淸濁)의 유무 모두 판별하여 보았으며 본 장 다,항에 부합하고 있는 사망시기까지 본인에 대한 대운흐름을 적나라하게 파헤쳐 보았다.

그런데 한가지 중요한 사실은 위 사주팔자가 비록 일간 壬水가 신왕하여 재성 火氣를 용신으로 선택하는 격국이나 사주명조내 식상 木氣가 하나도 없음에 따라 왕성한 비겁 水氣와 용신인 재성 火氣가 서로간 군비쟁재(群比爭財)가 되어 있으니 더욱 더 대운에서 비겁 水氣를 만나면 이상과 같은 대흉의 참사가 돌발되는 것을 미루어 짐작할 수가 있겠다.

결국 궁극적인 사주팔자에 비록 이상의 일간 壬水가 신왕하고 있는 정도가 얼마나 중화(中和)의 기점에 넘쳐 흐르는가를 가늠하여야 되며 더하여 만약 위 사주팔자가 식상 木氣가 왕성하여 있다면 이렇게 대운에서 비록 기신(忌神)의 비겁 水氣가 운로에서 들어온다고 하여도 중화(中和)의 기점에 부합하게 되니 십중구사의 운명까지는 되지 않을 것으로 판단함을 예상해 볼 수가 있다.

(라). 사주일간이 외격(外格)의 종격(從格)으로 가지 않고 일간이 신왕(身旺)함이 태왕한 사주는 대운이나 세운에서 "인수" 및 "편인"운을 만나면 생명이 위험하다.!

※ 참고로 이부분을 좀 더 구체적으로 기술하자면 사주팔자의 일간이 신왕함이 극도로 태왕하여 중화(中和)의 기점인 40%를 훨씬 초과할 경우 완전히 왕신(旺神)의 성질을 가지게 된다.

이와 같은 현상이 만약 일간의 기운이 외격(外格)의 종격(從格)이나 가종격(假從格)으로 따르고 있다면 오히려 용신이나 희신의 성질이 신왕한 일간을 생조하는 편인이나 인수 및 비견과 겁재를 용신으로 선택하니 이 때는 오히려 반대로 운로인 대운이나 세운에서 인성의 기운은 대발복을 하게 될 것이다.

하지만 일간의 기운이 신왕함이 태왕하더라도 외격(外格)의 종격(從格)이나 가종격(假從格)으로 돌아가지 않고 내격(內格)의 억부법이나 조후법상 용신이 선택되는 격국(格局)이라면 일간의 기운을 마땅히 억제 및 견제할 수 있는 오행이 주된 용신으로 선택되는 것이 타당하다.

그런데 여기서 중요한 것은 이렇게 일간의 기운이 종격(從格)으로 돌아가지 않고 왕신(旺神)의 성질을 가지면서 내격(內格)의 억부법이나 조후법상 용신이 되고 있다면 단편적으로 판단해도 오행이 사주내 인성이나 비겁으로 주로 구성되는 것을 알 수가 있는데 그렇다면 오행이 편중(偏重)되어 생화불식(生化不息)에 부합하지 못하고 사주상의 탁기를 구성하게 되는 것은 자명한 일이 된다.

따라서 이와 같은 성질이 되고 있다면 사주 주인공은 곧 운로인 대운이나 세운에서 이상의 일간의 기운을 생조하는 편인이나 인수 운로를 거듭 맞이하게 될 경우 이미 일간이 사주내 인성이나 비겁에 의해 신왕이 태왕하여 왕신(旺神)의 성질이 되고 있는 것을 더욱 더 일간을 생조함으로 인하여 일간이 배가 불러 터지는 현상을 모면할 수가 없다.

결국 본 장 라,항에 언급하는 취지는 일간이 신왕함이 사주강약도표에 준하여 중화(中和)의 기점이 40%를 훨씬 초과하여 태왕하고 있을 경우 왕신(旺神)의 기운을 가지는 것을 더욱 더 운로인 대운이나 세운에서 왕성한 일간의 기운을 생조하는 인수나 편인운을 거듭 만나게 될 때 사망시기에 해당하여 생명이 위험하게 된다는 취지이다.

●본 장 라,항에 준하여 일간이 사주내 "비겁" 및 "인성"에 의하여 신왕함이 태왕하여 있는데 다시 운로인 대운에서 "인수"운을 만나 죽음을 맞이하였는 실제인물의 사주팔자이다.!

(예1). 여자. 故 김 모씨(서울시 신대방) 1940년 음력 3월 1일 申시

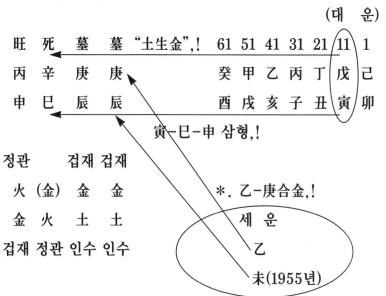

(대　운)

旺	死	墓	墓	"土生金",!	61	51	41	31	21	11	1
丙	辛	庚	庚			癸	甲	乙	丙	丁	戊	己
申	巳	辰	辰			酉	戌	亥	子	丑	寅	卯

寅-巳-申 삼형,!

정관　　겁재 겁재
火 (金) 金 金　　*. 乙-庚合金,!
金 火 土 土　　세 운
겁재 정관 인수 인수　　乙
　　　　　　　　未(1955년)

●대운천간 戊土가 사주일간 辛金에 대한 인수로서 신왕이 태왕한 일간을 더욱 더 신왕하게 만들고 있으니 배가 터져 죽을지경이 되고 있다.!

또한 대운지지 寅木이 비록 신왕한 일간 辛金에 대한

정재가 되어 일면 희신의 기운이 되어 길할 것 같으나 사주내 왕신의 성질을 가지고 있는 시지 申金 겁재를 寅-申상충으로 파극하면서 다시 일지 巳火 정관과 합세하여 寅-巳-申 삼형으로 대접하고 있으니 완전히 왕신(旺神)이 반발하여 십중구사의 운명으로 치달리고 있다.!

상황이 이럴진데 후천성인 또하나의 운로인 세운이 1955년 乙未년이 되자 세운천간 乙木이 역시 길하나 사주년간 및 월상에 투출되어 있는 庚金 겁재와 乙-庚合金으로 둔갑하여 기반(羈絆)되는 중에 다시 세운지지 未土가 일간에 대한 편인이 되어 완전히 대운과 합세하여 일간을 생조하니 본 장에 언급하는 사망시기에 해당하여 1955년 乙未년 음력 정월에 사망하였다.

*. 일간의 왕쇠(旺衰),!

辛일간 辰월에 출생하여 득령(得令)하였으며 사주원국 월지 辰土 인수를 중심으로 해서 년지 辰土 인수와 다시 시지 申金 겁재의 십이운성의 건록지에 앉은 년간 및 월상에 庚金 겁재가 투출되어 일간 辛金을 강력하게 생조하고 있으니 신왕함이 태왕하다.

이렇게 일간 辛金이 신왕함이 극도로 치달리고 있을 경우 일간 辛金의 기운이 외격(外格)의 종격(從格)이나 가종격(假從格)으로 돌

아가지 않는 이상 마땅히 일간 辛金의 기운을 억제할 수 있는 오행
이 사주내 있어야 만이 내격(內格)의 억부법이나 조후법상 용신이
선택될 수가 있겠다.

따라서 사주팔자를 면밀히 관찰하여 보니 일간 辛金의 기운을 억
제할 수 있는 일지 巳火 정관이 일간 辛金과 서로 유정(有情)하면서
다시 십이운성 건록지에 앉은 시상에 丙火 정관이 재차 투출되어 있
으니 일간 辛金을 억제할 수 있는 기운이 있음에 따라 결코 일간이
외격(外格)의 종격(從格)이나 가종격(假從格)으로 돌아가지 못하고
내격(內格)에 기준하여 용신을 선택하는 것이 마땅하다.

하지만 근본적으로 이렇게 일간 辛金의 기운이 신왕함이 사주내
비겁 金氣와 인성 土氣에 의하여 강력히 생조되니 이것은 곧 중화
(中和)의 기점에 너무 멀어져가는 신왕이 되고 있으므로 오행이 편
중(偏重)으로 치우쳐져 생식불식(生息不息)에 대단한 탁기를 남기는
것이 되어 일생동안 숙명적인 불길함을 모면할 수가 없다.

결국 본 사주팔자의 일간 辛金이 사주내 비겁 金氣와 인성 土氣
에 의하여 완전한 왕신(旺神)의 성질이 되고 있는 것은 다시 운로인
대운이나 세운에서 일간 辛金을 생조하는 인성 土氣나 비겁 金氣를
거듭 만나게 될 경우 더욱 더 일간이 배가 터져 죽을 지경이 되므로
십중구사도 면하기 어렵게 될 것이다.

＊. 격국(格局)과 용신,!

위 사주팔자에 대한 격국(格局)과 용신을 판별하여 보면 일간 辛金이 사주지지내 왕성한 인수 辰土가 월지 및 년지에 자리를 잡고 신왕하고 있으니 **"신왕월지인수격(身旺月支印綬格)"**이 성격(成格)된다.

더하여 본 사주가 비록 인수 土氣가 왕성하나 일간 辛金을 생조하는 겁재 金氣로 만만치 않으므로 제일로 시급히 일간 辛金을 적절히 단련시키면서 아울러 비겁 金氣로 억제할 수 있는 관성 金氣가 선택되는 절박한 입장이 되고 있음을 엿볼 수가 있다.

고로 용신은 "겁중용관격(劫重用官格)"으로 신왕한 일간 辛金을 火剋金하여 억제하는 관성 火氣를 용신하고 관성 火氣를 생조하는 재성 木氣는 희신으로 삼는데 이와 같은 용신이나 희신의 성질은 일면 사주원국이 金氣가 강력하여 대단히 차갑게 작용하고 있으니 이는 곧 억부법이나 조후법상 일치되는 용신의 기운이 된다.

따라서 이렇게 사주상 용신과 희신을 선정하고 사주원국을 면밀히 관찰하여 보니 일간 辛金에 대한 용신의 기운으로 자리를 잡고 있는 정관 巳火가 사주 일지에 있는 중에 일간 辛金과 서로 유정(有情)의 기운이 되고 있는 일지에 근접하여 있겠으나 사주시지 申金 겁재와 巳-申合을 구성하여 용신으로서 제대로 제역할을 할 수가 없는 기반(羈絆)이 되고 있으니 이것은 정말 좋지 못한 것을 알 수가 있다.

더하여 사주시상에 투출되어 있는 丙火 정관 역시도 사주일간 辛金과 丙-辛합으로 구성되어 이것 역시 용신이 합을 탐한 나머지 기반(羈絆)이 되고 있는데 비록 사주년간과 월상에 투출되어 있는 庚金 겁재가 시상 丙火 정관을 丙-庚 상충으로 파극하여 기반(羈絆)되는 합을 깨뜨리고 있는 것은 그나마 다행이라 할 수가 있을 것이다.

그러나 아무리 사주년간과 월상에 투출되어 있는 庚金 겁재가 丙-庚 상충으로 파극하여 丙-辛합을 못하게 막고 있다손 치더라도 근본적이 용신이 강령함은 되지 못하므로 본 사주 주인공은 용신이 제대로 그 역할을 할 수가 없기 때문에 숙명적인 불길함을 모면할 수가 없으니 애석한 일이다.

*. 일부학자들의 의문,!

여기서 일부학자들 중에는 한가지 의문을 가지고 본 저자에게 질문을 하고 있겠는데 그것은 **"본 사주팔자 지지에 일지 巳火 정관이 자리를 잡고 있는 것을 사주시지 申金 겁재와 巳-申合水를 구성하고 있으니 시상에 투출되어 있는 丙火 정관이 일지 巳火 정관에게 뿌리를 두지 못하므로 오히려 지지의 기운을 받지 못하는 시상 丙火 정관은 무근(無根)이 되지 않겠느냐",!**

"또한 사주년지 및 월지 辰土 인수가 巳-申合水를 따르는 시지 申金 겁재와 申-辰合水를 같이 동반하고 있으니 본 사주팔자는 오히려 왕성한 식상 水氣를 따르는 "가종아격(假從兒格)"이 성격(成格)될 수가 있을 것인데 이 부분에 대하여 좀 더 자세하게 설명하여 달라",!라며 구체적인 질문을 하고 있다.

*. 일부학자들의 의문에 대하여 본 저자판단,!

이와 같은 일부학자들의 견해에 대하여 본 저자의 생각은 조금 달리 판단하고 있겠는데 그부분을 좀 더 구체적으로 언급하여 기술하기로 하겠다.

따라서 우선 본 사주팔자의 시지 申金 겁재가 문제가 되겠는데 사주월지 및 년지 辰土 인수와 申-辰합의 성질은 사왕지지(子, 午, 卯, 酉)가 빠진 반합(半合)의 성질인데다가 사주일지 巳火 정관이 가로막고 있으니 완벽한 水氣로 돌아가지 못하는 것을 알 수가 있다.

*. 命理秘典 上권인 지지합의 성질에 인용하여,!

이와 같은 부분은 본 저자가 편찬한 命理秘典 上권인 지지합의 성질편에 대단히 자세하게 기록하고 있는데 그 내용을 인용하여 보면 "사주지지내 육합, 삼합을 구성하는 절차가 합을 주도하는 중심세력인 사왕지지(四旺地支)가 월지에 자리를 잡고 합을 성립하여야 만이 강력하고 완벽한 합의 결합이 될 수 가 있다",!

"그러나 만약 합의 중심세력으로 군림하는 사왕지지(子, 午, 卯, 酉)가 빠진 합의 성질이라면 그 세력이 쇠약할뿐더러 더하여 사왕지지(四旺地支)가 없는 합의 결합에 사주내 합을 방해하는 약간의 상충이나 삼형이 발생하게 되면 쉽게 합이 분산된다",!

"더구나 이러한 합의 결합성립이 중간에 타오행이 가로막고 있다면 원격(遠隔)한 거리로 말미암아 제대로 합을 결합하기가 힘들게 되며 더하여 비록 합이 결합되더라도 그 힘은 대단히 쇠약하게 될 것이다",!라며 구체적으로 기술하고 있다.

따라서 이상의 命理秘典 上권인 지지합의 성질편에 부합시켜 판단하자면 본 사주팔자의 지지의 申-辰合水의 부분은 방금 본 저자가 인용한 命理秘典 上권인 지지의 합의 결합부분에 완전히 일치를 하고 있겠는데 비록 사주월지 및 년지 辰土 인수와 申-辰합을 결합하기 이전에 일지 巳火 정관이 가로막아 있으니 제대로 완벽한 합을 구성할 수가 없음을 알 수가 있다.

더구나 申-辰합이 사왕지지(子, 午, 卯, 酉)인 子水가 빠진 상태이며 또한 계절이 子월이 아닌 辰월이 되고 있으니 물의 본계절이 될 수가 없음에 따라 합의 결합이 더욱 더 쇠약한데 설상가상으로 申金 겁재가 양쪽 두 개의 辰土 인수를 합을 하는 것은 하나의 합을 놓고 합을 쟁탈하는 투합(鬪合)의 성질로 귀착하여 합의 결합이 무리가 되고 있겠다.

또한 사주시지 申金 겁재가 또 하나의 합을 구성하는 일지 巳火 정관과 巳-申合水에 관하여서는 비록 일지와 시지는 근접하여 巳-申合水를 성립시키겠으나 역시 월지 辰土 및 년지 辰土 두 개가 각각 시지 申金 겁재를 쟁합(爭合)을 불러일으켜 각각에 합을 하자며 다투고 있으니 이것 역시 완벽한 합을 구성하는 절차를 방해하는 하나의 요인이 되고 있다.

결국 일부학자들이 의문을 제기한 지지의 巳-申合水나 申-辰合水는 이상과 같은 맥락에 비추어 완벽한 합을 할 수 없는 성질로 귀착하는 것을 알 수가 있고 그렇다면 본 사주팔자는 식상 水氣를 따르는 **"가종아격(假從兒格)"**으로 갈 수가 없는 중요한 이유가 여기에 있다해도 과언이 아니다.

*. 격국(格局)에 대한 청탁(淸濁)판별,!

위 사주팔자에 대한 격국(格局)에 대한 청탁(淸濁)의 판별을 하여 보면 우선 일간 辛金이 사주내 인수 辰土와 겁재 庚, 申金에 의하여 신왕이 태왕하여 있는 중에 그나마 용신의 기운으로 자리매김하고 있는 일지 巳火 정관이나 시상에 투출되어 있는 丙火 정관이 모두 합을 탐한 나머지 기반(羈絆)되어 있으니 용신으로서 제대로 그 역할을 수행하지 못하고 있다.

더구나 본 사주원국을 단편적으로 관찰하여 보아도 木, 火, 土, 金, 水의 다섯 오행중에 火, 土, 金만 존재하여 있으니 오행상 상당히 편중(偏重)으로 치우쳐져 있는 중에 용신을 생조하는 재성 木氣가 없으니 적절히 관성 火氣를 생조하지 못하므로 이것은 대단히 사주상 탁기가 존재하는 것을 모면할 수가 없다.

만약 본 사주가 한가지 바램이 있다면 그나마 일간 辛金의 기운이 중화(中和)의 기점에 신왕으로 치달리지 않고 신왕이라해도 약 40%정도에서 유지하는 신왕이 되고 있다면 그나마 오행상 편중(偏重)이 된다손 치더라도 안정된 격국을 도모할 수가 있으므로 비록 운로에서 살운(殺運)을 맞이할 경우 그 흉의를 다소 경감시킬 수가 있는 점을 엿볼 수가 있겠다.

하지만 이렇게 사주명조가 일간 辛金이 신왕으로 치달리고 있는 것을 곧 왕신(旺神)의 성질을 가지고 있으며 그렇다면 필수적으로 사주내 오행이 균등을 도모할 수 있는 식상 水氣나 재성 木氣등이 존재하여 있어야 만이 안정된 사주팔자를 도모 할 수가 있을 것임은 필수적이다.

그러나 이렇게 오행상 편중(偏重)되고 설상가상으로 일간 辛金이 신왕이 넘쳐 너무 신왕하고 있으니 운로인 대운이나 세운에서 다시 일간 辛金을 생조하는 비겁 金氣나 인성 土氣를 거듭 만나게 된다면 이미 배가 불러 일간이 괴로워하고 있는데 더욱 더 음식을 먹임으로서 일간이 배가 터져 죽는 현상이 돌발되므로 생명이 위험하게 되는 것은 자명한 일이 되었다.

결국 위 사주팔자는 이상과 같은 맥락에 비추어 사주상에 대단한 탁기를 남기는 격국이 된다는 것을 알 수가 있겠고 더하여 이와 같은 탁기로 말미암아 사주 주인공의 숙명적인 운로가 대단히 불길한 것으로 판단할 수밖에 없다.

*. 사주본인에 대한 성격,!

위 사주팔자주인공은 故 김 모씨로서 여자사주인데 이미 1955년 乙未세운에 약관의 어린나이에 교통사고로 사망하였던 인물로 지금

에 와서 고인(故人)에 대하여 성격판단을 운운(云云)한다는 자체가
별 의미가 없을 것이다.

하지만 사주추명학적으로 이상의 맥락에 부합하고 있는 실제인
물이 당면되는 것을 감안하여 이와 같은 유사형의 실제인물에 대하
여 본인의 성격과 육친의 운명을 간명하는 것은 지극히 당연한 처사
이니 명리(命理)의 발전과 보다나은 앞날을 위하여 사주 주인공의
성격을 사실적으로 판단하여 보기로 한다.

따라서 주인공인 故 김 모씨의 사주팔자가 일간 辛金이 신왕하고
있는 중에 사주월지 및 년지 인수 辰土가 왕성하여 있으므로 그 성
정이 대단히 차분하고 인격자임을 알 수가 있겠으며 이는 곧 육친통
변법상 인수+겁재가 동주(同柱)하면 더욱 더 확실한 것을 알 수가
있다.

하지만 사주원국에 庚辰은 괴강살(魁罡殺)로서 이것이 사주년주
와 월주에 중복되어 있으니 괴강살(魁罡殺)이 하나도 아닌 두 개씩
이나 있는 것은 그 마음이 대단히 고집스러운 일면이 있겠으며 하지
만 용모와 자색은 아름다움을 갖추어진 미모의 여성이라 판단하여
야 된다.

*. 命理秘典 上권인 괴강살(魁罡殺)편에 인용하여,!

이와 같은 것은 본 저자가 편찬한 괴강살(魁罡殺)의 통변법에 대
단히 자세하게 기술하고 있는데 그 부분을 인용하여 본다면

"괴강살(魁罡殺)이 있는 여자는 일반적으로 용색이 아름다우나 그 마음이 고집이 세어 남편과 참다운 화합을 할 수가 없고 따라서 이혼하거나 독신이 되거나 과부가 되기 쉽다",!

"또한 남자는 이론적인 토론을 좋아하며 그 성격이 지나치게 결벽증을 가지고 있는데 그러나 사주중에 괴강살(魁罡殺)이 여러개 있으면 오히려 이상하게 발달하여 부귀양자를 구비하는 자가 많다",!

"더하여 사주내 괴강(魁罡)이 생일지간에 있는 자중에 庚戌 및 庚辰일생은 사주내 정관이나 편관이 있거나 혹은 戊戌 및 壬辰일생은 사주내 정재 및 편재가 있으면 극도로 곤궁할 수가 있다",!

"이러한 괴강살(魁罡殺)이 있는 사람은 운로인 대운이나 세운에서 괴강살(魁罡殺)을 삼형이나 상충으로 파극하면 이상한 재화를 당하기 쉬우니 극도로 조심을 하여야 된다",!라며 구체적으로 기술하고 있다.

이상과 같은 맥락에 비추어 사주 주인공인 故 김 모씨는 여자사주로서 괴강살(魁罡殺)의 통변법에 모두 일치하는 경향을 알 수가 있을 것이며 비록 애석하나마 유년에 교통사고로 어린 나이에 사망을 하였으나 이와 같은 사주팔자가 실제로 당면되어 있을 경우 모두 이상과 같이 판단하였을 때 대단한 적중률을 나타내게 될 것이다.

*. 본 장 라,항에 준하여 판단,!

본 사주팔자를 본 장 라,항에 준하여 판단하여 보자면 **"사주일간이 외격(外格)의 종격(從格)으로 가지 않고 일간이 신왕(身旺)함이 태왕한 사주는 대운이나 세운에서 "인수" 및 "편인"운을 만나면 생명이 위험하다.!** 라며 대단히 자세하게 설명하고 있다.

따라서 본 사주팔자는 일간 辛金이 사주내 인수 土氣와 겁재 金氣로 대부분 구성되어 신왕함이 태왕하여 있는 중에 용신의 기운마져 기반(羈絆)되어 제대로 그 영향력을 행사하지 못하고 있으니 사주격국상 대단한 탁기를 남기고 있으므로 본 장의 라,항에 언급하는 사망시기에 부합하여 생명이 단명 흉사 팔자라는 것을 알 수가 있다.

만약 이와 같은 사주팔자가 한가지 바램이 있다면 오히려 일간 辛金이 신왕한 정도가 도가 넘쳐 외격(外格)의 종격(從格)이나 가종격(假從格)으로 돌아가는 성질이 될 경우 그나마 왕신(旺神)의 기운을 따르는 것이 용신이 되기때문에 운로인 대운이나 세운에서 土, 金, 水를 보아도 흉함은 커녕 반대로 대길할 수가 있을 것이다.

그러나 아쉽게도 사주일간 辛金이 왕신(旺神)의 성질을 가지면서 내격(內格)의 억부법 및 조후법의 용신이 선택되고 있으니 조금이라도 삼형이나 상충의 작용으로 왕신(旺神)의 기운을 건드리고 있을 때 그에 대한 반발심으로 말미암아 사주 주인공은 십중구사의 운명을 모면하기 어렵게 되는 것은 자명한 일이다.

결국 사주 주인공인 故 김 모씨는 이와 같은 사주격국을 가지고 있는 것은 벌써 초년 11세 戊寅대운에서 죽음을 당해야 된다는 절대 절명의 불운을 타고났다는 것을 알 수가 있겠고 따라서 본 장에서도 언급하는 사망시기에 부합하여 있다는 것을 사주원국은 무언중에 암시를 하고 있다해도 과언이 아니다.

*. 사주격국에 대한 대운흐름,!

지금까지 사주 주인공인 故 김 모씨의 격국과 용신 및 청탁의 판별을 모두 파악하여 보았는데 고인(故人)이 본 장 라,항에 언급하고 있는 사망시기에 부합하고 있는 것은 그만큼 故 김 모씨의 사주팔자를 놓고 볼 때 이상의 부분에 일치되면 수명이 단명이라고 판단하는 것이 정석이다.

따라서 故 김 모씨가 어떻게 죽음을 당하였으며 또한 어느 대운이 지배되는 세운에 사망하였는가를 놓고 좀 더 근접하여 그 실체를 완벽하게 파악하여야 될 필요가 있는데 전자에도 언급 하였다시피 이미 선천성인 사주명조가 대단히 오행이 편중(偏重)이 되어 탁기를 남기고 있는 중에 사주내 왕성한 金氣를 누출시키는 식상 水氣가 없음에 따라 오행상 서로간 유통을 도모하지 못하였음을 학자들은 간파할 필요가 있다.

만약 본 사주팔자에 식상 水氣나 재성 木氣가 왕성하여 있다면 왕성한 金氣의 기운을 자연스럽게 金生水하고 다시 재성 木氣에 水生木으로 연결시킬 수가 있으니 이것은 주류무체(周流無滯) 및 생화불식(生化不息)에 근접하는 명조가 되면서 용신까지 강령함을 도모할 수가 있음에 따라 아무리 운로인 대운이나 세운에서 살운(殺運)을 맞이한다 하여도 극단적인 목숨을 담보로 하는 십중구사의 운명은 되지 않을 것이다.

하지만 이렇게 본 사주원국이 이미 오생상 편중(偏重)이 되어 대단히 탁기를 남기고 있는 중에 운로인 대운이 설상가상으로 11세 戊寅대운에서 대운천간 無土가 신왕한 일간 辛金을 생조하는 인수가 되면서 초년 동방 寅-卯-辰 木局으로 흘러 비록 용신의 기운이 되어 일면 길하다고 판단할 수가 있겠다.

그러나 근본적으로 사주내 식상 水氣가 없으니 오행상 서로간 수기(秀氣)유행을 도모하지 못하면서 왕신(旺神)인 金氣와 金剋木 및 인수 土氣와 木剋土하여 상극하여 왕신(旺神)이 반발을 하게 되므로 아무리 용신의 기운이라 하여도 완전히 소용돌이로 인하여 죽음의 문턱을 넘어오지 못하였으니 대단히 안타깝게 되고 있다.

그렇다면 지금부터 사주 주인공인 故 김 모씨의 선천성인 사주명조와 후천성인 대운의 흐름을 사주추명학에 비추어 그 실체를 좀 더 자세하게 파헤쳐보기로 한다.

초년 1세는 己卯대운이다.

따라서 대운천간 己土는 사주일간 辛金에 대한 편인의 운로가 되어 이미 신왕한 일간을 더욱 더 생조하는 것이 되어 대단히 불리하게 작용하고 있는데 하지만 사주내 타오행과 대운천간 己土가 합을 하거나 상충 및 삼형을 하지않고 있으므로 대운지지 卯木이 용신의 기운이 되어 대운천간 己土를 木剋土로 상극할 수가 있다.

이것은 대운지지 卯木이 사주일간 辛金에 대한 편재의 운로로서 정히 용신의 기운이 되는데 일면 대운천간 己土인 편인의 기운을 억제할 수 있는 장점을 발휘할 수가 있음에 하나의 기대로 작용하는 것을 엿볼 수가 있겠다.

*. 본 저자가 약 30여년동안 경험상 발견한 비법(秘法),!

그런데 여기서 한가지 중요한 사실을 발견할 수가 있겠는데 그것은 방금 설명한 대운천간 己土가 사주천간에 있는 오행하고 합을 하지 않고 있다는 점을 주의 깊게 살펴야 할 것이다.

하지만 만약 사주천간에 타 오행과 합을 하는 즉, 사주원국의 천간에 甲木이 들어 있어 이것이 대운천간 己土와 서로간 甲-己合土로 변화된다면 대운지지 卯木이 木剋土로 상극하는 힘이 애초에 없거나 비록 있더라도 그 세력이 대단히 미약하게 된다.

무슨 말인지 좀 더 구체적으로 기술하자면 대운천간이 길신이 되고 대운지지가 기신(忌神)이 되고 있을 때나 혹은 대운천간이 기신(忌神)이 되고 대운지지가 길신이 되고 있는 중에 대운천간과 지지에 서로간 오행상 金剋木이나 火剋金등으로 상극되고 있을 경우 이것을 두고 곧 개두(蓋頭)의 법칙이라 하여 양자의 길함이나 흉함이 상쇄되는 현상을 논하고 있다.

*. 命理秘典 下권인 간명비법에 나오는 개두법(蓋頭法)에 인용 하여,!

이와 같은 성질은 본 저자가 편찬한 命理秘典 下권인 간명비법에 기술하여 있는 개두법(蓋頭法)에 대단히 상세하게 설명하고 있는데 그 부분을 인용한다면,!

대운의 간지(干支)중에 지지가 용신이나 희신이 된다면 대운천간 이 기신(忌神)이 되어 대운지지의 길신을 상극하는 것을 개두(蓋頭) 라고 칭한다.

이 부분을 자세하게 사주팔자에 적용하여 예를 들면 사주일간에 대한 木이 용신이나 희신이라 가정할 때 대운이 庚寅대운이 되어 있 을 경우 일간의 중요한 길신이 대운지지에 존재하여 있게 된다.

그러나 대운천간 庚金이 대운지지에 있는 寅木을 金剋木하여서 길신의 힘을 상극하니 그에 대한 복록이 반감될 것이다.

이와 같은 성질을 두고 보통 학자들마다 개두(蓋頭)의 법칙에 대 한 견해가 약간씩 차이를 보이고 있는데 그것은 대운의 흐름은 방향 이 중요하므로 지지를 더욱 더 중요시하는 생각과 대운천간과 대운 지지의 작용이 동일하다는 등 두 가지로 학자들 간에 의견이 분분한 것을 엿볼 수가 있다.

이러한 성질에 대한 본 저자는 대운지지의 힘이 대운천간의 힘보 다 강력하다고 판단하여야 되는데 그것은 천간은 동일오행이니 뿌리의 근거가 없이 홀로 있는 것이며 그에 반하여 지지는 亥-子-丑, 寅-卯-辰 등인 방향으로 흘러가는 힘이 씨족집단인 동질성으로서 그 세력은 천간에 대해 비교할 수가 없이 대단히 강하기 때문이다.

또한 천간은 전장 命理秘典 上권인 천간의 성질과 지지의 성질을 인용하여 보면 천간은 하나의 오행으로 존재하여 있고 지지는 지장 간의 여기, 중기, 정기, 등인 2-3가지의 기운으로 뭉쳐 있으니 이것은 천간이 지지의 힘에 비해 차이가 날 수밖에 없는 성질이 되고 있는데 실제로 이와 같은 성질을 비추어 감안하여 보면 천간의 힘이 지지의 약 2배에서 3배정도 쇠약하다고 볼 수가 있는 것이다.

결국 본 장 개두(蓋頭)의 법칙은 비록 대운지지의 길신을 대운천 간이 기신(忌神)으로 되어 상극을 하더라도 대운지지의 기운이 강력하게 작용하기 때문에 개두(蓋頭)의 상극을 당하더라도 그 흉의는 약할 것이라고 판단한다.

하지만 이와 같은 현상은 비록 대운지지의 기운이 강하여 대운천 간의 흉함을 견디어내는 성질은 되고 있겠지만 중요한 길함이 손상됨은 물론이고 더하여 이것이 반대로 대운천간이 길신이 되고 있는데 대운지지가 기신(忌神)이 되어 대운천간을 상극할 때는 길함을 제쳐두고 사주운명의 소유자는 오히려 흉함이 나타나게 될 것이다.

그렇다면 본 장에서 개두(蓋頭)의 법칙에 준하여 판단할 때 사주 일간에 대한 庚寅대운이 지배하여 개두(蓋頭)법칙이 되고 있는 상황에서 세운마져 대운의 중요한 길신을 중첩 상극하는 庚申, 辛酉등이 된다면 더욱 더 대운지지의 중요한 길신인 寅木은 매우 심하게 손상을 당한다.

이상으로 대운 천간지지 서로간 상극되는 개두법(蓋頭法)을 대단히 상세하게 기술하고 있는데 본 사주팔자에 이상의 부분을 적용하여 판단하자면 대운천간 己土가 비록 신왕한 사주일간 辛金에 대한 인수가 되어 기신(忌神)이 되어 있을 경우 만약 사주천간에 타오행과 甲-己合土를 구성하는 성질이 되고 있는다면 완벽하게 대운지지 卯木이 木剋土로 가격하여 그 흉의를 잠재울 수가 없다는 취지이다.

이것을 세별하여 설명하자면 상극을 하는 오행이 비록 대운지지가 되어 대운천간의 기운보다 약 3배정도의 위력을 발휘할 수 있는 장점이 있겠으나 사주내 합을 하여 하나의 집단체를 구성하고 있을 경우 합의 세력으로 말미암아 대운지지가 사주상 기신(忌神)의 기운을 완벽하게 제거할 수가 없다는 것이다.

무슨 말인지 좀 더 구체적으로 기술하자면 이와 같은 성질이 대운지지가 기신(忌神)이 되고 있는데 만약 대운천간이 용신이나 희신의 성질이 되어 대운지지를 상극하여 그 흉함을 다소나마 줄일 수가 있겠지만 이 때도 역시 대운천간의 힘은 대운지지보다 약3배정도 미약하고 있으니 그 영향력은 대단히 쇠약하게 작용할 수밖에 없다.

그런데도 불구하고 이상의 성질이 만약 대운지지가 사주팔자의 지지의 타오행과 합을 하여 역시 기신(忌神)의 집단체가 되고 있다면 이미 대운천간의 기운이 미약한 중에 사주지지에 합을 한 기신(忌神)의 집단체를 대운천간이 억제하는 성질은 더욱 더 힘이 쇠약해지니 역부족이 되는 것으로 판단하여야 된다.

실제로 사주 주인공인 故 이 모씨는 이 때 초년 1세 己卯대운에서 대운지지 卯木의 영향력이 용신의 기운이 되고 있는 중에 대운천간 己土가 사주상에 합을 하지 않고 홀로 있는 현상이 되고 있기에 완벽하게 대운지지 卯木이 木剋土의 영향력을 행사할 수가 있었음을 판단할 수가 있다.

따라서 사주 주인공인 故 김 모씨는 이 때 조금의 질병으로 인한 고통은 있더라도 그다지 큰문제가 없이 무사하게 넘어갈 수 있었던 것이 모두 지금의 성질에 완전히 일치하고 있음으로 비추어 해석하는 것이 타당하다.

결국 이상의 부분은 대단히 중요한 하나의 경험상 비법(秘法)으로서 그동안 약 30년동안 실제인물에 준하여 선별한 것을 모아 이러한 부분에 해당되고 있을 때 사주 주인공의 과거, 현재, 미래의 운로를 역추적하여 하나의 사주추명학상 경험으로 정리하였던 것을 이 자리를 빌어 학자들에게 공개하는 바이다.

따라서 이와 같은 경험상 비법(秘法)을 터득한 학자는 실제인물이 지금까지 설명하였던 부분에 해당이 되고 있을 경우 모두 방금 본 저자가 기술한데로 감정한다면 아마도 대단한 적중률과 함께 운로의 길흉에 대한 감정을 완벽하게 할 수가 있음을 감히 첨언한다.

다시 11세는 사주 주인공인 故 김 모씨가 본 장 라,항에 적용되어 사망하였던 戊寅대운이다.

이와 같은 부분은 좀 더 세밀하게 판단할 필요가 있으므로 사주

주인공인 故 김 모씨의 선천성인 사주명조와 후천성인 戊寅대운과 다시 戊寅대운이 지배되는 또 다른 하나의 후천성인 乙未세운이 접목되어 있는 故 김 모씨의 사주도표를 보면서 기술하기로 하겠다.

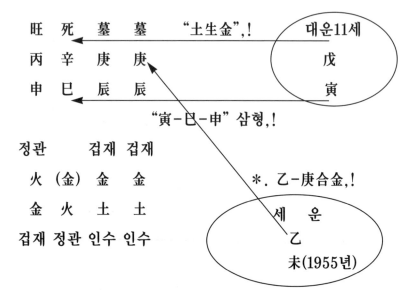

이상의 사주도표에서 나타나고 있듯이 11세 戊寅대운이 지배되는 시점과 교통사고로 비명횡사하였든 세운인 1955년은 乙未세운이 일치되고 있음을 상세하게 엿볼 수가 있다.

따라서 이 때 대운천간 戊土는 신왕한 사주일간 辛金에 대한 인수의 운로가 되어 신왕한 일간을 더욱 더 신왕하게 만들고 있으니 일간 辛金이 배가 이미 불러 더 이상의 음식은 배가 터지는 현상으로 유발되고 있다.

하지만 대운천간 戊土가 비록 신왕한 일간 辛金을 생조하는 인수가 된다손치더라도 대운지지 寅木이 사주일간 辛金에 대한 정재의 기운이 되어 일면 용신으로 작용하는 성질을 바라볼 수가 있으므로 전자의 己卯대운과 같이 대운천간의 기신(忌神)을 대운지지 寅木이 木剋土로 상극하여 그 흉함을 없앨 수가 있음을 사주팔자는 간절히 바라고 있다.

그러나 이것은 기대와 달리 대운지지 寅木이 비록 일간 辛金에 대한 용신의 성질이 되나 사주원국에 일지 巳火 정관과 시지 申金 겁재가 이미 巳-申 삼형이 되고 있는 것을 대운지지 寅木이 중첩하여 들어옴에 따라 완전히 寅-巳-申 삼형이 성립되어 그 흉함이 극도로 치달리고 있음을 엿볼 수가 있다.

이와 같은 현상은 아무리 일간 辛金에 대한 용신의 기운이고 뭐고 간에 삼형의 충돌로 인한 소용돌이는 왕신(旺神)인 金氣가 발동하여 쇠자왕신발(衰者旺神發) 및 왕신충왕(旺神沖旺)하므로 이것으로 인한 왕신이 노하는 처사는 곧 죽음을 불사하고도 남음이 있다하겠다.

설상가상으로 11세 戊寅대운이 지배되고 있는 시점에서 또 다른 후천성인 세운이 접목되는 1955년은 乙未세운이 되고 있음을 알 수가 있다.

따라서 이미 대운천간 戊土가 인수가 신왕한 일간 辛金을 土生金으로 생조하고 있는 중에 또다시 乙未세운이 사주년간과 월상에 투출되어 있는 庚金 겁재와 乙-庚合金으로 金氣로 둔갑하여 乙木이 제대로 일간의 기운을 줄이지 못하고 비록 용신의 기운이겠으나 합을 탐한 나머지 기반(羈絆)되어 기신(忌神)이 되어 돌아갔으므로 첩첩산중이다.

더구나 상황이 이럴진데 세운지지 未土가 일간 辛金에 대한 편인이 되므로 이렇게 운로인 대운천간 戊土 및 세운천간이 乙-庚合金, 그리고 세운지지 未土가 같이 합세하면서 인수와 편인이 교집이 되므로 완전히 본 장 라,항에 언급하는 인수나 편인운에 생명이 위험하다는 것에 일치되고 있다.

결국 사주 주인공인 故 김 모씨는 이상의 부분에 적용되어도 십중구사의 운명이 되는 것을 피할 수가 없는 중에 대운지지 寅木이 寅-巳-申 삼형까지 동반하고 있으므로 11세 戊寅대운이 지배되고 있는 만 15세인 1955년 乙未세운에 음력 정월달에 그당시 6.25동란으로 인한 복구과정에서 미군의 트럭에 치어 목숨을 잃었으니 정말 꽃다운 나이에 사망하였던 것이다.

※참고로 이상과 같이 사주 주인공인 故 김 모씨의 사주팔자에 대한 격국(格局)과 용신 및 청탁(淸濁)부분과 본 장 라,항에 언급하는 사망시기에 부합하는 대운과 세운을 모두 감정하여 판단하여 보았다.

따라서 고인(故人)의 죽음이 사주팔자의 격국과 청탁의 부분에 비추어 어쩌면 당연한 흉명을 당할 수가 있다는 것을 이미 사주원국은 무언중에 말해주고 있겠지만 여기서 중요하게 눈여겨 볼 것은 본 사주팔자가 사주일간이 너무 신왕함이 태왕하여 있는 중에 운로인 대운이나 세운이 일간 辛金을 생조하면서 寅-巳-申 삼형으로 가격하여 왕신발(旺神發)이 되어 죽음을 당하였다는 것을 본 저자는 첨언하고 싶다.

(마). 일간이 신강, 신약을 불문하고 사주내 용신을 파극하는 기신(忌神)이 존재하여 있을 때 다시 대운이나 세운에서 기신(忌神)이나 기신(忌神)을 생조하는 구신(仇神)운을 만날 경우 생명이 위험하다.!

※참고로 이상의 부분을 좀 더 자세하게 기술하자면 사주팔자의 일간이 신강, 신약을 불문하고 사주내 용신이 자리를 잡고 있을 경우 용신은 사주지지에 뿌리를 튼튼히 하여 왕성됨을 기뻐한다.

그런데 사주원국에 용신이 자리를 잡고 있는 주(柱)에 근접하여 기신(忌神)이 용신을 파극하고 있는 현상이 되고 있다면 이 때 용신은 기신(忌神)의 상극으로 말미암아 그 힘이 대단히 쇠약해지기 마련이다.

무슨 말인지 좀 더 구체적으로 언급하자면 甲일간이 신왕하여 월상에 丙火 식신이 용신이 되고 있다면 사주년간에 壬水 편인이 투출되어 일간의 용신인 丙火 식신을 丙-壬 상충으로 水剋火하고 있을 경우 용신의 기운을 파극당하고 있으니 상극을 당한 용신은 그 힘이 대단히 쇠약해져서 아주 좋지 못한 것이 된다.

또한 만약 甲일간이 신약하여 억부의 원리상 인성 水氣와 비겁 木氣를 필요로 하는 명조가 되고 있을 경우 재성 土氣가 인성 水氣 및 비겁 木氣와 근접하여 土剋水나 木剋土로 길신의 기운을 파극하고 있을 때도 똑같이 길신의 기운이 무력하게 되므로 이것 역시 대단히 나쁘게 되는 것은 기정사실이다.

여기서 한가지 중요한 부분이 있겠는데 그것은 우선 선천성인 사주명조에 이와 같은 용신을 파극하는 기신(忌神)이 존재하여 있는 것하고 존재하지 않고 운로인 대운이나 세운에서 용신을 파극하는 기신(忌神)을 만나는 것하고는 용신을 파극당하는 비중이 전자와 후자의 경우 비교가 되지 않을 만큼 대단히 큰 차이가 나타나고있다.

더 구체적으로 자세하게 설명할 경우 이미 사주원국내 일간에 대한 중요한 용신을 파극하는 기신(忌神)이 존재하여 있다면 다시 운로에서 기신(忌神)을 만나게 될 때 완전히 용신이 기신(忌神)에 의하여 파극되므로 인하여 무용지물이 되니 그 흉함이 대단히 강력하여 극도로 재화가 속출한다.

따라서 사주팔자에 용신이 존재하여 있는데 기신(忌神)이 용신을 파극하는 명조가 되고 있을 경우 다시 운로에서 기신(忌神)이나 기신(忌神)을 생조하는 구신(仇神)의 운로를 보게 된다면 더욱 더 일간에 대한 중요한 용신의 기운이 중첩해서 파극 당하게 되어 본 장에 언급하는 사망시기에 부합하는 현상이 돌발되니 생명이 위험에 처하게 된다는 취지가 여기에 있다해도 과언이 아니다.

●본 장 마,항에 적용되어 용신을 상극하는 기신(忌神)운에 절명하였던 실제인물의 사주팔자이다.!

(예1).남자 故 박 모씨(부산 사상) 1932년 음력 5월 19일 子 시

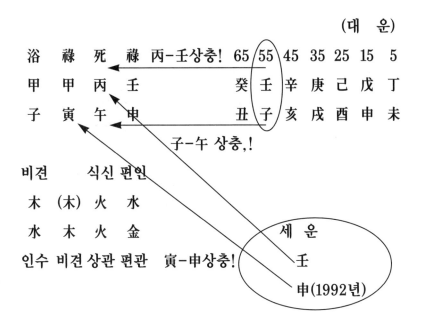

● 대운천간 壬水가 신왕한 일간 甲木을 생조하는 편인
의 운로로서 이미 일간 甲木이 배가불러 있는 것을
더욱 더 생조하므로 배가 터질지경이다.!

상황이 이럴진데 일간 甲木에 대한 용신의 기운으로
자리를 잡고 있는 월상 丙火 식신을 丙-壬 상충으로
파극하여 용신을 뿌리채 뽑아버리니 그 흉함이 극도
로 치달리고 있다.!

더하여 대운지지 子水가 역시 신왕한 일간 甲木에 대
한 인수의 운로이니 신왕을 부채질하면서 사주월지 午
火 상관을 子-午 상충으로 파극하는 것은 십중구사의
운명으로 치달리고 있음을 단적으로 보여주고 있다.!

이 때 후천성인 또 다른 하나의 세운인 1992년 壬申 년이 되고보니 세운천간 壬水가 재차 월상 丙火 식신 을 丙-壬 상충하고 다시 세운지지 申金이 일지 寅木 을 寅-申 상충으로 파극하면서 대운지지 子水 및 사 주시지 子水와 申-子合水를 구성하니 역시 그 운(運) 을 다하게 된다.

*. 일간의 왕쇠(旺衰),!

甲일간 午월에 출생하여 비록 실령(失令)하였으나 사주일지 寅木 비견에 득지(得地)하였으며 다시 시지 子水 인수에 득세(得勢)한 중 에 일지 및 시지에 뿌리를 둔 년간 壬水 편인과 시상에 甲木 비견이 투출되어 일간을 생조하고 있으니 신왕이다.

이렇게 일간 甲木이 신왕하고 있으면 일간이 외격(外格)의 종격 (從格)이나 가종격(假從格)으로 돌아가지 않는 이상 마땅히 일간 甲 木을 억제할 수 있는 오행이 사주원국에 필요하게 됨은 두말할 것도 없다.

따라서 사주원국을 자세히 관찰하여 보니 일간 甲木의 기운을 자 연스럽게 누출시키는 월지 午火 상관이 자리를 잡고 다시 월상에 십 이운성 제왕지에 앉은 丙火 식신이 투출되어 있으니 결코 일간이 외 격(外格)의 종격(從格)이나 가종격(假從格)으로 돌아가지 못하고 내 격(內格)의 억부법이나 조후법의 용 신이 선정되는 것을 알 수가 있 다.

더하여 일면 사주원국의 일주에 甲寅과 시주에 甲子로 뭉쳐져 있으니 오행이 편중(偏重)되어 있는 느낌이 드는 듯하나 왕성한 비겁 木氣를 木生火하여 그 힘을 누출시키는 월주가 丙午로 식상 火氣로 짜여져 있으므로 일간 甲木의 기운을 상극하여 억제하는 관성 金氣보다 오히려 좋다고 판단하여야 될 것이다.

*. 일부학자들의 의견,!

여기서 일부학자들 중에서 한가지 의문을 가지고 질문을 하고 있는데 그것은 **"운정선생은 본 사주팔자가 신왕하다고 말하고 있으나 사주월지 午火 상관과 사주일지 寅木 비견간에 寅-午合 火한 중에 월상에 丙火 식신이 투출되어 있음을 엿볼 수가 있다",!**

"이것은 곧 일간 甲木이 오로지 사주시지 子水 인수에 득세(得勢)할 뿐이니 일간 甲木이 응당히 신약으로 귀착될 것인데 어찌해서 합의 변화는 언급하지 않고 막연히 일간이 신왕하다고 설명하는 것인지 구체적인 답변을 하여달라",!라며 자세한 설명을 요구하고 있다.

*. 일부학자들의 의견에 대한 본 저자판단,!

이와 같은 일부학자들의 의견에 대하여 본 저자는 완전히 견해를 달리하고 있겠는데 아마도 일부학자들의 판단이 우선 본 사주팔자의 월지 午火 상관과 일지 寅木 비견간에 寅-午合火한다는 것은 더욱이 합의 중심세력을 대표하고 있는 월상 丙火 식신이 투출되어 있으니 완전히 합의 기운이 된다고 판단하여 착각하였는 듯 싶다.

그러나 위 사주원국의 오행상 합충의 변화를 자세히 검토하여 보면 사주월지 午火 상관을 시지 子水 인수가 子-午 상충으로 합의 기운을 방해하고 있는데다가 또다시 일지 寅木 비견은 사주년지 申金 편관이 寅-申 상충이 되어 역시 서로 각각 합을 상충으로 파극하고 있으니 이것은 곧 양자 모두 제대로 합을 구성할 수가 없게 된다.

여기서 한편으로 생각하여 볼 때 일부학자들 중에는 또다시 의문을 제기할 수가 있는 즉, 사주년지 편관 申金이 일지 寅木 비견을 寅-申 상충을 하기이전에 월지 午火 상관이 가로막아 火剋金을 하고 있으니 상충은 근접하여 발생되는 것을 원격(遠隔)하면서 다시 상극의 기운을 되받아 치고 있으므로 일면 합의 기운이 무사할 수도 있을 염려도 발생되고 있겠다.

또한 월지 午火 상관을 시지 子水 인수가 子-午 상충으로 파극하는 것도 사주일지 寅木 비견이 가로막아 있으니 오히려 시지 子水가 寅木 비견에게 水生木으로 흡수를 당하여 子-午상충을 퇴색하게 만들고 있다는 착각을 할 수도 있는 성질이다.

하지만 두가지 이유 모두 성립되지 못하는 것을 본 저자는 강조하고 싶은데 그것은 합, 충의 변화법칙에서 합이 구성될 경우 하나의 기운이 상극하여 합을 방해한다면 완벽한 합을 구성할 수 없는 성질이 될 것이며 하물며 각각의 합의 기운을 모두 두 개의 기운이 양쪽에서 서로간 상충으로 방해하는 성질은 더욱 더 완전히 합을 할 수가 없으니 무슨 이유가 있을 수가 없다.

결국 본 사주원국의 일지 寅木 비견과 월지 午火 상관간에 寅-午 合火는 성립되지 않는 것으로 귀착되며 따라서 합이 성립되지 않는 다면 본래 각각의 오행으로 돌아갈 수밖에 없는 것이기에 본 저자는 위 사주일간 甲木을 신왕으로 판단하는 이유가 여기에 있다해도 과 언이 아니다.

*. 격국(格局)과 용신,!

위 사주팔자에 대한 격국(格局)과 용신을 판별하여 볼 경우 일간 甲木이 신왕한 중에 사주월지에 午火 상관이 자리를 잡고 다시 십이 운성의 제왕지에 앉은 월상 丙火 식신이 투출되어 있으니 **"신왕월 지상관격(身旺月支傷官格)"**이며 일명 **"가상관격(假傷官格)"**을 같이 성격(成格)한다.

또한 사주일간 甲木이 신왕한 중에 일지 寅木 비견이 자리를 잡 고 시상에 甲木 비견이 재차 투출되어 있으므로 일지에 비견이 십이 운성 건록지에 앉아 있으니 **"전록격(專祿格)"**도 성격(成格)하고 있 음을 엿볼 수가 있다.

고로 용신은 **"가상관격(假傷官格)"**으로서 왕성한 일간 甲木의 기운을 자연스럽게 수기(秀氣)유행시키는 식상 火氣를 용신하고 아 울러 재성 土氣는 길신으로 선택하는 것이 마땅하다하겠다.

여기서 관성 金氣는 원칙적으로 신왕한 일간 甲木의 기운을 억제할 수가 있어 길하게 되는 일면이 있겠으나 본 사주팔자에 용신이 식상 火氣가 강력하니 용신의 기운을 상충하는 천간의 庚金 편관등의 기운은 불리할 것이고 이외의 다른 관성 金氣는 평길로서 작용한다.

이렇게 사주상의 용신과 길신을 선택하고 난 후 위 사주팔자를 면밀히 관찰하여 볼 경우 일간 甲木에 대한 용신의 기운으로 대변하고 있는 월지 午火 상관이 자리를 잡고 다시 월상에 丙火 식신이 투출되어 있으니 이것은 곧 용신의 기운이 하나로 뭉쳐지는 즉, 동주(同柱)하는 것이 되므로 그 기운이 한곳으로 모여지게 되어 그 힘이 왕성하니 대단히 길하게 작용하는 것을 엿볼 수가 있겠다.

∗. 격국(格局)에 대한 청탁(淸濁)판단,!

다시 위 사주원국에 대한 격국(格局)에 대한 청탁(淸濁)판별을 하여보면 우선 사주일간 甲木이 신왕한 중에 용신을 식상 火氣를 선택하고 있으니 **"가상관격(假傷官格)"**이 성격(成格) 되는 사주팔자라 하겠다.

이렇게 사주원국에 월지에 午火 상관이 자리를 잡고 다시 월상에 丙火 식신이 십이운성의 제왕지에 앉아 있는 것은 얼핏보면 용신이 강령한 것이 되어 단편적으로 생각할 때 청탁(淸濁)부분에서 대단히 청기(淸氣)를 가지는 명조라고 판단하기 쉽다.

그러나 용신의 기운으로 자리매김하고 있는 월상의 丙火 식신을

사주년간에 壬水 편인이 丙-壬 상충으로 파극하여 그 힘을 무력하
게 만들고 있는 중에 사주지지에도 사주월지 午火 상관을 시지 子水
인수가 子-午 상충하고 있으며 더하여 일지 寅木 비견은 년지 申金
편관이 寅-申 상충으로 파극하고 있음을 엿볼 수가 있다.

따라서 이것은 곧 아무리 사주월지 午火 상관과 일지 寅木 비견간
寅-午합으로 해극한다손 치더라도 근본적인 오행상 상극으로 말미
암아 청기(淸氣)의 조건에 부합 할 수가 없는 것이니 일시적인 사주
상의 탁기(濁氣)를 모면할 수가 없는 것이라고 판단하여야 정석이다.

더하여 본 사주팔자내 木, 火, 土, 金, 水의 오행상 균등중에 재성
土氣가 사주내 정오행이 없고 비록 있더라도 사주지지의 寅木 비견
의 지장간 여기(餘氣)에 戊土, 午火 상관의 지장간 중기(中氣)에 己
土, 그리고 申金 편관의 지장간 여기(餘氣)에 戊土가 각각 암장되어
있음을 엿볼 수가 있겠다.

하지만 이렇게 사주의 지지인 지장간에 암장되어 있는 오행은 만
약 조후를 담당하는 오행이 되고 있을 경우 일시적인 조후법을 충족
할 수 있는 정도로 도움은 되겠으나 그러나 절대적인 정오행이 존재
하여 있는 것보다 그 역할이 미미하기 짝이 없으니 오행상 서로간
유통을 도모할 수가 없음으로 인하여 이것 또한 오행상 하나의 탁기
를 구성하는 현상이라 볼 수가 있다.

천만다행으로서 일간 甲木이 신왕한 중에 용신의 기운으로 대변
되고 있는 사주월주 丙午 상관이 자리를 잡고 있는 것은 비록 용신
이 水剋火나 火剋金으로 상극을 당하고 있어도 근본적인 기운을 유

지하는 현상이 되고 있으니 극도의 사주상의 탁기를 남긴다고 단정할 수가 없으니 격국은 중간정도의 격(格)이라 판단한다.

*. 사주 주인공의 성격과 육친의 운명,!

다시 본 사주팔자 주인공에 대한 성격과 육친의 운명을 판별하여 보자면 우선 일간 甲木이 신왕한 중에 왕성한 비겁 木氣를 자연스럽게 수기(秀氣)유행을 도모하고 있는 사주월지 午火 상관이 자리를 잡아 재차 월상에 丙火 식신이 투출되어 왕성하여 있으니 그 성격이 겸손하며 예의를 갖춘 인격자임을 알 수가 있다.

더하여 일간 甲木과 사주월지 午火 상관과 월상에 투출되어 있는 丙火 식신과 木生火로 목화통명(木火通明)이 되고 있으므로 이것은 곧 대단히 지혜총명하고 문학적 예술적 소질이 다분하다고 판단하는데 월주에 용신의 기운인 식상 火氣가 자리를 잡고 있는 것은 부모님이 재산을 많이 모았는 것을 알 수가 있다.

만약 본 사주팔자가 신왕한 일간 甲木의 기운을 수기(秀氣)유행을 도모하는 식상 火氣가 일간과 근접하여 있지 않고 안아무인식인 왕목(旺木)의 기운을 제대로 억제하지 못할 경우 그 성격이 대단히 고집스럽고 자존심과 아만심으로 가득하여 사람 대하기를 불쾌하기 짝이 없을 정도로 대할 것이다.

다행스럽게 사주월주가 용신의 기운으로 대변되는 식상 火氣인 丙午가 자리를 잡아 대단히 왕성하여 **"가상관격(假傷官格)"**을 구성하고 있으니 이상과 같은 염려는 깨끗이 해소되고 있음을 엿볼 수가 있다.

하지만 사주 주인공은 이미 사망한 죽은 고인(故人)이나 살아생전 형제, 친구 및 타인으로 인한 보증이나 금전적인 관계로 대단히 손재를 많이 보았는 것을 알 수가 있는데 그것은 일간 甲木이 신왕한 중에 사주일지 寅木 비견과 시지 子水 인수와 나란히 있는 것을 눈여겨 보아야 할 것이다.

*. 命理秘典 上권인 육친통변법에 인용하여,!

이와 같은 부분은 본 저자가 이미 편찬한 命理秘典 上권인 육친통변법에 기술하고 있기를 **"인수+비견이 있을 경우 형제 및 친구로 인하여 진력하는 일이 많고 따라서 그로 인하여 문서적인 보증관계로 금전적인 손재가 많이 발생한다"**,!라며 구체적으로 언급하고 있다.

따라서 본 사주팔자는 이상의 命理秘典 上권인 육친통변법 부분에 완전히 일치하는 성질이 되고 있겠는데 인수+비견이 사주일지 寅木 비견과 시지 子水 인수만이 있는 것이 아니고 사주시주가 甲子가 되어 또한 인수와 비견이 동주(同柱)하면서 년간에 壬水 편인마져 투출되어 있으므로 더욱 더 이 부분이 강력하게 작용하는 것을 모면할 수가 없다.

다시 이상과 같은 맥락에 비추어 사주 주인공의 성격을 판단하여 볼 때 그 성격이 낙천적인 일면과 문학적, 예술적 소질이 다분한 것을 알 수가 있으며 하지만 대운의 흐름을 관찰하여 보니 초년 5세 丁未대운만 일시 길하였을 뿐 나머지 15세 戊申대운부터 서방 申-酉-戌 金局과 북방 亥-子-丑 水局이 되어 치달리고 있으므로 일생에 삶의 기복이 다단하였음을 알 수가 있다.

＊. 본 장 마,항에 준한판단,!

위 사주팔자를 본 장 마,항에 준하여 판단하여 볼 경우 "사주일간이 신강, 신약을 불문하고 사주내 용신을 파극하는 기신(忌神)이 존재하여 있을 때 다시 대운이나 세운에서 기신(忌神)이나 기신(忌神)을 생조하는 구신(仇神)운을 만날 경우 생명이 위험하다".!라며 구체적으로 기술하고 있다.

그렇다면 본 사주원국은 이상의 부분에 완전히 일치하는 현상이 되고 있겠는데 그것은 비록 사주팔자의 용신으로 자리매김하고 있는 식상 火氣가 사주월지 午火 상관이 자리를 잡고 다시 십이운성의 제왕지에 앉은 월상 丙火 식신이 투출되어 있으니 일면 용신이 강력하여 사주가 단편적으로 판단할 경우 대단히 길한 사주팔자라고 착각하기 쉽다.

하지만 사주월상에 투출되어 있는 용신인 丙火 식신을 사주년간에 투출되어 있는 壬水 편인이 丙-壬 상충으로 파극을 하고 있으니 이것은 다시 대운이나 세운에서 중첩상극하게 되는 壬水 편인을 거듭 만나게 될 경우 용신의 기운이 뿌리채 뽑혀지게 되므로 그 흉의가 대단히 강력하게 발생되는 것을 피할 수가 없게 되는 것이다.

본 사주팔자 주인공은 故 박 모씨로서 이미 55세 壬子대운이 지 배되는 1992년 壬申년에 죽음을 맞이하였는 고인(故人)으로 그나마 살아오는 과정이 45세 辛亥대운부터 북방 水氣로서 신왕한 일간 甲 木을 더욱 더 생조하는 기신(忌神)의 운로를 첩첩으로 받아왔으나 그래도 만 60세 안에 극단적인 죽음을 모면한 것은 그나마 사주상 의 용신인 식상 火氣가 다소 강력하게 존재하여 있었기에 가능하 였다고 보는 것이 타당하다.

*. 격국(格局)에 대한 대운의 흐름,!

다시 위 사주 주인공인 故 박 모씨는 부산시 사상에 살았던 실제 인물로서 본 장 마,항에 적용하여 사망시기에 해당하여 이미 고인 (故人)이 되었는데 지금까지 사주격국에 대한 부분과 용신 및 청탁 (淸濁)의 법칙에 부합시켜 판단하여 본 결과 그리 사주원국이 나쁜 것은 아닌 것으로 판명되었다.

하지만 비록 선천성인 사주팔자가 나쁘다 하더라도 대운이 정히 용신이나 희신의 기운으로 치달리고 있었다면 그나마 적잖은 복록 을 유지할 수가 있었을 것이며 또한 본 장에 언급하는 사망시기에도 부합하지 않았을 것이다.

그러나 애석하게도 대운의 흐름이 초년 5세 丁未대운만 그나마 용신의 기운으로 치달리고 있었으니 유년은 대단히 길하였으나 그

후 중반인 45세 辛亥 대운부터 일간 甲木을 생조하는 북방 水局으로 치달리고 있었으므로 이미 사주원국에 월상에 丙火 식신을 년간에 壬水 편인이 丙-壬 상충으로 파극한 중에 더욱 더 용신의 기운이 상극을 당해 죽음을 모면할 수가 없게 된 것이다.

따라서 지금부터 사주 주인공인 故 박 모씨의 일생동안 살아왔던 과정과 더하여 사망시기를 놓고 더욱 더 자세하게 사주격국을 대입하여 대운의 운로를 풀이하면서 사주추명학과 육친통변법에 비추어 더욱 더 자세하게 설명하기로 하겠다.

유년 5세는 丁未대운이다.

이 때 대운천간 丁火는 사주일간 甲木에 대한 상관의 운로로서 신왕한 甲木의 기운을 자연스럽게 누출시키는 정히 용신의 기운이 되니 대단히 길하게 작용하고 있는데 일면 사주년간에 투출되어 있는 壬水 편인과 丁-壬合木을 구성하여 신왕한 나무의 기운을 더욱 더 신왕하게 만들고 있기 때문에 약간 불리하게 될 수도 있겠다.

하지만 월상에 투출되어 있는 丙火 식신이 대운천간 丁火와 丁-壬合木을 구성하는 것을 시기와 질투를 하여 丙-壬 상충으로 합을 방해하고 있으니 제대로 합을 구성할 수가 없게 되는데 그렇다면 丙火의 본래의 기운을 간직하고 있으므로 천만다행이라 아니할 수가 없다.

더구나 금상첨화로 대운지지 未土가 조토로서 일간 甲木에 대한 정재의 기운이 되어 식상생재격(食傷生財格)으로 볼 수도 있는 본 사주팔자에 대한 길신의 역할을 톡톡히 하여 있는 것을 엿볼 수가 있겠으며 다시 사주월지 午火 상관과 午-未합을 구성하면서 식상과 재성의 기운이 한테 뭉쳐 사주상에 길신의 역할을 더욱 더 강력하게 만들고 있으니 그 길함이 배가되고 있다.

따라서 이 때 사주 주인공인 故 박 모씨는 초년 어린시절이 되겠는데 부모님의 비호속에 성장하고 다시 그 당시 초등학교에 다니면서도 부친의 조업이 나날히 창성하여 별 어려움이 없이 호강하면서 성장하였다는 부분를 故 박 모 씨의 한 살위인 형님이 회고를 하고 있는 것을 들어볼 때 완전히 일치하고 있은 것이다.

*. 여기서 일부학자들의 의문,!

여기서 일부학자들 중에 방금 본 저자가 설명한 초년 5세 丁未대운을 간명하면서 한가지 의문을 표시하며 질문을 던지고 있겠는데 그것은 **"命理大要의 저자 운정선생은 본 사주팔자 주인공인 故 박 모씨의 초년 5세 丁未대운부터 대운의 흐름을 기술하고 있다",!**

"하지만 만약 사주 주인공인 故 박 모씨가 초년 5세 이전인 1살부터 4살까지의 운로는 어떡해 간명하여야 되는지 그 부분을 좀 더 자세하게 설명하여달라",! 라며 구체적인 답변을 요구하고 있다.

*. 일부학자들의 질문에 대한 본 저자판단,!

이와 같은 일부학자들의 질문에 대하여 본 저자는 학자들이 의문을 가지는 부분은 지극히 당연한 것이며 하지만 본 저자가 편찬한 命理秘典 上권 또는 下권에서 실제인물을 간명하는 자리에서 대운의 흐름을 기술할 때 본 운정역리학회 회원님들이 의문을 품고 질문을 하여 이미 이상의 부분을 대단히 자세하게 기술한바가 있다.

따라서 학자들이 지금 의문을 표시한 사주 주인공인 故 박 모씨의 초년 5세 丁未대운이전의 운로는 命理秘典에 수록되어 있는 실제인물의 사주원국을 참고하면 될 것이나 번거로움을 피하기 위하여 여기서 다시 한번 기술하기로 하겠다.

보통 사주팔자주인공의 대운흐름을 간파하는 절차에서 초년대운을 측정하는 시점이 사람마다 모두 똑같지 않고 틀리게 되어 있는데 가령해서 1로 시작하는 사람이 있는가하면 어떤 사람은 2나 6, 그리고 심지어는 10등으로 각각에 대운세수가 나열되어 있음을 우리 역학자들은 알 수가 있었다.

그렇다면 1살로 나열하는 사람은 별문제가 되지 않겠지만 2살부터 시작해서 10살까지는 대운을 파악할 수가 없게 되므로 이럴 경우 대운기점으로 시작하고 있는 사주월주를 보고 판단하여야 될 것이다.

무슨 말인지 좀 더 구체적으로 언급하자면 만약 대운세수가 10이라고 가정할 때 본 사주팔자를 가령해서 사주월간 丙火를 5년으로

하여 1세부터 5세까지는 월간의 丙火가 지배되는 것이며 다시 6세
부터 10세까지는 사주월지 午火가 지배한다는 취지이다.

하지만 이 경우에도 천간보다 지지의 기운이 강력하게 작용하고
있기 때문에 힘의 분배는 당연히 지지의 주도로 형성되는 것이 타당
하며 이것은 곧 命理秘典 上권에 기술되어 있는 천간과 지지편에서
천간의 기운은 지지에 비해 약 3배에서 4배정도 쇠약하고 있기 때
문이다.

결국 일부학자들이 의문을 제기한 본 사주팔자의 주인공인 故 박
모씨의 5세 丁未대운이전의 1살부터 4살까지의 운로는 사주월지 午
火 상관이 지배되고 있었음을 알 수가 있겠으며 아울러 모든 사주팔
자의 대운을 판별하는 절차에서 이상과 같은 맥락에 비추어 간명을
하고 있을 때 유년의 삶이 그대로 파악될 수가 있음을 확신한다.

다시 15세는 戊申대운이다.

이 때 대운천간 戊土는 신왕한 일간 甲木에 대한 편재의 기운으
로서 사실상 일간에 대한 길신의 역할을 할 수가 있으나 일면 일간
과 시상에 투출되어 있는 甲木 비견을 甲-戊 상충이 되고 다시 사주
년간에 투출되어 있는 壬水 편인을 壬-戊 상충으로 파극하고 있으
니 상충에 대한 흉의가 걱정스럽게 되어 있다.

하지만 근본적으로 일간 甲木이 신왕한 중에 식상 火氣와 재성
土氣를 모두 용신과 길신으로 선택하는 마당에서는 그다지 흉함이
돌출되지 않는다고 판단하는 것이 정석인데 이것은 일간 甲木이 신

왕의 힘을 가지는 것을 놓고 그렇게 판단하는 이유가 여기에 있는 것이다.

그러나 걱정스러운 것은 대운지지 申金이 문제가 되겠는데 그것은 대운지지 申金이 비록 신왕한 일간 甲木에 대한 편관으로서 일면 왕성한 나무가지를 쳐주는 길신의 역할을 할 수가 있겠으나 사실상 용신의 성질로 자리를 잡고 있는 식상 火氣를 火剋金으로 상극하는 것은 용신인 식상 火氣와 편관 申金간의 쟁탈로 말미암아 결코 길함을 생각할 수가 없다고 판단한다.

또한 이것은 설상가상으로 대운지지 申金 편관이 사주일지 寅木 비견을 寅-申 상충으로 파극하면서 시지 子水 인수와 申-子合水를 결합하여 인성 水氣로 돌변함에 따라 신왕한 나무를 水生木으로 생조하는 것은 일간을 더욱 더 배를 불리게 되어 그 흉함이 극도로 나타나고 있음을 모면할 수가 없다.

실제로 이 때 15세 戊申대운에서 사주 주인공인 故 박 모씨는 학업에 전념하는 시기였는데 우연히 친구들과 휩쓸려 가정을 버리고 가출하는 등 대단히 집안식구들에게 근심을 안겨주었다면서 故 박 모씨의 형이 회고를 하고 있다.

그렇다면 이것을 육친통변법으로 더욱 더 자세하게 기술하여 볼 경우 우선 대운천간 戊土는 사주일간 甲木에게는 편재의 기운이 되니 편재는 남자의 사주에서 부친을 나타내고 또한 여자의 기운이 되므로 완전히 사귀는 여자문제로 학업을 등진채 가출을 하였음을 육친통변법상 적나라하게 나타나는 것을 알 수가 있다.

더하여 사주일지 寅木 비견을 대운지지 申金이 寅-申 상충과 사주시지 子水 인수와 申-子合水로 변화되어 신왕한 나무를 水生木으로 더욱 더 생조하고 있는 것을 놓고 합을 하여 변화되어 나오는 성질이 인성 水氣가 되므로 일간 甲木에 대한 인성 水氣는 완전한 기신(忌神)의 역할이 되고 있음을 알 수가 있다.

결국 인성 水氣는 육친통변법상 학업 및 문서, 학술적인 명예를 의미하고 있었으니 이것이 기신(忌神)이 되는 것은 그것으로 인하여 학업상 명예상 타격을 받는 것이 되어 그렇게 판단하여 볼 때 또한 완전히 부합하고 있음을 엿 볼 수가 있다.

*. 재차 일부학자들의 의문,!

일부학자들 중에서 방금 설명한 15세 戊申대운을 본 사주팔자를 접목시켜 간명하였던 것을 놓고 또 한가지 의문을 가지면서 재차 질문을 하고 있는데 그것은 **"운정선생은 본 사주팔자의 15세 戊申대운을 접목하는 과정에서 대운지지 申金이 사주일지 寅木을 寅-申 상충으로 파극하여 흉함이 돌출된다며 기술하고 있다".!**

"그렇지만 과연 이와 같은 운로인 대운이나 세운이 천간지지를 막론하고 일간이나 일주 및 사주원국의 어느오행을 상충이나 삼형으로 파극할 경우 만약 사주내 타 오행과 또다른 합의 기운이 성립되고 있을 때 이 또한 상충이나 삼형의 기운이 얼마나 강도가 강력하게 작용하는지에 대하여 의문시하고 있다".!

"또한 이러한 합과 충의 연관된 관계가 동시에 이루어지고 있게 된다면 어떡해 상호간 그 성질이 변화되는 것인지를 놓고 합을 먼저따를 것인가, 그렇지 않으면 상충의 작용을 먼저 따를 것인가,를 고민하게 되는데 이상의 부분에 대하여 자세하게 언급하여 달라",!라며 구체적인 설명을 요구하고 있다.

*. 일부학자들의 의문에 대한 본 저자판단,!

이와 같은 일부학자들의 의문에 대하여 본 저자가 생각하기를 아주 세밀하고 민감한 부분을 질문을 하였으며 또한 사주추명학을 하는 역학자라면 누구나 한번쯤은 궁금하고 의문을 가지는 성질이라고 본 저자도 판단하는 바이다.

이것은 대단히 고난도의 성질로서 아마도 사주추명학의 대가(大家)의 경지에 도달한 역학자도 방금 일부학자들이 의문을 제기한 이상의 질문을 받을 경우 아주 난색을 표시하는 부분이 되겠으며 더하여 고서(古書)나 원서에서도 방금 의문을 표시한 성질은 기술을 하고 있지 않고 있다.

그렇다면 지금부터 이 부분에 대하여 그동안 본 저자가 약 30여 년동안 경험과 실제인물의 운로를 추적 검증하여 오늘날의 하나의 경험상 비법(秘法)을 정리하여 세상에 처음으로 공개를 하는 순간이 될 것이다.

*. 본 저자가 약 30여동안 경험상 얻어진 비법(秘法),!

따라서 그와 같은 삼형이나 상충의 부분이 보통 사주원국에 일주를 제쳐놓고라도 타주를 상극하고 있을 때는 해당하는 육친의 운명이 불길해진다는 것은 이미 命理秘典이나 命理大要 上권에 누차 언급하였을 것이다.

그러나 여기 사주일간과 일지를 상충 및 삼형하는 강도에 대하여 구체적인 언급이 없었으니 이 자리를 빌어 그동안 경험상 발견되었던 부분을 자세하게 파헤쳐 보기로 하는데 보통 대운에서 들어오는 천간과 지지 모두 사주일간 및 일지를 상충이나 삼형을 동반하여 충격하고 있을 경우 이것이 어느 정도의 강력한 사항이 발생되고 있느냐,에 따라 제일먼저 그 강약을 명확히 구분하여야 될 필요가 있다.

이러한 부분은 사주원국의 일간이나 일지에 대하여 운로인 대운이나 세운에서 들어오는 상충이나 삼형하는 정도가 용신이나 희신의 성질을 가지고 들어오는 것인가, 그렇지 않으면 일간에 대한 기신(忌神)을 업고 들어오는 것인가,를 면밀히 파악하여 보고 이 때 사주상의 용신이나 희신의 기운을 가지고 일주를 충격하는 정도라면 그 흉함이 일부 발생하나 때에 따라서는 길함도 나타나고 있음을 알 수가 있었다.

하지만 이와 같은 삼형이나 상충이 운로인 대운이나 세운에서 들어오는 현상은 기신(忌神)을 업고 들어와서 일주를 가격하는 현상이 발생되고 있을 때 이것은 대단한 흉의를 동반하는 것으로 사주격국이 순수하지 못하고 오행이 편중(偏重)으로 치우쳐저 쇠자왕신발(衰

者旺神發)이나 신약이 극심하여 있을 경우에 잘못하면 십중구사의 운명을 모면하기 어렵게 되는 것으로 파악하였다.

그런데 여기서 한가지 중요한 부분을 발견할 수가 있었으니 그것은 운로인 대운이나 세운에서 들어오는 기운이 사주일간이나 일지를 삼형 및 상충을 하더라도 사주원국내 타 오행과 합을 하는 경우가 있겠는데 이 때는 상충이나 삼형의 강도를 많이 완화시킬 수가 있다.

이런 부분은 지금 현재까지 본 저자가 계속 집필중에 있는 명리의 이론서인 合, 의 特秘에서 구체적으로 기술하고 있는데 상충이나 삼형의 부분을 합으로 해극을 도모한다는 법칙을 생각하면 쉽게 이해를 할 수가 있을 것이다.

그러나 이와 같은 상충이나 삼형이 운로에서 기신(忌神)을 업고 들어와서 사주내 타오행과 합을 하여 나오는 기운이 다시 일간에 대한 용신을 상극하는 성질이 되고 있는다면 비록 상충이나 삼형의 급속적인 흉물은 돌출되지 않겠지만 그에 대한 재화는 역시 기신(忌神)의 기운이 되므로 흉한 것은 사실이다.

따라서 운로인 대운이나 세운에서 상충이나 삼형을 가지고 들어오는 기운이 비록 일주를 상극하였을 때는 용신 및 기신(忌神)을 막론하고 그 흉함이 대단히 강력하게 작용하겠지만 만약 사주원국내 타오행과 합을 하는 즉, 천간합이나 지합등이 이루어지고 있다면 급속적인 흉함을 많이 완화시킬 수가 있다고 판단하는 것이 정석이다.

결국 이와 같은 합의 기운이 만약 일간에 대하여 용신이나 희신의 기운이 되고 있다면 이 때는 호랑이를 두둘려 개와같이 써먹는 형상과 같으니 전화위복이 될 것이며 하지만 합을 하여 나오는 기운이 일간에 대한 용신을 상극하는 기신(忌神)의 기운이 재차 나오게 된다면 비록 급속적인 상충이나 삼형의 흉함을 일시 완화는 시킬지라도 궁극적인 흉함은 발생된다고 결론을 내리는 것이 좋다.

본 사주팔자에 대한 15세 戊申대운을 놓고 일부학자들이 의문을 표시한 대운지지 申金이 일지 寅木 비견을 寅-申 상충을 하는 것이 사주시지 子水 인수가 존재하여 있어 申-子合水를 구성하니 급속적으로 들어오는 대흉함을 일시적으로 완화시킬 수는 있을 장점이 있다.

그러나 申-子合水를 하여 인성 水氣로 변화된 오행이 신왕한 일간 甲木에게는 水生木으로 일간을 더욱 더 신왕하게 만들면서 상충으로 가격하니 본 저자가 흉함이 돌출한다는 절대적인 이유가 전자에 언급한 맥락에 모두 일치되고 있으므로 그 원리가 여기에 있다해도 과언이 아니다.

이상의 부분은 대단히 중요한 것으로 본 저자가 그동안 수많은 세월속에 고서(古書)나 원서를 아무리 뒤져보아도 이렇다할 해법을 찾지 못하던 중에 실제인물을 통하여 운로를 추적 검토하여 본 결과 얻어진 경험상 비법(秘法)으로서 정말 이러한 하나의 검증을 이루게 된 시기까지 참으로 많은 어려움 때문에 눈물로서 본 저자의 청년시절을 보내었다해도 과언이 아니다.

  따라서 학자들은 지금 이러한 경험상 비법(秘法)을 절대 소홀히 취급하지 말고 그대로 자기것으로 만들어 사주추명학상 좀 더 나은 연구결과를 이룩하는데 보탬이 되었으면 하며 아울러 이러한 비법 (秘法)을 터득하더라도 아만심과 자만심으로 나 하나만으로 간직하지 말것이며 마땅히 후학자들에게 전수하여 역학의 발전을 도모하였으면 더 이상 바램이 없겠다.

  다시 25세는 己酉대운이다.

  이 때 대운천간 己土는 사주일간 甲木에 대한 정재로서 신왕한 甲木에게는 정히 길신이 되겠는데 다시 사주일간 및 시상에 투출되어 있는 甲木 비견과 甲-己合土로 변화되어 더욱 더 길신의 성질이 강력하게 행사되니 정히 발전의 운로이다.

  더하여 대운지지 酉金은 비록 사주상의 일간 甲木에 대한 용신의 기운인 식상 火氣를 상극하여 불운이 되겠으나 일면 신왕한 나무가 지를 적절히 쳐주므로 일간의 기운을 줄여주는 결과가 되니 그다지 흉함이 발생되지는 않는다고 판단하는 것이 타당하다.

  그렇다면 이와 같은 부분을 육친통변법상 좀 더 자세하게 판별하여 보자면 우선 대운천간 己土는 신왕한 일간 甲木에 대한 정재의 기운이 되니 남자사주에서 정재는 재물과 정처를 나타내고 이것이 일간 甲木과 甲-己合土로 둔갑하고 있는 것은 내가 곧 여자와 몸을 합방한다는 성질과도 부합하고 있으므로 이것은 사주 주인공인 故 박 모씨가 결혼을 나타내고 있는 것이다.

또한 대운지지 酉金은 일간 甲木에게는 정관을 의미하고 있으니 정관은 육친통변법상 관록, 승진, 직업을 나타내고 있기 때문에 정관 酉金이 그다지 흉함을 엿볼 수가 없으므로 이 때 직업적인 발전의 일로에 있는 것을 사주원국은 무언중에 암시를 하고 있다며 판단하는 것이 타당하다.

실제로 사주 주인공인 故 박 모씨의 큰형을 통하여 본 저자가 되물어본 결과 본 25세 己酉대운에서 故 박 모씨가 결혼을 하였으며 또한 일시 작은 시골동네 면서기로 직장생활을 하였다고 회고를 하고 있는 것을 볼 때 완전히 일치하고 있음을 엿볼 수가 있었다.

다시 35세는 庚戌대운이다.

이 때 대운천간 庚金은 사주일간 甲木에 대한 편관으로서 신왕한 일간에게는 나무가지를 적절히 쳐주고 있으니 단편적으로 판단할 경우 그다지 흉이 될 수가 없다고 생각할 수가 있다.

하지만 문제는 사주원국의 일간과 시상에 투출되어 있는 甲木 비견을 甲-庚 상충으로 파극하고 다시 일간에 대한 중요한 용신의 기운으로 자리매김하고 있는 월상에 투출되어 있는 丙火 식신을 丙-庚 상충으로 양쪽 모두를 파극하고 있으니 용신이 무용지물이 되는 것은 결코 길함이 될 수가 없고 이것은 곧 급속적으로 흉을 불러일으키는 하나의 원인제공을 하게 된다.

그러나 절묘하게도 대운지지 戌土가 조토로서 사주일간 甲木에 대한 편재의 기운이니 정히 길신의 성질이 되고 있는데 금상첨화로 이미 사주월지 午火 상관과 일지 寅木 비견을 같이 寅-午-戌 삼합 火局이 되고 있는 것은 태양과 같은 불길로서 대운천간 庚金을 火剋金으로 녹여버리게 되므로 그 흉함을 없애버리면서 대단히 승승장구하는 발전의 일로에 접어드는 것을 알 수가 있다.

*. 여기서 일부학자들의 다시 재차 반문,!

여기서 일부학자들 중에서 방금 본 저자가 설명한 부분에 대하여 한가지 의문을 제기하면서 재차 반문을 하고 있다.

그것은 "命理大要의 저자 운정선생은 본 사주팔자에 대한 35세 庚戌대운을 간명하면서 대운천간 庚金이 사주일간 甲木에 대한 편관이 되는 중에 일간과 시상에 투출되어 있는 甲木 비견을 각각 甲-庚 상충으로 파극하고 다시 월상에 투출되어 있는 식신 丙火를 丙-庚 상충을 하여 용신을 상극하여 흉함이 돌출된다고 설명하고 있다".!

"그렇지만 운로에서 들어오는 대운지지 戌土가 조토라서 이것이 사주원국의 월지 午火 상관과 일지 寅木 비견이 합세하여 戌土와 寅-午-戌 삼합 火局이 결성되니 합을 하여 나오는 火氣로 대운천간 庚金을 火剋金하여 녹여버리므로 그 흉함을 잠재울 수가 있게 되어 오히려 대길하다고 말하고 있다".!

"하지만 저희 학자들의 견해는 일간과 시상의 甲木 비견을 甲-庚 상충으로 파극하고 다시 월상에 투출되어 있는 丙火 식

신을 丙-庚 상충으로 파극하고 있으니 아무리 대운지지 戌土
가 사주내 寅-午-戌 삼합 火局을 결성해서 합을 하여 나오는
火氣로 火剋金으로 상극하여 무용지물을 만든다손치더라도
먼저 용신이 상극을 당하는 것은 용신이 뿌리채 뽑혀지는 것
을 모면할 수가 없으므로 길함은커녕 오히려 대흉이 발생하지
않겠느냐",!

"그런데도 불구하고 설상가상으로 일간 甲木에 대한 월상에
투출되어 있는 丙火 식신은 용신의 기운이 되고 있는데 이미
대운천간 庚金 편관에게 丙-庚 상충으로 파극당한 용신의 기
운이 대운지지 戌土를 보게되면 십이운성의 묘지에 해당하게
되는 것을 알 수가 있다".!

"그것은 고서(古書)나 원서에도 기록하고 있듯이 용신입묘
(用神入墓)하면 해당하는 육친은 물론이고 사주 주인공 본인
까지도 용신이 죽음에 이른 것은 그 만큼 대흉을 초래하는 것
을 의미하므로 막연히 운명상 간명을 할 수가 없게 되는 것을
감히 지적할 수가 있다".!

"그런데도 불구하고 어찌하여 운정선생은 대운지지가 사주
원국과 寅-午-戌 삼합을 하여 火局이 변한다는 것만 주장하
면서 대길하다는 단편적인 판단을 할 수가 있는지 이 부분에
대하여 납득이 갈 수가 있겠끔 자세한 설명을 하여달라",!라며
구체적인 답변을 요구하고 있다.

*. 일부학자들의 다시 재차 반문에 대한 본 저자판단,!

이와 같은 일부학자들의 재차반문에 대한 본 저자의 판단은 지극히 당연한 학술적인 부분으로서 그 성질을 명확히 구분하여 사주추명학의 이론을 체계화시킬 수 있는 대목이니 절대로 소홀히 취급할 수가 없는 것을 인정하고 있다.

이에 대하여 본 저자는 일부학자들이 의문을 제기한 성질은 약간의 육친과 용신에 대한 십이운성의 판단이 고서(古書)나 원서의 불투명한 기술로 인해 상당한 혼란을 겪어 발생한 것들이고 저자 역시 이러한 혼란으로 정말이지 너무 많은 시간을 번민으로 어려워했다. 따라서 이 부분에 대하여 본 저자가 경험상 실제인물에 준하여 그동안 사주 주인공들의 운로를 과거, 현재, 미래등을 추적 검토하여 하나의 경험상 비법(秘法)을 정리하였던 것을 모두 기술하기로 하겠다.

*. 본 저자가 약 30여년동안 경험상 터득한 비법(秘法),!

따라서 지금부터 학자들은 본 저자가 기술하고 있는 것은 대단히 고난도의 부분을 기술하여야 되니 조금 정신을 집중하여 하나 하나의 부분적인 것을 모두 세밀히 판단을 하여야 될 것을 강조하면서 그 성질을 구체적으로 약 3가지로 구분하여 기술하기로 한다.

그 첫째로,!
보통 고서(古書)나 원서에 기술되어 있는 육친이나 용신의 기운이 운로인 대운이나 세운에서 십이운성의 묘지에 해당되고 있을 때 육친 및 용신이 죽음의 기운에 해당한다고 하여 상당한 대흉을 초래한다고 판단의 원칙을 정하고 있다.

이와 같은 성질에 대하여 본 저자는 대단히 비판적인 시각에서 고서(古書)나 원서의 견해를 반박하고 있겠는데 그것은 우선 이부분에 적용되고 있을 때는 먼저 선천성인 사주명조에 용신이나 육친의 기운이 십이운성의 묘지에 해당되어야 하는 필연성을 가지고 있다.

무슨 말인지 좀 더 구체적으로 기술하자면 사주팔자에 육친이나 용신의 기운이 십이운성에 먼저 묘지에 적용되어야 하는 것은 사주지지에 천간의 용신이나 육친이 십이운성의 묘지에 해당되어야 하는 성질을 말하는 것이며 이것은 한편으로 말하자면 곧 육친의 경우 육친통변법에 준하여 해당하는 육친이 이미 죽음에 해당한다는 논리가 부합하고 있음이다.

또한 용신의 경우 사주팔자의 일간에 대한 중요한 용신의 기운이 사주지지에 십이운성의 묘지에 해당하고 있다는 것은 사주천간에 용신의 기운이 자리를 잡고 있는 중에 지지에 십이운성의 묘지에 이미 해당하고 있는 것을 말하는 것이며 이것 또한 완전히 용신이 죽음의 자리에 해당하는 것이 되므로 다시 운로인 대운이나 세운에서 십이운성의 묘지에 해당하고 있을 때 극도로 대흉을 초래한다는 법칙이다.

이와 같은 부분은 고서(古書)나 원서에 구체적으로 자세히 언급하지 않고 막연히 사주명조에 십이운성의 묘지에 해당되고 있지 않는 것을 오로지 운로인 대운이나 세운에서 십이운성의 묘지에 해당된다고 하여 무조건 해당하는 육친이 죽음을 당할 수 있거나 용신이 극도로 무용지물이 되어 대흉함이 초래한다는 식으로 운운(云云)하고 있으니 이런 부분을 접하게 될 때 막연히 큰 화를 초래한다며 판단하는 것은 사주추명학상 크나큰 오류를 범하는 것이다.

물론 이 부분에 대하여 이미 사주명조에 십이운성의 묘지에 해당되지 않고 있어도 용신이나 육친이 운로인 대운이나 세운에서 십이운성의 묘지에 해당되고 있을 때 십이운성의 쇠약한 기운으로 말미암아 일시적인 육친에 대한 흉이나 용신이 기운이 쇠약한 십이운성 기운으로 당면되어 일시적인 흉함도 나타날 수가 있을 염려를 배제할 수가 없다.

그러나 근본적인 선천성인 사주명조를 제쳐두고 막연히 운로인 대운이나 세운에서 십이운성의 묘지에 해당한다고 해서 극단적인 흉함을 논하는 절차에서 대흉이나 죽음등으로 운운(云云)하는 처사는 절대로 있을 수가 없고 때에 따라서는 본 사주팔자와 같이 길함도 나타날 수가 있는 성질도 되고 있는데 허공에 뜬구름 잡는 현상으로 구렁이 담 넘어가는 식의 고서(古書)나 원서의 기술은 애매하기 짝이없다.

다음 둘째로,!
선천성인 사주명조의 육친이나 용신의 기운이 사주팔자내 육친이나 용신을 생조하는 기운이 많거나 십이운성의 강령한 장생, 건록, 제왕등에 해당되고 있을 경우 비록 들어오는 운로인 대운이나 세운에서 십이운성을 대조하여 묘지에 해당되고 있어도 별 탈이 없이 무사하게 된다.

무슨 말인지 이 부분을 좀 더 구체적으로 기술하자면 우선 선천성인 사주명조에 거론하는 육친이나 용신의 기운이 사주팔자내 생조하는 기운인 즉 가령 예를 들면 용신이 재성 土氣라면 재성 土氣를 생조하는 식상 火氣가 많거나 재성 土氣가 왕성한 십이운성인 장생, 건록, 제왕등에 해당하게 되면 자연히 해당되는 육친이나 용신은 기운을 얻어 왕성해지게 될 것이다.

따라서 이렇게 왕성하여진 육친이나 용신의 기운은 비록 운로인 대운이나 세운에서 쇠약한 십이운성인 묘지에 해당한다하여도 대운이나 세운이 기신(忌神)의 기운을 업고 삼형이나 상충의 작용으로 파극하지 않는 이상 결코 강령한 육친이나 용신의 기운은 절대로 파극이 될 수가 없으므로 그 흉함이 나타나지 않는 이유가 여기에 있다.

그렇다면 결국 사주팔자에 해당되고 있는 육친이나 용신의 기운이 전자에 언급한 왕성한 십이운성인 장생, 건록, 제왕등에 해당하고 있던지, 혹은 육친이나 용신을 생조하는 기운이 많아 왕성하게 되고 있는 것을 막연히 운로인 대운이나 세운에서 십이운성의 묘지에 해당된다고 하여 지금 해당하는 육친이나 용신이 파극되어 흉함이 돌출된다는 고서(古書)나 원서의 태도는 지금 여기에서도 완전히 뒤집히는 결과이니 이 또한 절대로 용납할 수가 없다.

다음 셋째로,!
선천성인 사주명조에 해당되고 있는 육친이나 용신의 기운이 비록 쇠약한 십이운성의 묘지에 적용되고 있을 경우 다시 운로인 대운이나 세운에서 중첩하여 십이운성의 묘지에 해당되고 있다면 이미 사주명조에 쇠약한 기운이 되고 있는데 재차 운로인 대운이나 세운에서 쇠약한 묘지를 보게 되므로 그 흉함이 돌출될 수가 있다.

하지만 이 때 운로에서 들어오면서 십이운성의 묘지에 해당하는 대운지지가 사주팔자내 타오행과 육합, 삼합, 방합하여 거론되는 육친이나 용신을 생조하는 즉, 인성이나 비겁의 기운으로 돌변하여 재차 해당 육친이나 용신을 생조하는 것이 된다면 이는 곧 흉함이 돌출되는 것이 아니고 오히려 대길하게 된다.

무슨 말인지 이 부분을 좀 더 구체적으로 기술하자면 비록 사주팔자내 해당되고 있는 육친이나 용신의 기운이 쇠약한 십이운성 묘지에 해당되고 있다면 이미 해당하는 육친은 통변법상 무언중에 불길하다는 것을 암시하고 있는데 이 때도 사주내 해당하는 육친이나 용신을 생조하는 기운이 많아 왕성할 경우 역시 무사하게 된다.

그러나 해당하는 육친이나 용신의 기운이 이미 십이운성의 묘지에 해당되고 있는데 중첩하여 운로인 대운이나 세운에서 십이운성의 묘지에 해당되어 있다면 쇠약한 기운으로 인하여 불리하겠으나 이 때 십이운성 묘지에 해당되는 대운지지가 사주팔자내 타오행과 육합, 삼합, 방합하여 육친이나 용신을 생조하는 인성이나 비겁의 기운이 된다면 해당하는 육친이나 용신이 오히려 왕성하게 되므로 흉함은 커녕 대길하게 된다는 취지이다.

이것은 한편으로 생각하여 본다면 선천성인 사주명조에 육친의 운명을 결정할 때 육친의 기운을 상극하는 오행이 많던지 혹은 삼형이나 상충으로 중첩하여 가격한 중에 다시 쇠약한 십이운성의 묘지에 해당하고 있을 경우 이미 숙명적인 흉사나 죽음을 맞이하였다고 판단하는 것이 타당할 것이다.

그런데 이상의 부분에 해당되는 육친이 만약 죽음을 맞이하지 않고 지금까지 무사하여 살아왔다고 가정한다면 그동안 지나왔던 대운이 해당되는 육친을 상극하지 않았고 오히려 생조하는 기운으로 흘렀음을 미루어 짐작할 것인데 그렇다면 지금의 대운에서 중첩하여 십이운성의 묘지에 해당될 경우 지금대운에서 필연코 죽음을 모면할 수가 없다고 판단하는 것이 타당하다.

하지만 이 경우도 전자에 언급하였듯이 흉사의 운명이 해당되는 시기를 놓고 이렇게 운로인 대운이나 세운에서 중첩하여 십이운성의 묘지에 해당한다 하여도 방금 설명한 대운지지가 사주원국의 타오행과 육합, 삼합, 방합하여 합으로 변화되어 나오는 기운이 육친을 생조하거나 육친의 동기인 비겁이 되고 있다면 완전하게 죽음을 맞이하는 것이 아니라 오히려 육친이 발전한다고 보아야하는 간명상 함정이 여기에 있는 것이다.

따라서 이상의 부분을 적용하면서 십이운성에 대한 육친 및 용신의 기운이 운로에서 들어오는 대운이나 세운에서 막연히 십이운성의 묘지에 해당된다고 하여 대흉함이 돌출한다는 고서(古書)나 원서의 주장은 사주추명학을 공부하는 역학자들에게 대단한 혼란을 초래하고 또한 오류를 범하는 원인이 될수가 있을 것이다.

결국 이와 같은 맥락에 비추어 본 사주팔자도 완전히 세번째 항목에 부합되고 있음을 엿볼수가 있겠는데 일부학자들이 언급하는 위 사주원국이 사주월상에 투출되어 있는 丙火 식신이 비록 운로인 대운지지 戊土에 십이운성의 묘지에 해당한다 하여도 대운지지 戊土가 사주월지와 일지간 모두 寅-午-戌 삼합 火局을 결성하여 더욱더 용신의 기운인 식상 火氣가 나옴에 따라 완전하게 고서(古書)나 원서의 불투명한 원리를 뒤집어면서 대길함이 나타나는 이유가 여기에 있다해도 과언이 아니다.

지금까지 기술한 것은 그동안 본 저자가 사주추명학에 입문하여 해당하는 육친이나 용신의 기운이 막연히 십이운성의 묘지에 해당한다해서 대흉함이 초래한다고 판단하였던 것이 실제인물을 통하여 적용하여 본 결과 완전한 오류로 판명되었으며 이것은 수십년간에 걸쳐 해당되는 실제 인물을 약 4백명을 모아 과거, 현재, 미래의 운로를 역추적하여 오늘날의 하나의 경험상 터득한 비법(秘法)으로 정리를 하였던 것이다.

따라서 마땅히 후학자들은 본 저자의 피눈물나는 과거의 고생을 절대로 헛되이 생각하지 말고 명리의 발전과 보다나은 역학자의 세상을 이룩하는데 본 저자의 경험상 비법(秘法)을 십분 활용하여 지금 역학자들에게 미신적인 타파 운운(云云)하는 작자의 입을 다물어 주는 시기를 본 저자는 간절히 바라는 심정이다.

다시 45세는 辛亥대운이다.

이 때 대운천간 辛金은 사주일간 甲木에 대한 정관의 운로로서 일면 신왕한 나무가지를 쳐줄 수 있는 장점이 있겠으나 사주월상에 투출되어 있는 丙火 식신과 丙-辛合水를 구성하여 신왕한 일간 甲木을 水生木으로 생조하고 있으니 흉물로 돌변하고 있다.

이것은 사주팔자의 일간 甲木에 대한 중요한 용신의 기운이 합을 탐한 나머지 기반(羈絆)이 되어 그 역할을 제대로 할 수가 없음을 나타내고 있는데 이렇게 일간이 신왕하여 있으나 그나마 용신의 기운인 식상 火氣가 일간의 기운을 자연스럽게 수기(秀氣) 유행을 시키면서 그 힘을 줄여주고 있으니 일간이 길하게 되고 있는 것을 용신이 합을 탐한 나머지 제대로 일간을 억제할 수가 없게 만들고 있으므로 이것은 대단한 흉함이 나타나고 있다.

더구나 대운지지 亥水가 왕성한 水氣를 업고 신왕한 일간 甲木에 대한 편인이 되어 水生木으로 더욱 더 생조하고 있는 중에 다시 사주일지 寅木 비견과 寅-亥合木을 구성하여 신왕한 나무로 더욱 더 부채질을 하고 있으니 완전히 대운천간지지 모두 일간 甲木에 대한 기신(忌神)의 역할을 중첩하여 있으므로 이것은 곧 극도로 재화가 나타나고 있음을 말해준다.

따라서 이 때부터 사주 주인공인 故 박 모씨는 본인의 운명에 죽음의 어두운 그림자가 점차 다가오는 것을 미루어 짐작할 수가 있겠으며 이미 선천성인 사주명조에 용신의 기운으로 자리매김을 하고 있는 월상 丙火 식신을 사주년간 壬水 편인이 丙-壬 상충이 되어 파극하고 있으므로 다시 운로인 대운이나 세운에서 水氣를 거듭 보게 될 경우 용신이 죽음을 당면하는 것은 기정사실이다.

실제로 사주 주인공인 故 박 모씨는 이 때 운로에서 이미 만성신부전증으로 고생하기 시작하였으며 그 질병자체가 회복할 기미가 보이지 않고 갈수록 악화 일로에 접어들고 있었음을 사주 주인공인 故 박 모씨의 큰형을 통하여 알 수가 있었다.

다시 55세는 사주 주인공인 故 박 모씨가 죽음을 당하였던 壬子 대운이다.

따라서 본 장 마,항에 적용되어 사망시기에 해당하였던 운로가 되고 있으므로 사주추명학적으로 좀 더 자세하게 그 원인을 분석할 필요가 있으니 사주 주인공인 故 박 모씨의 사주명조와 55세 壬子 대운을 접목, 다시 세운 1992년 壬申년까지 일치되는 도표를 보면서 기술하기로 한다.

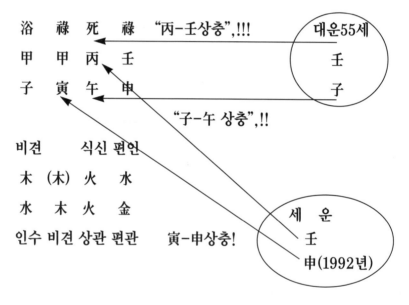

浴　祿　死　祿　"丙-壬상충",!!!　　　대운55세

甲　甲　丙　壬　　　　　　　　　　　壬

子　寅　午　申　　　　　　　　　　　子

"子-午 상충",!!

비견　　식신 편인

木　(木)　火　水

水　木　火　金

인수 비견 상관 편관　　寅-申상충!　　세　운　　　壬　　　申(1992년)

이상과 같이 도표에서 볼 경우 사주 주인공인 故 박 모씨가 본인의 사주팔자에 대한 55세 壬子대운이 지배되는 시점과 다시 또 하나의 후천성인 세운 壬申년 1992년이 각각 사주팔자에 영향력을 행사하는 과정이 적나라하게 표출되면서 나타나고 있다.

따라서 이 때 대운천간 壬水는 사주일간 甲木에 대한 편인의 운로여서 이미 선천성인 사주팔자 일간 甲木을 더욱 더 水生木으로 생조하고 있으니 그 흉함이 극도로 치달리고 있음을 극단적으로 말해주고 있는 것을 엿볼 수가 있다.

설상가상으로 상황이 이럴진데 사주년간 壬水 편인이 월상에 투출되어 있는 丙火 식신을 丙-壬 상충으로 파극하고 있는 것을 대운천간 壬水가 중첩하여 재차 丙-壬 상충으로 파극하고 있으니 이것은 사주일간에 대한 용신을 무용지물로 만들면서 아예 용신의 기운이 뿌리채 뽑혀지는 것을 판단할 수가 있으므로 생명이 위험하다.

더하여 숙명적인 흉함은 여기에만 끝나는 것이 아니고 대운지지 子水가 사왕지지(子, 午, 卯, 酉)로서 사주일간 甲木에 대한 인수가 되고 있다.

따라서 이것이 사주월지 午火 상관을 子-午 상충으로 파극하고 있는 것은 완전히 대운천간지지 모두 용신의 기운을 완전히 파극하는 것을 모면할 수가 없는 중에 재차 사주원국 년지 申金과 시지 子水와 申-子合水로 변화되어 더욱 더 중첩하여 강력한 水氣로서 용신의 불길을 꺼버리고 말았으니 이것은 곧 절대절명의 위기가 당면되는 것을 피할 수가 없다.

그러자 1992년은 세운 壬申년이 되는데 이미 대운 55세 壬子년이 되어 그 영향력을 급속도로 행사하고 있는 중에 다시 세운 壬申년에 세운 천간 壬水가 재차 월상에 丙火 식신을 丙-壬 상충으로 파극하면서 다시 세운지지 申金은 또다시 중첩하여 대운지지와 사주시지 子水인수와 申-子合水로 동시에 변화되어 완전히 물바다를 이루면서 사주팔자 모두를 휩쓸어 버리고 마니 이것은 정말 가망이 없는 것이 된다.

실제로 사주 주인공인 故 박 모씨는 만 60세가 되는 1992년 壬申년 음력 3월에 그동안 지병인 만성신부전증이 악화되어 사망하고 말았는데 이것은 사주팔자에 丙火 식상이 월상이나 월지에 丙午가 존재하여 있는 것을 水氣로서 완전히 파극하고 있음에 따라 목숨이 절명하였는 것을 단적으로 보여주는 대목이다.

결국 육친통변법으로 파악하여 보면 水氣는 본 사주팔자에 대한 인성을 나타내고 있으므로 이것이 신약사주이라면 용신이나 희신의 성질이 될 수도 있겠지만 일간 甲木이 신왕한 중에 인성 水氣는 기신(忌神)의 역할을 할 수밖에 없고 더하여 水氣는 신체상 장기로 표현한다면 신장이나 공팥을 의미하고 있으니 水氣가 기신(忌神)이 되고 있을 경우 그쪽에 탈이 날 수밖에 없는 것이다.

＊.지금까지 본 장 마,항에 준하여 사망시기에 해당하고 있는 사주 주인공인 故 박 모씨의 일생동안 삶의 부분을 적나라하게 파헤쳐 보았는데 여기서 중요한 것은 본 사주팔자의 일간 甲木에 대한 용신의 기운으로 자리를 잡고 있는 식상 火氣가 강력하나 이것이 이미 사주년간에 투출되어 있는 壬水 편인이 丙-壬 상충으로 파극한다는 것을 주의 깊게 살펴볼 필요가 있다.

그것은 용신의 기운으로 자리매김하고 있는 것을 아무리 그 힘이 왕성하여 있다해도 일단 사주명조내 근접하여 기신(忌神)이 상충으로 파극하는 이상 그 역할이 대단히 쇠약해지기는 마련이고 그렇다면 언제든지 운로인 대운이나 세운에서 용신인 식상 火氣를 상극하는 편인이나 인수인 水氣를 거듭 만나게 될 경우 그 흉의는 대단히 강력하게 속출되는 것은 피할 수가 없는 것이다.

결국 1992년 壬申년 음력 3월에 사주 주인공인 故 박 모씨는 지병인 만성신부전증이 악화되어 사망하였는데 월운을 간명할 경우 음력 3월은 辰월이 되므로 이미 대운과 세운 및 사주명조가 申-子 合水를 구성하고 있는 것을 辰월이 들어옴에 따라 완전히申-子-辰 삼합 水局이 되어 절명하는 것까지 생각할 수가 있음을 엿볼 수가 있다.

명리대요(中)

2009년 9월 17일 초판 인쇄
2015년 11월 23일 초판 3쇄 발행

지은이 | 雲情 秋一鎬
펴낸곳 | 도서출판 청연

주소 | 서울시 금천구 시흥대로 484 (2F)
등록번호 | 제 18-75호
전화 | (02)851-8643 · 팩스 | (02)851-8644
E-mail | chungyoun@naver.com
홈페이지 | www.chungyoun.co.kr

ISBN 978-89-7569-370-0   93180